U0730779

前　言

党的二十大报告明确提出建设现代化产业体系、数字中国等要求。为适应相关建设要求和培养高信息技术水平财务会计人才的需求，教育部更新了职业教育国家教学标准体系中的相关内容，在人才培养目标、课程体系、教学内容和教材建设方面要求体现"互联网＋职业教育"特色。同时，在教育部发布的新版《职业教育专业简介（2022年修订）》中，明确将"大数据技术在财务中的应用"作为财务会计类专业的专业核心课程。

本书对照最新专业简介和课程标准，以财务典型工作为载体，以项目驱动、任务导向为主要模式进行编写。邀请中联教育科技集团有限公司的财务专业人才加入编写团队，融合企业智慧，基于工作过程设置工作情景，将学习环境与工作实务环境紧密结合，将企业的新技术、新工艺、新规范纳入教材体系，让学生对将来所从事的财务相关工作形成整体认知与把握，帮助学生树立职业目标、熟悉工作内容，引导职业理念，增强就业与职业能力。

本书具有以下特点与优势：

一、案例丰富，落实立德树人根本任务

为落实党的二十大精神和党的二十届三中全会精神进教材要求，本书在案例导入、知识链接、项目训练等模块和栏目上，不仅突出学生专业技能、职业能力培养，还注重学生的职业道德和职业素养培养；同时，本书将低碳经济、绿色经济、循环经济、财务价值创造等现代产业理念和技术融入教材建设的各个方面，满足学生全面发展的需要。

二、体例新颖，呈现形式灵活多样

本书采用项目任务化的体例，按照财务领域典型工作任务和工作步骤，开发大数据技术在财务中的应用基础、大数据技术在全面预算中的应用、大数据技术在资金

管理中的应用、大数据技术在损益管理中的应用、大数据技术在财税风险管理中的应用等项目，既涵盖传统财务会计核算，也涉足管理会计、风险控制的领域。本书配套开发有微课、电子教案、课件、习题答案等数字化教学资源，突出职业教育数字化转型，方便"教"与"学"。

三、顺应时代，注重实践能力培养

为培养适应大数据时代发展的财务会计数智化人才。对接"大智移云物区"等行业发展新技术、新要求，本书以财务会计典型工作任务为主要内容，以大数据技术为工具，将财务知识和技术应用有机融合，培养学生的财务数据分析思维，突出数智化财务工作要求，展示大数据技术应用，既考虑夯实专业基础，又注重实务认知和操练，关注专业知识的迭代提升，促进财务人才培养转型升级。

四、技术典型，满足技术迁移要求

本书紧密结合数智赋能的时代要求，选用 Power BI 作为主要工具，全面展示大数据技术在财务领域的实际应用。Power BI 作为免费的应用工具，能够确保师生在学习和实践过程中的可获得性。Power BI 的难易程度适中，有利于激发学生的学习兴趣和积极性。本书在 Power BI 应用方面涉及该工具的主要功能，确保学生能够全面了解大数据技术在财务领域的应用场景和实际操作方法，有助于培养具备高度技术迁移能力的数字化财务专业人才。

本书由重庆财经职业学院周阅、曾升科和郴州职业技术学院刘小海担任主编，重庆财经职业学院张余、左燕和广西金融职业技术学院马靖杰担任副主编，重庆财经职业学院胡翠参与编写。具体分工如下：周阅编写项目一，马靖杰编写项目二，刘小海、胡翠编写项目三，曾升科、左燕编写项目四，张余、曾升科编写项目五。在编写过程中，中联教育科技集团有限公司、掌算（重庆）信息科技有限公司在教学案例、教学工具和内容设计等方面给予了鼎力支持。

本书在撰写过程中参阅了国内外相关著作和研究成果，得到颇多启发，在此谨向作者们致以谢意。在本书出版过程中，得到了高等教育出版社的大力支持，在此表示衷心的感谢。由于编者水平有限，书中如有谬误，恳请读者不吝赐教。

编者

2024 年 11 月

诚信为本　操守为重

坚持准则　不做假账

——与学习会计的同学共勉

高等职业教育财经类专业群 智慧财经 系列教材

iCVE 智慧职教 高等职业教育在线开放课程新形态一体化教材

大数据+

大数据技术财务应用
（Power BI版）

主　编　周　阅　曾升科　刘小海
副主编　张　余　左　燕　马靖杰

- 大数据与会计
- 大数据与财务管理
- 大数据与审计
- 会计信息管理
- 财税大数据应用

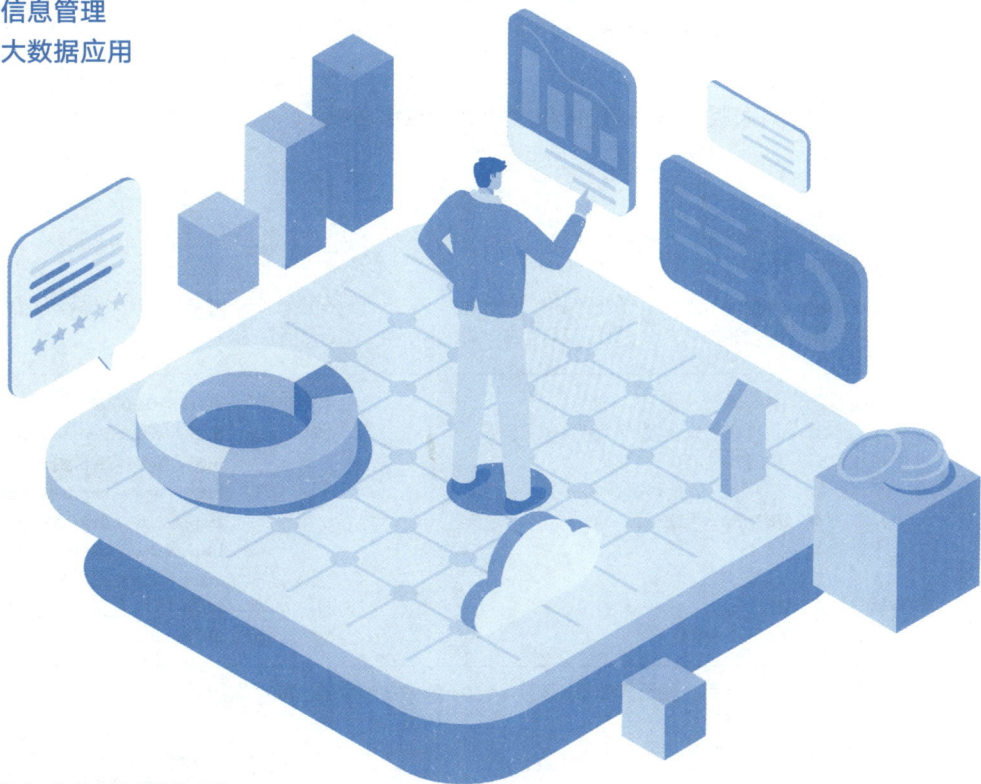

中国教育出版传媒集团

高等教育出版社·北京

内容简介

本书是高等职业教育财经类专业群智慧财经系列教材之一。

本书紧扣数字中国、数智赋能的时代脉搏，致力于培养适应现代化产业体系建设需求的财务会计数智化人才。本书重视价值引领，落实立德树人根本任务，融入党的二十大精神和党的二十届三中全会精神，培养学生践行社会主义核心价值观的自觉性。本书注重职业能力培养，将财务知识和大数据技术应用有机融合，选用 Power BI 作为主要工具进行编写。全书包括五个项目，项目一介绍大数据技术在财务中的应用基础，项目二至五分别介绍了大数据技术在全面预算、资金管理、损益管理、财税风险管理中的应用，旨在培养学生财务数据分析思维，促进财务人才转型升级。本书融情景、体验、拓展、互动于一体，以期打造生动、立体的课堂，提高学生的学习兴趣和主动性。

本书可作为高等职业教育专科、本科院校财务会计类专业的教材，教材内容与财会转型升级需求紧密相连，通过学习大数据技术在财务中的应用内容，可以帮助学习者更新专业知识，提升岗位能力，更好地适应职业岗位需求。

本书配套开发了微课、电子教案、教学课件、习题答案等数字化教学资源，教师如需获取，可登录"高等教育出版社产品信息检索系统"（xuanshu.hep.com.cn）免费下载。

图书在版编目（CIP）数据

大数据技术财务应用：Power BI版 / 周阅，曾升科，刘小海主编. -- 北京：高等教育出版社，2024.12.

ISBN 978-7-04-063187-6

Ⅰ. F275

中国国家版本馆CIP数据核字第20245DB789号

大数据技术财务应用（Power BI 版）
DASHUJU JISHU CAIWU YINGYONG

策划编辑	张雅楠	责任编辑 张雅楠	封面设计 李树龙		版式设计	马 云
责任绘图	马天驰	责任校对 张 薇	责任印制 张益豪			

出版发行	高等教育出版社	咨询电话	400-810-0598
社　　址	北京市西城区德外大街4号	网　　址	http://www.hep.edu.cn
邮政编码	100120		http://www.hep.com.cn
印　　刷	三河市宏图印务有限公司	网上订购	http://www.hepmall.com.cn
开　　本	787mm×1092mm　1/16		http://www.hepmall.com
印　　张	18.75		http://www.hepmall.cn
字　　数	310千字	版　　次	2024 年 12 月第 1 版
插　　页	1	印　　次	2024 年 12 月第 1 次印刷
购书热线	010-58581118	定　　价	49.80 元

本书如有缺页、倒页、脱页等质量问题，请到所购图书销售部门联系调换
版权所有　侵权必究
物 料 号　63187-00

目　录

项目一

大数据技术在财务中的
应用基础

学习目标

素养目标

◆ 快速掌握大数据分析新工具，培养勇于创新和不断创新的创新
精神。

◆ 钻研大数据分析新工具的使用方法，具备艰苦奋斗与不畏艰险的斗
争精神。

◆ 学习可视化看板的制作，养成自我思考和分析问题的辩证思维。

◆ 通过数据采集与整理，养成良好的信息检索素养，培育守法意识。

知识目标

◆ 了解 Power BI 的组件与功能。

◆ 熟悉数据采集的特点与步骤。

◆ 熟悉数据质量要求与处理方法。

◆ 掌握数据表的分类与关系。

能力目标

◆ 能够利用 Power BI 进行数据采集与数据处理。

◆ 能够利用 Power BI 解决数据质量问题。

◆ 能够在 Power BI 中进行数据建模并运行函数公式。

◆ 能够在 Power BI 中制作数据可视化看板。

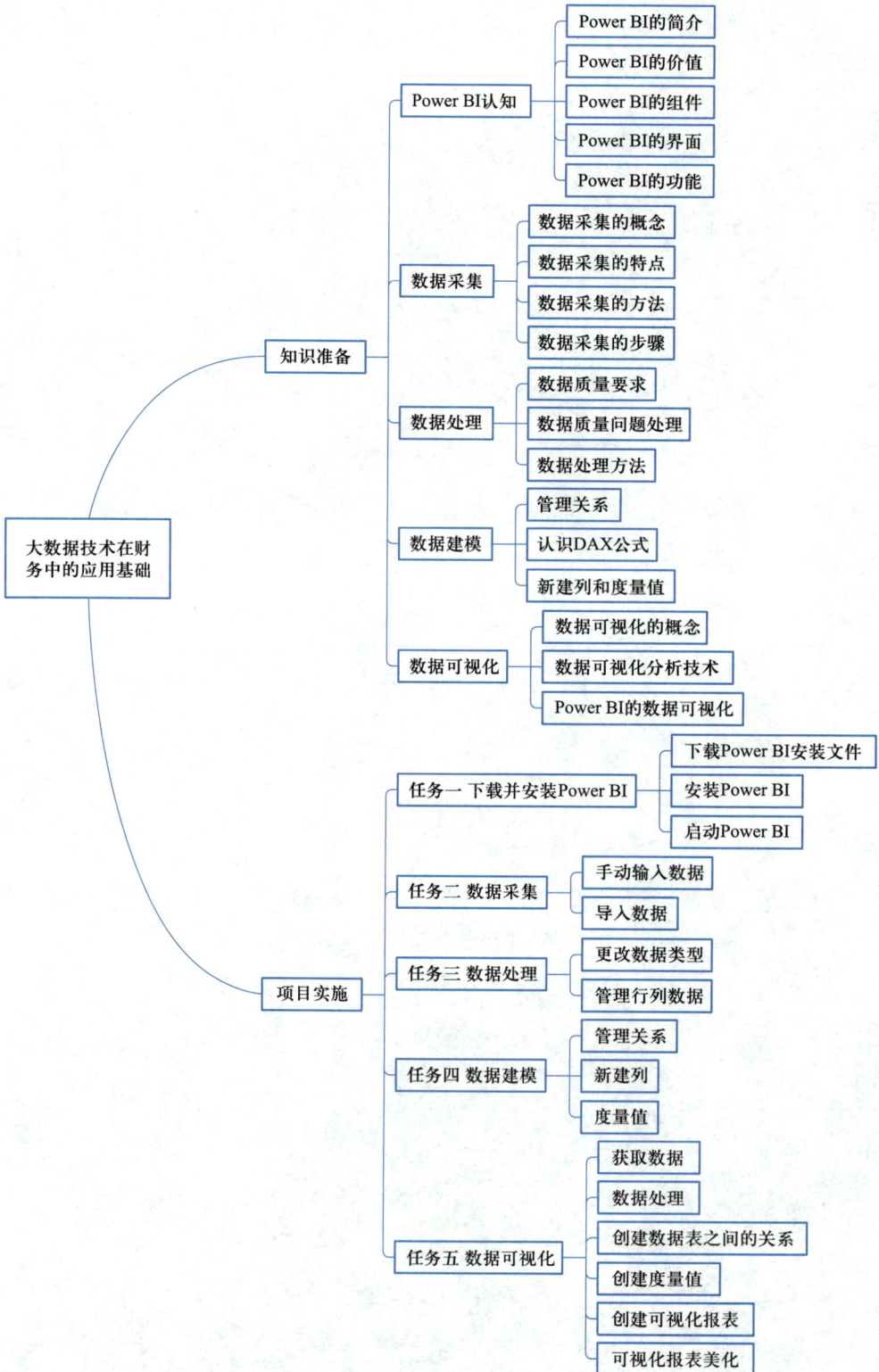

思维导图

```
                                              ┌─────────────────┐
                                          ┌───│ Power BI的简介  │
                                          │   ├─────────────────┤
                                          │   │ Power BI的价值  │
                              ┌──────────┐│   ├─────────────────┤
                          ┌───│Power BI认知├───│ Power BI的组件  │
                          │   └──────────┘│   ├─────────────────┤
                          │               │   │ Power BI的界面  │
                          │               │   ├─────────────────┤
                          │               └───│ Power BI的功能  │
                          │                   └─────────────────┘
                          │                   ┌─────────────────┐
                          │                   │ 数据采集的概念  │
                          │   ┌──────────┐    ├─────────────────┤
                          ├───│ 数据采集 ├────│ 数据采集的特点  │
                          │   └──────────┘    ├─────────────────┤
                          │                   │ 数据采集的方法  │
                          │                   ├─────────────────┤
                          │                   │ 数据采集的步骤  │
                          │                   └─────────────────┘
               ┌────────┐ │                   ┌─────────────────┐
           ┌───│知识准备├─┤   ┌──────────┐    │ 数据质量要求    │
           │   └────────┘ ├───│ 数据处理 ├────├─────────────────┤
           │              │   └──────────┘    │ 数据质量问题处理│
           │              │                   ├─────────────────┤
           │              │                   │ 数据处理方法    │
           │              │                   └─────────────────┘
           │              │                   ┌─────────────────┐
┌────────────────┐        │   ┌──────────┐    │ 管理关系        │
│ 大数据技术在财 │        ├───│ 数据建模 ├────├─────────────────┤
│ 务中的应用基础 ├────────┤   └──────────┘    │ 认识DAX公式     │
└────────────────┘        │                   ├─────────────────┤
           │              │                   │ 新建列和度量值  │
           │              │                   └─────────────────┘
           │              │                   ┌───────────────────┐
           │              │   ┌──────────┐    │ 数据可视化的概念  │
           │              └───│数据可视化├────├───────────────────┤
           │                  └──────────┘    │ 数据可视化分析技术│
           │                                  ├───────────────────┤
           │                                  │ Power BI的数据可视化│
           │                                  └───────────────────┘
           │
           │                  ┌──────────────────────┐   ┌───────────────────┐
           │              ┌───│任务一 下载并安装Power BI├───│ 下载Power BI安装文件│
           │              │   └──────────────────────┘   ├───────────────────┤
           │              │                               │ 安装Power BI      │
           │              │                               ├───────────────────┤
           │              │                               │ 启动Power BI      │
           │              │                               └───────────────────┘
           │              │   ┌──────────────┐            ┌──────────────┐
           │              ├───│任务二 数据采集├────────────│ 手动输入数据 │
           │              │   └──────────────┘            ├──────────────┤
           │              │                               │ 导入数据     │
           │              │                               └──────────────┘
           │              │   ┌──────────────┐            ┌──────────────┐
           │              ├───│任务三 数据处理├────────────│ 更改数据类型 │
           │   ┌────────┐ │   └──────────────┘            ├──────────────┤
           └───│项目实施├─┤                               │ 管理行列数据 │
               └────────┘ │                               └──────────────┘
                          │   ┌──────────────┐            ┌──────────────┐
                          │   │              │            │ 管理关系     │
                          ├───│任务四 数据建模├────────────├──────────────┤
                          │   └──────────────┘            │ 新建列       │
                          │                               ├──────────────┤
                          │                               │ 度量值       │
                          │                               └──────────────┘
                          │                               ┌──────────────────┐
                          │                               │ 获取数据         │
                          │                               ├──────────────────┤
                          │                               │ 数据处理         │
                          │   ┌───────────────┐           ├──────────────────┤
                          └───│任务五 数据可视化├──────────│ 创建数据表之间的关系│
                              └───────────────┘           ├──────────────────┤
                                                          │ 创建度量值       │
                                                          ├──────────────────┤
                                                          │ 创建可视化报表   │
                                                          ├──────────────────┤
                                                          │ 可视化报表美化   │
                                                          └──────────────────┘
```

项目导入

大数据技术助力财务数字化转型

当前，新一轮科技革命和产业变革深入发展，数字化转型大势所趋。《中华人民共和国国民经济和社会发展第十四个五年规划和 2035 年远景目标纲要》提出，迎接数字时代，激活数据要素潜能，推进网络强国建设，加快建设数字经济、数字社会、数字政府，以数字化转型整体驱动生产方式、生活方式和治理方式变革。国务院印发的《"十四五"数字经济发展规划》就不断做强做优做大我国数字经济提出具体举措。党的二十大报告指出，加快发展数字经济，促进数字经济和实体经济深度融合，打造具有国际竞争力的数字产业集群。数字时代对会计数字化转型提出了必然要求。加快推进会计数字化转型，一方面是贯彻落实国家信息化发展战略、推动数字经济和实体经济深度融合、建设数字中国的必然选择；另一方面对于推动会计职能拓展、提升我国会计工作水平和会计信息化水平具有重要意义。

大数据技术是近年来为了适应时代发展需求应运而生的新型网络数据处理技术。数据采集、数据整理、数据分析和数据可视化均是大数据技术在商业可视化分析中的应用。目前市场中的商业可视化分析工具有很多，比如 Tableau、ECharts、Smartbi、Power BI 等，其中 Power BI 的应用范围较广、使用较便捷、呈现效果较好。以其为例，大数据技术在财务中的应用优势在于：一是可以对更细致、更多维、更多元的数据进行整合与统计；二是可以加快财务工作的效率，提升财务工作的效果；三是可视化的财务分析结果被更清晰地呈现后，可以提高财务决策的效率。近些年来，多数的商业可视化分析工具实现了商业智能大众化的重大目标，商业智能分析成为企业的标配，而且能为每个人所用，即"人人都是数据分析师"。

【项目要求】

Power BI 便于操作且功能强大，以视窗作为主要的交互方式，它能够把静态数据转换为精美的可视化报表，根据过滤条件动态筛选数据，从不同角度和维度分析数据，并通过使用实时仪表板和报表来可视化数据，让抽象枯燥的数据变得形象生动。

小新是公司数据分析岗位的新手，部门负责主管给了小新部分营业数据让其分析，最终以一个可视化看板作为验收成果。在主管的指导下，小新逐步认识、探索、掌握 Power BI 的基本操作，包括以下 5 部分内容。

（1）下载并安装 Power BI。熟悉 Power BI 软件的组件、界面、功能等。

（2）数据采集。利用 Power BI 完成数据采集。

（3）数据处理。根据分析目标，在 Power BI 中对采集的数据进行处理。

（4）数据建模。根据分析目标，在 Power BI 中对已经完成处理的数据进行建模，以便后续分析。

（5）数据可视化。在 Power BI 中对处理好的数据进行可视化分析，并制作精美的可视化看板。

【知识准备】

一、Power BI 认知

（一）Power BI 的简介

1. Power BI 的定义

Power BI 是微软公司官方推出的一个让非技术人员也能做到有效地整合企业数据并快速准确地提供商业智能分析的数据可视化"神器"和自助式商业智能（Business Intelligence，BI）分析工具。它既是员工的个人报表和数据可视化工具，也可当作项目组、部门乃至整个企业进行分析和决策的引擎使用。Power BI 分为在线版和桌面版（Power BI Desktop），本书以 Power BI Desktop 为例对 Power BI 进行讲解。

2. Power BI 的特点

Power BI 能够支持各种数据源的接入，包括文件、本地数据库、各种云数据库和其他外部数据库，也能够支持用户在任何地方编辑和修改报表。用户可以在得到授权的情况下，在 PC 端、移动端等任何平台上查询、检索、分析相关数据并作出决策。

（二）Power BI 的价值

Power BI 的价值可以归纳为以下几点：

一是获取全面数据：Power BI 可以将企业资源计划（Enterprise Resource Planning, ERP）等信息系统的数据直接延伸到决策者的桌面，打通信息化的"最后一公里"，让决策者全面掌握企业经营数据，从而真正体现出信息化的价值。

二是提供信息搜索引擎：Power BI 可以及时、准确地呈现关键信息，让决策者远离"信息洪水"，有更多的机会思考；决策者可以对相关信息进行任意关联钻取[①]，使其决策思维不再受到限制。

三是用数字说话，实现科学决策：通过 Power BI，决策者不仅可以知道分析结果，还可以知道过程及原因；不但可以进行事后分析，还能实现事前预警。

四是提倡绿色 BI：绿色是指杜绝资源的浪费，技术资源也是如此，Power BI 能让开发者以更少的代价开发出优秀的 BI 解决方案并实现应用。

（三）Power BI 的组件

所有的数据分析过程都可以分为三步：获取数据、数据建模和可视化展示。这三步的最终目的是用数据来讲故事，告诉听众分析的结果，说服听众采纳分析者的建议。Power BI 通过调用 Power Query、Power Pivot、Power View、Power Map 四个组件，能够快速地呈现可视化结果。

其中，Power Query 主要用于获取和整理数据，一般分为"抽取——转换——加载"三个过程，可以把数据源转换成使用者想要的格式；Power Pivot 主要用于数据建模和分析，即把各维度数据（比如时间、地区、产品等）组合起来建立模型，实现按自定义维度进行分析的功能；Power View 主要用于数据可视化，生成各类交互式报表，清晰地展示美观易读、有影响力的图表，达到用数据讲故事的目的。Power Map 是一种三维数据可视化工具，可用于以新方式查看信息。

（四）Power BI 的界面

Power BI Desktop 的工作界面上主要有功能区、画布区、图表类型、视图图表等，如图 1-1 所示。

---

① Power BI 的钻取（Drill）是一种强大的数据探索功能，它允许用户快速获取数据详细信息。

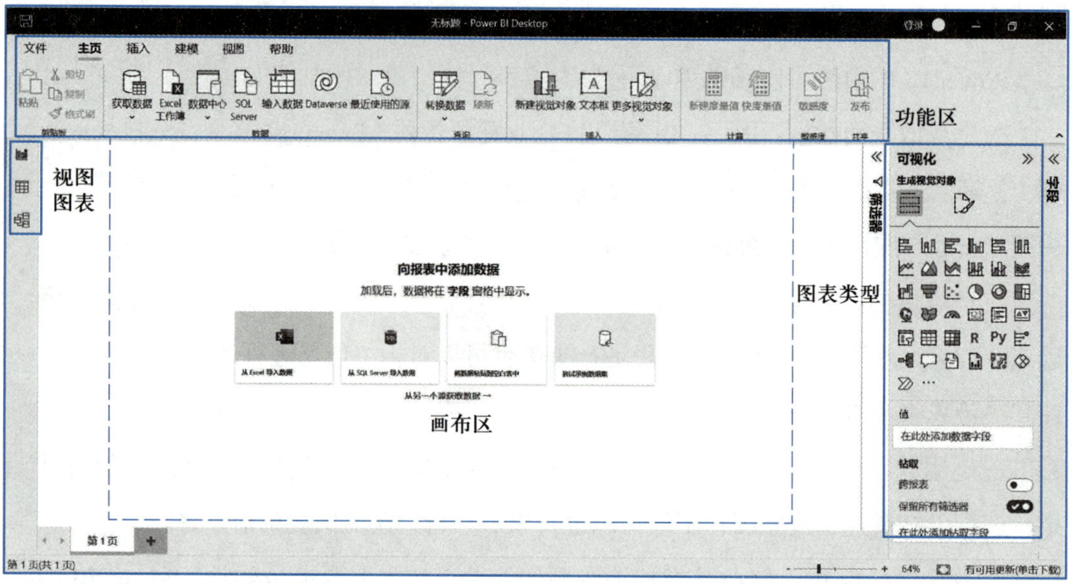

图 1-1　Power BI 主窗口界面

Power BI 工作界面有三个视图图表界面，分别是"报表视图""表格视图"和"模型视图"，可通过单击位于界面左侧的视图图表相关图标来更改视图。在 Power BI 中用来存储并处理数据集的文件叫报表，报表用于对数据集进行多维度分析，使用视觉对象可以展示数据集呈现的各种关键信息和相关关系。Power BI 内置多种可视化控件，能够比较方便地创建美观的报表。"报表视图"为可视化报表操作界面，启动 Power BI 后默认打开的界面即为"报表视图"，如图 1-1 所示。

如图 1-2 所示的界面为"表格视图"，此界面下可进行数据清洗、数据筛选和度量值建立等各种操作，是报表数据进行交互式可视化的关键环节。如图 1-3 所示的界面为"模型视图"，在此界面下可以管理和建立数据关系，构建财务模型。

（五）Power BI 的功能

Power BI 是一套集表格视图管理、数据转换管理、OLAP 数据库管理、多维报表设计、多维报表浏览、智能分析报告设计、即席报表设计、安全管理体系等功能的一体化商业分析工具。

1. 表格视图管理

通过数据字典及表格视图管理，Power BI 可将信息系统的数据库结构翻译成业务语言。当把不同业务主题涉及的表间关联关系固定下来后，报表及分析模型的开发者就可以将分析需要用到的字段拖动过来，自动生成 SQL 查询脚本，使得非信息技术专业的业务人员也可轻松设计报表及分析模型，并可连接任意数据源，如 SQL Server、Oracle、MySQL、Informix、Excel、OLAP 等。

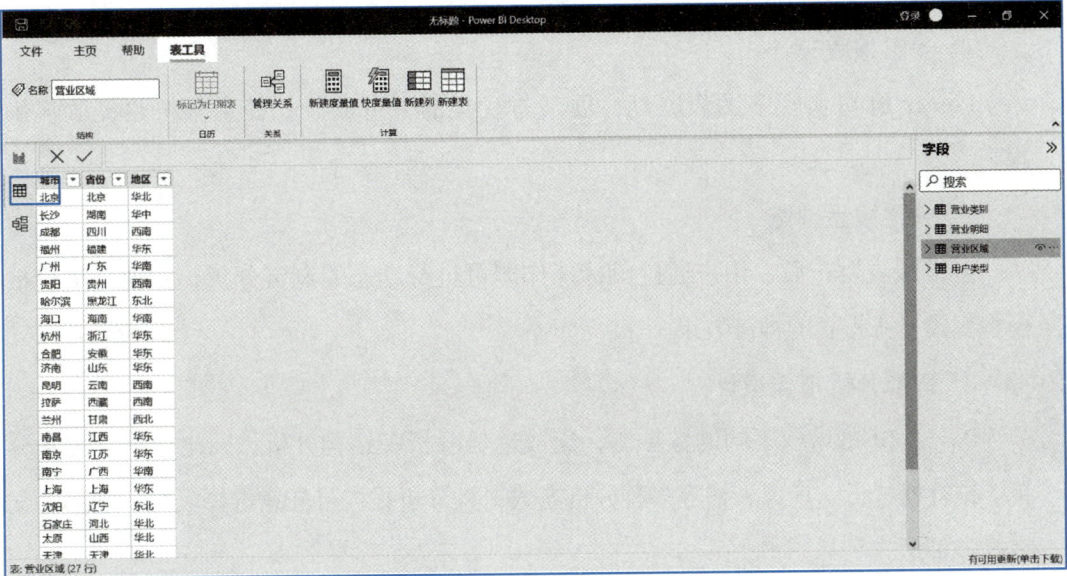

图 1-2　表格视图

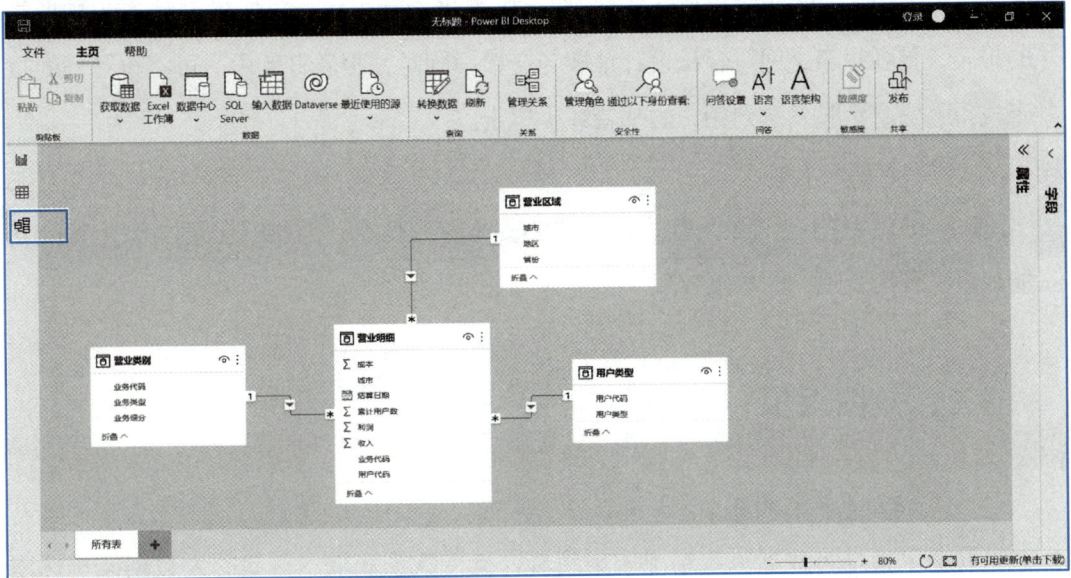

图 1-3　模型视图

2. 数据转换管理

通过数据转换管理，Power BI 可根据不同的分析主题，实现从任意数据源将海量数据通过全量与增量的数据更新策略，抽取、转换、装载到数据仓库中。

3. OLAP 数据库管理

通过数据转换，Power BI 将源数据抽取到数据仓库中后，可根据分析需求创建分析模型。

4. 多维报表设计

Power BI 可实现多图表联动，展现方式灵活，可以设计任意分析路径的多维报表。

5. 多维报表浏览

多维报表发布后，用户通过鼠标操作即可进行动态的浏览分析，实现一个分析模型变成多张报表的神奇效果。

6. 智能分析报告设计

Power BI 可读取不同的数据源，集成趋势分析、结构分析、同比分析、因素分析、排行榜分析、任意表格等多种分析方式，且分析报告可任意选择表格、图形、文字等多种形式。

7. 即席报表设计

Power BI 提供简单的向导模式，加上可视化设计界面，可快速设计出各种形式的报表，且各报表之间可轻松设计钻取与链接。同时，报表订阅中心可将设计好的报表或预警信息定时发送到用户的邮箱或手机上。

8. 安全管理体系

Power BI 具有功能强大且管理简单的安全管理体系，包括开发端与浏览端的功能权限以及浏览用户的数据权限。

二、数据采集

（一）数据采集的概念

数据采集是将数据从数据源采集到可以支持数据获取、存储的大数据架构环境的过程，是进行数据分析和数据挖掘的基础。采集到的数据影响着数据分析和数据挖掘的结果。

（二）数据采集的特点

数据采集有四个基本特征，即规模性、全面性、多维度和及时性。

1. 规模性

数据采集时会充分考虑企业规模和数据规模的增长，应提前做好数据信息积累的准备。

2. 全面性

数据采集会全面收集各种数据基础和方法，贯穿企业与客户关联的整个周期。

3. 多维度

数据采集会收集数据足够全面的属性、维度及其他指标，使积累的数据达到更高质量，最终实现交叉贯穿，实现有效的数据分析。

4. 及时性

数据采集及时性的提高，能够帮助用户提高后续数据应用的及时性。

（三）数据采集的方法

数据采集根据采集数据的类型可以分为不同的方法，主要有：接口采集、传感器采集、爬虫技术采集、埋点采集、录入采集等。

1. 接口采集

多数企业都有对外的接口，以提供数据并帮助自身数据的分析。例如，通过某些外部社交平台的数据接口可以规范性地获得一些用户使用数据，帮助企业自身更好地运营。

2. 传感器采集

传感器采集是指通过温湿度传感器、气体传感器、视频传感器等外部硬件设备与系统进行通信（形成物联网），将传感器监测到的数据传至系统中进行采集使用。

3. 爬虫技术采集

爬虫技术一般可以对开放数据进行采集，如网页的内容数据或特定行业的公开数据。爬虫技术可以帮助开发者自动化地、系统化地收集网页上的数据。

4. 埋点采集

埋点采集是应用系统分析的一种常见数据采集方法。埋点采集数据的方法广泛存在于网站、手机应用之中。

以网站埋点为例，其一般存在于网站按钮或者访问记录上，系统前端会有相应代码记录用户的操作行为并将其传递给后台，最终可能以日志或者数据库表格数据的形式记录下来，变成业务数据集中的一部分，以方便后续数据分析师利用这些用户数据，建立用户画像，做分层模型，以实现精准营销。

5. 录入采集

录入采集是指通过使用系统录入页面将已有的数据录入至系统中。录入采集主要分为人工录入和条形码录入两种。

（1）人工录入是应用最早的数据采集方式。目前，在部分制造型企业的特定场合中仍然会使用人工录入的方式。企业通常会以记录卡片的方式进行现场数据信息的采集，再通过手动输入的方式将这些数据信息保存到计算机系统里。

（2）条形码技术在数据采集方面的发展，在很大程度上取代了人工录入方式。条形码录入利用计算机软件应用与生产实践相结合，可在一定范围内进行数据的自动采集与处理，从而取代了人工录入操作。目前，利用条形码进行数据采集的方式应用较为广泛，比如书本封面、快递邮件、固定设备标识等都附有可供快速录入数据的条形码。

（四）数据采集的步骤

一般而言，数据采集包括确定数据分析需求、确定数据来源及采集方法、完成数据采集、数据验证和数据存储五个步骤。具体如图1-4所示。

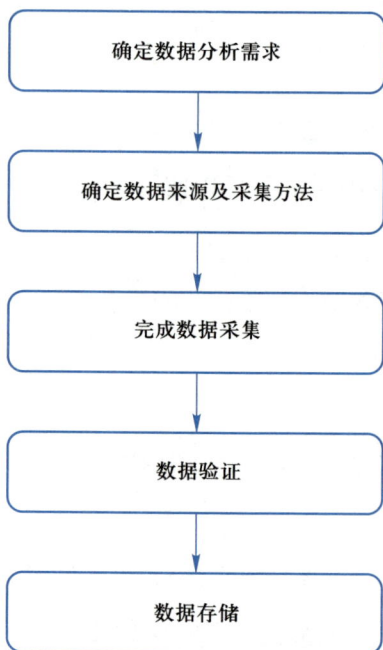

图1-4　数据采集的步骤

1. 确定数据分析需求

在事前调查的基础上，确定分析目标和分析指标，将指标分解后确定数据需求。

2. 确定数据来源及采集方法

根据分析目标和数据需求来确定数据采集范围和采集方法。数据需求不同，数据采集范围不同，采用的采集方式也可能不同。

3. 完成数据采集

根据数据需求，获取所需要的相关数据。

4. 数据验证

对获得的数据进行检查，以保证数据采集的真实性和完整性。

5. 数据存储

将采集的所需数据进行有效存储，不得篡改、泄露。

三、数据处理

（一）数据质量要求

数据质量直接影响着数据的价值，并且直接影响着数据分析的结果以及利益相关者据此做出的决策的质量。一般来说，评价数据质量的主要指标有以下几个。

1. 准确性

数据的准确性是指数据采集值或观测值与真实值之间的接近程度，也叫做误差值，误差越大，准确度越低。数据的准确性会受到数据采集方法的影响。

2. 完整性

数据的完整性是以数据被采集到的程度来衡量的，其衡量的是应采集到的数据和实际采集到的数据之间的差异。

3. 全面性

数据的全面性与完整性不同，全面性是指数据采集一般不存在遗漏情况。

4. 真实性

数据的真实性也叫数据的正确性，它取决于数据采集过程的可控程度，可控程度高、可追溯情况好，数据的真实性就容易得到保障；而可控程度低或者无法追溯，即数据造假后无法追溯，数据真实性则难以得到保证。

5. 一致性

数据的一致性是指数据源中数据对特定约束条件的满足程度。

6. 唯一性

数据的唯一性是指数据源中数据记录以及编码是否唯一。

7. 适时性

数据的适时性是指在所要求的或指定的时间提供一个或多个数据项的程度。其中包括及时性和即时性，数据的及时性是指数据能否在需要的时候得以提供；数据的即时性衡量的是数据采集时间节点和数据传输的时间节点，若一个数据在数据源头采集后被立即存储，并被立即加工呈现，那么它就是即时数据；如果经过一段时间之后再传输到信息系统中，则数据的即时性就稍差。

8. 有效性

数据的有效性是指维护的数据足够严格以满足分类准则的接受要求。

（二）数据质量问题处理

1. 不完整数据的处理

不完整数据是指有缺失值，比如在记录中为空记录，在 Power BI Desktop 中显示为"空白"，如图 1-5 所示，在 Power Query 编辑器中显示为 null 值，如图 1-6 所示。缺失值并不等同于"0"，由于其不能参加如查询、筛选、汇总等数据分析，在数据分析过程中会被遗漏，因此必须对数据表中的空值进行处理。

订单编号	订单时间	商品编码	城市编码	客户编码	原单价	折扣	销售单价	销售数量	销售金额
100001942	2024年1月25日		28	41	60	0.98	58.8	30	1764
100001623	2024年1月18日		28	41	53	0.85	45.05	30	1351.5
100001716	2024年1月20日		2	38	80	1	80	40	3200
100002035	2024年1月27日		17	27	53	1	53	40	2120
100001849	2024年1月23日		39	28	120	1	120	10	1200

图 1-5　在 Power BI Desktop 中"商品编码"信息缺失

`= Table.SelectRows(更改的类型, each ([商品编码] = null))`

	订单编号	订单时间	商品编码	城市编码	客户编码	
1	100001623	2024-1-18	null	28	41	
2	100001716	2024-1-20	null	2	38	
3	100001849	2024-1-23	null	39	28	
4	100001942	2024-1-25	null	28	41	
5	100002035	2024-1-27	null	17	27	

图 1-6　在 Power Query 编辑器中"商品编码"信息缺失

通常对不完整数据的处理方法有删除和填补两种，填补包括均值填补法、K 近邻填补法、多重插补法、随机森林填补法等。

2. 错误数据的处理

错误数据通常是指不符合逻辑的数据，如日期超出数据范围、销售金额为负等，如图 1-7 所示。错误数据的存在不利于数据分析及判断，需要分析人员对其进行确认并处理。错误数据的处理方法通常包括删除和修正错误值。

订单编号	订单时间	商品编码	城市编码	客户编码	原单价	折扣	销售单价	销售数量	销售金额
100001038	2024年1月2日	8	7	54	120	0.8	96	50	-4800
100001269	2024年1月32日	4	33	42	300	1	300	40	-12000

图 1-7　错误数据

3. 不一致数据的处理

不一致数据是指在同一个字段中存在数据类型或数据内容不一致的情况，如图 1-8 所示，"订单时间"字段中，有的数据值为日期格式，有的数据值则因数据录入错误而为非日期格式。为方便后续的数据分析，需要进行数据集成和数据变换，把不一致数据值转化成统一的格式来表示。

订单编号	订单时间	商品编码	城市编码	客户编码	原单价	折扣	销售单价	销售
100020997	2024-10-1	18	5	5	60	0.88	52.8	
100020969	2024-10-1	9	10	30	28	1	28	
100020986	2024-10-1	3	17	27	240	1	240	
100001202	2024#1#8	18	32	4	60	1	60	
100020911	2024-10-1	12	6	16	85	1	85	
100021016	2024-10-1	16	29	13	35	1	35	
100020992	2024-10-1	15	3	12	86	1	86	
100001161	2024#1#7	17	37	2	66	1	66	
100021011	2024-10-1	35	6	16	55	1	55	
100020972	2024-10-1	30	6	16	25	1	25	
100020942	2024-10-1	12	30	25	85	1	85	

图 1-8　不一致数据

4. 重复数据的处理

重复数据是指同一个数据存在多条记录，如图 1-9 所示，其中"订单编号"为"100001129"和"100001130"的数据各重复出现了两次且其中各个字段的值都一样，这就是重复数据，为了保证数据分析结果的准确性，需要分析人员对这些重复的数据进行确认，找出造成数据重复的原因并进行处理。重复数据的处理方法主要是根据设定的条件进行删除。

订单编号	订单时间	商品编码	城市编码	客户编码	原单价	折扣	销售单价	销售数量	销售金额
100001127	2024-1-6	24	8	49	78	0.98	76.44	30	2293.2
100001128	2024-1-6	28	25	45	50	1	50	30	1500
100001129	2024-1-6	31	18	47	18	0.88	15.84	30	475.2
100001129	2024-1-6	31	18	47	18	0.88	15.84	30	475.2
100001130	2024-1-6	21	21	6	142	0.88	124.96	40	4998.4
100001130	2024-1-6	21	21	6	142	0.88	124.96	40	4998.4
100001131	2024-1-6	3	19	9	240	0.95	228	20	4560
100001132	2024-1-6	20	15	34	80	1	80	20	1600

图 1-9　重复数据

（三）数据处理方法

目前，根据数据分析技术能力和相关工作中的具体要求，并考虑数据处理方法的经济性和可操作性，常用的数据处理方法可分为数据清洗、数据加工、数据集成、数据规约等。其中，数据清洗包括表格式转换、字段格式转换、重复值处理、错误值处理、异常值处理、缺失值处理等；数据加工包括字段计算、字段合并、字段分组、行列切换、数据标准化、数据规范化、数据离散化、对数转换等；数据集成主要包括数据聚合、数据合并、数据链接等；数据规约主要包括数据抽样、维度规约等。

四、数据建模

（一）管理关系

1. 认识表

为各查询表创建关系是分析数据的前提，为查询表之间建立关系的过程就是数据建模。两个表通过创建关系连接在一起后，就可以使用其中的数据进行分析了。

在 Power BI 中，通常把表分为事实表和维度表。事实表中包含描述业务内特定事件的数据，如销售收入等。维度表是维度属性的集合，属性的集合构成一个维度，可以将它理解为分类的标准和依据。在图 1-10 中，"营业区域""营业类别""用户类型"是维度表，"营业明细"是事实表。

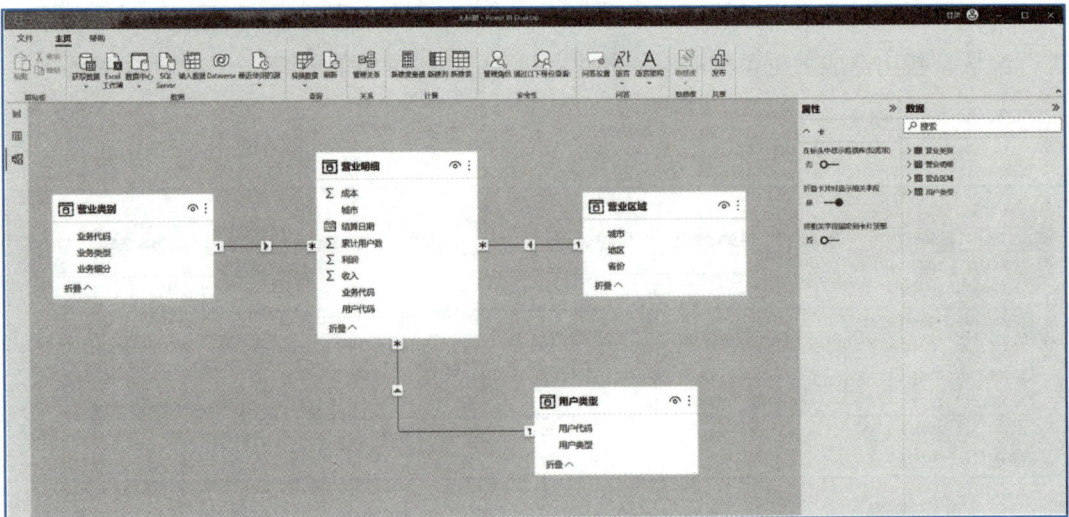

图 1-10　事实表和维度表

2. 认识关系及关系模型

进行数据建模时，首先要进行数据关系的管理。数据关系是指事实数据的关系。在不同表的数据之间创建关系，可以增强数据分析的能力。

（1）认识关系。在 Power BI 中，关系指的是两个数据表之间建立在两表均有的某列的基础上的联系。例如，在如图 1-11 所示的门店表和销售表中，通过"店铺 ID"可以建立两表之间的关联，即关系。

关系可以分为以下 3 类。

① 一对多（1∶*）关系。一对多关系是指一个表（通常是维度表）中的列具有某个值的一个实例，而与之关联的另一个表（通常是事实表）中的列则具有同一个值的多个实例。例如，门店表中的"店铺 ID"具有唯一实例，而销售表中对于相同的"店铺 ID"则具有多个实例。门店表通过"店铺 ID"和销售表建立的关系就是一对多（1∶*）的关系。

② 多对一（*∶1）关系。多对一关系与一对多关系正好相反，是指一个表（通常是事实表）中的列具有一个值的多个实例，而与之关联的另一个表（通常是维度表）中的列仅具有一个值的一个实例。例如，销售表通过"店铺 ID"和门店表建立关系，即多对一（*∶1）的关系。

③ 一对一（1∶1）关系。一对一关系是指一个表（通常是事实表）对应另一个表（通常是维度表）的记录有一一对应的关系。例如，如图 1-12 所示的产品表中的"产品 ID"对应产品分类表中的"产品 ID"，即一对一（1∶1）的关系。

在 Power BI 关系设置中，还需要对关系的交叉筛选器方向进行设置。对于大多数关系，交叉筛选器方向均设置为"双向"筛选，它是指连接的两张表可以互相筛选；设置为"单向"筛选则适用于依据维度表的维度单向对事实表数据进行汇总。在默认情况下，Power BI Desktop 会将交叉筛选器方向设置为"双向"，但如果是从 Excel、Power Pivot 导入数据，则默认将所有关系设置为"单向"。

（2）关系模型的布局模式。在 Power BI 中，关系模型的布局模式是指建立了关联的维度表与事实表的摆放样式，主要有两种：星形和雪花形。

① 星形布局模式。星形布局模式的特点是在事实表外侧只有一层维度表，所有维度表都直接与该事实表关联，呈现的形状就像星星一样，如图 1-11 所示。

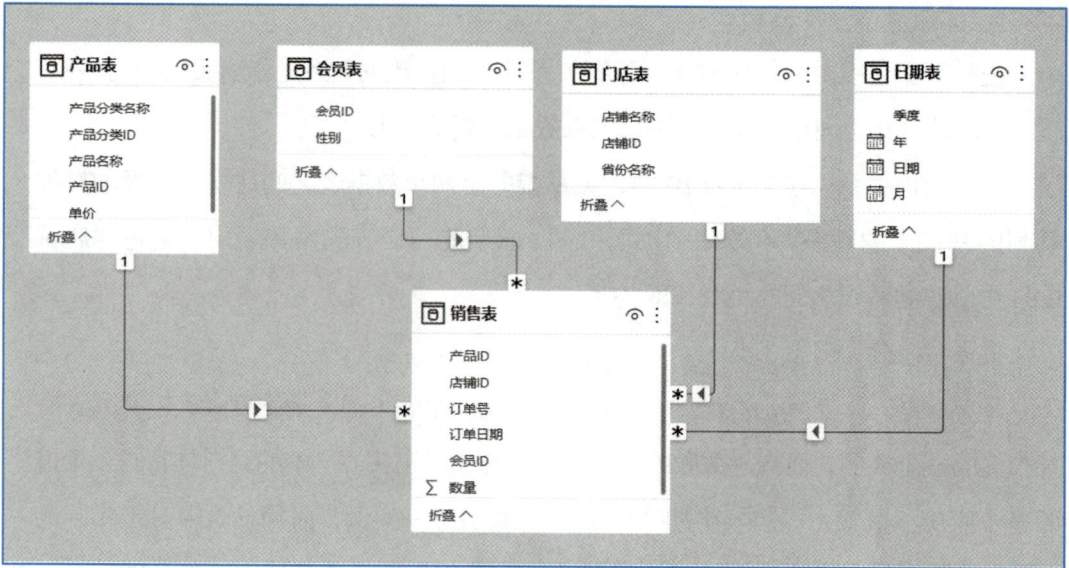

图 1-11　星形布局模式的关系视图

② 雪花形布局模式。雪花形布局模式的特点是在事实表外侧有多层维度表，每个维度都可能串起多个维度表，就像雪花一样由中心向外延伸，如图 1-12 所示。

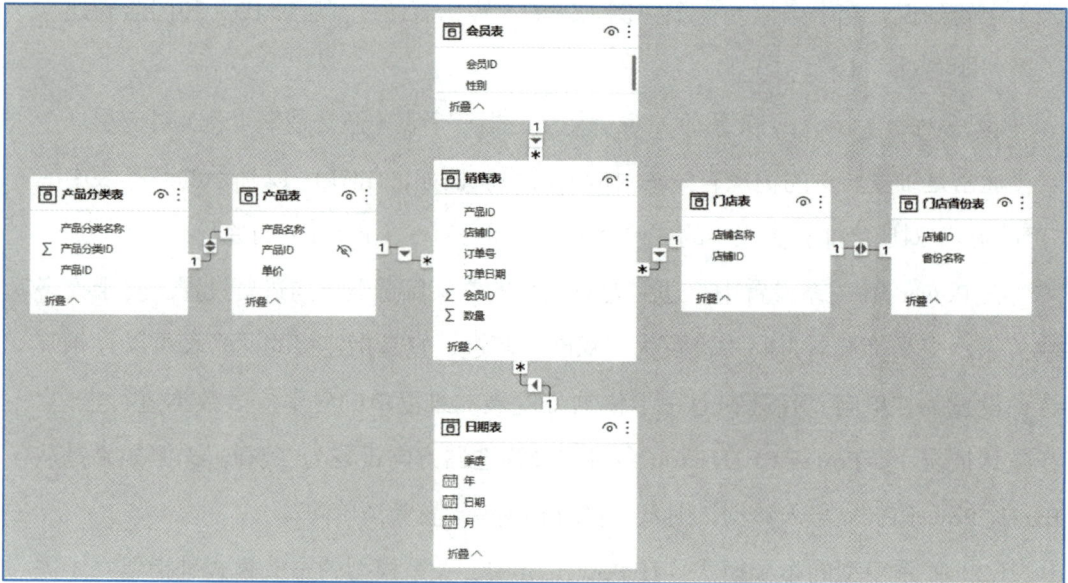

图 1-12　雪花形布局模式的关系视图

两者的区别是：星形布局模式在事实表外侧只有一层维度表，而雪花形布局模式在事实表外侧可以有多层维度表。显然，星形布局模式较为简单，且更容易掌控，所以一般建议采用星形布局模式。如果在一个维度上有多个维度表，则需要想办法把它们合并到一个维度表上，从而简化维度表的结构。例如，可以将如图 1-12 所示的产品分类表和产品表合并到一个维度表中，将门店表和门店省份表合并到一个维度表中，将其转化为星形布局模式。

星形布局模式属于一种理想的布局模式，在实际工作中，应尽量使用此种模式；当不可避免地需要用到多层维度表时，再选择雪花形布局模式。原则上讲，尽量不要使用这种叠加多层维度表的雪花形布局模式。

（3）模型视图。Power BI 主窗口有三种视图，分别是"报表视图""表格视图"和"模型视图"。其中"表格视图"中显示的数据是已经加载到关系模型中的数据。在"模型视图"界面中，可以建立和管理加载到关系模型中的数据之间的关系。"模型视图"界面如图 1-13 所示。

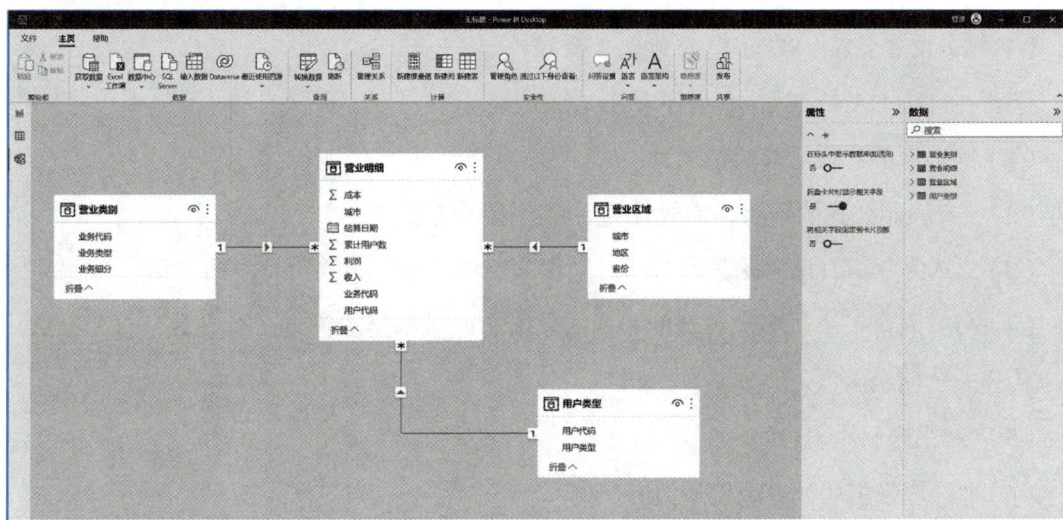

图 1-13 "模型视图"界面

在图 1-13 中，"营业类别""营业明细""营业区域""用户类型"是数据块，每个表占据一个数据块。数据块最上方为标题栏（即表的名称），标题栏下面是对应表中的各标题字段。图中连接"营业类别"与"营业明细"之间的线为关系线，它表示两个表之间建立了连接。当关系线为实线时为可用关系，关系线为虚线时则为不可用关系，即关系无效。两个表通过创建可用关系连接在一起后，可以像在单个表中使用数据一样使用两个表中的数据。

（二）认识 DAX 公式

DAX 是公式或表达式中可用于计算并返回一个或多个值的函数、运算符或常量的集合，它是一种函数语言，可以包含嵌套函数、条件语句和值引用等其他内容，DAX 常称为 DAX 公式或 DAX 函数。DAX 的执行从最内部的函数参数开始，然后逐步向外计算。

1. DAX 语法

DAX 语法包括组成公式的各种元素，简单说就是公式的编写方式。DAX 公式的特点如下：

（1）类似于 Excel 函数。

（2）基于列或表计算。

（3）引用"表""列"或度量值。

（4）通过输入单引号或中括号启动智能感知。

【实例】销售金额 =SUM（'销售表'''金额"）

解析：这个 DAX 公式中包含了如下语法元素。

（1）销售金额：表示度量值名称。

（2）=：表示公式的开头，完成计算后将会返回结果。

（3）SUM：表示 DAX 函数名，即对销售表中"金额"列的所有数据求和。

（4）()：内含一个或多个参数的表达式。所有函数都至少需要一个参数，这个参数可以传递一个值给函数。

（5）'：用来引用表名。

（6）""：用来引用列名或度量值名。

（7）销售表：表示引用的表名。

（8）金额：表示引用的字段列。

（9）DAX 公式"销售金额 =SUM（'销售表'''金额"）"表达的含义是：对销售表中的"金额"字段求和并生成"销售金额"度量值。

---

2. DAX 运算符

与 Excel 一样，DAX 公式也是使用加减乘除符号进行运算的，并使用小括号"()"来调整运算的优先次序。

3. DAX 函数

DAX 拥有许多可用于组织或分析数据的函数，包括聚合函数、逻辑函数、信息函数、数学函数、文本函数、转换函数、日期函数、关系函数、高级聚合函数、时间智能函数、筛选器函数等。下面主要介绍 CALCULATE 函数和 DIVIDE 函数。

（1）认识 CALCULATE 函数。CALCULATE 函数被称作 DAX 中最强大的计算器函数，其一般格式为"CALCULATE（表达式条件 1，条件 2，…）"。其中的第一个参数"表达式条件 1"是计算表达式，可以执行各种聚合运算；从第二个参数"条件 2"开始是一系列筛选条件（也可以为空），多个筛选条件之间用逗号隔开。CALCULATE 函数中所有筛选条件的交集形成最终的筛选数据集合，它根据筛选出的数据集合执行第一个参数的聚微合运算并返回运算结果。参考示例如图 1-14 所示。

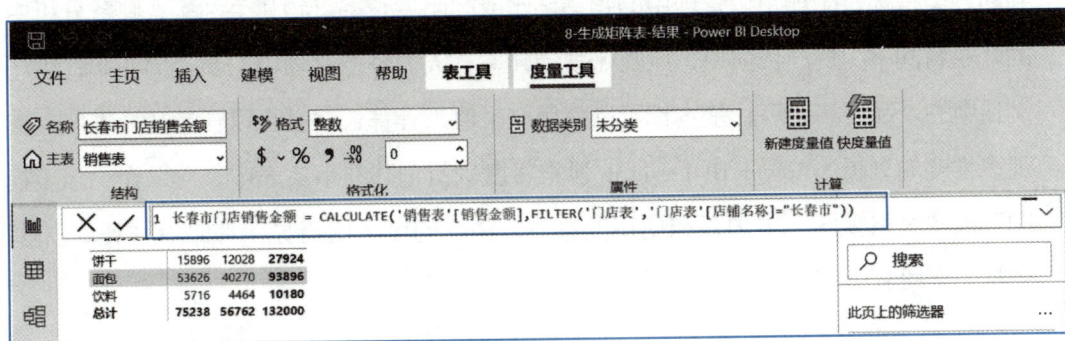

图 1-14　CALCULATE 函数示例

（2）认识 DIVIDE 函数。在进行数据分析时，很多指标都是相对值，如环比增长率、利润率、存货周转率、离职率、借款逾期率等，它们的数学表达式都使用了除法。虽然可以使用运算符"/"进行除法运算，但当分母为 0 时系统会报错。

DIVIDE 函数又叫安全除法函数，其格式为"DIVIDE（分子，分母）"。它的好处是当分母为 0 时，系统不报错，可以显示为空或其他特定信息。如：

销售金额环比 =DIVIDE（'销售表'''销售金额 "-'销售表'''上月销售额 "，'销售表'''上月销售额 "）

（三）新建列和度量值

1. 新建列

新建列也叫创建计算列，创建过程中通常会用到 DAX 公式。在进行数据分析的时候，可以凭借现有的数据生成需要的数据字段，例如，数据表中已有"单价"和"数量"字段，通过这两个字段就可以得到"金额"字段的数据（金额 = 单价 × 数量）。这种类型的表叫作列存储式表，即每一列都是按照一个公式逻辑来计算。

2. 新建度量值

度量值是用 DAX 公式创建的一个虚拟字段的数据值，通常可以理解为要分析的数据指标。它不改变源数据，也不改变数据模型。度量值是 Power Bl 数据建模的关键因素，常见于数据分析中，如求和、求平均值等。在实际操作中，也可以使用 DAX 公式创建更高级的计算。

度量值可以随着不同维度的选择而变化，一般在报表交互时使用，以便进行快速和动态的数据浏览。例如，要想查看不同产品、不同年度、不同门店、不同性别会员的销售数量和销售金额情况，就可以利用度量值瞬间生成查询数据。商业分析中用到的各类指标，比如销售管理中的销售环比或同比增长率、销售毛利率；财务分析中的营业利润率、资产负债率、应收账款周转率；人力资源管理中的员工离职率；生产制造中的产品合格率等，基本都可以使用度量值来计算，并且可以任意变换维度，实现多维度的分析。Power BI Desktop 通常将度量值创建在事实表中。可以在"报表视图"或"表格视图"中创建和使用度量值，创建的度量值将显示在带有"计算器▦"图标的字段列中。

五、数据可视化

（一）数据可视化的概念

数据可视化是指利用信息技术将数据及数据之间的关系通过视觉图像、图形、计算机视觉、界面等展示给信息需求者的一种技术方法。

（二）数据可视化分析技术

1. 数据可视化分析技术的概念

数据可视化分析技术是从人作为分析主体和需求主体的视角出发，强调基于人机交互的、符合人的认知规律的分析方法，目的是将人所具备的、机器并不擅长的认知能力融入数据分析过程中。简单来讲，就是先利用计算机图形学和图像处理技术，把数据转变成图形或者图像在屏幕上显示出来，再进行交互处理的理论、方法和技术。数据可视化分析技术是目前大数据财务应用比较成熟的主流内容。

2. 数据可视化分析技术的划分

（1）按处理对象划分。目前，按处理对象划分，数据可视化分析主要分为科学计算可视化、数据可视化、信息可视化和知识可视化。

① 科学计算可视化。科学计算可视化是利用计算机图形图像处理技术，把科学计算过程中产生的数据和计算结果转变为图形或图像在屏幕上显示出来并进行交互处理的理论、方法和技术。

② 数据可视化。数据可视化是对大型数据库或数据仓库中数据的可视化，它可以把数据及其结构关系用更为直观的方式展现出来，是可视化技术在非空间数据领域的应用。

③ 信息可视化。信息可视化是用计算机支撑的、交互性的、对抽象数据的可视表示法，用来增强人们对抽象信息的认知。信息可视化技术出现的时间比较短，有着非常广泛的应用前景，比如高空飞行和治安管理。

④ 知识可视化。知识可视化是对基于领域内容的结构进行的可视化，简单来说就是把个体知识用图解的方式表示出来，生成能够直接对人的感官起作用的知识外在表现形式，进而促进知识的传播和创新。

（2）按处理结果划分。按处理结果划分，数据可视化分析技术主要分为面积及尺寸可视化、颜色可视化、图形可视化、地域空间可视化、概念可视化等。

① 面积及尺寸可视化。面积及尺寸可视化是指对同一类图形的长度、高度或面积加以区别，来清晰地表达不同指标对应的指标值之间的对比。这种方法会让浏览者对数据及其之间的对比一目了然。制作这类数据可视化图形时，要用数学公式计算并表达准确的尺度和比例。对于趋势分析，一般可以使用折线图、分区图、点线图、脉动图等；对于对比分析，用柱形图、条形图、雷达图、桑基图等来呈现是比较直观的；对于比例分析，一般采用饼图、圆环图等占比类图形。

② 颜色可视化。颜色可视化是指通过颜色的深浅来表达指标值的强弱和大小，是数据可视化分析的常用方法，用户一眼便可看出哪一部分指标的数据值更突出。颜色可视化除利用图表本身具有冲击力颜色的图形外，还可以通过可视化美化来实现。

③ 图形可视化。在设计指标及数据时，使用有对应实际含义的图形来呈现结果，会使数据图表更加生动，更便于用户理解图表要表达的主题。例如，分析客户来源时，可以利用散点图、冲击气泡图等分布类的图形来呈现；分析任务完成度时，可以

用仪表盘图形。

④ 地域空间可视化。当指标数据要表达的主题跟地域有关联时，可以选择用地图为大背景。这样用户可以直观了解数据的整体情况，同时也可以根据地理位置快速定位到某一地区来查看详细数据，比如使用气泡地图、着色地图等。

⑤ 概念可视化。通过将抽象的指标数据转换成人们熟悉的、容易感知的数据，可以使用户更容易理解图形要表达的意义。例如，文本数据可视化最为常见的就是词云图；漏斗图则适用于有顺序、多阶段的流程分析，它可以清晰展现初始阶段和最终目标的差距。

（三）Power BI 的数据可视化

虽然 Excel 也可以制作精美的图表，但是和 Power BI 相比，其可视化展现效果还是略逊一筹。Power BI 的图表不仅可以交互，还可以钻取，在图表的样式选择数量上也大大超过了 Excel。Power BI 能在报表中进行可视化展示，其自带的可视化对象有条形图、柱形图、折线图、面积图、组合图、丝带图、瀑布图、散点图、饼图、环形图、树状图、地图、漏斗图、仪表图、卡片图、多行卡、KPI 图、表、矩阵和切片器等。具体如图 1-15 所示。

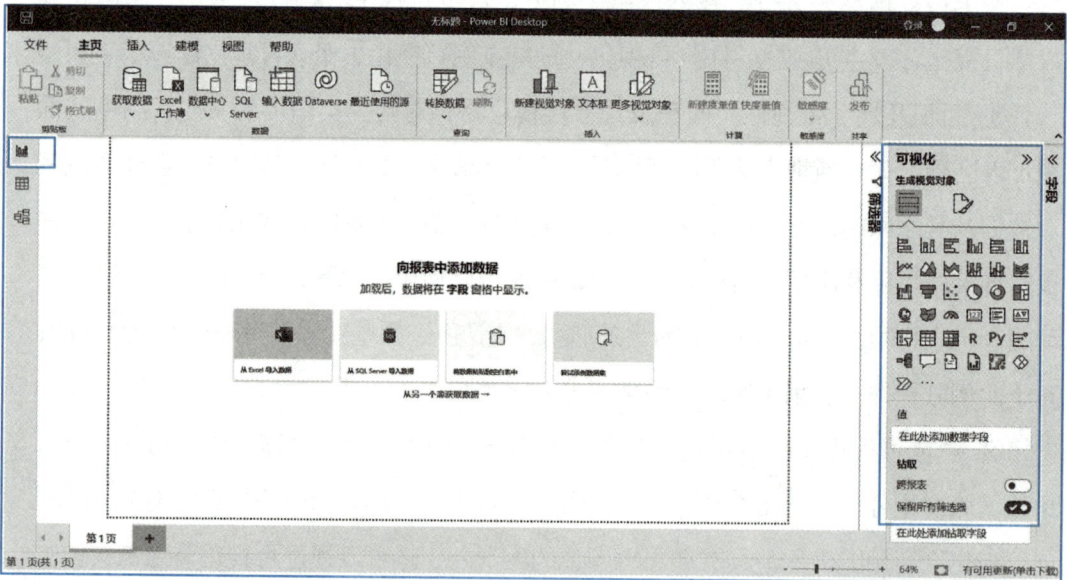

图 1-15　Power BI 的数据可视化功能展示

任务一　下载并安装 Power BI

一、下载 Power BI 安装文件

访问 Microsoft Power BI 官方网站，选择 Power BI Desktop 产品，单击"免费下载"，如图 1-16 所示；或者先单击"查看下载或语言选项"，选择"中文（简体）"语言，再单击"下载"安装文件，如图 1-17 所示。推荐使用后一种下载方式。

二、安装 Power BI

下载完 Power BI 安装文件后，双击安装文件，在弹出的对话框中单击"下一步（N）"，如图 1-18 所示，勾选"我接受许可协议中的条款（A）"复选框，继续单击"下一步（N）"直至安装完成。

图 1-16　Power BI 下载页面

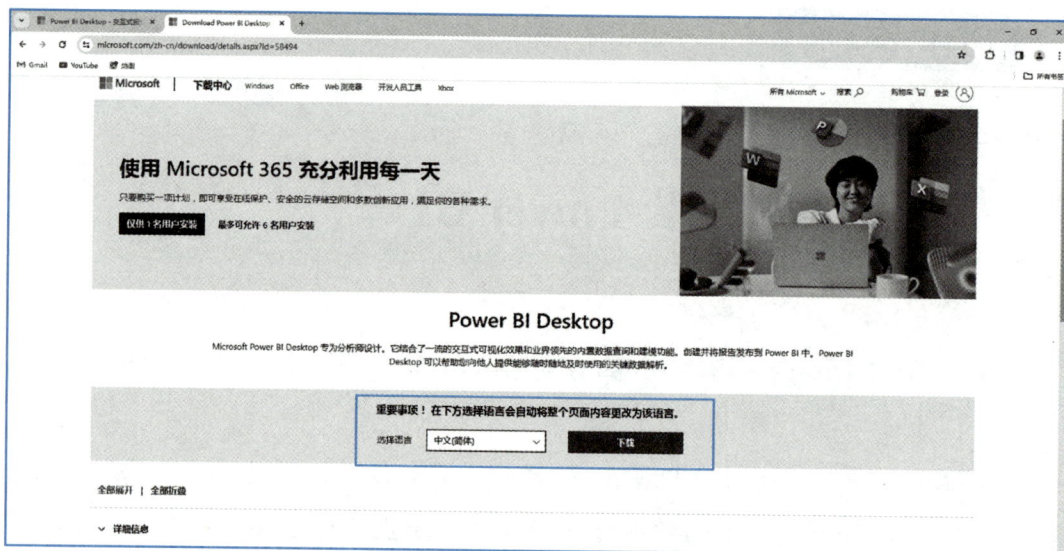

图 1-17　Power BI 简体中文版安装文件下载

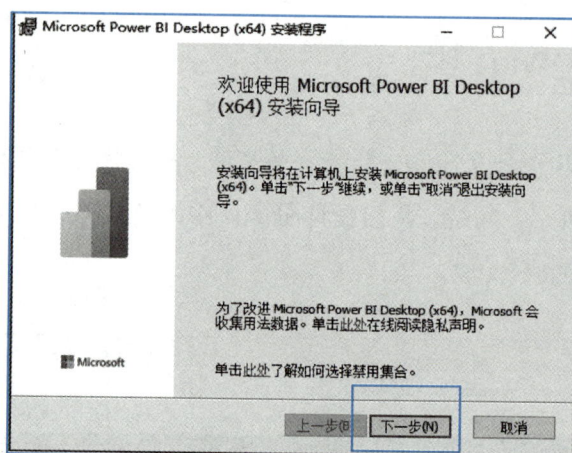

图 1-18　Power BI 安装步骤

　　需要注意的是，安装完成后，用户只能免费使用本地版功能，如果需要和其他用户跨平台进行在线数据共享和协作或者发布报表，则需要注册 Power BI。用户可以用公司或者组织提供的电子邮箱免费注册。

三、启动 Power BI

　　启动 Power BI Desktop 后会显示"欢迎"屏幕，直接关闭"欢迎"屏幕即可进入 Power BI 工作界面。

任务二　数据采集

一、手动输入数据

（1）类似于 Excel，Power BI 支持在数据表中手动输入或者以复制粘贴的方式直接将 Excel 工作簿或者网页中的数据粘贴到 Power BI 数据表中。手动输入数据的方式为：打开数据表，在功能区"主页"选项卡下单击"输入数据"按钮，如图 1-19 所示，此时会弹出"创建表"窗口，就可以输入数据了。

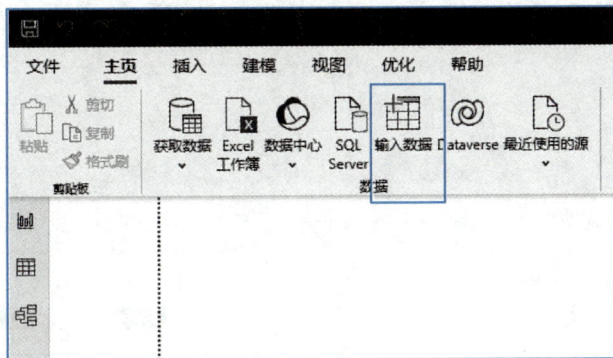

图 1-19　创建表

（2）"创建表"窗口打开时，默认状态下只有一个单元格。选中单元格，按"Enter"键，即可为数据表插入一行。单击数据表下方的"插入行"按钮，将在数据表最后插入一行。右击目标行号，在弹出的快捷菜单中单击"插入"选项，即可在目标行上方插入一行，如图 1-20 所示。

（3）删除行的方式相对单一，右击目标行号或者选中多行后在选中的任一行号上右击，在弹出的快捷菜单中单击"删除"选项，即可删除目标行或者选中的所有行，如图 1-21 所示。删除列的操作类

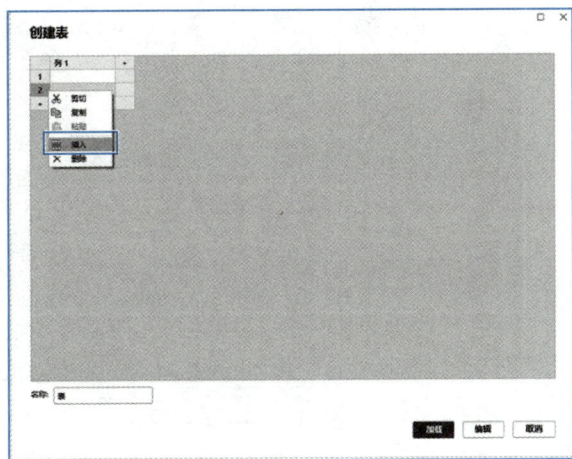

图 1-20　在数据表中插入行

似，在此不再赘述。

（4）数据输入完毕后，在"名称"文本框中输入表格名称，单击"加载"按钮，如图 1-22 所示。弹出的"加载"提示对话框会提示该表正在模型中创建连接，等提示对话框消失，表格加载完成。此时可在窗口右侧"数据"窗格中看到表名称和表所包含的字段标题。

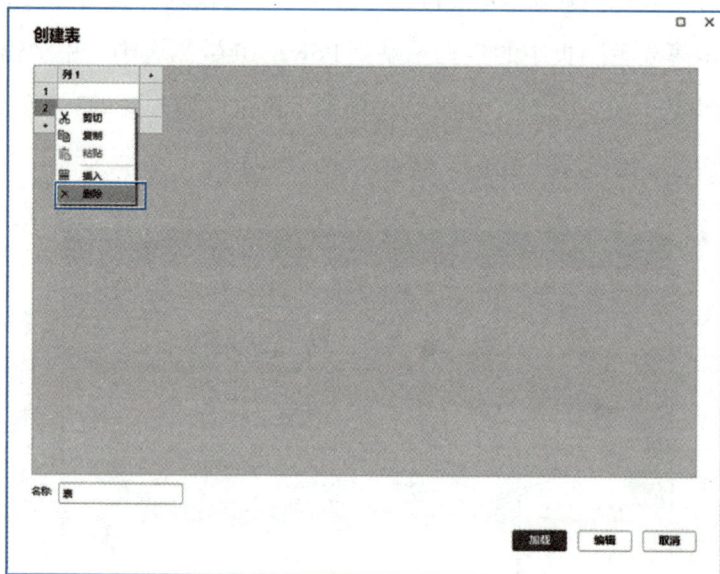

图 1-21　在数据表中删除行

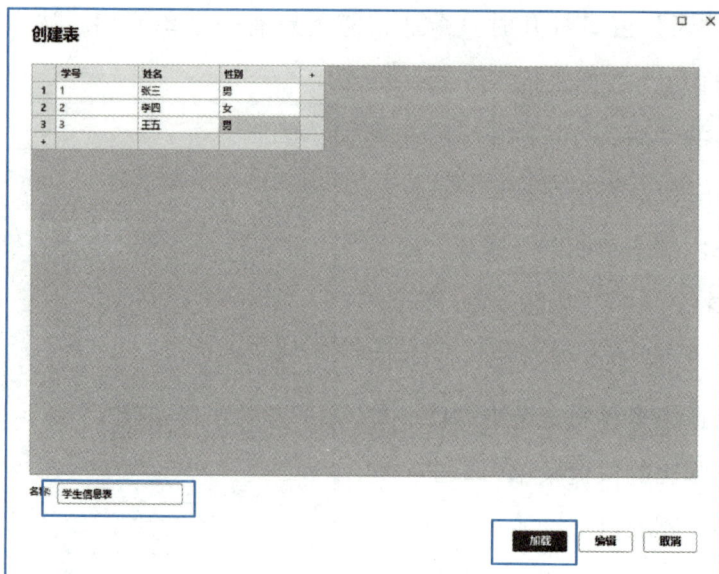

图 1-22　加载数据

二、导入数据

如果数据量比较大，手动输入就不太合适，也体现不出 Power BI 的优势，这时可以导入数据。Power BI 支持导入来自文件、数据库等不同源的数据。

（1）在"主页"选项卡的"数据"组中单击"获取数据"及其下级相应按钮，可以打开数据获取窗口，如图 1-23 所示。

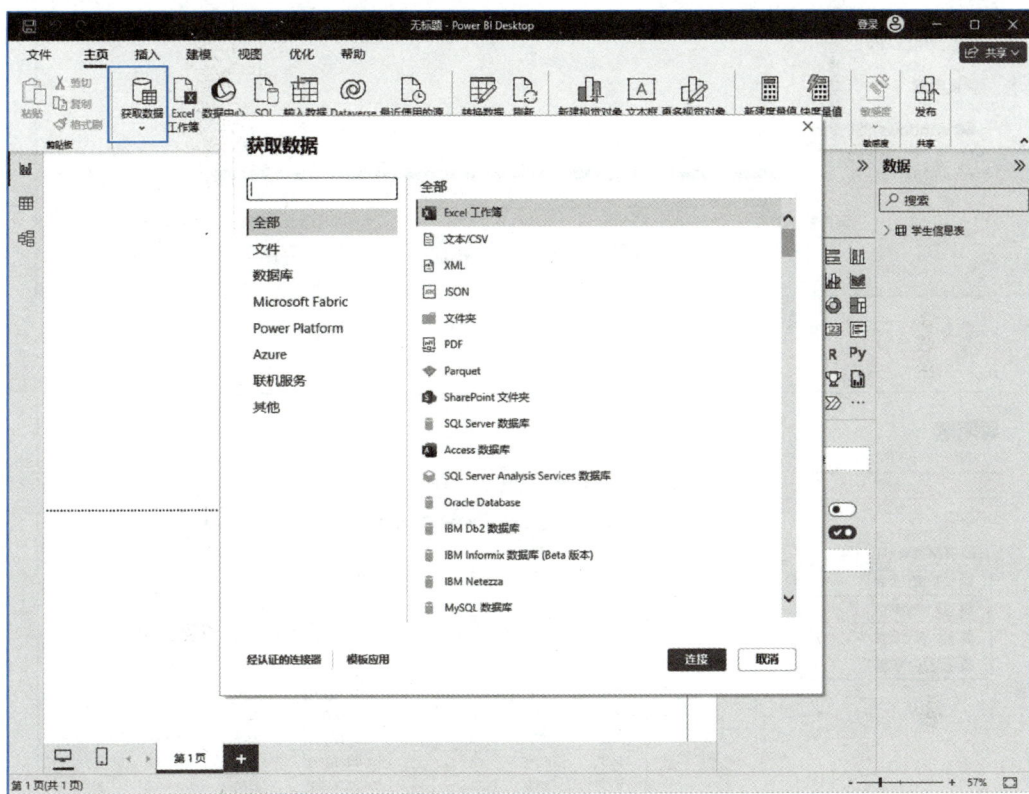

图 1-23　导入数据

（2）Excel 是企业日常办公中最广泛使用的数据处理工具之一，导入 Excel 工作簿是 Power BI 最常用的数据获取方式。在"主页"选项卡"数据"区域，单击"Excel 工作簿"按钮，或者直接单击画布区"从 Excel 导入数据"按钮，会弹出"打开"对话框，如图 1-24 所示。找到需要加载的 Excel 数据源，选中该文件或双击该文件，打开"导航器"对话框，勾选需要添加的工作表前面的复选框，如图 1-25 所示。若 Excel 表格不需要编辑整理则直接单击"加载"按钮，Excel 表格会直接加载进数据模型中。

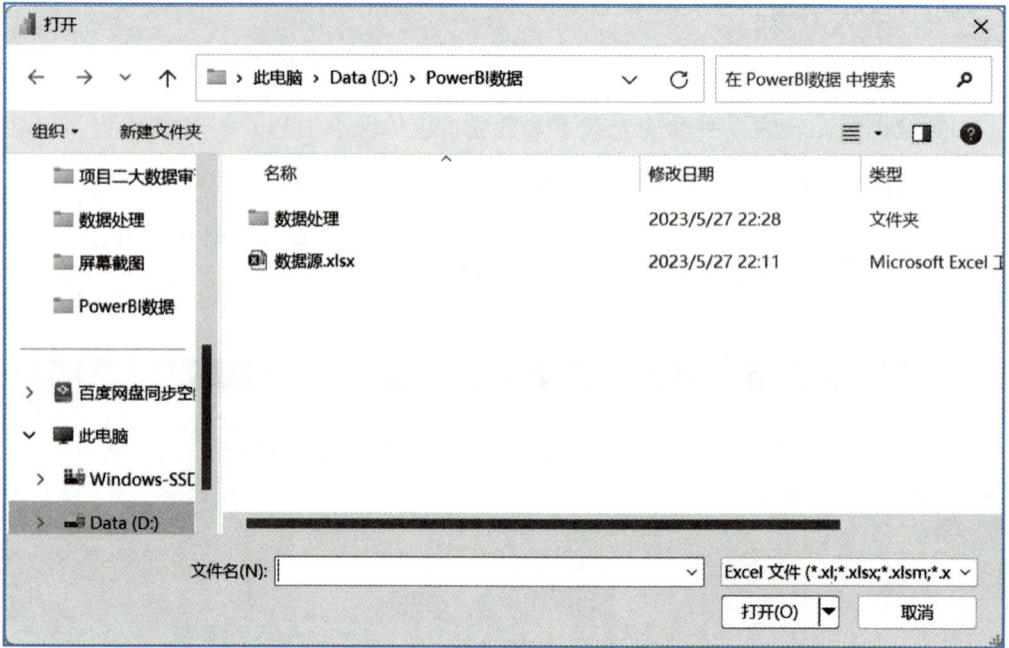

图 1-24 "打开"对话框

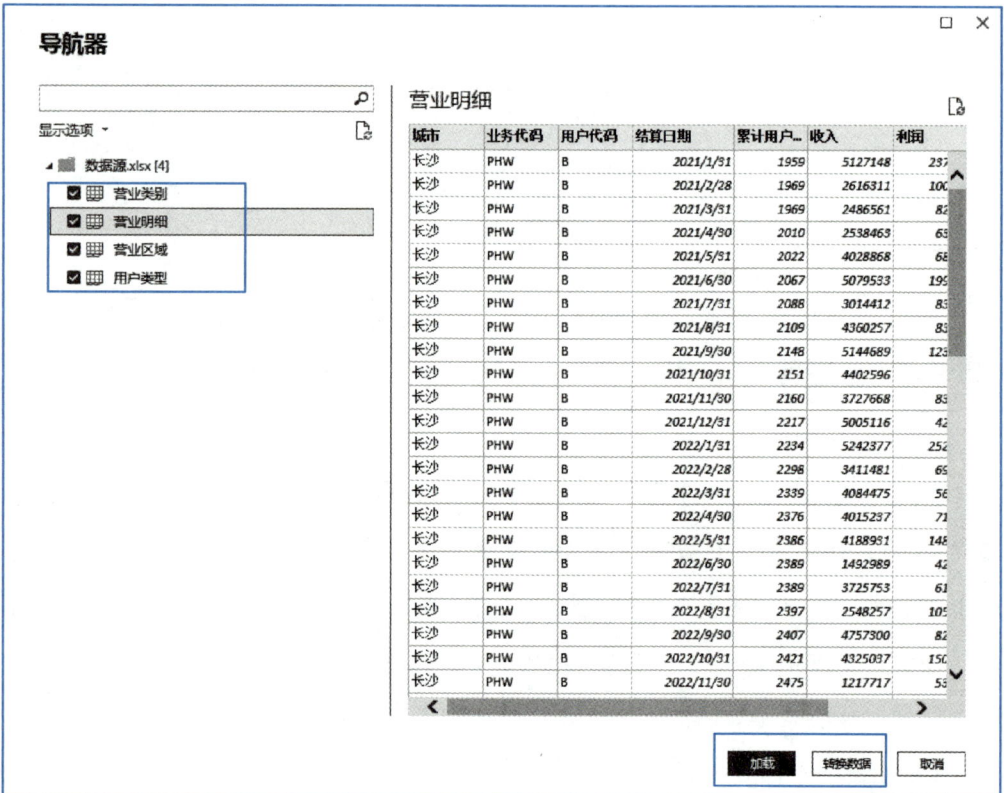

图 1-25 加载数据

（3）数据导入完成后，在 Power BI 的"数据"窗格中显示表和列。如果工作表需要编辑修改，则需要单击"主页"选项卡"查询"区中的"转换数据"按钮，如图1-26 所示。或者在如图 1-25 所示的导航器窗口中单击"转换数据"按钮，进入数据编辑器页面，对数据进行清洗和整理。

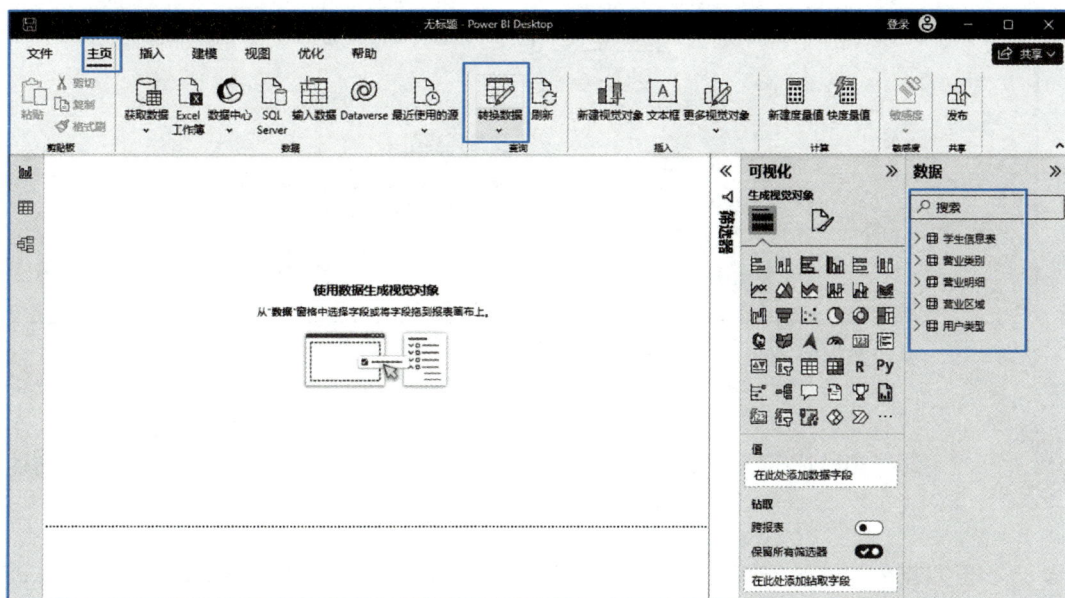

图 1-26 转换数据

任务三 数据处理

一、更改数据类型

在导入数据后，查询表中经常会出现不利于读取和计算分析的数据类型，可以使用 Power Query 编辑器的更改数据类型功能和转换功能进行快速处理。先打开 Power Query 编辑器，右击需要更改数据类型的列标题，在弹出的快捷菜单中单击"更改类型"；再选择将原来的列更改为需要的目标类型，在弹出的"更改列类型"提示对话框中单击"替换当前转换"按钮即可完成，如图 1-27 所示。

图 1-27　更改数据类型

二、管理行列数据

在数据处理的过程中，经常遇到多余的行和列或者重复项干扰的问题。Power Query 编辑器中管理行列的功能可以帮助用户比较轻松地管理行列数据。在 Power Query 编辑器"主页"选项卡下的"管理列"和"减少行"功能区，单击相应按钮图标就可以进一步探索 Power Query 管理行列数据的强大功能了，如图 1-28 所示。

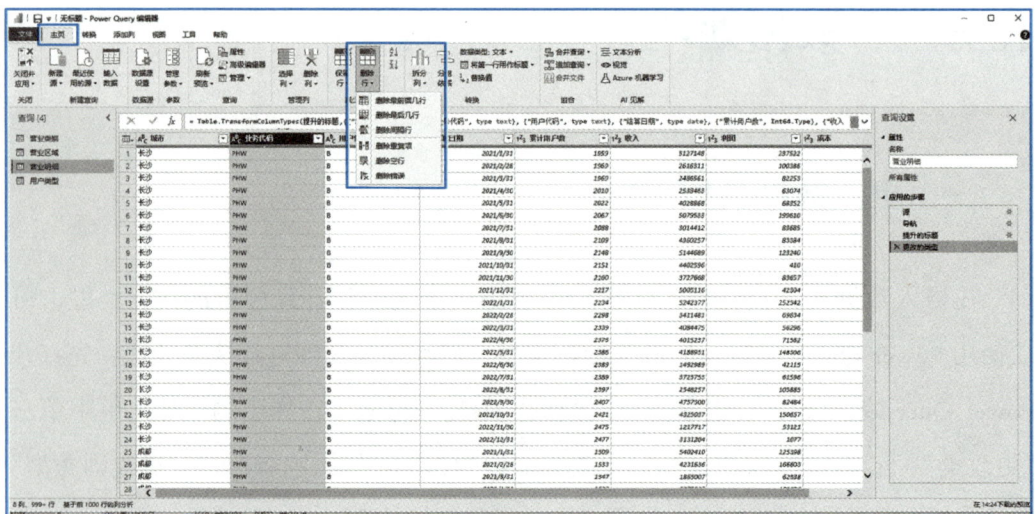

图 1-28　管理行列数据

（一）填充 null 值

将数据源导入 Power BI 后，如 Excel 工作簿中合并单元格或空单元格中的数据会显示为 null 值（即缺失值），如图 1-29 所示。可以使用 Power Query 编辑器的填充功能，将所有 null 值填充为其相邻单元格中的值。

图 1-29　含 null 值的查询表

（二）快捷填充

在 Power Query 编辑器中，右击需要填充数据的列标题，在弹出的快捷菜单中单击"填充"按钮，接着选择"向上"或者"向下"选项即可快捷填充，如图 1-30 所示。

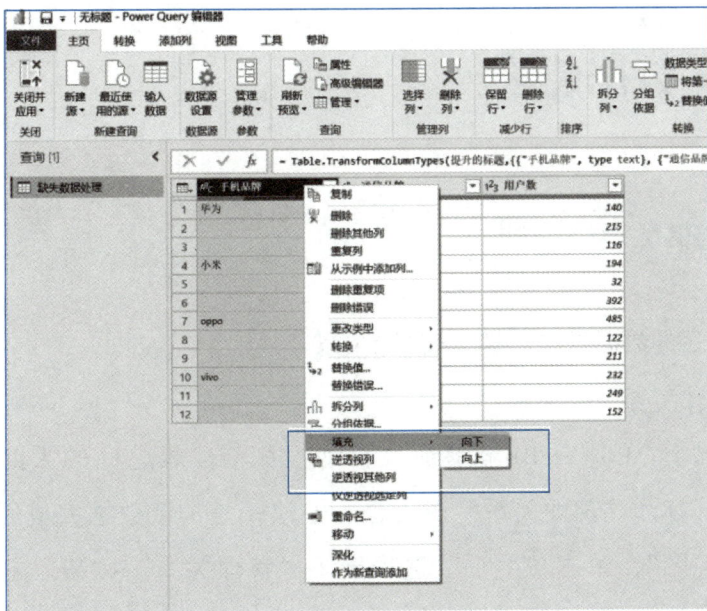

图 1-30　填充数据方法一

（三）转换填充

填充数据的另一种方式为转换填充，选中需要填充数据的列后，单击"转换"选项卡下，"任意列"区域中的"填充"下拉按钮，在弹出的下拉列表中选择"向上"或者"向下"选项，如图1-31所示。

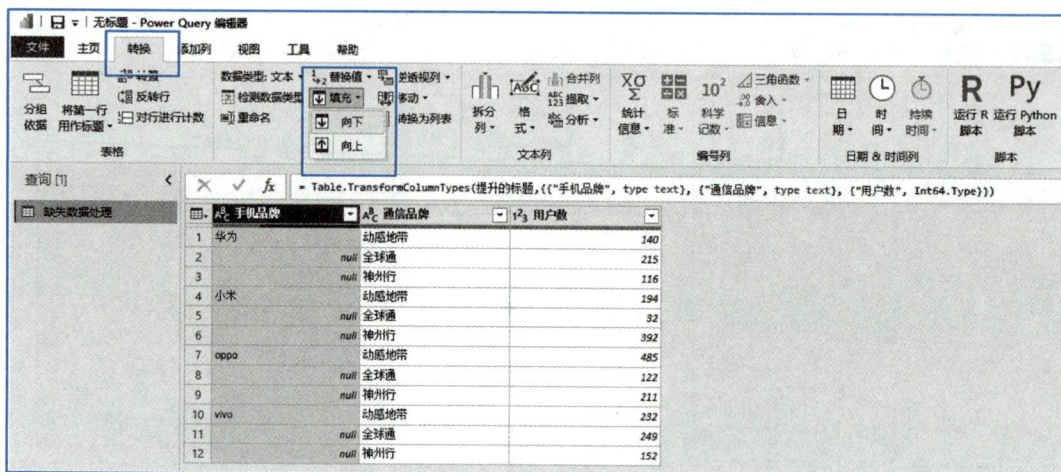

图 1-31　填充数据方法二

通过与数据源文件对比分析，图1-29中的null值可选择"向下"填充的方式处理。

任务四　数据建模

一、管理关系

利用本项目的数据创建、编辑和删除关系。

（一）创建关系

一般情况下，Power BI能够通过自动检测创建表之间的大部分关系。有两种方法可以打开"管理关系"对话框。方法一是加载数据完成后，将窗口切换到"表格视图"，单击"主页"选项卡下"管理关系"按钮。方法二是单击

"表工具"选项卡下"管理关系"按钮，打开"管理关系"对话框，如图1-32所示。

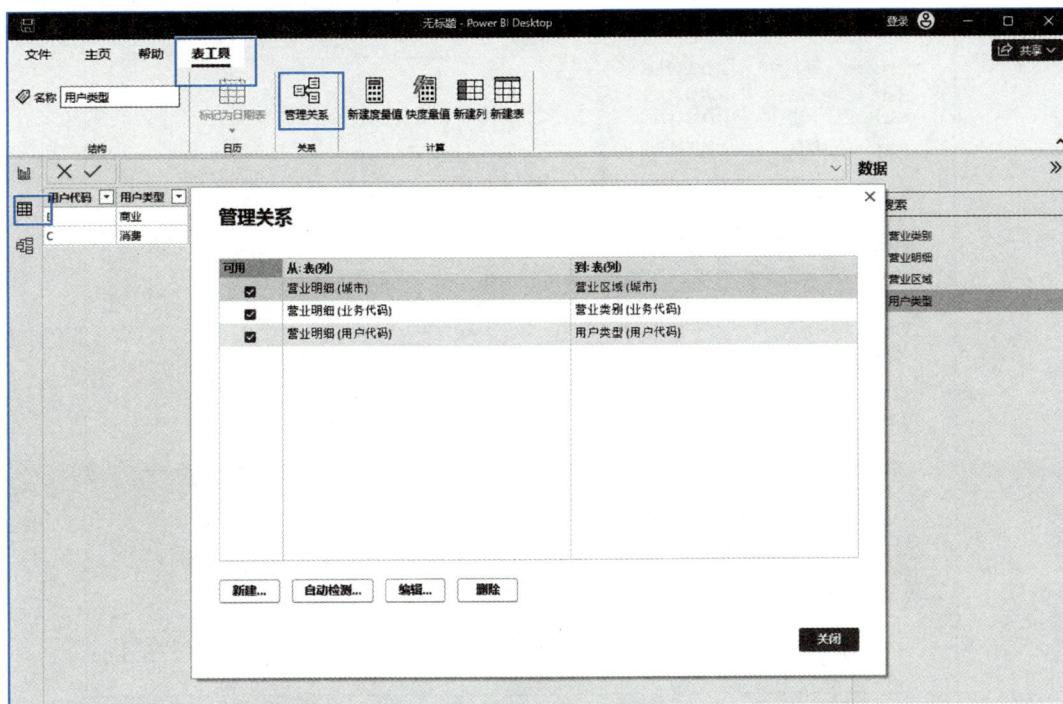

图1-32　打开"管理关系"对话框

从图1-32的"管理关系"对话框可以看到，Power BI已经自动创建了三个可用关系。如果对话框中没有显示可用关系，则可以单击"自动检测⋯"按钮启动自动检测。也可以单击"管理关系"对话框中的"新建⋯"按钮，在弹出的"创建关系"对话框中创建关系，如图1-33所示。

（二）编辑和删除关系

如果需要编辑或者删除多余的关系，可使用"管理关系"对话框中的"编辑"和"删除"按钮。在"管理关系"对话框中，选中需要删除的关系，单击"删除"按钮，在弹出的"删除关系"提示对话框中单击"删除"按钮，返回"管理关系"对话框，单击"关闭"按钮即可完成操作，如图1-34所示。

另外一种方法是使用快捷菜单删除关系，在"模型视图"界面下，右击需要删除的关系连接线，在弹出的快捷菜单中单击"删除"选项，如图1-35所示。

图 1-33 "创建关系"对话框

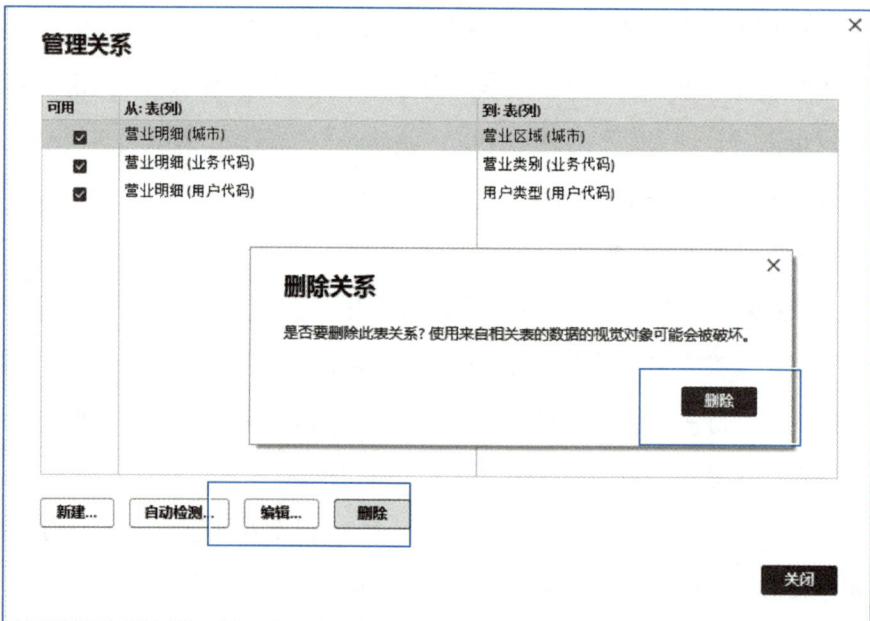

图 1-34 删除关系

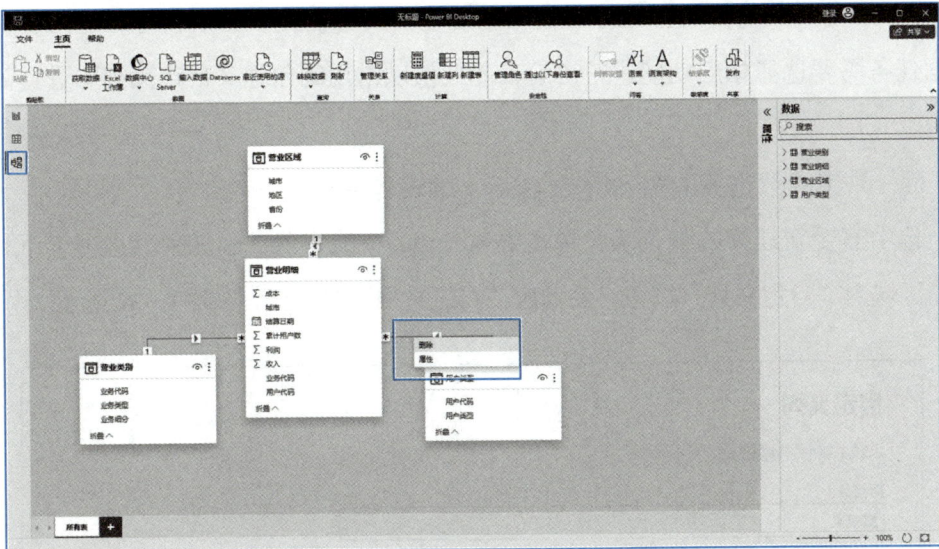

图 1-35　使用快捷菜单删除关系

二、新建列

　　新建列即创建计算列，在数据分析过程中，当前分析的数据可能不包含获取期望结果所需的特定字段，此时可以通过创建计算列的方式利用现有的数据生成需要的数据字段。计算列使用数据分析表达式（DAX 公式）来定义列的值。Power Query 编辑器具有非常丰富且使用简便的新建列功能，如图 1-36 所示，Power Query 编辑器功能区的"添加列"选项卡下有创建"自定义列""条件列""索引列""重复列"等按钮。

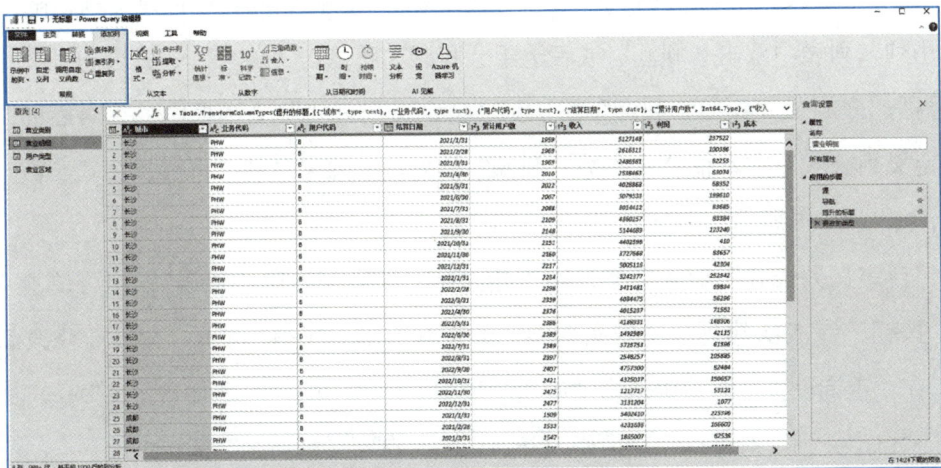

图 1-36　Power Query 编辑器"添加列"选项卡

Power Query 编辑器管理行列数据的功能强大且便捷，在本教材后续内容中会根据任务需要选择相应功能进行讲解，此处仅以常用的创建"自定义列"进行简要说明。

（一）获取数据并打开 Power Query 编辑器

选中需要新建列的查询表，单击 Power Query 编辑器"添加列"选项卡下"常规"区域内"自定义列"按钮，会弹出"自定义列"对话框，如图 1-37 所示。

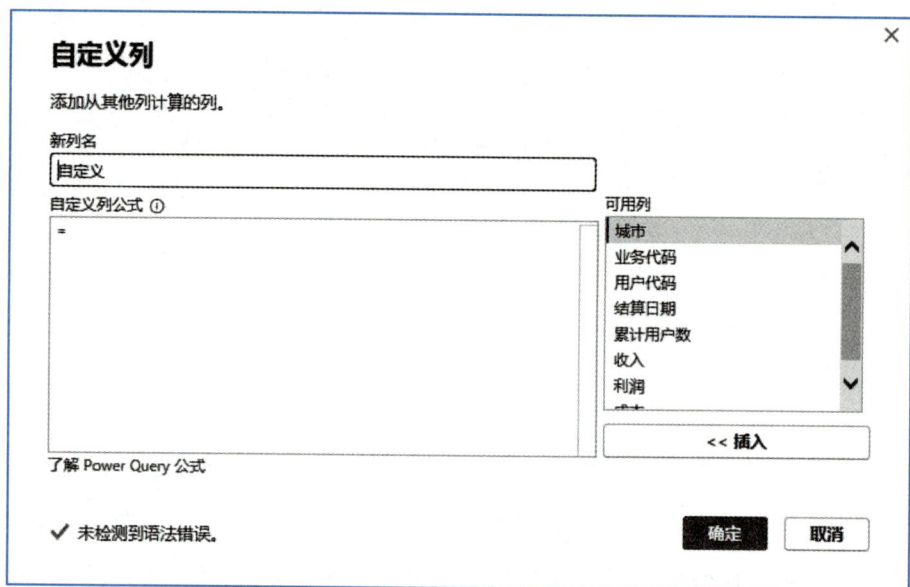

图 1-37 "自定义列"对话框

（二）输入自定义列公式

在"自定义列"对话框"新列名"文本框中可输入新建列的列标题，随后在"可用列"列表中双击"利润"或者选中"利润"后单击"<< 插入"，会自动将用中括号括起来的公式参数"利润"添加到"自定义列公式"文本框中的等号后面，在"自定义列公式"文本框公式参数"利润"后先输入除号"/"，再添加公式参数"收入"，如图 1-38 所示。

"自定义列公式"输入完毕，左下角显示"未检测到语法错误"，便可单击"确定"按钮，完成新建列"销售利润率"的创建，如图 1-39 所示。如果要修改新建列，在"查询设置"窗口中双击"应用的步骤"列表中的"已添加自定义"选项即可打开"自定义列"对话框，随后修改新建列的"自定义列公式"即可。

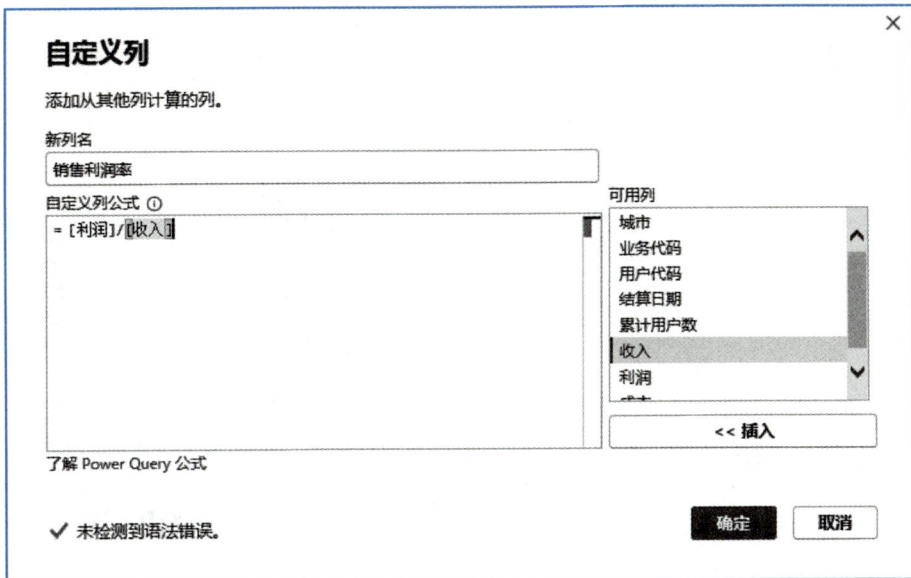

图 1-38 输入"自定义列公式"

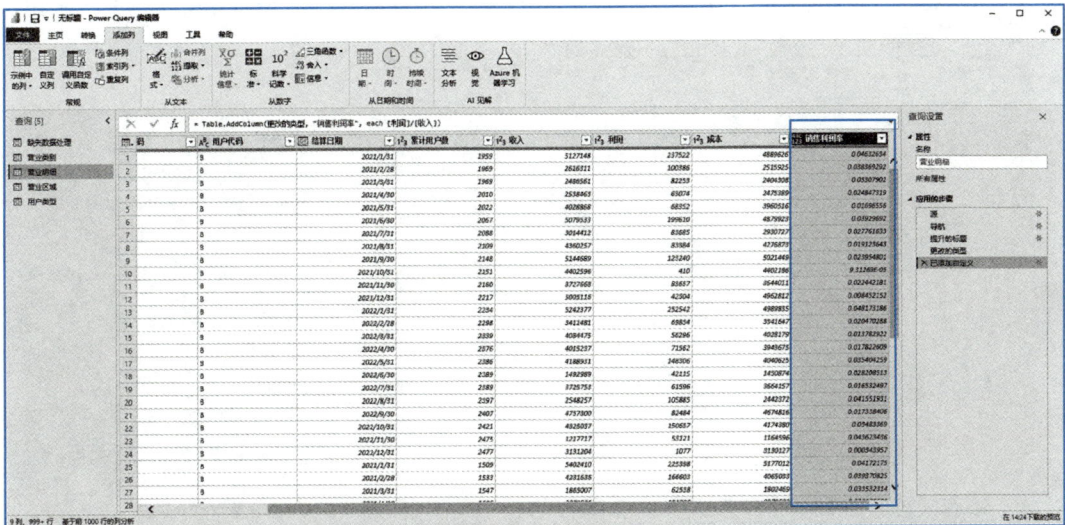

图 1-39 新建列"销售利润率"

当然,"自定义列公式"文本框也支持引用函数,上文所输入的"自定义列公式"也可以通过引用函数来实现,如图 1-40 所示。

销售利润率一般用百分数表示,所以可以将新建列"销售利润率"的数据类型转换为"百分比"类型,如图 1-41 所示。

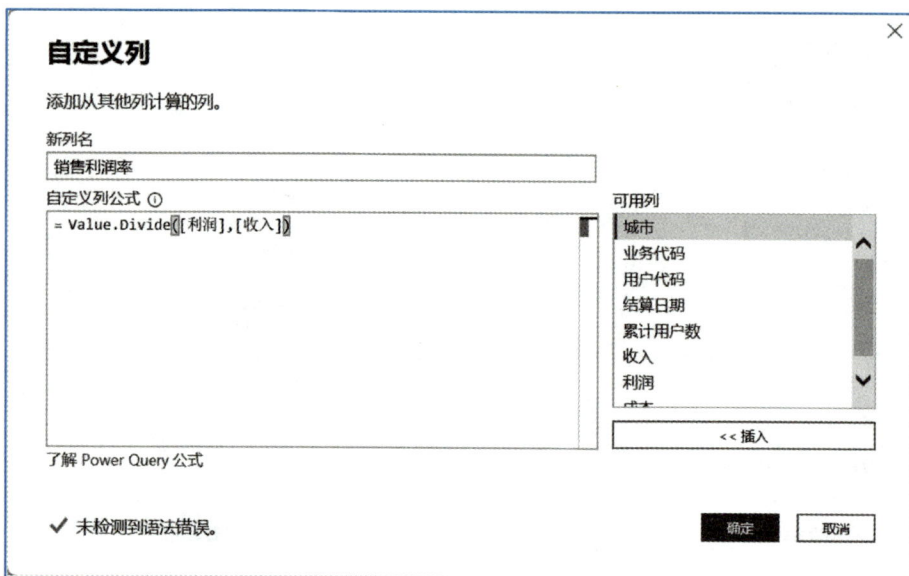

图 1-40　引用公式创建"自定义列公式"

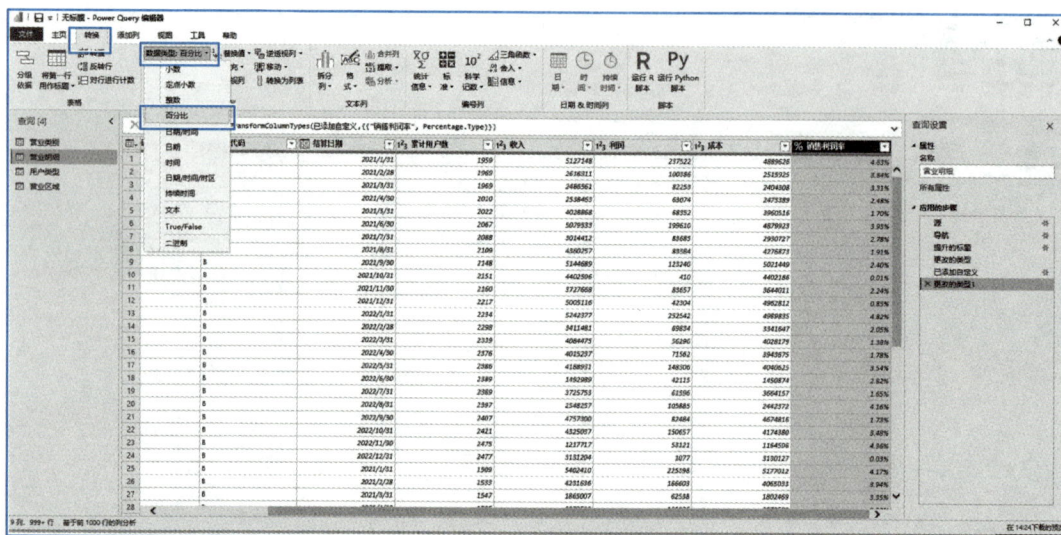

图 1-41　转换数据类型

三、度量值

度量值是用 DAX 公式创建的一个虚拟字段，用于返回指定计算后的数据值。在数据分析与可视化过程中，往往需要创建多个度量值。

（一）打开度量值表达式向导

在"表格视图"模式下，单击"表工具"选项卡下"计算"区域的"新建度量值"按钮，即可进入度量值编辑状态，如图 1-42 所示。

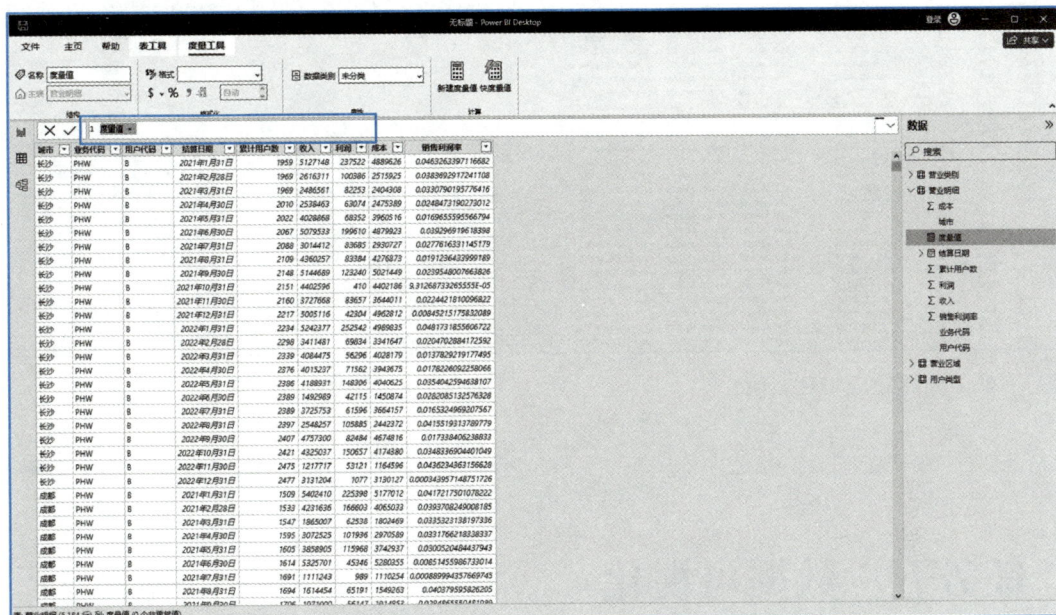

图 1-42　度量值编辑框

（二）输入 DAX 函数

当编辑框中出现"度量值 ="输入提示时，在"="后面输入计算所需要的 DAX 函数。例如，如果想要计算产品的总成本，那么在编辑框"度量值 ="后面键入 SUM 函数，然后选择需要计算的参数即可，如图 1-43 所示。默认情况下新建度量值是以"度量值"命名的，可以在"度量工具"选项卡下的"名称"文本框中修改度量值名称；或者在"数据"窗口选中需要修改名称的度量值，右击它，在弹出的快捷菜单中单击"重命名"，直接输入新的名称即可。

此外，还可以新建"快度量值"，"快度量值"与"度量值"相比最大的不同是不需要手动输入 DAX 函数，而是直接使用系统设置好的功能。需要指出的是，虽然新建了"总成本"度量值，但是查询表中并没有新增名为"总成本"的一列数据，这也是"新建列"与"新建度量值"最大的不同。

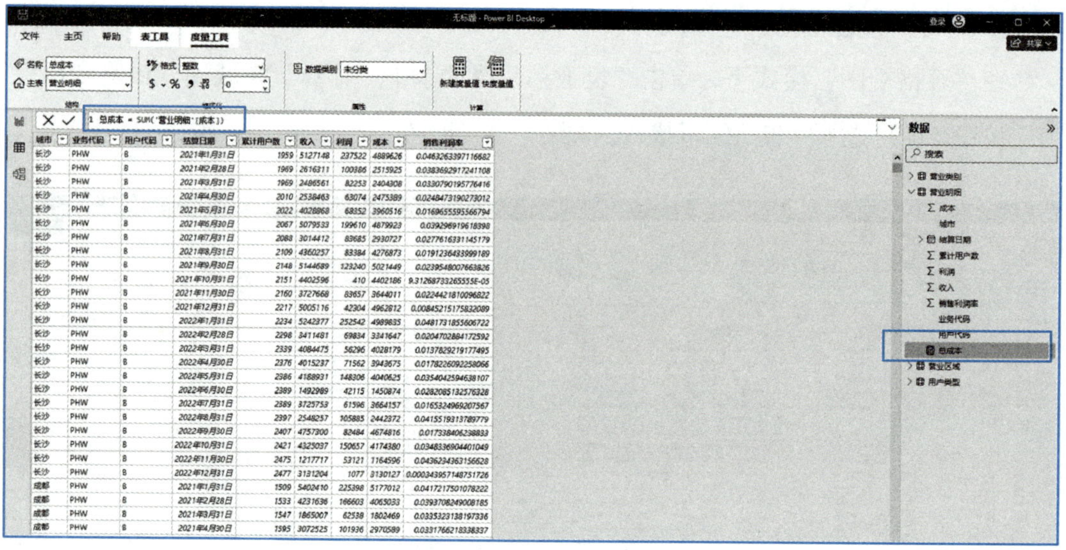

图 1-43　新建总成本度量值

任务五　数据可视化

本任务通过实施一个完整的案例，使学习者快速地掌握 Power BI 数据可视化的一般流程。

一、获取数据

启动 Power BI，获取 Excel 工作簿数据并加载数据，如图 1-44 所示。

二、数据处理

运用 Power Query 编辑器清洗与整理数据。此处简要演示行列数据的整理，比如将第一行作为标题行。处理前的数据表如图 1-45 所示。

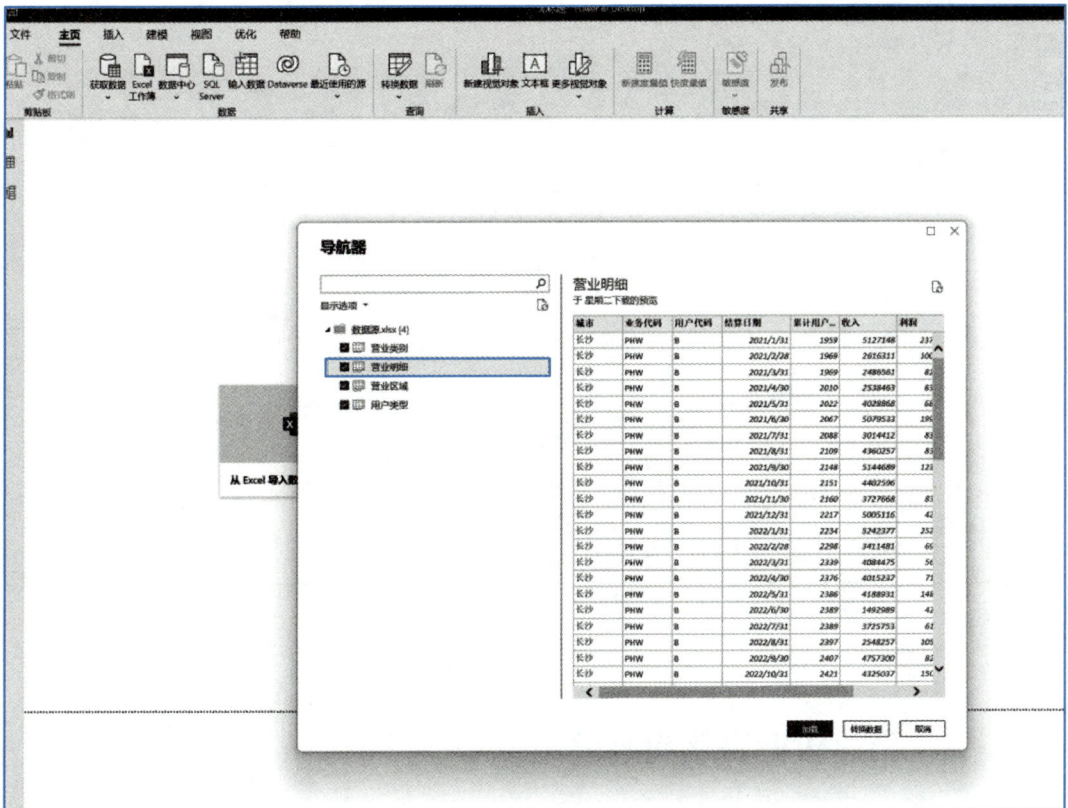

图 1-44 获取并加载数据

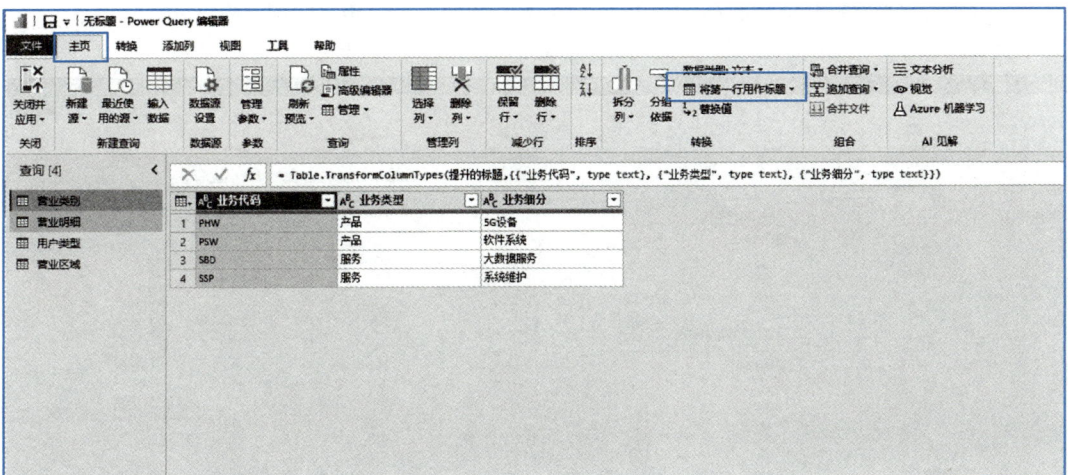

图 1-45 处理前的数据表

在 Power Query 编辑器中，单击"主页"选项卡下"将第一行用作标题"按钮，即处理完毕。单击"主页"选项卡下"关闭并应用"按钮退出，如图 1-46 所示。

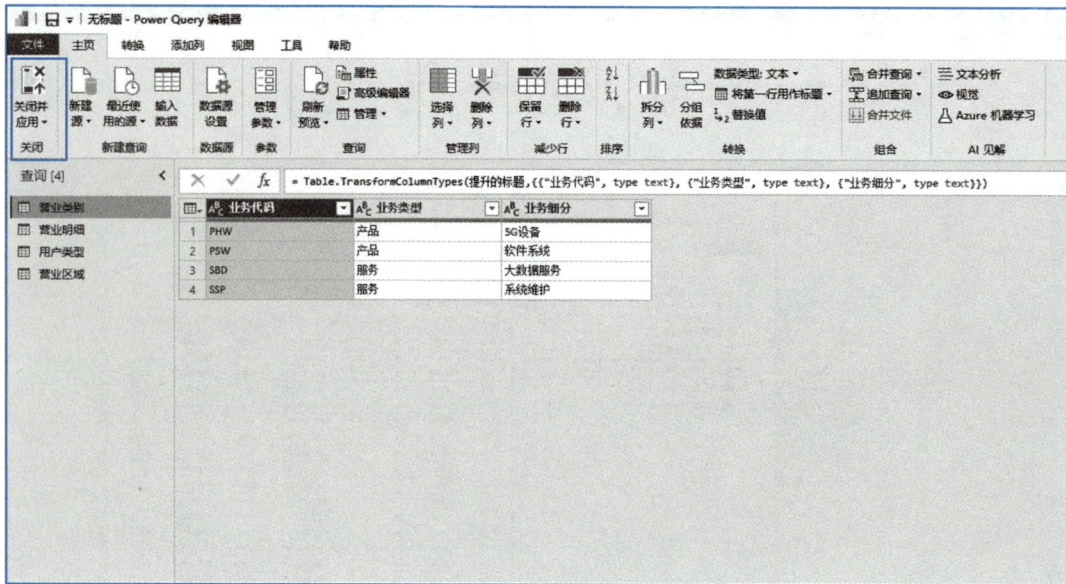

图 1-46　数据处理后的结果

三、创建数据表之间的关系

一般情况下，Power BI 会自动创建数据表之间的关系。在此处演示的案例中，各个表都含有相同的字段名称，它们自动建立的数据关系如图 1-47 所示。

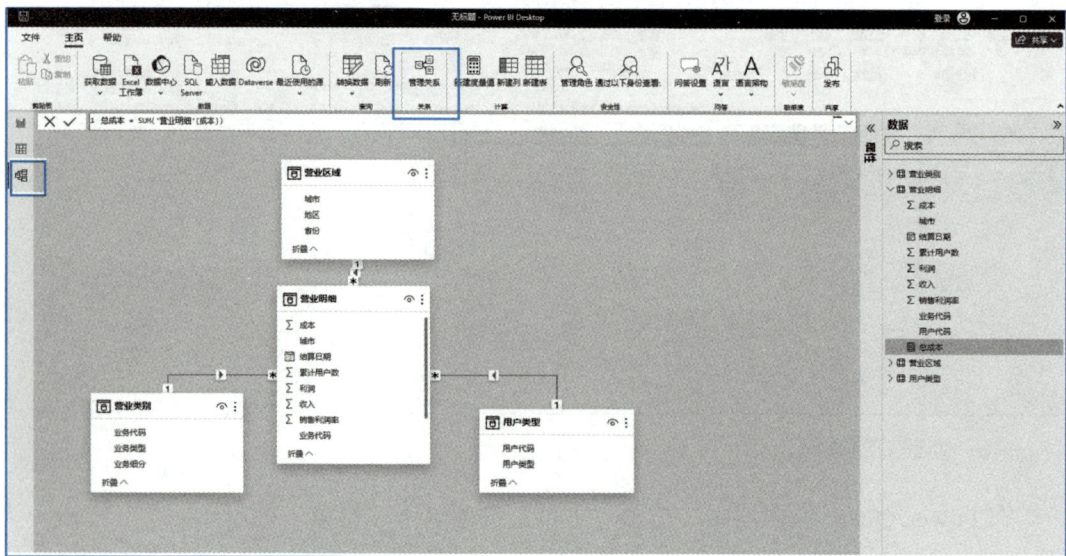

图 1-47　建立数据关系

四、创建度量值

在本项目任务四的"数据建模"中已经介绍过创建度量值。需要再次强调的是，度量值是用 Power BI 内置的 DAX 公式创建的虚拟字段，用于返回指定计算后的数值，它不会改变数据源和数据模型。创建名称为"总成本""总利润""总收入"的度量值，如图 1-48 所示，创建好的度量值名称左边会显示一个计算器图标。

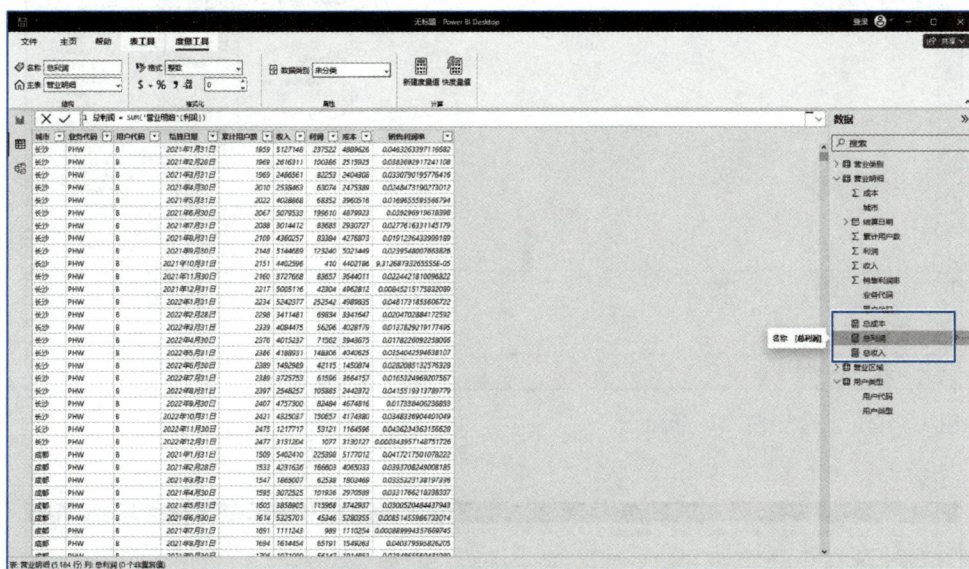

图 1-48　使用 DAX 公式创建度量值

五、创建可视化报表

可视化报表可以简单地理解为由视觉对象组成的集合，创建可视化报表要从制作视觉对象开始。Power BI 提供了多种数据可视化控件，能够比较简单地创建交互式视觉对象。通过直接拖拉控件式图形化开发模式，能够在较短的时间内创建各种美观的报表。下面以常用的环形图为例进行简要说明。

（1）在"报表视图"窗口模式下，单击"可视化"窗格中的"环形图"控件，在报表中插入一个空白的环形图，如图 1-49 所示。

（2）在"图例"中添加数据字段。勾选"数据"窗格中"营业区域表"中的"地区"前面的复选框，将"地区"字段添加至"图例"中，便于分地区统计相关数据；在"值"中添加已经创建好的"总收入"度量值后，环形图就会按地区展示各类产品的总收入，如图 1-50 所示。可以想一想，为什么添加的是"总收入"度量值，而不是"收入"字段？体会一下度量值对于报表可视化的重要性。

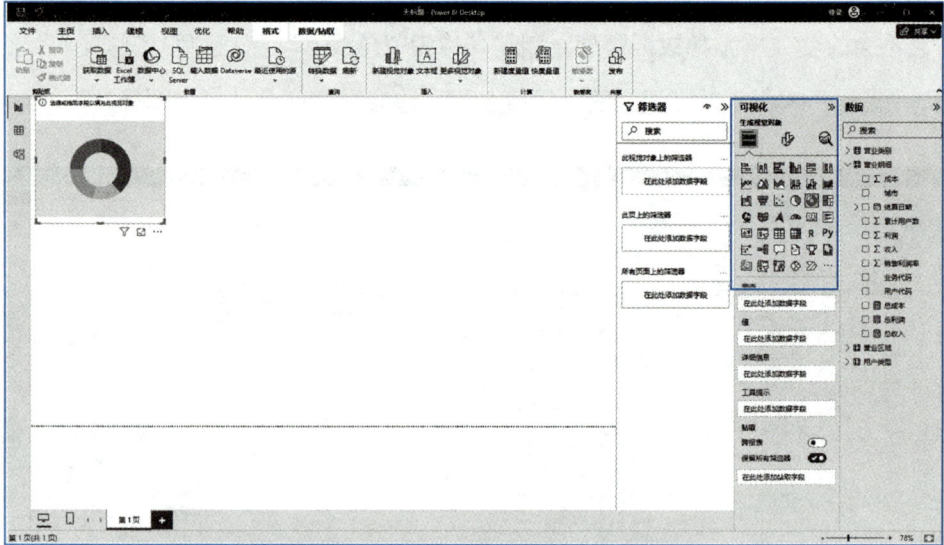

图 1-49　创建空白"环形图"

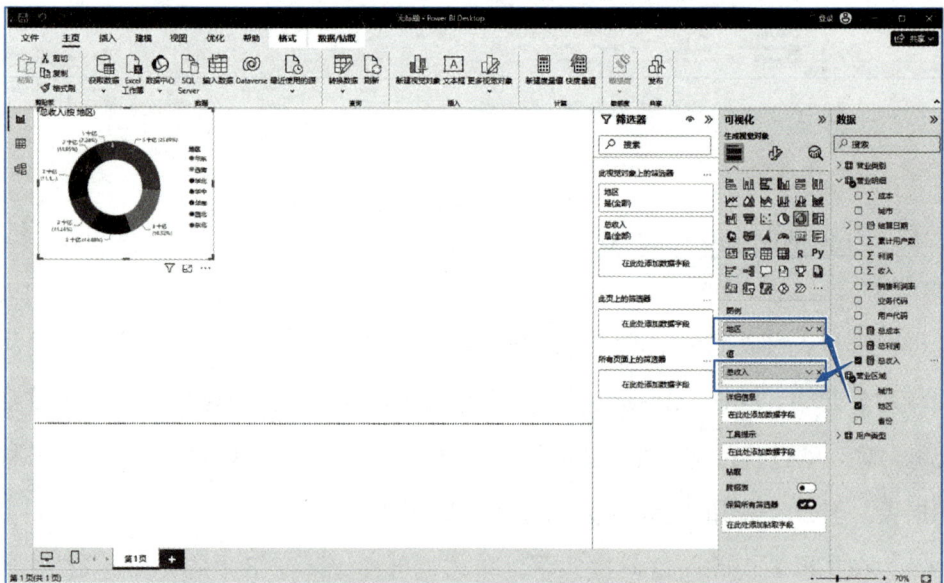

图 1-50　添加数据字段

（3）如果前文是将地区层次结构添加到"图例"中，则报表具有层级关系，可以通过钻取查看不同层级地区的总收入。如图 1-51 所示，可以向下钻取，展示华东地区各省的总收入，还可以一直向下钻取，展示华东地区各城市的总收入。

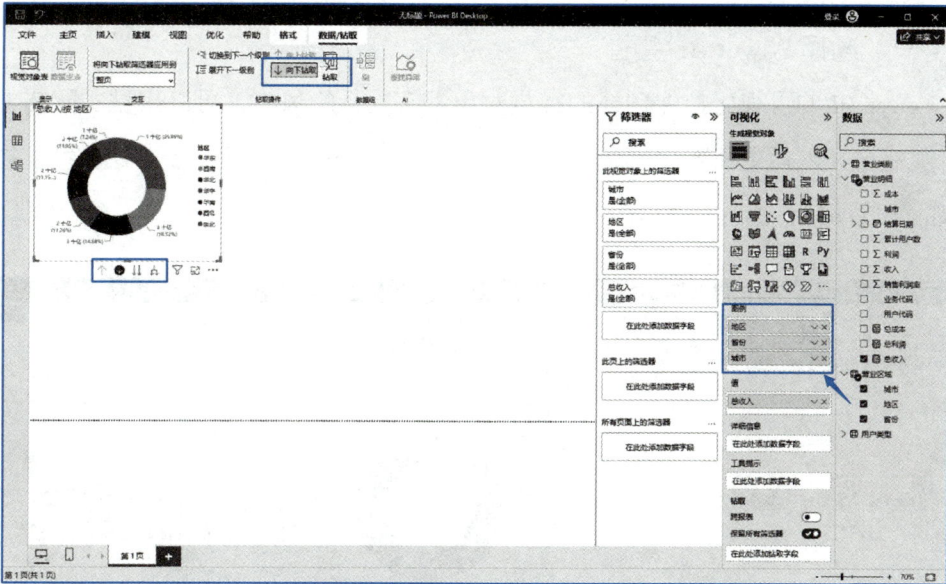

图 1-51　向下钻取数据至华东地区各省

（4）如果想要随时展示不同年度各季度各地区的总收入，最简便的方法就是添加切片器，切片器本质上就是筛选器。一般将最常用的筛选项以切片器的形式放置在报表上，可以添加 3 个切片器分别为"年度""季度""业务细分"。利用切片器可以非常方便地展示不同年度、不同季度、不同业务的销售收入和利润，如图 1-52 所示。

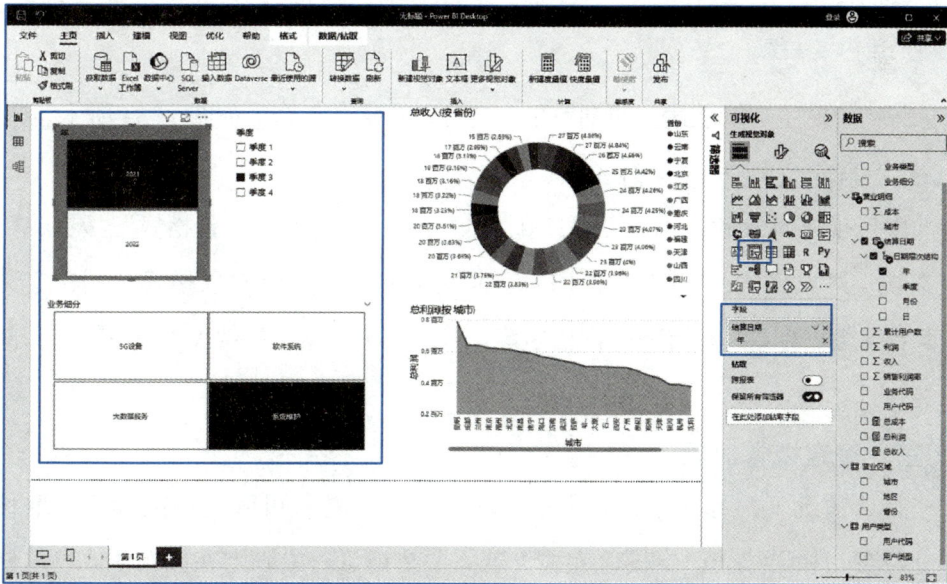

图 1-52　利用切片器展示数据

六、可视化报表美化

（一）选择 Power BI 主题

Power BI 的可视化控件创建的视觉对象都有默认的风格，可以根据实际需要进一步美化报表以便更清晰地表达数据的含义。Power BI 内置了许多主题，主要控制报表的全局颜色，如图 1-53 所示。

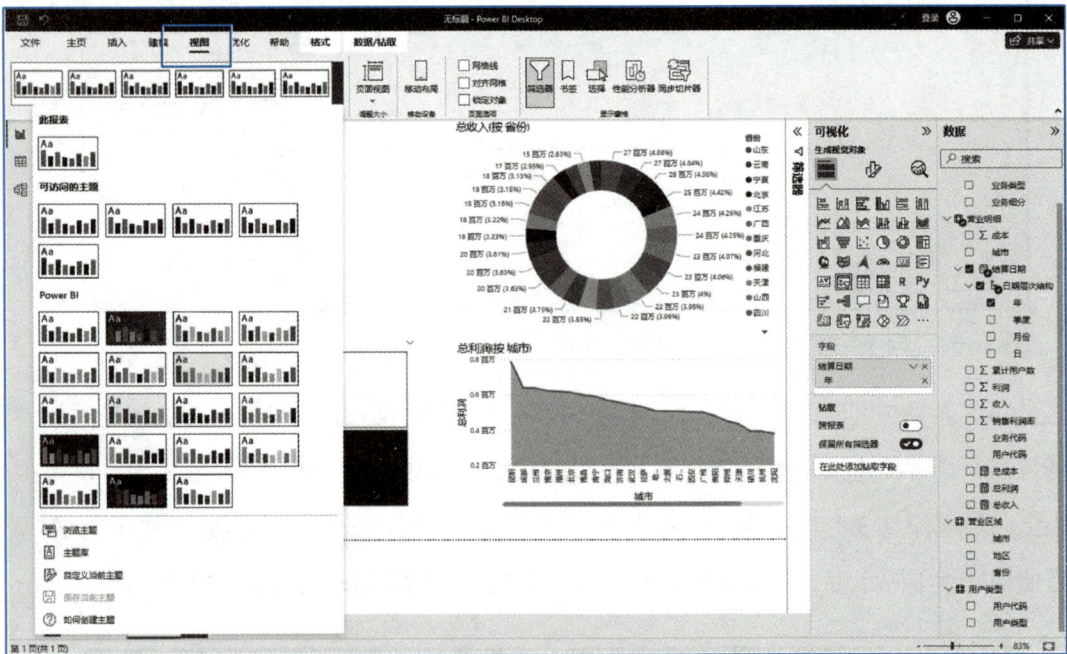

图 1-53 应用内置主题

如果内置的主题没能达到预期效果，还可以自定义主题，如图 1-54 所示。

（二）自定义视觉对象格式

选中可视化对象后，单击"可视化"窗格中"设置视觉对象格式"按钮，可以自定义视觉对象格式，如图 1-55 所示。常见的自定义视觉对象格式包括自定义标题、背景、数据标签、坐标轴、网格线等，可以在实际操作的过程中一一尝试，此处不再赘述。

（三）锁定视觉对象

在默认情况下，可视化报表中创建的各种视觉对象可以使用鼠标轻松地移动其所处位置。如果报表已经美化完成，若需要将视觉对象固定在画布中，可以使用

Power BI 中的锁定对象功能。勾选"视图"选项卡下"页面选项"区域内的"锁定对象"复选框即可锁定视觉对象，如图 1-56 所示。

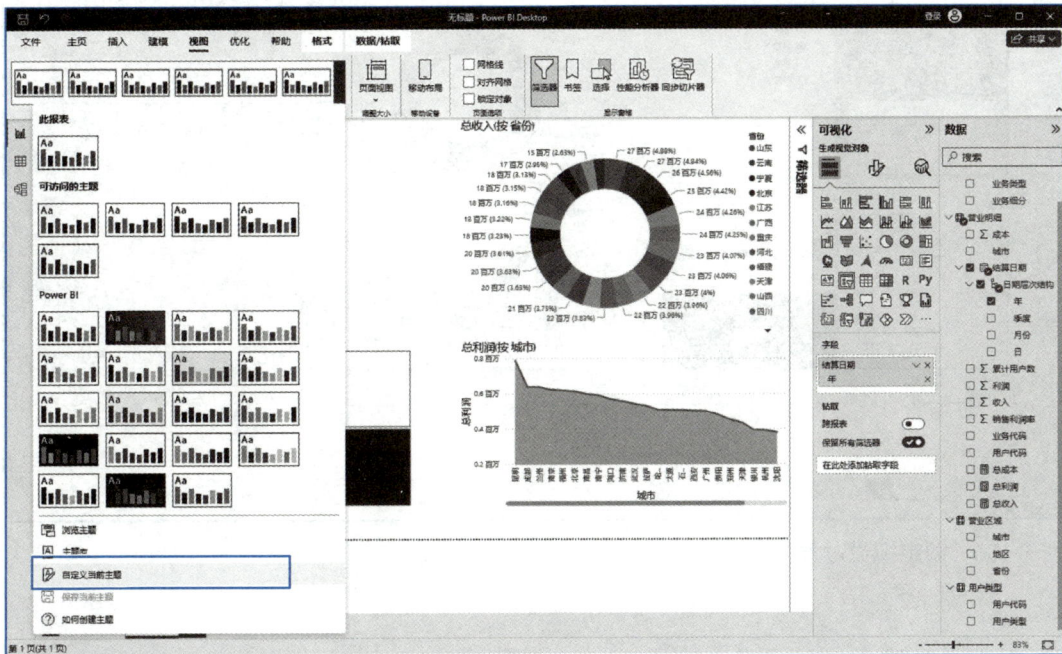

图 1-54 自定义主题

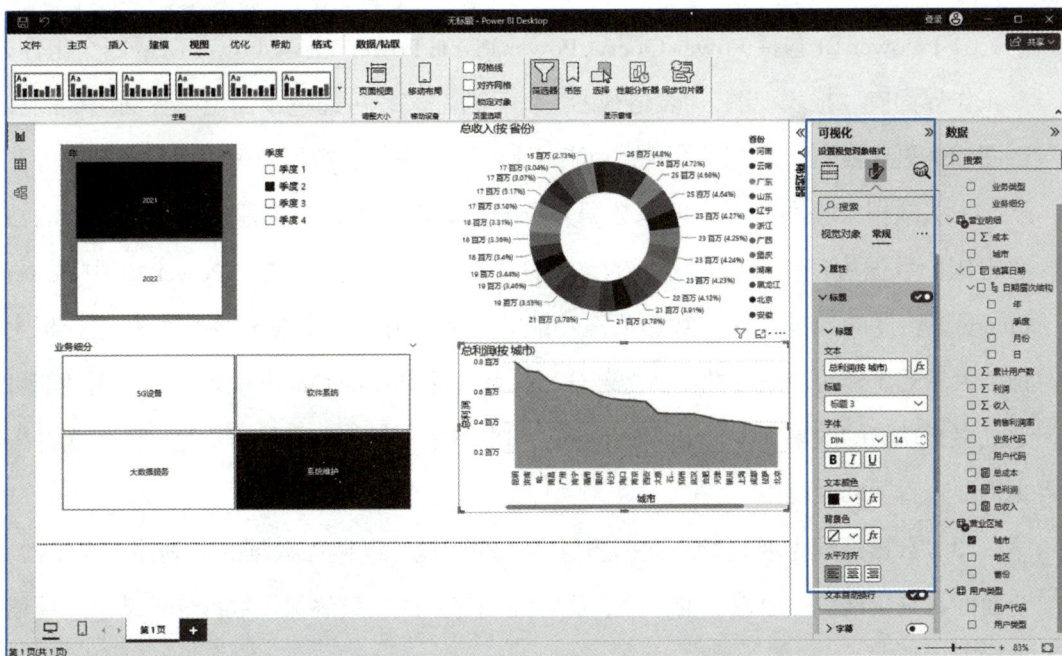

图 1-55 自定义视觉对象格式

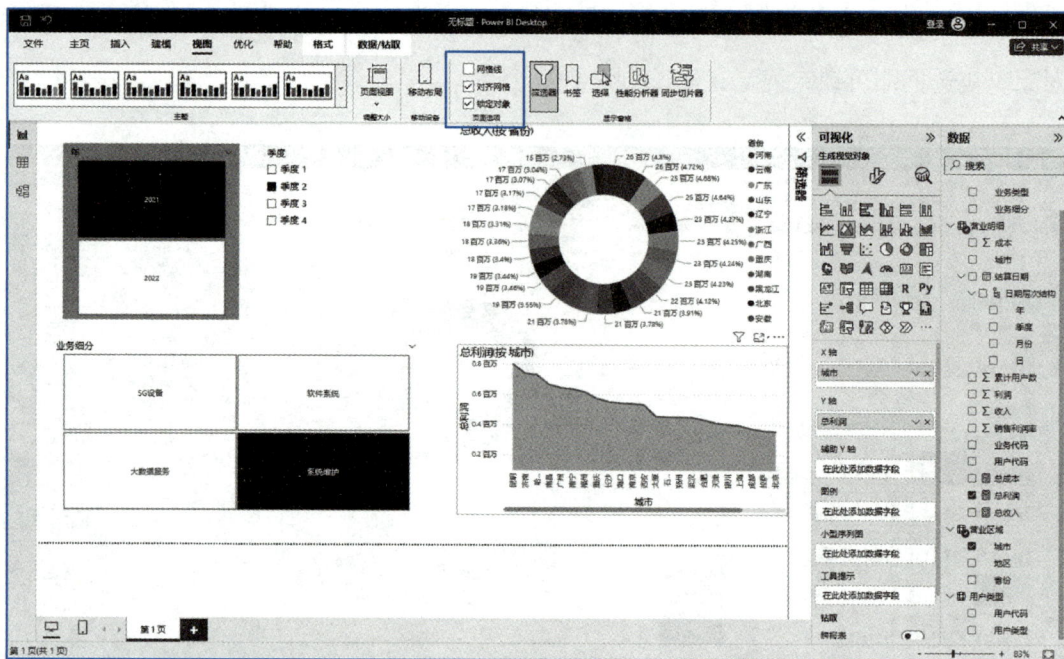

图 1-56　锁定视觉对象

【项目总结】

（1）Power BI 包括 Power Query、Power Pivot、Power View、Power Map 四个组件，其工作界面有"报表视图""表格视图""模型视图"，可通过单击位于界面左侧的视图图标来更改视图，以实现不同的功能，比如数据采集、数据整理、数据可视化等。

（2）数据采集和数据处理是数据分析的基础性工作，数据建模是数据分析的核心工作，数据可视化是数据分析的结果性工作。需要强调的是，Power BI 中 Power Query 编辑器的数据处理与数据清洗功能非常多，并且在数据建模与可视化分析之前，大量的工作可能是在数据清洗部分，因此掌握 Power Query 编辑器的常用功能可达到事半功倍的效果。学习 Power Query 编辑器相应功能的最佳方法是实际操作并根据需要查看帮助文档。

（3）数据处理主要是解决数据质量存在的问题，以确保数据的准确性、完整性、全面性、真实性、一致性、唯一性、适时性和有效性，最终保证数据分析结果的可信度和准确性。

德技并修 ▶▶

勇于探索，才能不断进步

当今世界，信息技术创新呈现出数字化、网络化、智能化深入发展的特征，在推动经济社会发展、促进国家治理体系和治理能力现代化、满足人民日益增长的美好生活需要方面发挥着越来越重要的作用。新一轮科技和产业革命深入发展，世界主要国家都把数字化作为优先发展的战略方向。党的二十大作出加快建设网络强国、数字中国的重大部署，开启我国信息化发展新征程，数字中国建设逐渐成为以信息化推进中国式现代化的重要引擎和有力支撑。

现代化是人类文明进步的历史潮流，从近代以来无数仁人志士的苦苦求索，到党的二十大擘画中国式现代化宏伟蓝图，现代化寄托着一代代中国人对理想社会的矢志追求。2022 年 6 月 23 日，习近平总书记在金砖国家领导人第十四次会晤上指出，"谁能把握大数据、人工智能等新经济发展机遇，谁就把准了时代脉搏"。

【思考与实践】作为新时代财会人员，要系统地学习大数据分析的基本理念和具体方法，加强对专业理论知识的理解和对数据分析技术的应用，并通过自身的不懈努力和大量的实践练习，不断提高运用数据分析工具的基本技能，让自己具备承担数字化工作创新的能力。

【知识测验】

一、单选题

1. 为了便于数据建模和数据分析，Power BI 将数据表分为（   ）两类。

   A. 一维表和二维表　　　　　　B. 一维表和事实表

   C. 二维表和维度表　　　　　　D. 维度表和事实表

2. Power BI 整理数据是在集成的（   ）程序中完成的。

   A. Power Map　　　　　　　　B. Power View

   C. Power Query　　　　　　　D. Power Pivot

3. 在可视化元素中，▦代表的是（   ）。

A. 切片器   B. 筛选器

C. 漏斗图   D. 卡片图

4. 能够设置可视化元素格式的按钮是（   ）。

A. ▽   B. 🖊

C. 📰   D. 🔢

5. 星形布局模式的特点是在事实表外侧只有（   ）维度表。

A. 一层   B. 二层

C. 三层   D. 四层

6. 创建的度量值将显示在带有（   ）图表的字段列表中。

A. ▽   B. Σ

C. ⊞   D. 🔢

7. DIVIDE 函数又叫作（   ）函数。

A. 聚合   B. 安全除法

C. 分解   D. 时间智能

8. Power BI Desktop 通过调用（   ）进行数据建模和分析。

A. Power Map   B. Power View

C. Power Query   D. Power Pivot

9. （   ）是"报表视图"的按钮。

A. 🖊   B. 🎛

C. ⊞   D. 📊

二、多选题

1. Power BI 整理数据的方法有（   ）。

A. 筛选   B. 填充

C. 替换   D. 转置

E. 排序

2. Power Query 编辑器中的行操作包括（   ）。

A. 删除最前面几行   B. 删除最后几行

C. 删除空行   D. 删除重复项

E. 删除错误

3. 在 Power BI 中，根据关系的不同，可以将其分为（　　　　　）类型。

    A. 多对多　　　　　　　　　　B. 一对多

    C. 多对一　　　　　　　　　　D. 一对一

    E. 不多类

4. 在 Power BI 中，关系模型的布局包括（　　　　　）。

    A. 星形　　　　　　　　　　　B. 雪花形

    C. 三角形　　　　　　　　　　D. 网形

    E. 四边形

5. 在 DAX 公式中，"""用来引用（　　　　　）。

    A. 表名　　　　　　　　　　　B. 列名

    C. 行名　　　　　　　　　　　D. 度量值名

    E. 字段

三、判断题

1. 自助式商业智能分析工具不再只面向 IT 部门的技术人员，而是面向不具备 IT 背景知识的业务、财务分析人员。（　　）

2. "可视化"和"筛选器"用于控制可视化对象的外观和编辑交互，包括可视化图表类型、格式设置、筛选器设置等。（　　）

3. 维度表的主要特点是包含类别属性信息，且数据量较小。（　　）

4. 数据建模也叫数据清理或数据清洗，是指通过各种方法将获取的数据整理成正确的数据格式和内容。（　　）

5. Power BI 只能从 Excel 工作簿中获取数据。（　　）

【技能实践】

训练一

【任务描述】现有一份 Excel 文件"某淘宝店铺成本情况"，项目组需要在 Power BI 中对其进行数据分析。（数据源：技能实践 / 项目一 技能实践数据源 / 某淘宝店铺成本情况）

任务：（1）创建度量值"库存成本""总运输成本"。

（2）创建关于"库存成本""总运输成本"的数据可视化报表。

训练二

【任务描述】小张作为一家食品店的老板，将2022—2023年部分商品的销售数据提取出来，想进一步分析肉干、薯片、饮料三类产品的销售情况，以便做出更准确的经营决策。（数据源：技能实践/项目一 技能实践数据源/食品店部分商品销售表 – 案例数据）

任务：制作一个精美的可视化看板，从中可以直观地看到以下内容：

（1）销售总额、销售数量、营业店铺数量、单店平均销售金额。

（2）每类产品的销售情况。

（3）每种产品的销售情况。

（4）本店抽取的三类产品的销售趋势。

（5）各个店铺的销售情况。

大数据技术在全面预算中的应用

学习目标

素养目标

◆ 通过对"生产预算管理分析与可视化"的学习，培养全局观和发展观。

◆ 通过对"预算控制分析与可视化"的学习，培养开阔的全局分析思维和严谨的分析态度。

◆ 通过对可视化看板的学习和制作，培养创新思维。

知识目标

◆ 理解全面预算及全面预算分析的内容。

◆ 掌握全面预算分析的基本维度和关键指标。

◆ 熟悉全面预算可视化分析的基本方法与技巧。

能力目标

◆ 能够掌握全面预算分析中 Power BI 常用函数的功能和语法。

◆ 能够掌握全面预算分析中常用可视化图表绘制方法，并根据需求绘制恰当的图表。

◆ 能够熟练运用 Power BI 进行全面预算相关数据分析，并根据分析结果给出合适的分析结论，提出恰当的改进或优化建议。

思维导图

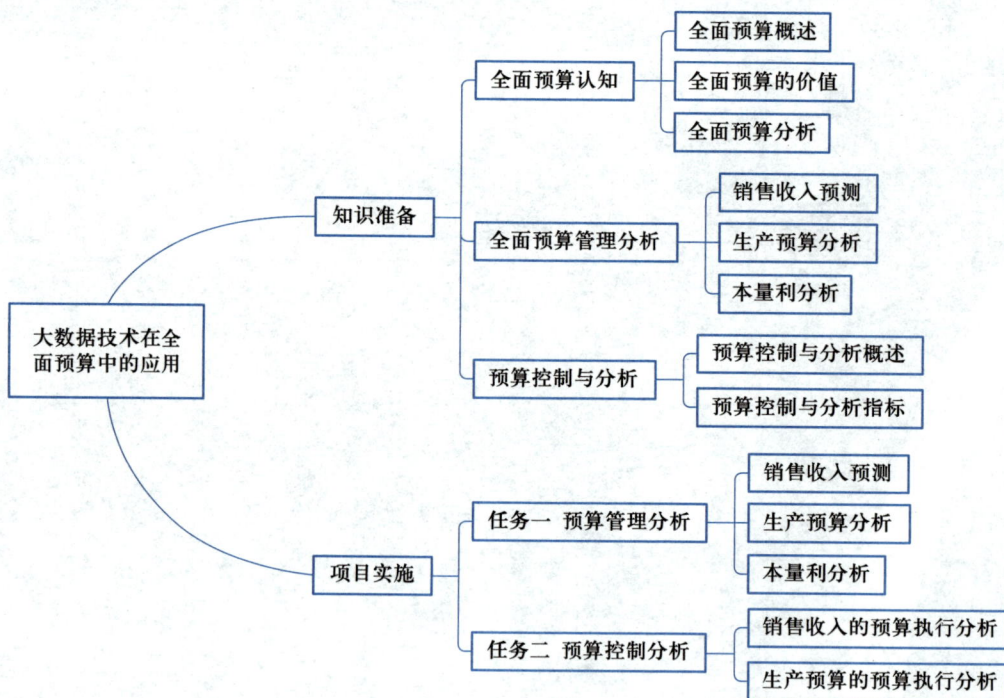

项目导入

大数据分析助力实施乡村振兴战略

    中国要强，农业必须强；中国要美，农村必须美；中国要富，农民必须富。全面推进乡村振兴是党的二十大报告中提出的重大战略决策，党的二十大报告指出，全面建设社会主义现代化国家，最艰巨最繁重的任务仍然在农村。坚持农业农村优先发展，坚持城乡融合发展，畅通城乡要素流动。加快建设农业强国，扎实推动乡村产业、人才、文化、生态、组织振兴。2021年2月，国务院直属机构国家乡村振兴局正式挂牌；同年，中国第一部直接以"乡村振兴"命名的法律《中华人民共和国乡村振兴促进法》正式施行，从此我国乡村振兴战略有法可依。因此，要深刻认识实施乡村振兴战略的必要性和紧迫性。

    产业兴旺是乡村振兴战略的重中之重。近年来，我国的数字经济发展进入了快车道，数字经济为乡村振兴战略的顺利实施注入了新动能。《中华人民共和国国民经济和社会发展第十四个五年规划和2035年远景目标纲要》提出，加快发展智慧农业，推进农业生产经营和管理服务数字化改造；加快推进数字乡村建设，构建面向农业农村的综合信息服务体系，建立涉农信息普惠服务机制，推动乡村管理服务数字化。传统农业产业应该运用大数据技术进行转型升级，提高农业生产经营效率，改变农业生产经营方式，增加农民和农业企业收益，实现农业产业高质量发展。

大数据技术可以帮助农业产业实现升级和创新，让农业生产经营数据"上云"，并通过算法技术对农业生产经营活动进行科学合理的规划和管理，引导农业生产经营健康发展。同时，大数据在农业市场预测、农业种植、农产品上行和农资产品下行等方面发挥着重要作用，例如，利用大数据技术对农业产业进行全链条分析，以实现农产品价格预测、预警，从而解决部分农产品盲目生产或供应波动的问题，这大大推动了我国智慧农业产业的建设进程。此外，大数据技术还广泛应用于精准农业管理、农村金融服务创新、乡村旅游与文化传承、农村社会治理优化等多个领域，助力乡村振兴战略实施。

【项目要求】

XF米业公司是一家大米加工及销售公司，经营"香天下""丝苗香米""壮乡情"等主产品以及糙米、米糠等副产品，其销售渠道主要以批发、零售为主，主要客户群体为批发商、客户分销商及个人消费者等。目前公司正面临大米产业发展势头强劲但本公司全面预算不准确、预算执行反复修改等情况。为了应对上述情况，公司现在要结合市场需求和自身发展趋势，合理、准确地预测公司销售收入和与生产相关的经营数据，编制公司年度经营预算方案。小杰作为一名预算分析师，承担起了明确预算编制依据内容、提供预算编制决策支持、分析全面预算可行性和执行情况的重任，目前已经获取XF米业公司的"销售收入预测分析数据源""生产预算分析数据源""本量利分析数据源""预算控制与分析数据源"，现在需要利用已获取的数据完成以下分析任务。

1. 完成预算管理分析与可视化展示

它包含以下三个子任务：

（1）完成销售收入预测分析与可视化展示。对"销售收入预测分析数据源"进行审查，结合数据源情况进行数据集成，完成销售数量和单价分析、销售收入和回款分析，并对分析结果进行可视化展示。

（2）完成生产预算分析与可视化展示。对"生产预算分析数据源"进行审查，结合数据源情况进行数据清洗，完成直接材料预算分析、直接人工预算分析、制造费用预算分析和分析结果的可视化展示。

（3）完成本量利分析与可视化展示。利用"本量利分析数据源"完成年度经营预算的敏感性分析、本量利分析和分析结果的可视化展示。

2. 完成预算控制分析与可视化展示

利用"预算控制与分析数据源"完成年度经营预算中销售收入的预算执行情况分析、生产预算的预算执行分析和分析结果的可视化展示。

【知识准备】

一、全面预算认知

（一）全面预算概述

1. 全面预算的概念

全面预算是以战略目标为导向，通过对未来一定期间内的经营活动和相应的财务结果进行全面预测和筹划，科学、合理地配置企业各项财务和非财务资源，并对执行过程进行监督和分析，对执行结果进行评价和反馈，以指导经营活动的改善和调整，进而推动企业战略目标实现的管理活动。

2. 全面预算的分类

全面预算可以按不同标准进行分类，具体分类如表 2-1 所示。

表2-1　全面预算分类

分类标准	类型	含义	内容
根据内容分类	经营预算	与企业日常经营活动直接相关的一系列预算	包括销售预算、生产预算、直接材料预算、直接人工预算、制造费用预算、产品成本预算、其他费用预算等
	专门决策预算	企业重大或不经常发生的，需要根据特定决策编制的预算	包括固定资产投资预算、资本支出预算等
	财务预算	企业在计划期内反映有关预计现金支出、财务状况和经营成果的预算	包括现金预算表、预计利润表、预计资产负债表等
根据预算指标涵盖的时间长短分类	短期预算	预算期在1年以内（含1年）的预算	一般情况下，企业的经营预算和财务预算多为1年期的短期预算，年内可再按季或月细分；预算期与会计期间应保持一致
	长期预算	预算期在1年以上的预算	如专门决策预算

（二）全面预算的价值

1. 推动企业战略的部署实施

全面预算可以增强各部门之间的沟通协作，打破部门之间的信息壁垒，强化企业内部凝聚力，提升企业的经营管理水平，推动企业战略的部署和实施。

2. 细化企业战略和经营目标

全面预算将企业战略细化分解为一个个的小目标，并予以量化，通过实施、监督小目标的实现，推动企业整体经营目标的实现以及企业战略的达成。

3. 强化数据资源的经济转化

全面预算有助于企业合理运用数据处理技术对各项财务和非财务资源进行全面分析与利用，提高企业整体运营效率，将企业的数据优势转化为经济优势。

4. 提升企业效能和经济效益

全面预算可以及时发现企业在生产经营以及各项业务中存在的问题，并采取相应措施补足短板，优化工作流程和方式，从而提升企业效能和经济效益。

（三）全面预算分析

1. 全面预算分析指标

根据全面预算的目标和管理内容，可以确定相关的分析指标，通常包括销售数量、销售单价、销售收入、销售回款、生产成本、直接材料、直接人工、制造费用等，还包括各类指标的变动率、占比率、预算执行偏差、预算完成率等。

2. 全面预算分析方法

全面预算分析主要是分析前期与预算项目相关的指标变动趋势和占比情况，预期预算项目对利润的增减影响以及分析执行期的预算项目完成情况。具体的分析方法包括趋势分析法、结构分析法、比率分析法和对比分析法。

（1）趋势分析法。趋势分析法是通过对预算项目的前期变化趋势的分析，从中发现变化规律和问题，了解企业当前的经营状况并分析其发展趋势。这一方面可以帮助企业作出经营预测、决策和预算，另一方面可以判断企业未来的发展趋势。

（2）结构分析法。结构分析法是通过计算预算项目组成部分所占比重，进而分析某一总体现象的内部结构特征、总体的性质、总体内部结构依时间推移而表现出的变化规律性。如分析销售收入总体中各产品收入构成的特征以及各产品收入的变动趋势。

（3）比率分析法。比率分析法是指通过对同一预算期间的相关数据进行相互比较，以比率的形式分析和评价公司的经营活动以及历史状况的方法，如分析全面预算方案的经营风险和可行性评估的安全边际率。

（4）对比分析法。对比分析法是通过将两个或两个以上的预算项目进行比较，分析其变化或差异，从而揭示预算项目的发展变化情况和执行情况，包括同一时间、不同指标的横向对比，以及不同时间、同一指标的纵向对比。

二、全面预算管理分析

（一）销售收入预测

销售收入预测是企业根据过去的销售情况，结合对市场未来需求，对预测期产品销售收入进行的预计和测算，用以指导企业的经营决策和产销活动。通过销售预测可以分析收入变化情况以及发生变化的原因，加强计划性，减少盲目性，增加经济效益。

1. 销售数量和单价预测分析

销售数量和单价是形成销售收入的关键因素。在进行销售数量和单价预测分析时，可以通过历年销售数量和单价的均值、占比和趋势等数据，了解产品的销售状况和消费者的消费倾向，确定热销产品和销售淡旺季等，便于预测和决策产品销售倾向，调整产品价格，优化产品性价比，制定销售策略和目标，提高销售效率，为后续预测分析提供支持。

2. 销售收入和回款预测分析

销售收入和回款情况是直接影响企业盈利能力的重要指标。销售收入是指企业通过销售产品或提供服务等应该获得的现金流入，而回款是实际获得的现金流入。销售收入的准确性关系到企业的盈利能力，而回款的高低则直接影响到企业的现金流。通过销售收入和回款预测分析，企业可以了解其盈利能力变化情况，以及应收账款的管理情况，帮助其制定高效的销售管理策略，提高盈利能力。

（二）生产预算分析

生产预算是以销售预算为基础，结合企业自身产能和生产管理情况，确定产品生产数量及其分布状况的预算。合理的生产预算分析可避免资源的积压或闲置，实现降本增效。

1. 直接材料预算分析

直接材料预算分为生产预算和采购预算，其中，预计采购量取决于生产材料的耗用量和原材料存货的需要量。在直接材料预算分析时，可以通过历年生产数据和采购数据的均值、占比和趋势等，了解产品原材料耗用和生产损耗等情况，把握原材料采购价格的高低及变动趋势等，便于预测和决策产品生产数量、原材料消耗数量和采购价格，发现生产及采购流程中的异常点，优化管理模式。

2. 直接人工预算分析

直接人工预算是根据人工工时的消耗和人工成本所做的预算。在进行直接人工预算分析时，可以通过分析历年职工人数和应付工资的均值、占比和趋势等，结合生产预算分析结论，了解生产人员的组成结构及工作时长，把握生产部门人力成本管理与配置规则，预测下一年度生产部门的人员需求和直接人工成本费用，为直接人工成本费用管控提供依据，确保生产预算可行。

3. 制造费用预算分析

制造费用预算是反映除直接材料、直接人工以外的其他一切生产费用的预算，可分为变动成本和固定成本两大部分，其成本性态的区分可以通过历年各项费用的变动趋势与生产数量的变动趋势对比来判断。通过制造费用预算分析，可以了解不同制造费用项目的变化趋势和影响因素，分析项目支出增减原因，明确制造费用预算管理措施，如节约能源、优化工作过程等，形成制造费用预算方案。

（三）本量利分析

本量利分析是指"成本—业务量—利润"中各因素的依存关系分析。通过本量利分析可以发现成本、业务量、单价和利润等因素间变动的规律，从而为做出关于产品组合、产品定价、促销策略以及生产设备利用等的预测、决策、计划和控制等活动提供支持，以降低经营风险，提高企业盈利能力。

1. 敏感性分析

敏感性分析是对预算管理环节的改善，是在业务经营指标与财务预算数据间建立因果关系，提高财务运营与生产经营的协同性。敏感性分析可以分析成本、业务量、单价等变量对利润的影响程度和临界值，了解全面预算中的不确定性和风险，为采取相应的风险管理措施指明方向，提高预算的真实性、准确性和可操作性，同时也为全面预算实施的动态控制和监督评价提供依据。

2. 本量利关系分析

本量利关系分析是指以盈亏平衡点为基础，运用数学模型和图式进行的分析，当收入除以销售数量计算出的数值大于盈亏平衡点收入除以销售数量计算出的数值时，全面预算方案可实现盈利；反之，则需要调整全面预算方案。同时，还可以进一步运用边际贡献率、安全边际率等指标，分析企业各产品的利润贡献能力和安全程度，为全面预算方案中的产品价格、产品结构和产品成本管控等方面的预测、决策提供支持。

三、预算控制与分析

（一）预算控制与分析概述

预算控制是企业以预算为标准，通过预算分解、过程监督、差异分析等促使企业日常经营不偏离预算标准的管理活动。预算控制分析是将全面预算中各项目的预算值和实际值进行比较，对预算执行进行监督和分析，协调和控制预算执行期内各资源的获得、配置和使用，保障企业战略的达成。

（二）预算控制与分析指标

预算控制与分析的主要对象是预算执行期内各项目的实际值，当分析基础发生变化时，应对预算执行情况进行横向比较和纵向比较。其中横向比较是将各指标的预算值和实际值进行比较，主要衡量预算管理对业务、财务活动的控制能力；纵向比较是将各指标的实际值和上年同期值进行比较，主要衡量预算执行的变化和长期竞争力。预算控制与分析常见指标如表2-2所示。

表2-2　预算控制与分析常见指标

分析维度	指标名称	指标公式
横向比较	预算执行偏差	本期实际值 − 本期预算值
	预算完成率	本期实际值 ÷ 本期预算值 ×100%
纵向比较	预算执行同比差异	本期实际值 − 上年同期实际值
	预算执行同比增长速度	（本期实际值 − 上年同期实际值）÷ 上年同期实际值 ×100%

【项目实施】

任务一　预算管理分析

根据项目要求，可以将本任务分解为销售收入预测、生产预算分析、本量利分析三个子任务，具体任务实施如下。

一、销售收入预测

销售收入预测是对 XF 米业公司近年来销售收入及与之相关的情况进行分析，包括销售数量和单价分析、销售收入和回款分析，但由于跨年度、多维度的数据来源不同，对其数据内容和数据格式等进行有效集成管理是增强企业数据分析质量的必须程序。在 Power BI 中，销售收入预测的具体工作过程如下。

（一）数据集成的实现方式

1. 获取数据

使用 Power BI "获取数据"功能，选择"从 Excel 导入数据"，导入"销售收入预测分析数据源"，将"2021—2023 年门店销售明细"导入 Power BI，并进入"Power Query 编辑器"窗口。

2. 设置字母格式

本任务中的"商品编码"由 2 个英文字母和 4 个数字组成，但商品编码存在英文字母大小写不统一的问题，现将其统一转换为英文大写字母。具体操作为：在"Power Query 编辑器"中选中"商品编码"列，依次单击"转换"选项卡、"格式"下拉按钮和"大写"选项按钮，完成将"商品编码"列的所有英文字母转换为大写字母的操作。

3. 拆分列数据

本任务中的"商品规格"包含 3 项内容：商品名称、商品包装和商品重量，需要将其拆分为 3 列。由于商品名称和商品包装之间都用逗号分隔，可以通过分隔符拆分出商品名称；由于商品包装都是两个字，可以按字符数进行拆分，具体操作如下：

（1）选中"商品规格"列，依次单击"转换"选项卡、"拆分列"下拉按钮和"按分隔符"选项按钮，如图 2-1 所示。

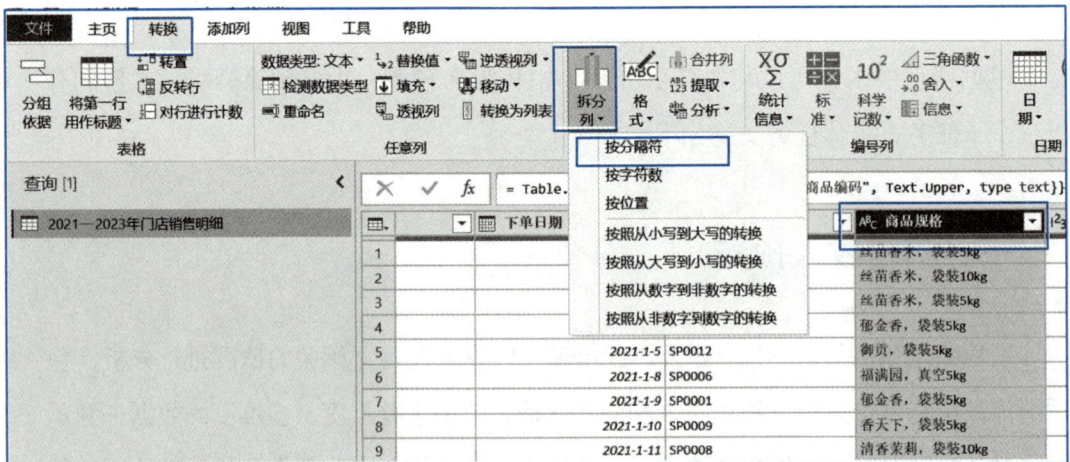

图 2-1 "按分隔符"拆分"商品规格"列

（2）在弹出的"按分隔符拆分列"对话框中，为了避免"商品规格"中逗号格式不是英文状态下的符号，需要先将"商品规格"中商品名称和商品包装之间的逗号粘贴至"选择或输入分隔符"的"自定义"中，再在"拆分位置"组中选中"最左侧的分隔符"单选按钮，最后单击"确定"按钮。

（3）操作完成后，"商品规格"列被拆分为两列，列标题自动区分为"商品规格.1"和"商品规格.2"，双击"商品规格.1"列标题，或者右击，从弹出的快捷菜单中选择"重命名"选项，输入新的列标题"商品名称"。"商品规格.2"数据列参考上述步骤，按字符数拆分为"商品包装"和"商品重量/kg"数据列。

4. 清除空格的设置

本任务中的"支付方式"列的数据中存在多处空格，可以使用修整功能清除，具体操作为：

（1）选中"支付方式"列，依次单击"转换"选项卡、"替换值"下拉按钮和"替换值"选项按钮，如图2-2所示。

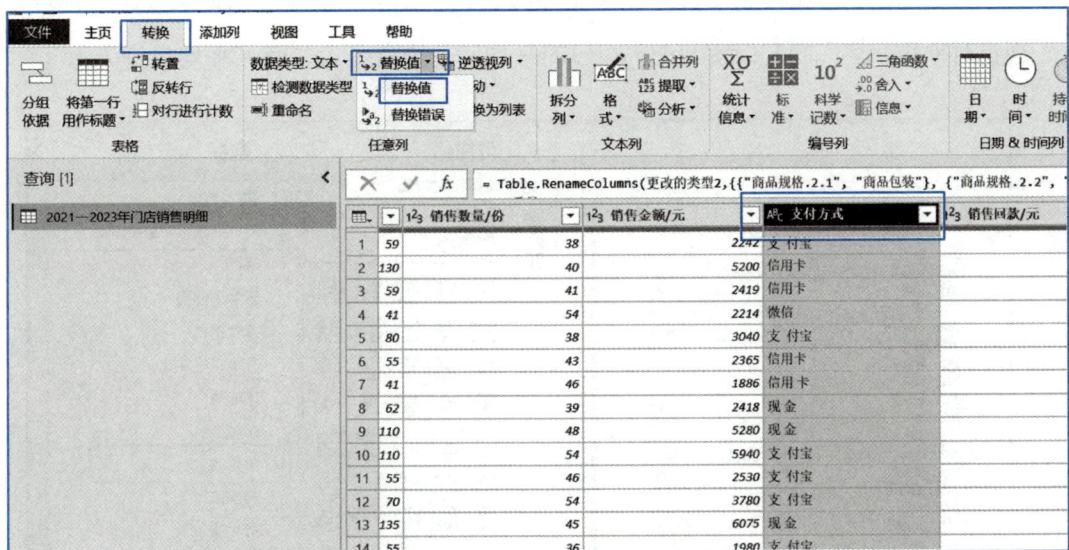

图2-2 "支付方式"列清除空格的设置

（2）弹出"替换值"对话框，将"支付方式"中的空格粘贴至"要查找的值"中，"替换为"中的值为空（即不输入任何内容），然后单击"确定"按钮，完成"支付方式"列数据清除空格的设置。

（3）数据清洗完成后，依次单击"主页"选项卡和"关闭并应用"选项按钮，将"2021—2023 年门店销售明细"数据加载到 Power BI 中。

（二）销售收入预测分析

XF 米业公司在进行销售收入预测分析时需要充分考虑内外部环境等多种影响因素，更好地调整营销策略，优化销售模式，提高销售效率，从而实现企业的可持续发展。销售收入预测分析的具体步骤如下。

1. 销售数量和单价分析

销售数量与
单价分析

（1）新建报表页，将报表页重命名为"2021—2023 年销售数量和单价分析"。

（2）创建"年度销售数量和单价"数据表。选择"表"视觉对象，将"下单日期"中"年""商品名称""商品数量/份""商品单价/元"依次拖曳至"列"处。注意在将"商品单价/元"数据列拖曳至"列"处时，需要先单击"商品单价/元"右侧下拉按钮，再在弹出的功能对话框中将汇总方式修改为"平均值"，如图 2-3 所示。

再次单击"商品单价/元"右侧下拉按钮，在弹出的功能对话框中选择"针对此视觉对象重命名"，将"商品单价/元 的平均值"重命名为"商品平均单价/元"。

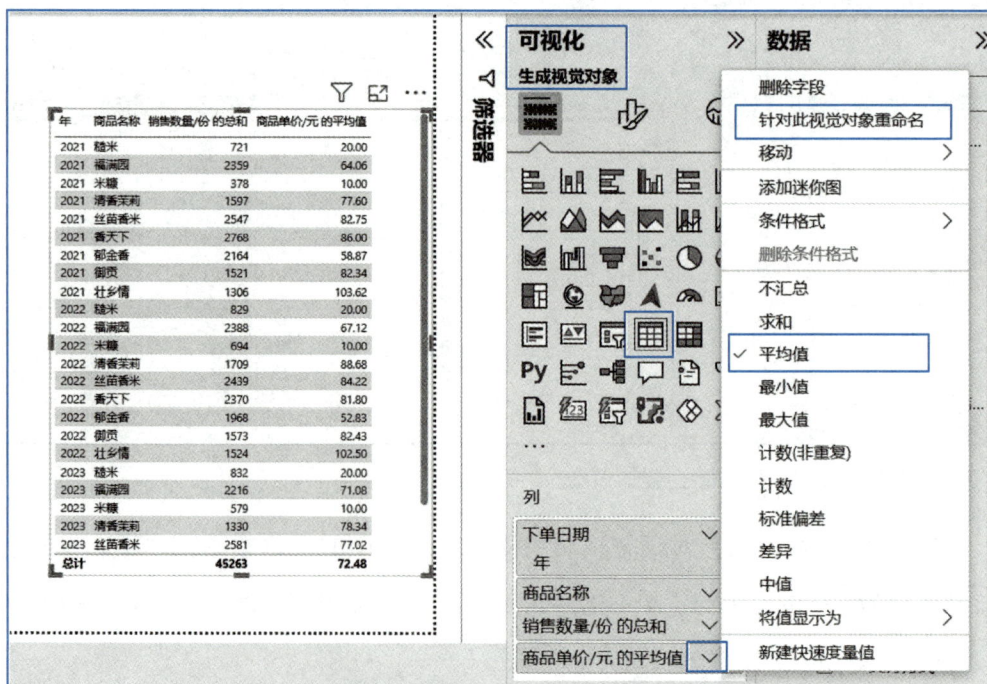

图 2-3 设置"商品单价/元"数据列汇总方式

（3）创建"销售数量变动趋势分析"折线和簇状柱形图。选择"折线和簇状柱形图"视觉对象，将"下单日期"中的"年""季度"依次拖曳至"X轴"处，将"销售数量/份"分别拖曳至"列y轴""行y轴"处；同时在"视觉对象格式"｜"视觉对象"窗口中关闭X轴的显示，并将Y轴值的显示单位设置为"无"，形成各年度的销售数量变动趋势分析折线和簇状柱形图，如图2-4所示。

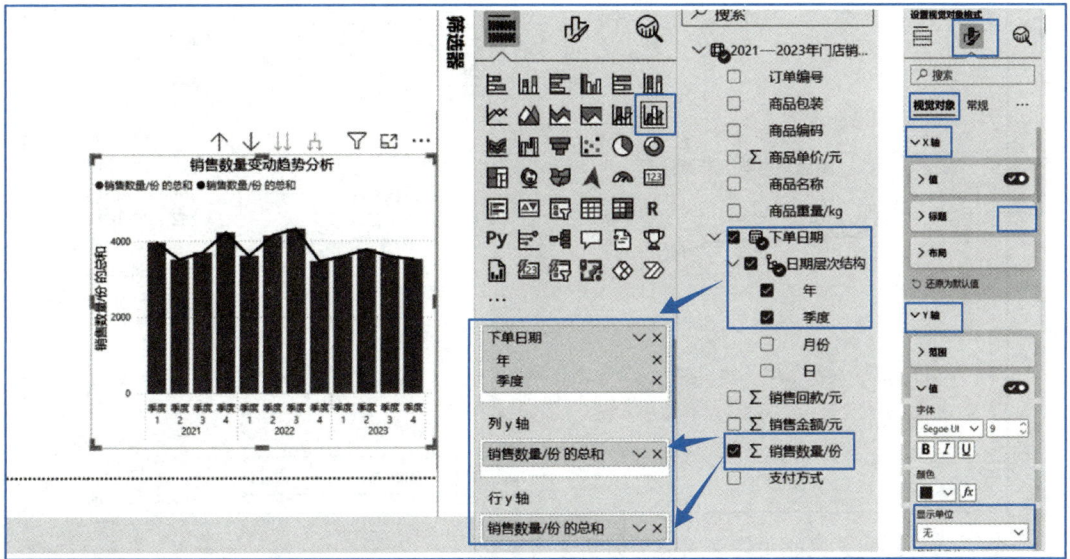

图2-4　创建"销售数量变动趋势分析"折线和簇状柱形图

参考操作步骤（2），将"列y轴"处"销售数量/份 的总和"重命名为"销售数量/份"。

（4）创建"商品平均单价趋势分析"折线图。选择"折线图"视觉对象，将"商品名称"拖曳至"X轴"处，将"商品单价/元"拖曳至"Y轴"处。注意在将"商品单价/元"数据列拖曳至"Y轴"处时，需单击"商品单价/元"右侧下拉按钮，然后在弹出的功能对话框中将汇总方式修改为"平均值"。在右侧"可视化"｜"设置视觉对象格式"｜"视觉对象"窗口中，打开"数据标签"显示，关闭X轴标题的显示，形成商品平均单价趋势分析折线图，如图2-5所示。

参照操作步骤（2），将"Y轴"处"商品单价/元 的平均值"重命名为"商品平均单价/元"。

（5）创建"销售数量占比分析"树状图。选择"树状图"视觉对象，将"商品名称"拖曳至"类别"处，"销售数量/份"拖曳至"值"处。先在右侧"可视

化"|"设置视觉对象格式"|"视觉对象"窗口中单击"数据标签"显示；再在右侧
"可视化"|"生成视觉对象"窗口中单击"销售数量/份"右侧下拉按钮，在弹出的
功能对话框中将"将值显示为"修改为"占总计的百分比"，形成销售数量占比分析
树状图，如图 2-6 所示。

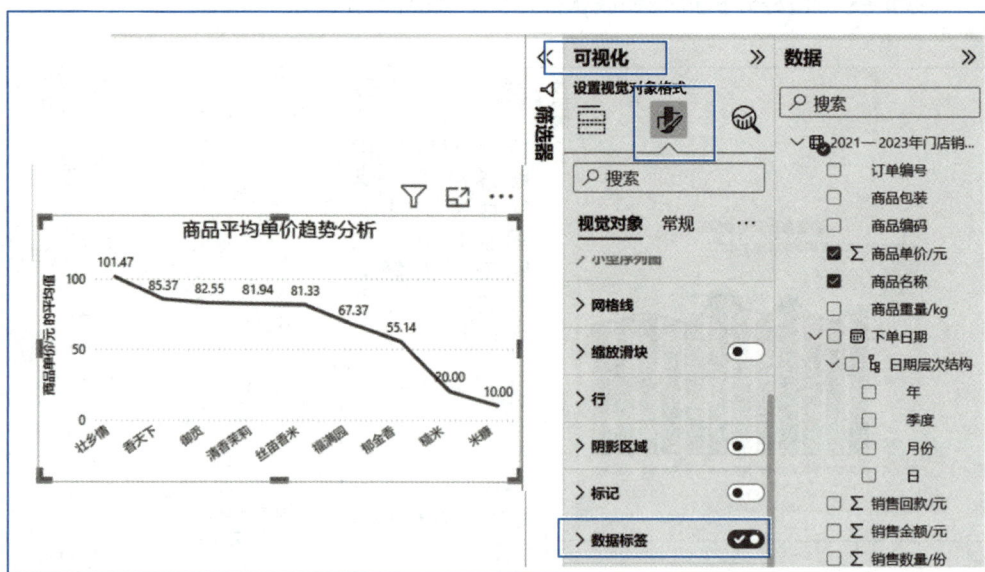

图 2-5　创建"商品平均单价趋势分析"折线图

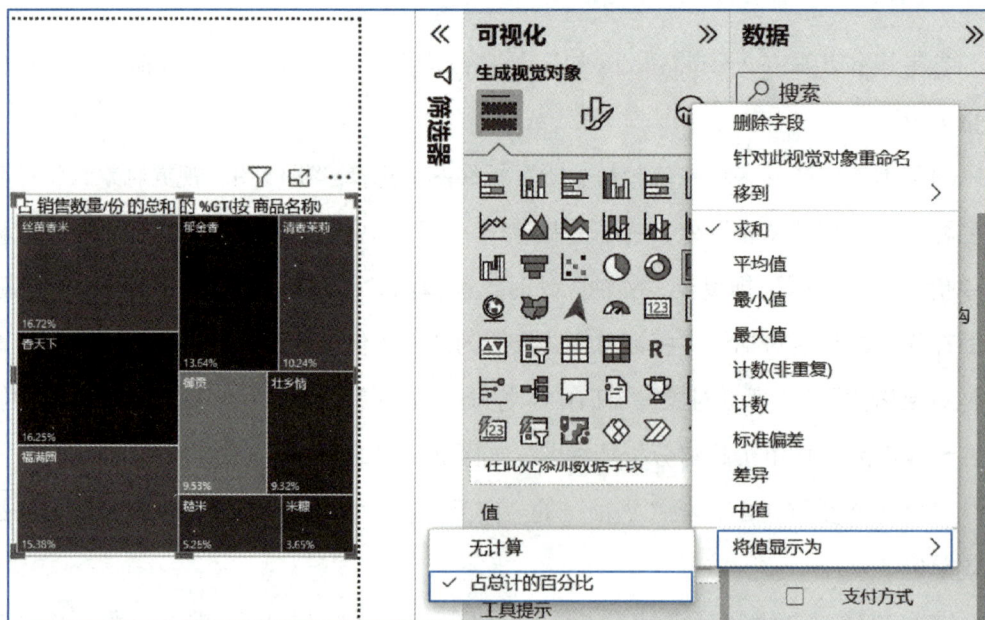

图 2-6　创建"销售数量占比分析"树状图

（6）创建"日期"和"商品名称"切片器。选择"切片器"视觉对象，将"下单日期"中的"年"和"季度"依次拖曳至"字段"处，创建时间切片器，便于快速查阅相应时间段商品的销售数量和单价，如图 2-7 所示。同理，创建"商品名称"切片器，便于快速查阅不同商品的销售数量和单价。

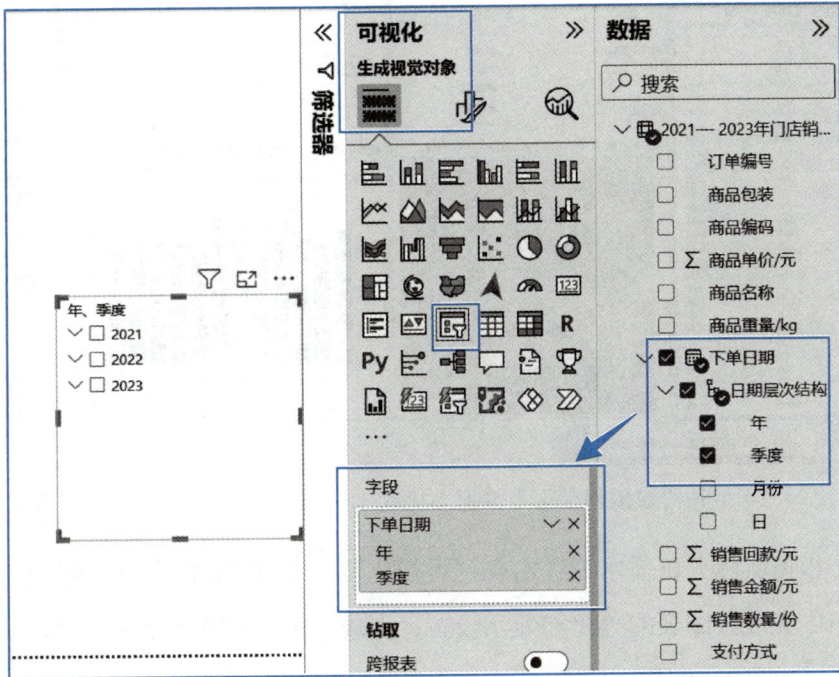

图 2-7　创建"日期"切片器的设置

（7）使用"插入"|"文本框"功能为报表添加标题"2021—2023 年销售数量和单价分析"，并将字号修改为"36"，对齐方式设置为"居中"，如图 2-8 所示。

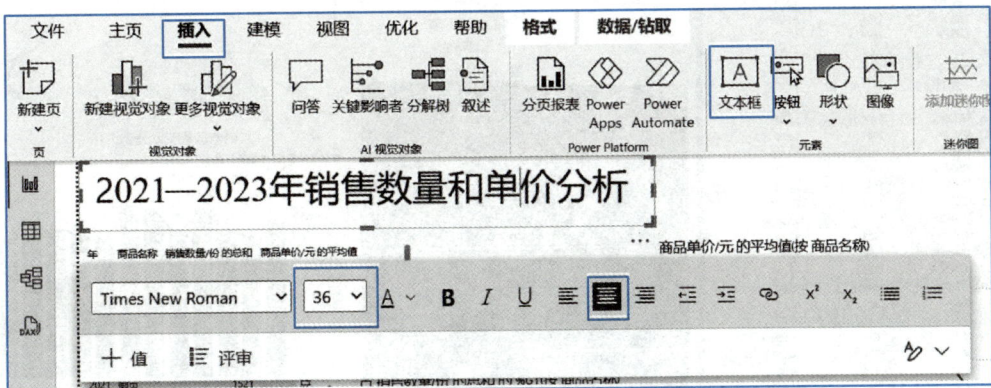

图 2-8　为报表添加标题的设置

（8）选中"年度销售数量和单价"数据表，在右侧"可视化"｜"设置视觉对象格式"｜"常规"窗口中将标题文本修改为"年度销售数量和单价一览表"，并将其水平对齐方式设置为"居中"，如图 2-9 所示。同理，完成其他视觉对象标题的设置。

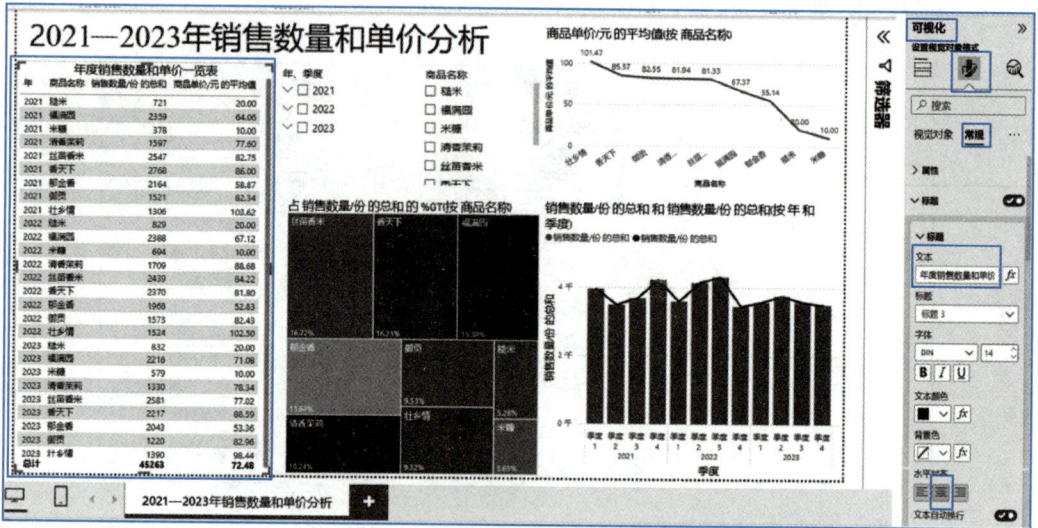

图 2-9　修改"年度销售数量和单价"数据表标题

（9）根据实际分析需求，在右侧"可视化"｜"设置视觉对象格式"｜"视觉对象"窗口中完成各图表的美化和显示设置，形成"2021—2023 年销售数量和单价分析"报表，如图 2-10 所示。

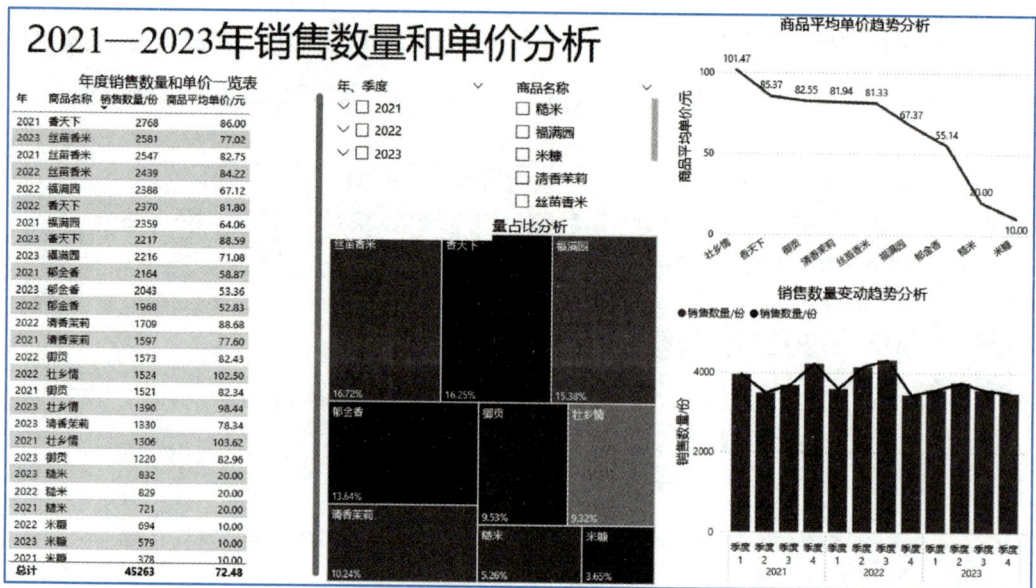

图 2-10　"2021—2023 年销售数量和单价分析"报表

从报表中可以看出，XF 米业公司近三年大米销售数量总体呈现平稳变化趋势，年均销售数量维持在约 15 000 份，但 2023 年度大米销售数量下降。近三年排名前三的大米畅销品为丝苗香米、香天下和福满园，占销售总量的比重分别为 16.72%、16.25%、15.38%，产品所对应的价格区间为中低价格，与 2023 年度的畅销产品及其所对应的价格区间基本一致（将"年份切片器"切换到 2023 年可见）。因此，2024 年度在销售数量预算方面可以按近三年的销售数量均值，主推"丝苗香米""香天下""福满园"三款产品；单价方面可以设置 1 至 2 款高价格产品，将主推产品单价维持在中低价格水平，保证产品的竞争力。

2. 销售收入和回款分析

（1）新建报表页并将其重命名为"2021—2023 年销售收入和回款分析"，导入"销售收入预测分析数据源"中的"2021—2023 年同行销售收入"数据，并完成数据加载。

销售收入与
回款分析

（2）创建"同行销售收入对比分析"堆积柱形图。选择"堆积柱形图"视觉对象，将"企业名称"拖曳至"X 轴"处，将"2021 年销售收入 / 元""2022 年销售收入 / 元""2023 年销售收入 / 元"依次拖曳至"Y 轴"处，并在右侧"可视化"|"视觉对象格式"|"视觉对象"窗口中关闭 X 轴名称的显示。

（3）为了对 XF 米业公司的各年销售收入数据与同行销售收入数据进行比较，需要依次单击"主页"选项卡和"快度量值"选项按钮，弹出"快度量值"创建栏；在"计算"组中选中"类别合计（应用筛选器）"，在"基值"组中选中"销售金额 / 元 的总和"，在"类别"组中选中"下单日期－年"，单击"添加"按钮，增加"年 的 销售金额 / 元"数据，如图 2-11 所示。

（4）完善"同行销售收入对比分析"堆积柱形图，在右侧"可视化"|"分析"窗口中，单击"恒定线"下拉按钮，在"将设置应用于"处先单击"＋ 添加行"，再单击"值"下方的"条件格式ƒx"按钮；在弹出的功能对话框中依次将"格式样式"设置为"字段值"，"应将此基于哪个字段？"设置为"年 的 销售金额 / 元 的合计"；单击"确定"按钮，完成同行销售收入对比分析堆积柱形图的恒定线设置，如图 2-12 所示。

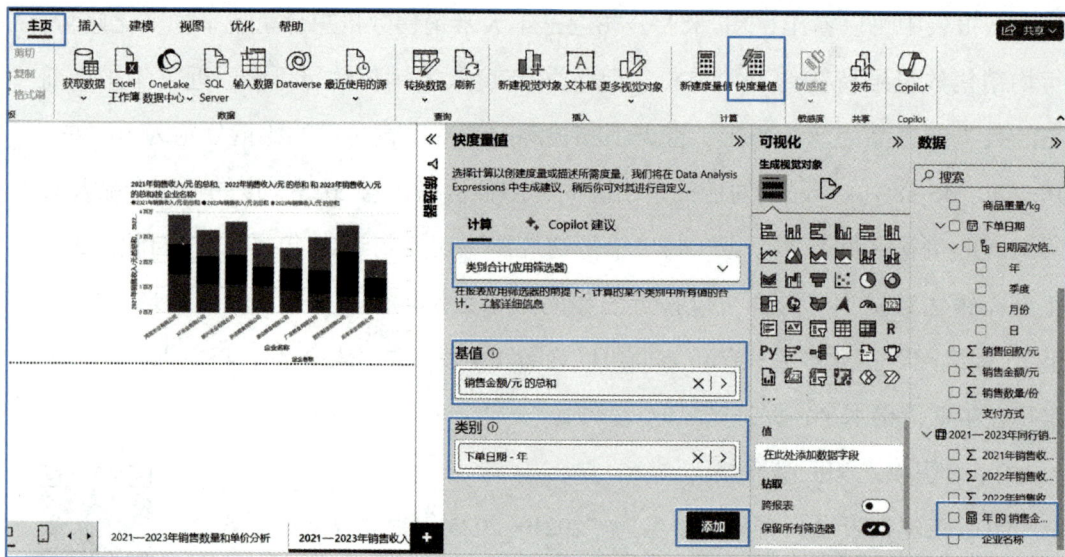

图 2-11 快度量值"年的销售金额/元"数据的设置

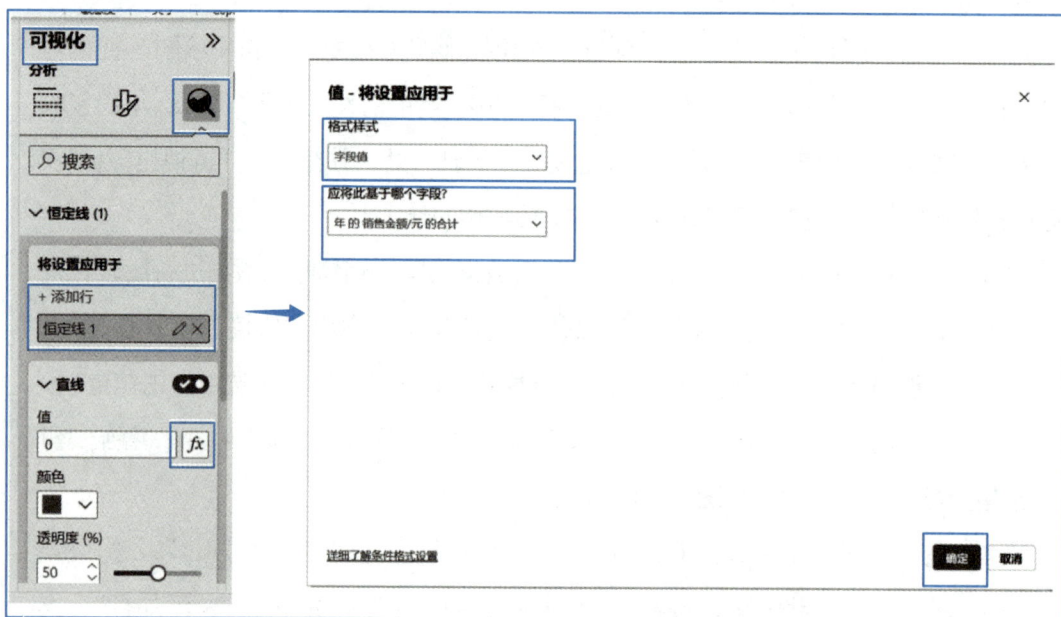

图 2-12 为"同行销售收入对比分析"堆积柱形图设置"恒定线"

（5）创建"不同包装商品销售收入占比分析"饼图。选择"饼图"视觉对象，将"商品包装"拖曳至"图例"处，"销售金额/元"拖曳至"值"处，形成商品包装销售收入占比分析饼图，如图 2-13 所示。同理创建"不同重量规格商品销售收入占比分析"饼图，注意将"商品重量/kg"拖曳至"图例"处，"销售金额/元"拖曳至"值"处。

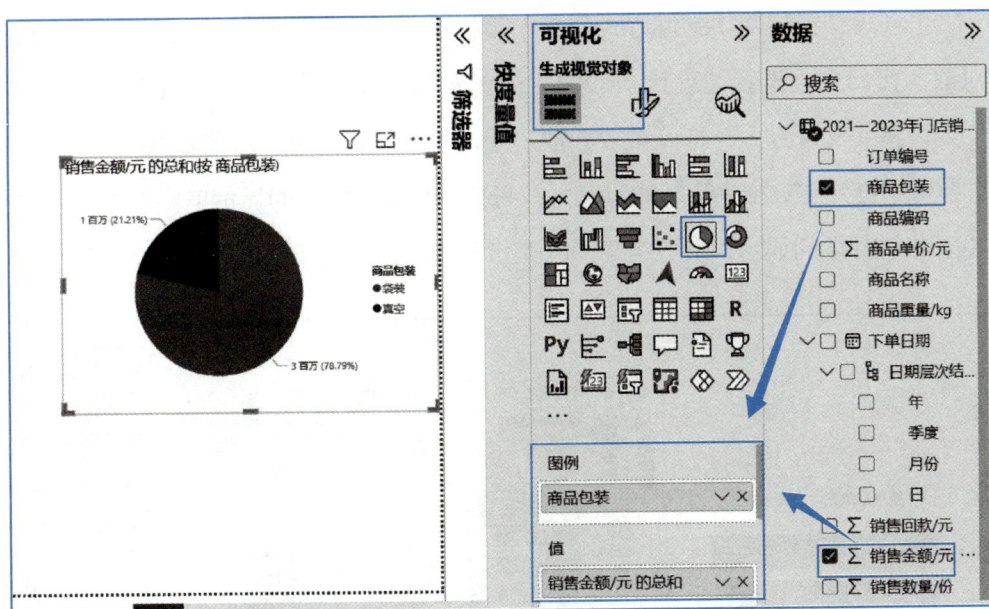

图 2-13　创建"不同包装商品销售收入占比分析"饼图

（6）选中"不同包装商品销售收入占比分析"饼图，在右侧"可视化"|"设置视觉对象格式"|"视觉对象"窗口中，关闭图例的显示，同时将标签内容设置为"类别，总百分比"，如图 2-14 所示。同理关闭"不同重量规格商品销售收入占比分析"饼图图例显示，并将其标签内容设置为"类别，总百分比"。

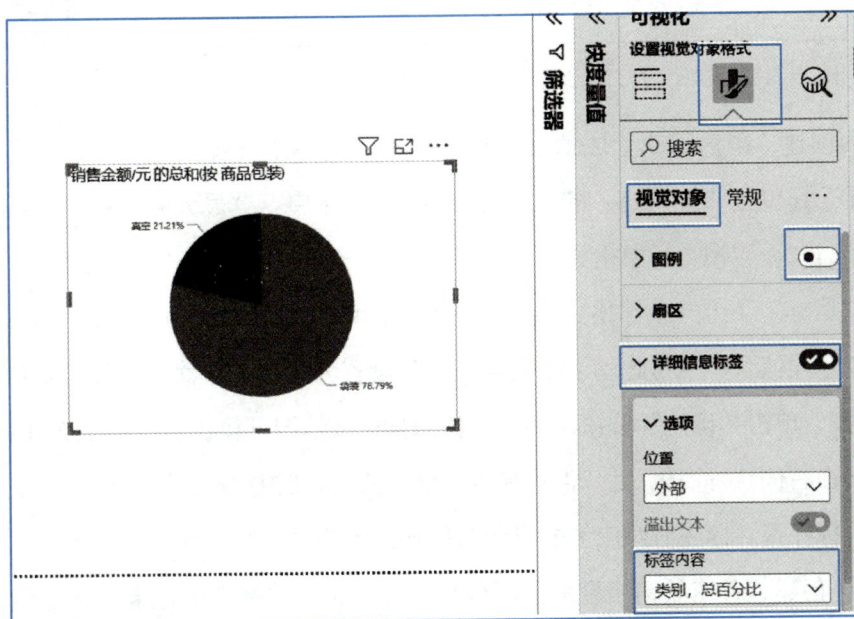

图 2-14　设置"不同包装商品销售收入占比分析"饼图视觉对象格式

（7）创建"销售回款支付方式分析"簇状条形图，在右侧"可视化"|"生成视觉对象"窗口中，选择"簇状条形图"视觉对象，将"销售回款/元"拖曳至"X轴"处，将"支付方式"拖曳至"Y轴"处，并在"设置视觉对象格式"|"视觉对象"窗口中打开"数据标签"的显示，并将数据标签"值"的显示单位设置为"无"，并关闭Y轴标题的显示，形成销售回款支付方式分析簇状条形图，如图2-15所示。

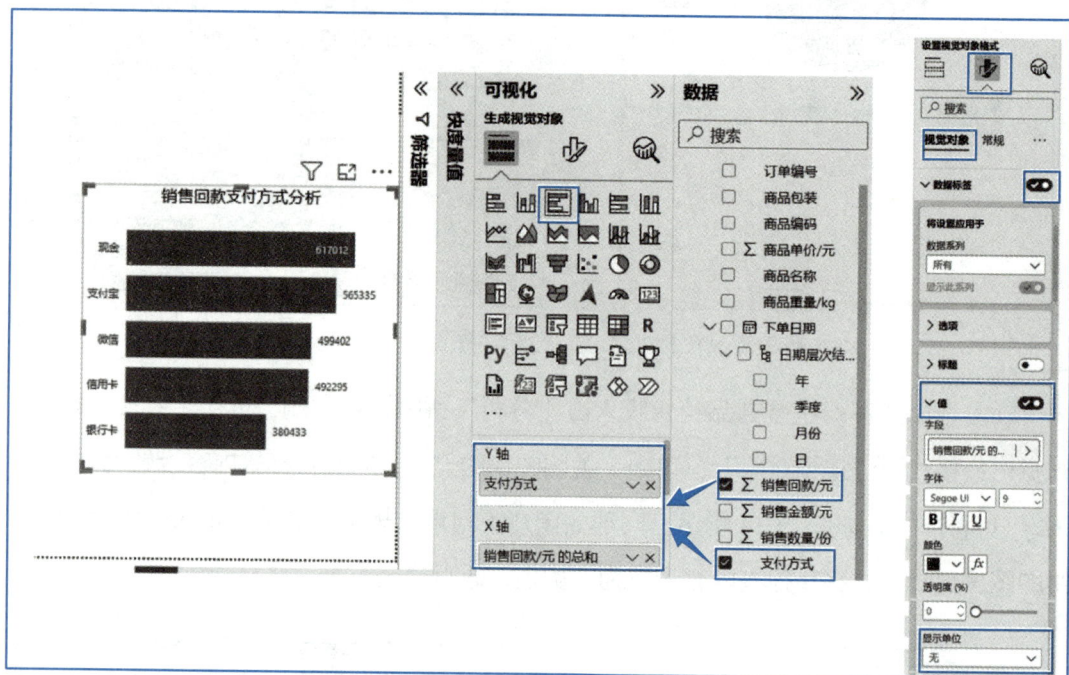

图2-15　创建"销售回款支付方式分析"簇状条形图

（8）创建"销售回款达成情况分析"仪表。选择"仪表"视觉对象，将"销售回款/元"拖曳至"值"处，将"销售金额/元"拖曳至"最大值"处。注意在右侧"可视化"|"设置视觉对象格式"|"视觉对象"窗口中先单击"测量轴"下拉按钮，再单击"目标"下方"条件格式"按钮，在弹出的功能对话框中依次将"格式样式"设置为"字段值"，"应将此基于哪个字段？"设置为"销售回款/元"，"摘要"设置为"差异"，单击"确定"按钮，形成销售回款达成情况分析仪表，如图2-16所示。

（9）在右侧"可视化"|"设置视觉对象格式"|"视觉对象"窗口中将仪表数据标签、目标标签、标注值对应值的显示单位均设置为"无"。

（10）创建"各商品销售金额情况分析"多行卡，选择"多行卡"视觉对象，将"商品名称""销售金额/元""销售金额/元"拖曳至"字段"处。此时需要先单击第二项"销售金额／元"右侧下拉按钮，再在弹出的功能对话框中把"将值显示为"修改为"占总计的百分比"，形成各商品销售金额情况分析多行卡，如图 2—17 所示。

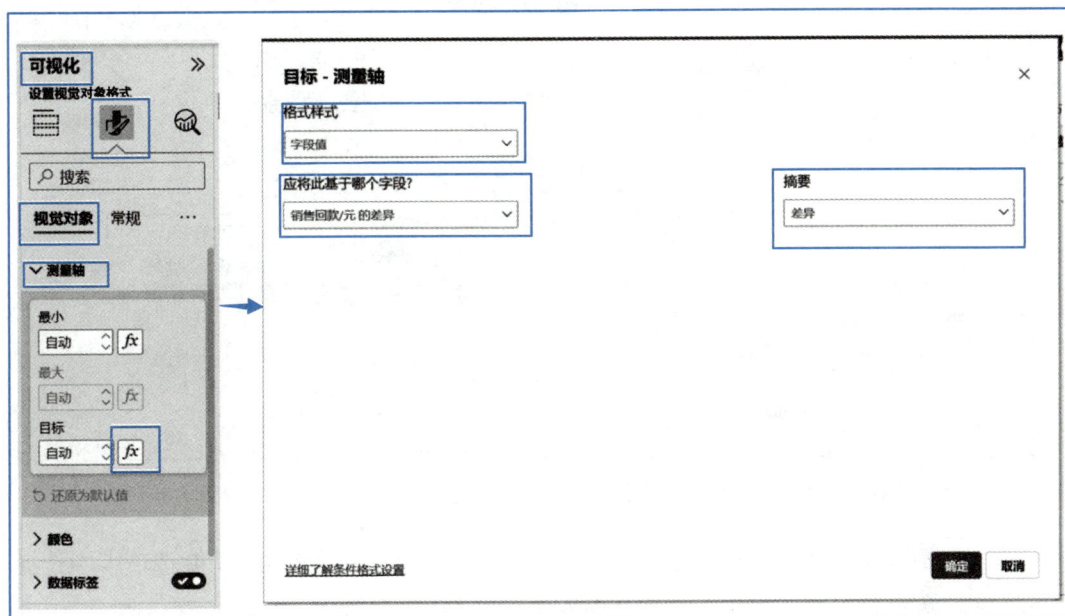

图 2—16　为"销售回款达成情况分析"仪表设置测量轴

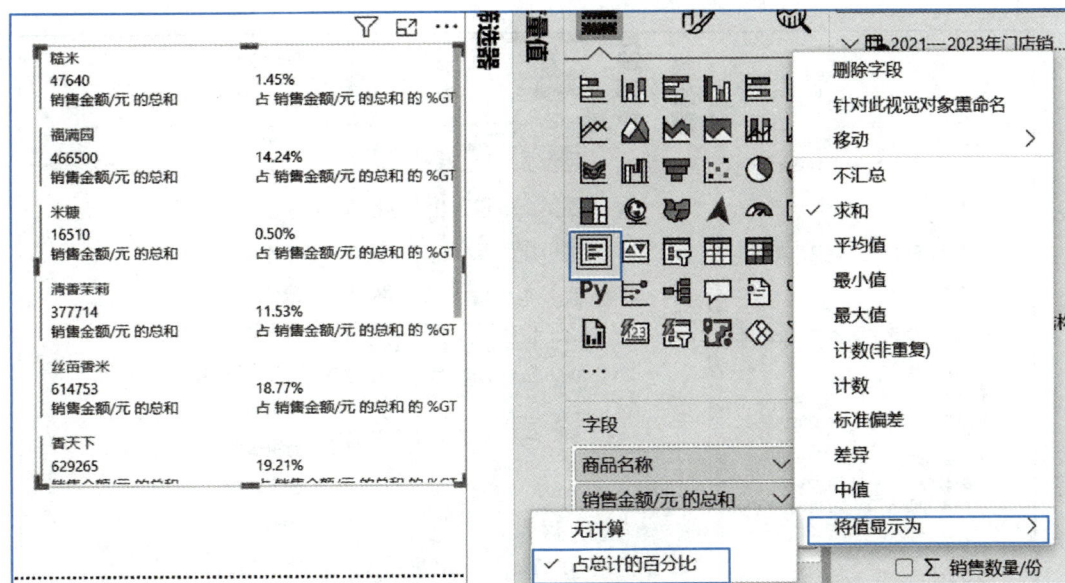

图 2—17　设置"销售金额／元"为"总计的百分比"

　　（11）单击"各商品销售金额情况分析"多行卡视觉对象右上角"更多选项"功能按钮，将其排序方式设置为"销售金额／元 的总和"，排序方法设置为"以降序排序"，如图 2-18 所示。

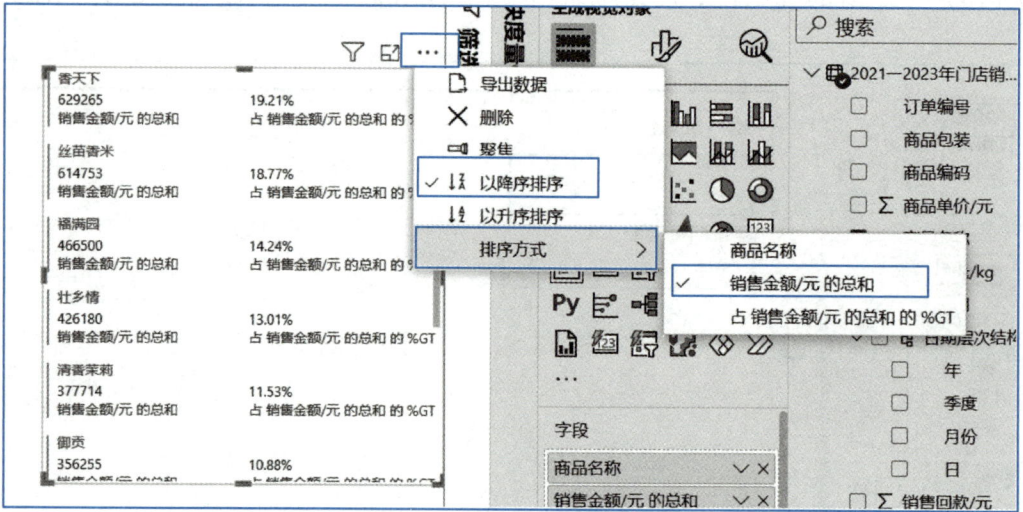

图 2-18 设置"各商品销售金额情况分析"多行卡排序方式

（12）单击"销售金额／元 的总和"右侧下拉按钮，在弹出的功能选项卡中选择"针对此视觉对象重命名"，将其重命名为"销售金额／元"，如图 2-19 所示。同理将"占 销售金额／元 的总和 的 %GT"重命名为"销售金额占比"。

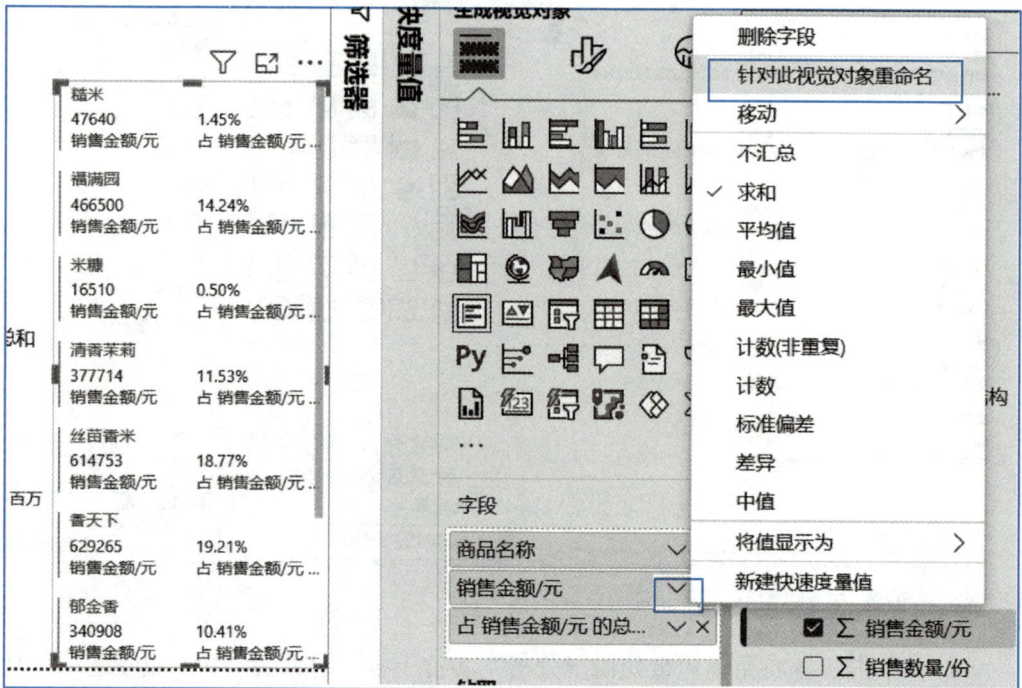

图 2-19 重命名"销售金额／元 的总和"

（13）创建"下单日期"切片器，注意将下单日期拖曳至"值"处。

（14）根据实际情况对报表进行美化，美化后的"2021—2023年销售收入和回款分析"报表如图2-20所示。

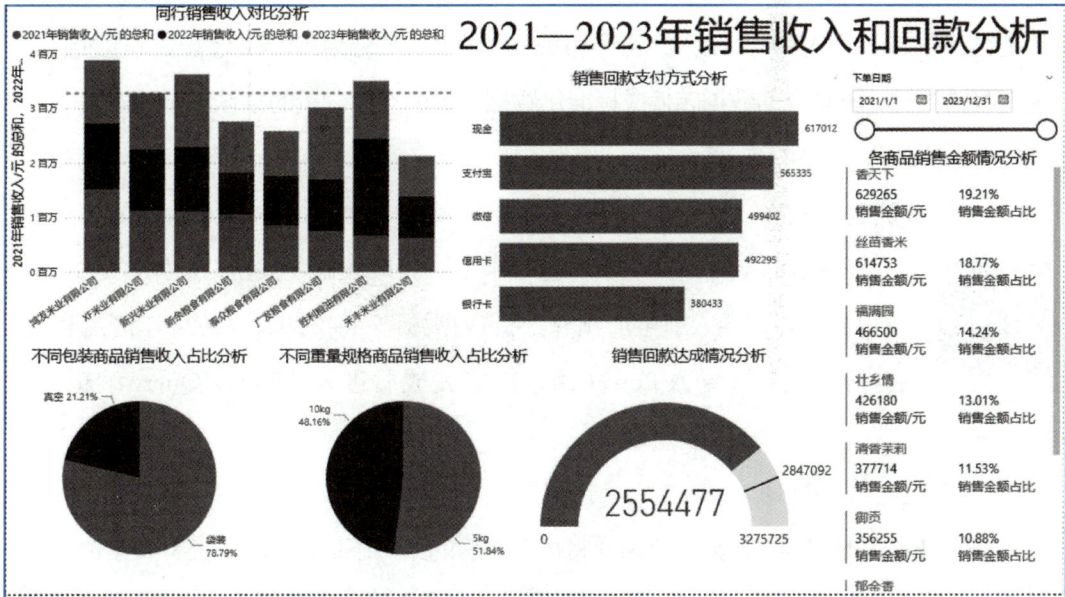

图 2-20 "2021—2023 年销售收入和回款分析"报表

从报表中可以看出，XF 米业公司 2021—2023 年的销售收入在同行间处于中上水平，近三年销售收入主要来源产品为"香天下""丝苗香米""福满园"三款产品，占总收入的比重分别为 19.21%、18.77%、14.24%，且消费者更倾向于购买袋装、5 kg 的产品，这与 2023 年度的销售收入主要来源产品和消费者对商品包装和重量的购买倾向一致。销售回款方面，2021—2023 年的消费回款支付方式主要集中在现金、支付宝和微信上，且近三年的销售回款情况整体良好，但未达到回款的目标值。2023年，消费回款支付方式发生了明显变化，且销售回款情况不容乐观（将"销售收入及回款时间"切片器切到 2023 年可见）。因此，2024 年度在销售收入预测方面，应结合前述销售数量和单价分析内容，增加消费者青睐的袋装 5 kg 大米产品销售收入预测份额；在销售回款方面，在保障各支付渠道畅通的基础上，应提升销售回款预计比例，并将销售回款情况纳入销售人员的绩效考核中，保障 XF 米业公司现金流的稳定和充足。

二、生产预算分析

生产预算分析是对 XF 米业公司近年来生产过程中的要素及关键因素进行分析，包括直接材料预算分析、直接人工预算分析和制造费用预算分析，但收集来的原始数据中可能会存在错误，包括人工录入的错误和系统自动产生的错误等，因此需要先通过数据清洗将错误的、不精准的数据转换成标准化数据。生产预算分析的具体工作过程如下。

（一）数据清洗的实现方式

1. 获取数据的操作

单击 Power BI "主页" 选项卡下 "获取数据" 按钮，选择 "从 Excel 导入数据"，导入 "生产预算分析数据源"，将 "2021—2023 年产品直接材料消耗量" 导入 Power BI，加载完成后进入 "Power Query 编辑器" 窗口。

生产预算分析

2. 不完整数据处理

在本任务中的 "年份" 列中，需要将每个年份的第一条信息向下填充补齐空值，具体操作为：在 "Power Query 编辑器" 中，选中 "年份" 列，依次单击 "转换" 选项卡、"填充" 下拉按钮和 "向下" 选项按钮，完成 "年份" 列的向下填充，如图 2-21 所示。

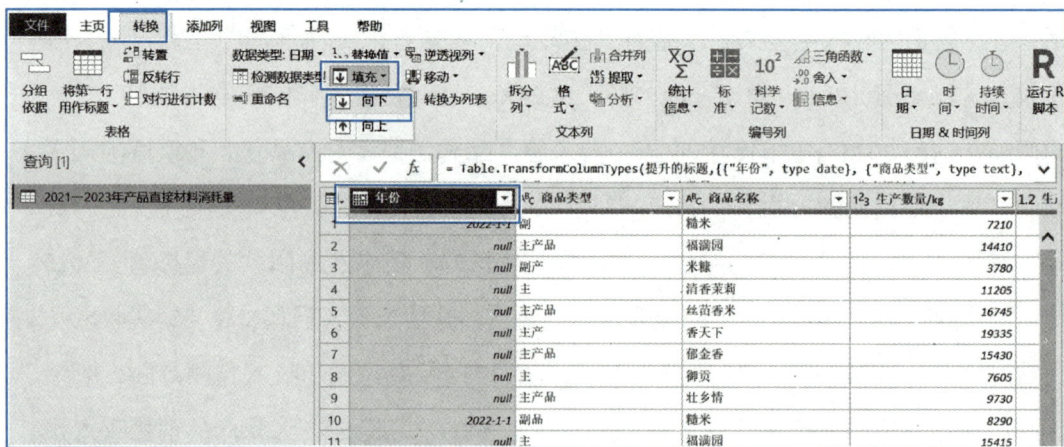

图 2-21 "年份" 列的向下填充设置

3. 不一致数据处理

本任务中的 "商品类型" 列的数据存在格式不一致数据，它们应为 "主产品" 和 "副产品"，现将通过添加后缀和提取功能对其进行处理，具体操作如下：

（1）在"Power Query 编辑器"中，选中"商品类型"列，依次单击"转换"选项卡、"拆分列"下拉按钮和"按字符数"选项按钮，弹出"按字符数拆分列"对话框，在"字符数"文本框中输入"1"，在"拆分"组中选中"一次，尽可能靠左"单选按钮，单击"确定"按钮。

（2）操作完成后，"商品类型"列被拆分为两列，列标题自动区分为"商品类型.1"和"商品类型.2"，选中"商品类型.1"列，依次单击"转换"选项卡、"格式"下拉按钮和"添加后缀"选项按钮，弹出"后缀"对话框，如图2-22所示。在"值"文本框中输入"产品"，单击"确定"按钮。

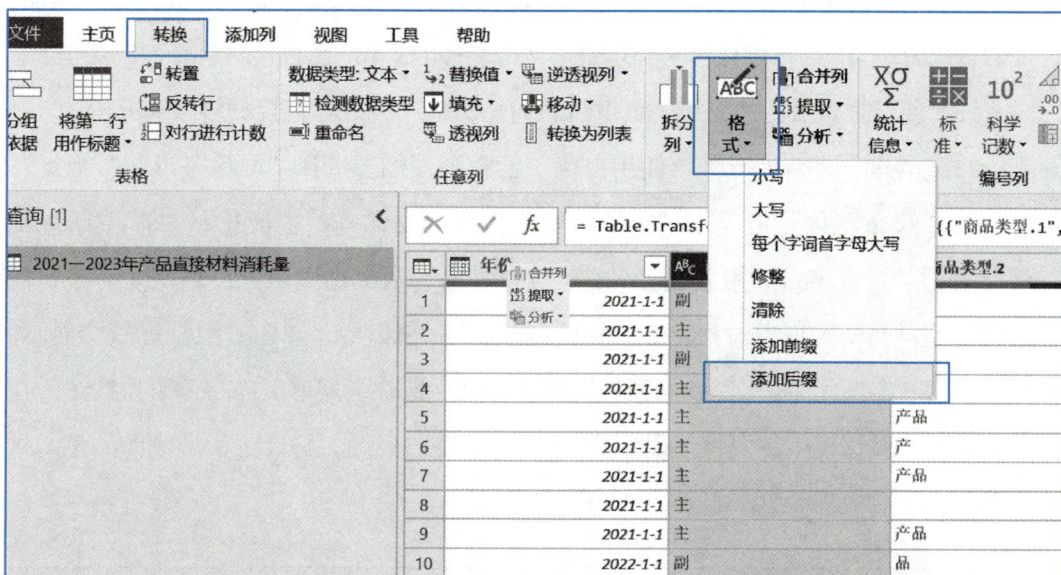

图 2-22 "添加后缀"的设置

（3）双击"商品类型.1"列标题，或者右击，从弹出的快捷菜单中选择"重命名"选项，输入新的列标题"商品类型"，删除"商品类型.2"列，完成"商品类型"列的不一致数据处理。

4. 缺失值填充处理

本任务中"丰良优/kg"等原材料列存在空值，现将其用"0"补齐，具体操作如下：

（1）在"Power Query 编辑器"中，按住键盘上的 Ctrl 键，选中"丰良优/kg"等原材料列，依次单击"转换"选项卡、"替换值"下拉按钮和"替换值"选项按钮，弹出"替换值"对话框，在"要查找的值"文本框中输入"null"，"替换为"文本框中输入"0"，单击"确定"按钮即可。与前述清除空值的设置相似。

（2）数据清洗完成后，依次单击"主页"选项卡和"关闭并应用"选项按钮，将"2021—2023年产品直接材料消耗量"数据加载到Power BI中。

（二）生产预算分析

XF米业公司在进行生产预算分析时需要充分考虑形成成本的过程性要素，清晰了解各要素的变动趋势和构成，准确把握成本管控的关键点，形成成本优化方案，降本增效，从而实现企业的良性发展。

1. 直接材料预算分析

（1）使用Power BI"获取数据"功能，导入"生产预算分析数据源"中的"2021—2023年产品直接材料采购均价""2021—2023年产品直接材料金额"数据表。

（2）新建报表页，并将报表页重命名为"2021—2023年直接材料预算分析"。

（3）创建"商品生产材料耗用占比"堆积条形图。选择"堆积条形图"视觉对象，将"商品名称"拖曳至"Y轴"处，将"丰良优/kg""黄花粘/kg""野香优莉丝/kg""百香/kg""粮发香丝/kg""其他/kg"依次拖曳至"X轴"处。在右侧"可视化"｜"设置视觉对象格式"｜"视觉对象"窗口中，单击"数据标签"显示。注意在将"丰良优/kg"等数据列拖曳至"X轴"处时，需单击其右侧下拉按钮，在弹出的功能对话框中将"将值显示为"修改为"占总计的百分比"，形成商品生产材料耗用占比堆积条形图，如图2-23所示。

图2-23 将"丰良优/kg"等值显示方式设置为"占总计的百分比"

（4）创建"生产损耗率趋势"折线图。选择"折线图"视觉对象，将"年份"中的"年"拖曳至"X轴"处，将"生产损耗率"拖曳至"Y轴"处。在右侧"数据"窗口中，选中"生产损耗率"，在上方"列工具"选项卡中，将其"格式"设置为"百分比"，小数位数设置为"2"，注意将"生产损耗率"汇总方式设置为"平均值"，形成生产损耗率趋势折线图，如图2-24所示。

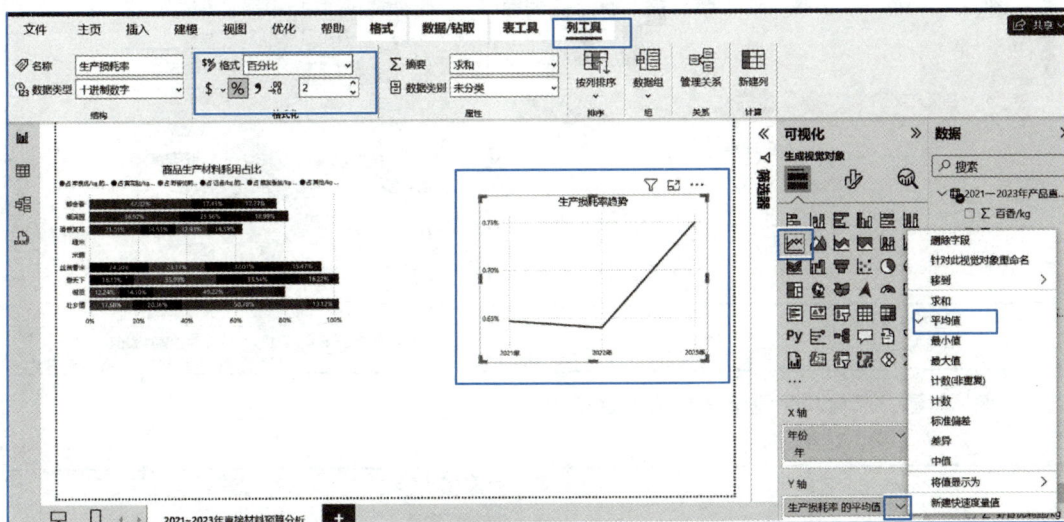

图 2-24　创建"生产损耗率趋势"折线图

（5）创建"原材料采购价格趋势"瀑布图。选择"瀑布图"视觉对象，将"稻谷名称"拖曳至"类别"处，将"年份"拖曳至"细目"处，将"采购均价/元"拖曳至"Y轴"处，注意将"采购均价/元"的值汇总方式改为"平均值"，形成原材料采购价格趋势瀑布图，如图2-25所示。

（6）创建"成本解构分析"分解树，选择"分解树"视觉对象，将"总成本/元"拖曳至"分析"处，将"年份"中的"年""商品名称""生产数量/kg""单位成本/元"依次拖曳至"解释依据"处，如图2-26所示。

（7）完善"成本解构分析"分解树。在"成本解构分析"分解树中依次单击"+"，分别选择"年""商品名称""生产数量/kg""单位成本/元"项目进行总成本解构，完善成本解构分析分解树，如图2-27所示。

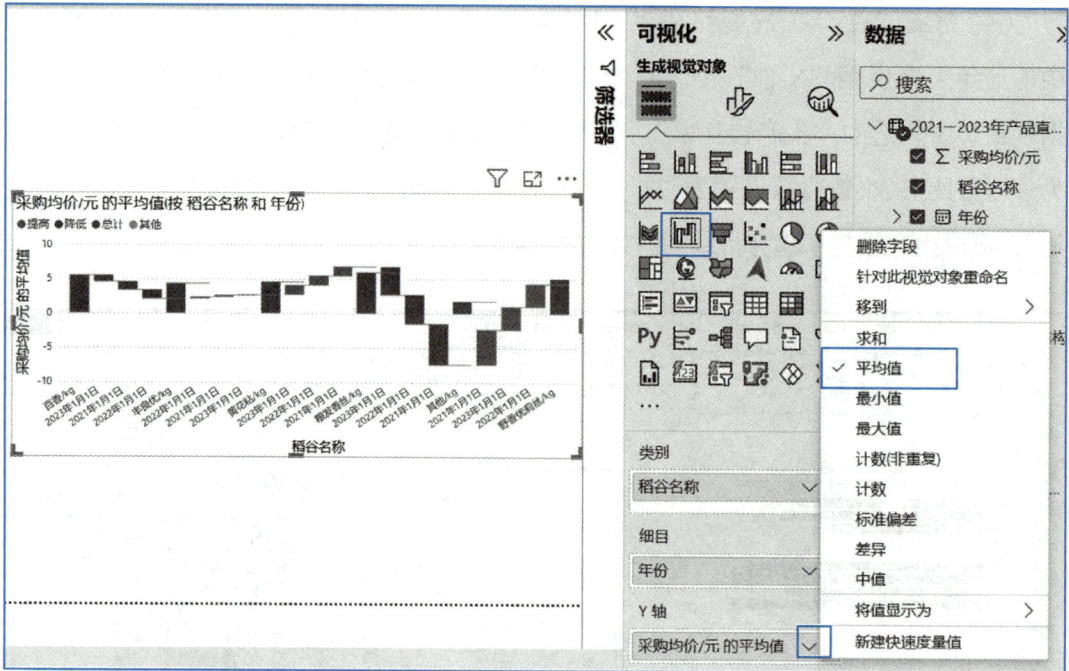

图 2-25 创建"原材料采购价格趋势"瀑布图

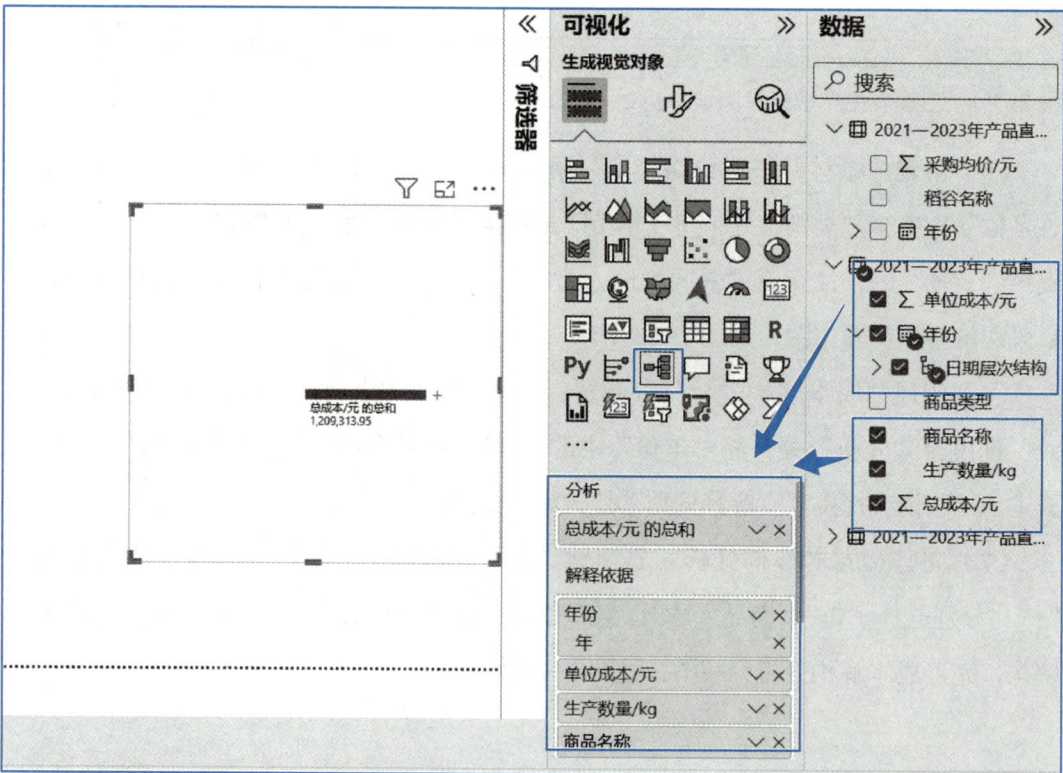

图 2-26 "成本解构分析"分解树的设置

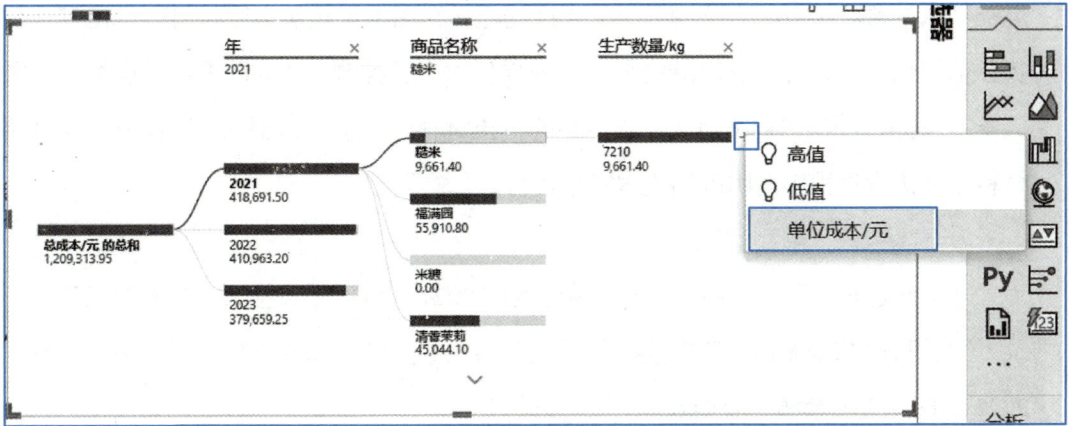

图 2-27 "成本解构分析"分解树"单位成本／元"的解构设置

（8）根据需求完成报表美化，美化后的"2021—2023 年直接材料预算分析"报表如图 2-28 所示。

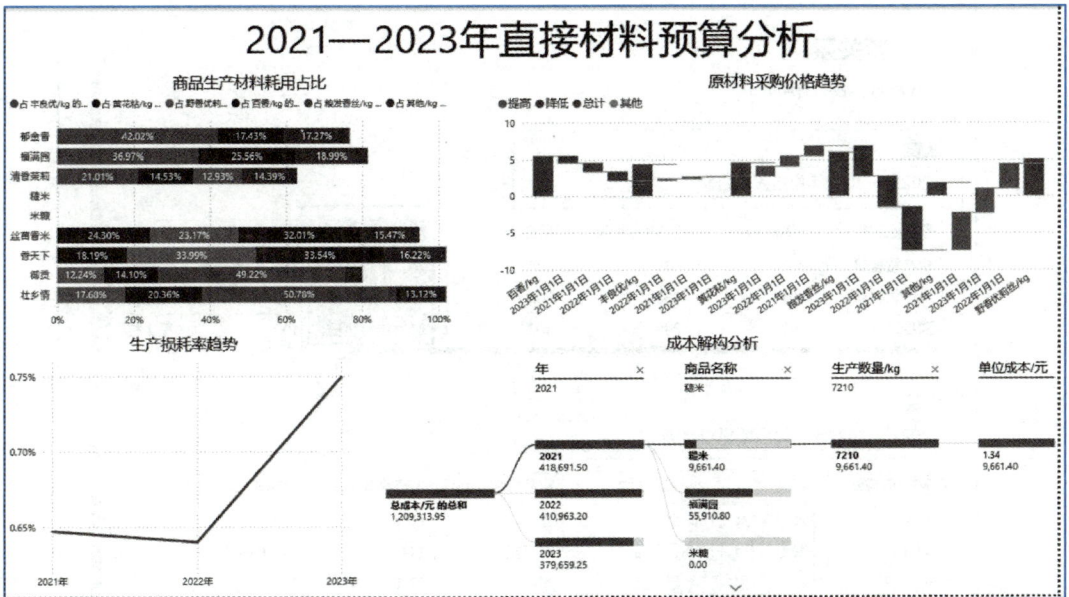

图 2-28 "2021—2023 年直接材料预算分析"报表

结合销售收入预测分析报表可以看出，XF 米业公司近三年销售收入主要来源的"香天下""丝苗香米""福满园"三款产品是由"野香优莉丝""百香""丰良优""黄花粘""其他"五种原材料生产，且其他中低价格产品也主要由上述五种原材料生产。其中，"野香优莉丝""丰良优""黄花粘""其他"四种原材料的采购价格在逐年增高，产品的生产损耗率也有所提高。因此，2024 年度在直接材料预算方面应该结合近三年原材料耗用占比来预测各产品生产的原材料需求，按照各原材料的价格变化趋势预估采购价格，并将各产品的平均生产损耗率合计控制在 1% 以下，重点关注"香天下""丝苗香米""福满园"三款产品的直接材料预算值，确保 XF 米业公司在直接材料预算执行过程中有明确的成本管控目标。

2. 直接人工预算分析

（1）新建报表页，并将报表页重命名为"2021—2023 年直接人工预算分析"。

（2）利用 Power BI"获取数据"功能，导入"生产预算分析数据源"中"2021—2023 年直接人工金额"数据表。

（3）以"年份"字段为关键字为依据建立"2021—2023 年产品直接材料金额"与"2021—2023 年直接人工金额"之间的关联关系，创建关联关系的过程中注意勾选"使此关系可用"，如图 2-29 所示。

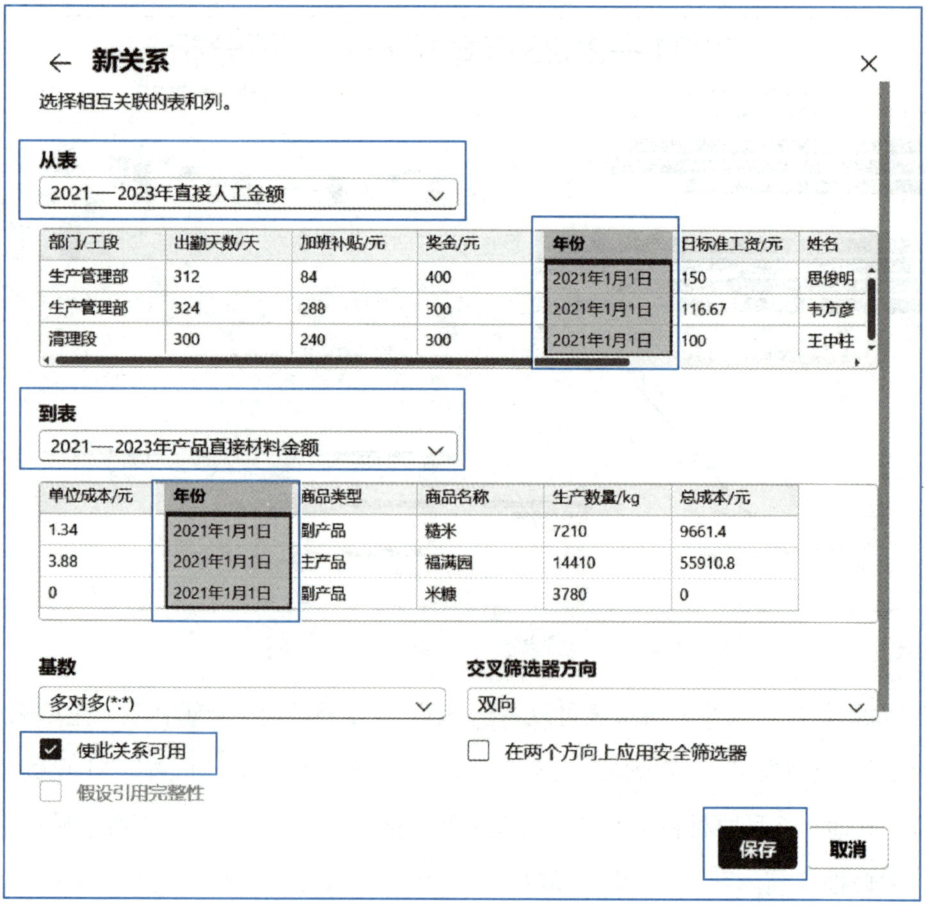

图 2-29　创建"关联关系"

（4）创建"各生产部门职工人数汇总"表，选择"表"视觉对象，将"年份"中的"年""部门／工段""姓名"依次拖曳至"列"处，单击"姓名"右侧下拉按钮，在右侧"列"处将"姓名"字段的汇总方式修改为"计数"。

（5）选中"各生产部门职工人数汇总"表，在右侧"可视化"｜"设置视觉对象格式"｜"视觉对象"窗口中，单击"值"下拉按钮，将"字体"大小设置为15，形成生产部门职工人数汇总表，如图2-30所示。

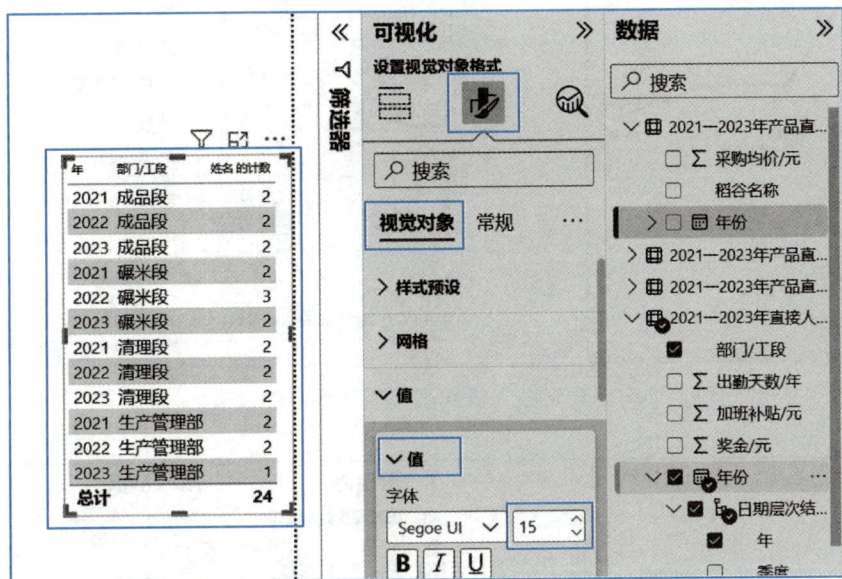

图2-30　将"各生产部门职工人数汇总"表中的"值"字号设置为15

（6）创建"各生产部门职工平均出勤天数"折线图。选择"折线图"视觉对象，将"部门／工段"拖曳至"X轴"处，将"出勤天数／年"拖曳至"Y轴"处。注意，在将"出勤天数／年"数据列拖曳至"Y轴"处时，需要先单击"出勤天数／年"右侧下拉按钮，再在弹出的功能对话框中将汇总方式修改为"平均值"。在右侧"可视化"｜"设置视觉对象格式"｜"视觉对象"窗口中单击"数据标签"显示，形成各生产部门职工平均出勤天数折线图，如图2-31所示。

（7）创建"各生产部门职工加班补贴占比分析"饼图。选择"饼图"视觉对象，将"部门／工段"拖曳至"图例"处，"加班补贴／元"拖曳至"值"处，形成各生产部门职工加班补贴占比分析饼图，注意关闭图例显示，将数据标签设置为"类别，总百分比"，如图2-32所示。

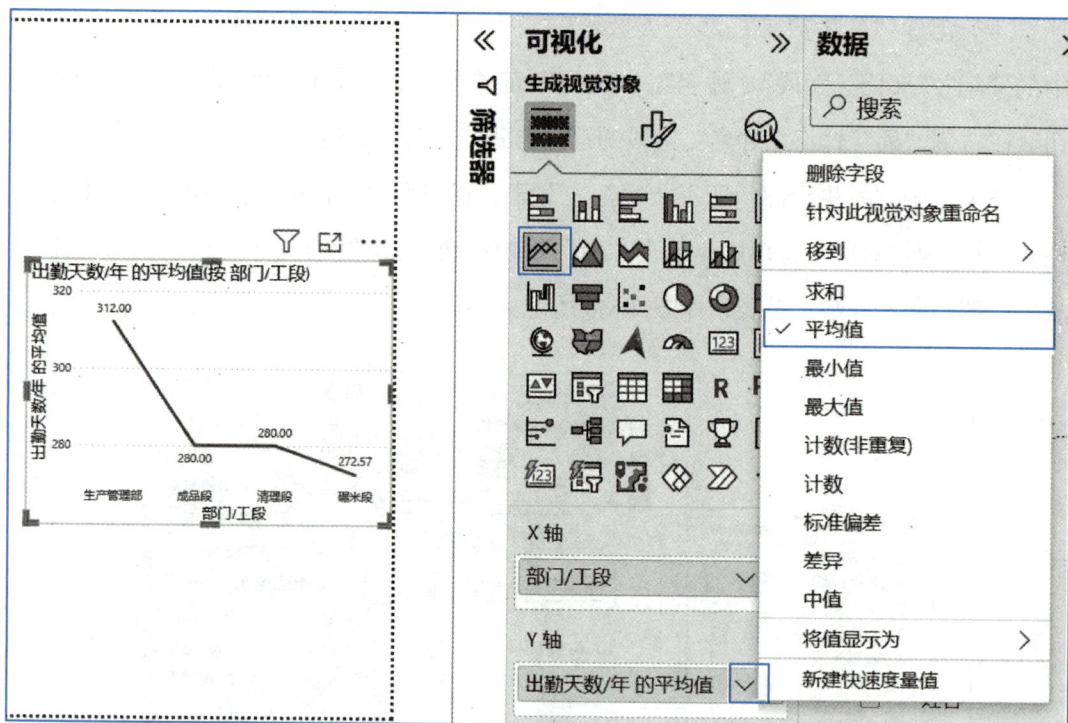

图 2-31 "各生产部门职工平均出勤天数" 折线图数值平均值的设置

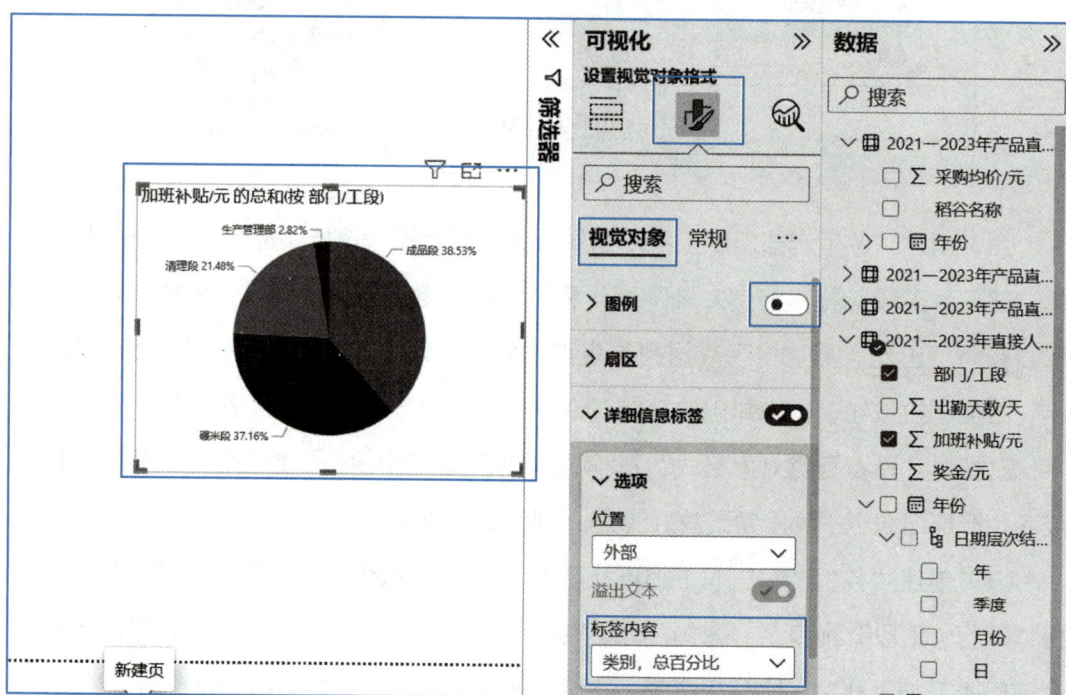

图 2-32 创建 "各生产部门职工加班补贴占比分析" 饼图

（8）创建"各生产部门应付工资趋势分析"折线图，选择"折线图"视觉对象，将"年份"中的"年"拖曳至"X轴"处，"应付工资"拖曳至"Y轴"处，"部门/工段"拖曳至图例处。注意在右侧"可视化"|"设置视觉对象格式"|"视觉对象"窗口中打开"数据标签"的显示选项，并将数据标签值显示单位设置为无，形成各生产部门应付工资趋势分析折线图，如图2-33所示。

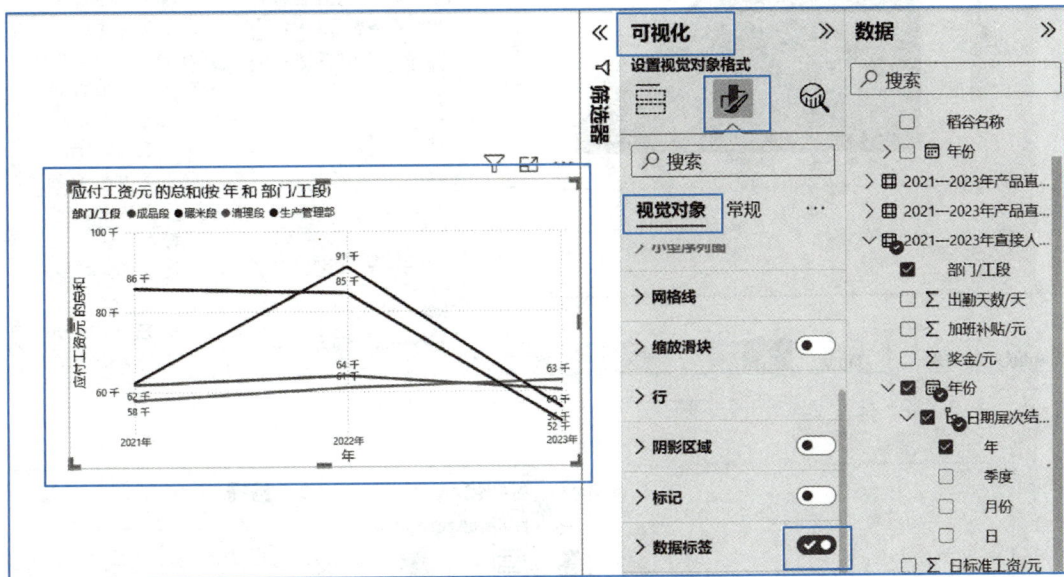

图2-33　打开"各生产部门应付工资趋势分析"折线图"数据标签"的显示选项

（9）创建"生产数量和工资趋势"分区图。选择"分区图"视觉对象，将"2021—2023年直接人工金额"表中"年份"拖曳至"X轴"处，"应付工资/元"拖曳至"Y轴"处，将"2021—2023年产品直接材料金额"表中"生产数量/kg"拖曳至"辅助Y轴"处。在右侧"可视化"|"设置视觉对象格式"|"视觉对象"窗口中，打开"数据标签"显示，如图2-34所示。注意在将"应付工资/元""生产数量/kg"拖曳至"Y轴""辅助Y轴"处时，需单击其右侧下拉按钮，在弹出的功能对话框中将"将值显示为"修改为"占总计的百分比"。

（10）创建"年份"切片器，注意将2021—2023年直接人工金额"表中"年份"拖曳至"值"处，并在"设置视觉对象格式"|"视觉对象"窗口中，将切片器"样式"设置为"磁贴"，并打开"选择"中的"显示全选选项"，如图2-35所示。

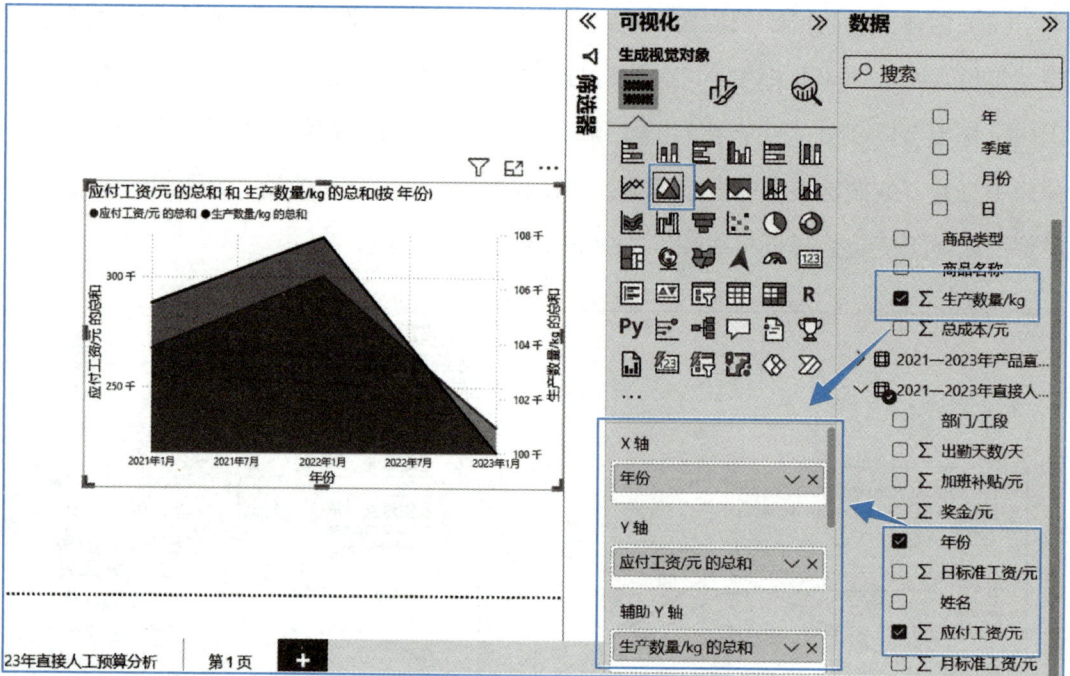

图 2-34　创建"生产数量和工资趋势"分区图

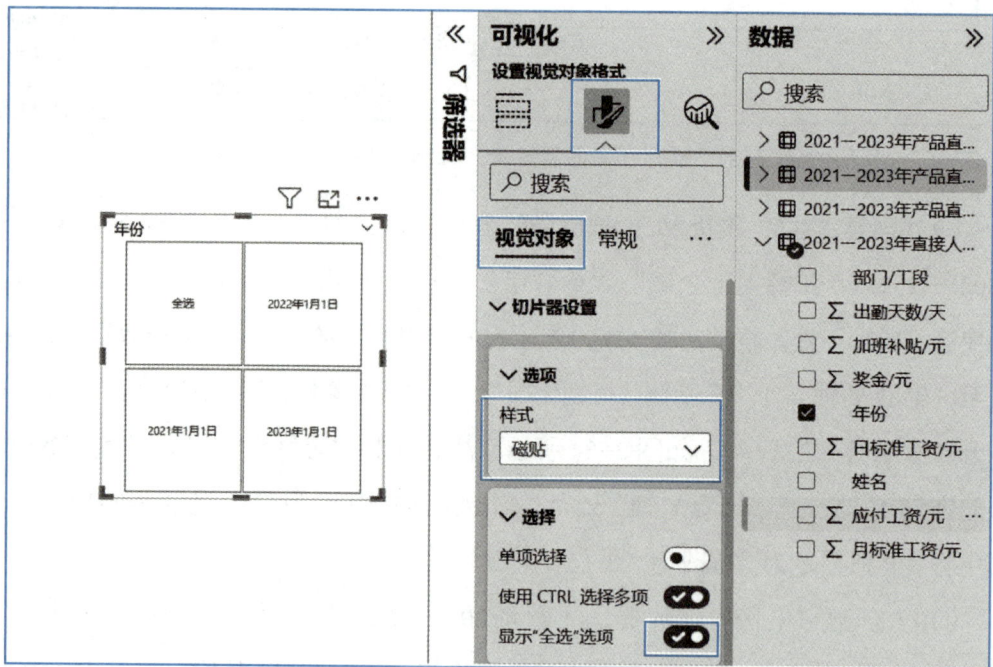

图 2-35　设置"年份"切片器样式及选择选项

（11）根据需求完成报表的美化，包括设置报表标题、图表标题，关闭坐标轴标题，重命名视觉对象中字段，设置数据格式、相关值的显示单位等，美化后的

"2021—2023 年直接人工预算分析"报表如图 2-36 所示。

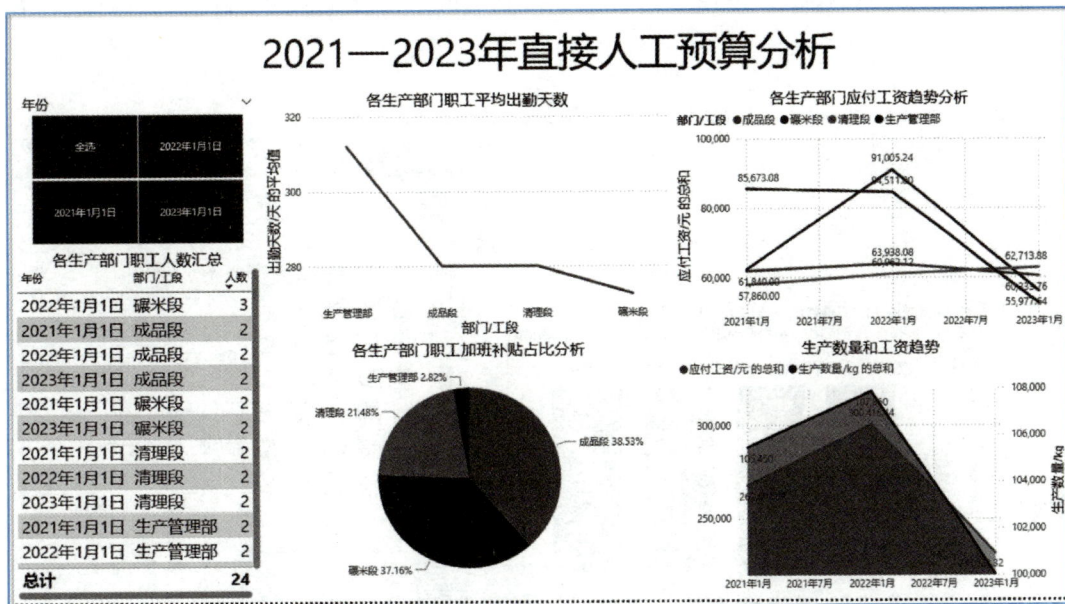

图 2-36 "2021—2023 年直接人工预算分析"报表

从报表中可以看出,XF 米业公司 2021—2023 年生产部门的职工人数较为稳定,2022 年"碾米段"工段、2023 年"生产管理部"职工人数变动与应付职工工资趋势一致。各生产部门的平均出勤天数和加班补贴的发放情况成反比;生产数量和应付工资的变动趋势一致。因此,2024 年度生产部门的职工人数及工资标准预算可参照2023 年度编制(将"年份切片器"切换到 2023 年可见),控制各生产部门职工的出勤天数在 270 ~ 280 天,保障工作效率,营造积极的工作氛围。

3. 制造费用预算分析

(1)新建报表页,并将报表页重命名为"2021—2023 年制造费用预算分析",导入"生产预算分析数据源"中的"2021—2023 年制造费用金额"数据,并完成数据加载。

(2)创建"各生产部门制造费用占比分析"百分比堆积柱形图,注意将"2021—2023 年制造费用金额"数据表中"部门 / 工段"拖曳至"X 轴"处,将"办公费 / 元""其他费用 / 元""折旧费 / 元""机物料 / 元""水电费 / 元""转运费 / 元"依次拖曳至"Y 轴"对应位置处。在右侧"可视化"|"设置视觉对象格式"|"视觉对象"窗口中单击"数据标签"显示,形成各生产部门制造费用占比

分析图，如图 2-37 所示。注意在将"办公费 / 元"等值拖曳至"Y 轴"处时，需单击其右侧下拉按钮，在弹出的功能对话框中将"将值显示为"修改为"占总计的百分比"。

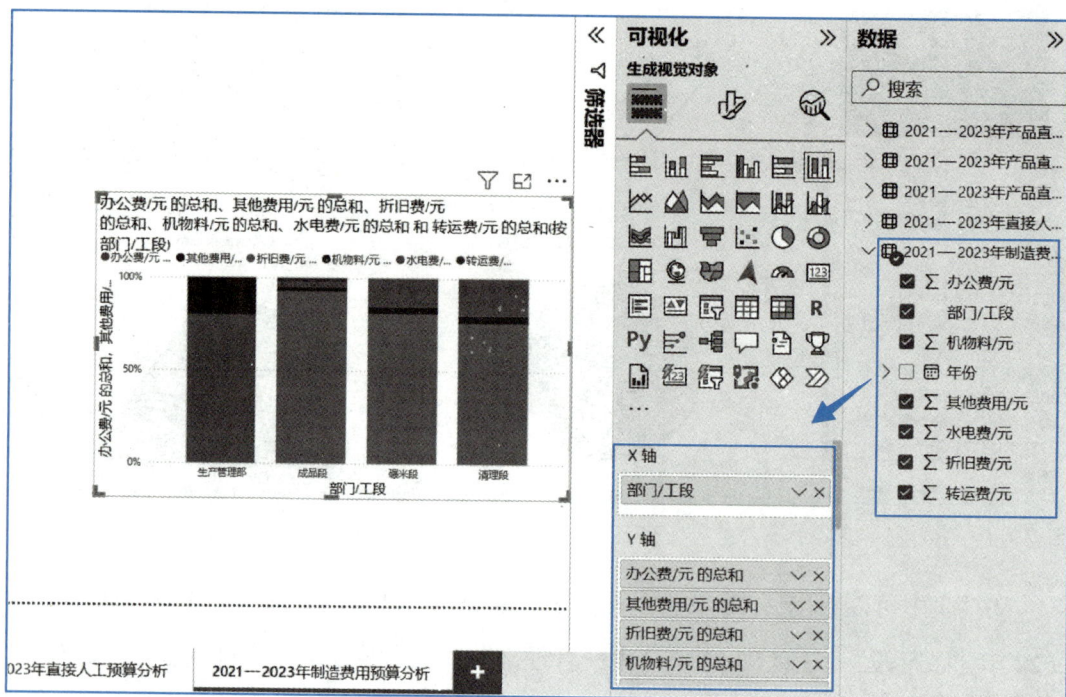

图 2-37　创建"各生产部门制造费用占比分析"百分比堆积柱形图

（3）创建"办公费趋势分析"折线和簇状柱形图，选择"折线和簇状柱形图"视觉对象，将"年份"中的"年"拖曳至"X 轴"处，将"办公费 / 元"拖曳至"列 y 轴"和"行 y 轴"处。并选择"数据标签"显示，形成办公费趋势分析折线和簇状柱形图，如图 2-38 所示。注意在将"办公费 / 元"拖曳至"列 y 轴"和"行 y 轴"处时，需单击其右侧下拉按钮，在弹出的功能对话框中将"将值显示为"修改为"占总计的百分比"。同理，设置其他费用、折旧费、机物料、水电费、转运费趋势分析折线和簇状柱形图。

（4）创建"年"切片器，注意将"年"拖曳至"字段"处，将"样式"设置为"磁贴"，单击"选择"中的"显示全部选项"，形成"年"的时间切片器，如图 2-39 所示。

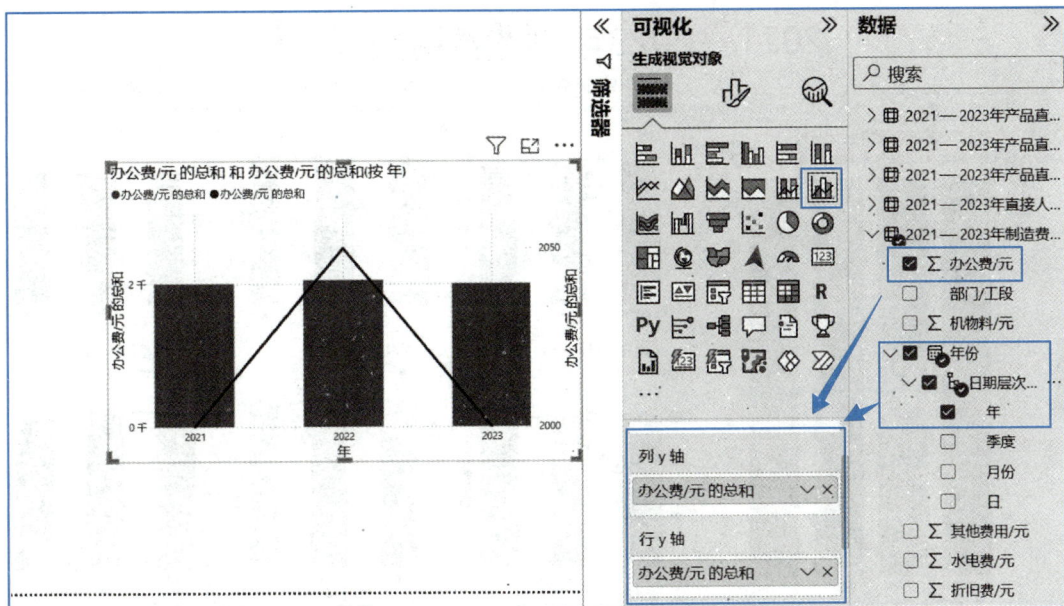

图 2-38　创建"办公费趋势"折线和簇状柱形图

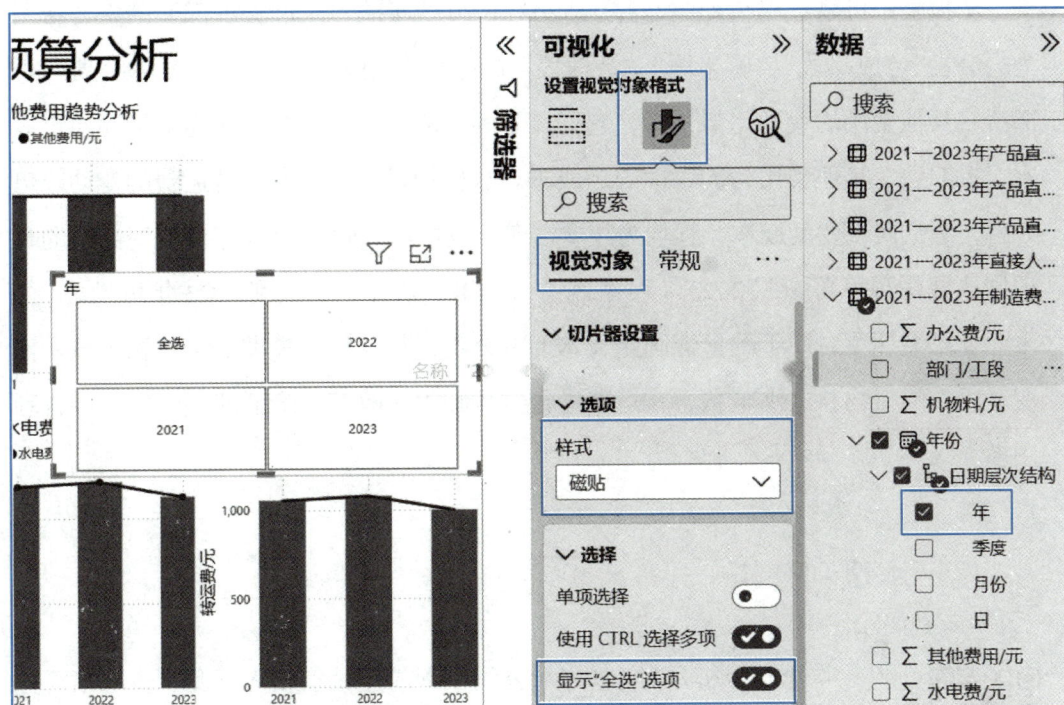

图 2-39　设置"年"切片器格式

（5）根据需求完成报表美化，美化后的"2021—2023 年制造费用预算分析"报表如图 2-40 所示。

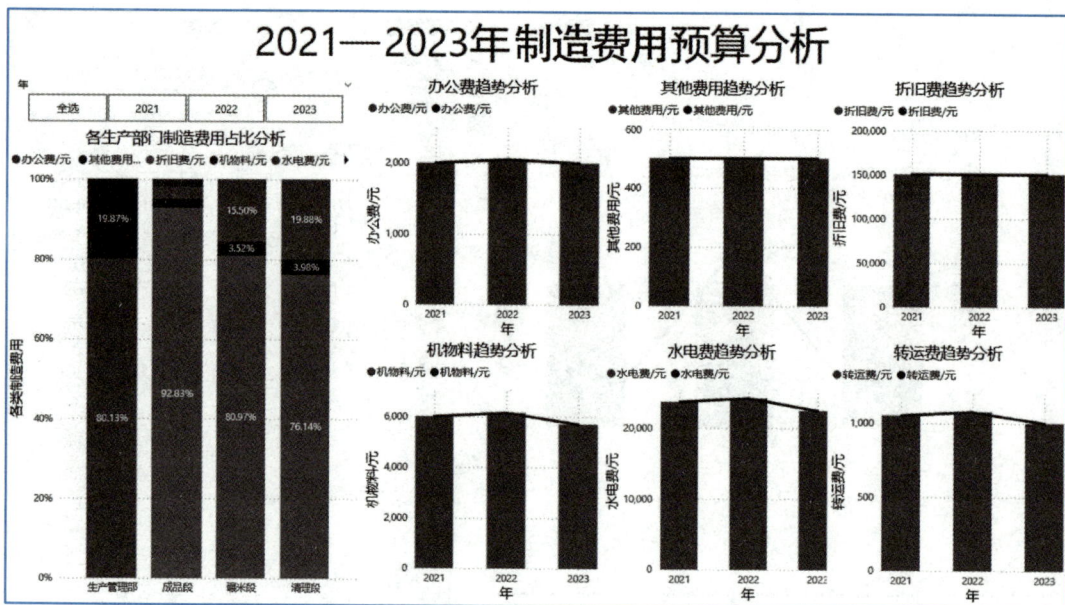

图 2-40 "2021—2023 年制造费用预算分析"报表

从报表中可以看出，XF 米业公司 2021—2023 年的"生产管理部"的主要费用为办公费，"成品段""碾米段""清理段"的主要费用为折旧费，且从办公费、折旧费、其他费用的变动趋势分析，它们属于固定成本，其中办公费为酌量性固定成本，折旧费、其他费用为约束性固定成本。从机物料、水电费、转运费的变动趋势分析，它们属于变动成本，且均为技术性变动成本。因此，2024 年度生产部门的各项制造费用预算可参照 2023 年度编制（将"年"切片器切换到 2023 年可见），XF 米业公司短期可对属于酌量性固定成本的办公费进行管控，长期需要对属于技术性变动成本的机物料、水电费、转运费进行技术和工艺改革，降低能耗，提高综合利用率。

三、本量利分析

本量利分析是对 XF 米业公司根据前述销售收入预测、生产预算分析等形成的新预算周期方案，运用科学合理的方法降低预算方案中的营运风险所进行的分析，包括敏感性分析和本量利分析，形成优化和调整预算方案制定的基础和依据。本量利分析的具体工作过程如下。

本量利分析

（一）关键指标建立

1. 基础指标建立

（1）使用 Power BI "获取数据"功能，导入"本量利分析数据源"中的"本量利分析基础数据"表中的数据。

（2）在"表格视图"模式下，创建一个存储度量值的"基础指标"表，运用"新建度量值"或"快度量值"功能，创建基础指标的度量值，包括"销售总收入／元""变动总成本／元""固定总成本／元""销售利润／元"。"基础指标"度量值如表 2-3 所示。

表 2-3 "基础指标"度量值的 DAX 表达式

度量值	DAX 表达式
销售总收入／元	销售总收入／元 =SUMX（'本量利分析基础数据'，'本量利分析基础数据'[商品数量／份]*'本量利分析基础数据'[商品单价／元]）
变动总成本／元	变动总成本／元 =SUMX（'本量利分析基础数据'，'本量利分析基础数据'[商品数量／份]*'本量利分析基础数据'[单位变动成本／（元／份）]）
固定总成本／元	固定总成本／元 =SUMX（'本量利分析基础数据'，'本量利分析基础数据'[固定成本／元]）
销售利润／元	销售利润／元 =[销售总收入／元]–[变动总成本／元]–[固定总成本／元]

2. 敏感性分析关键指标建立

（1）初步创建"商品单价变动率"表，在"表格视图"中，依次单击"表工具"选项卡和"新建表"选项按钮，输入创建"商品单价变动率"数据表的 DAX 表达式。创建"商品单价变动率"数值表如图 2-41 所示。

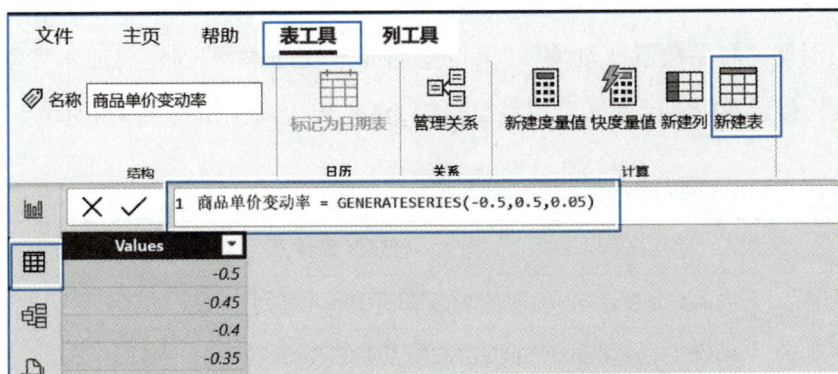

图 2-41 创建"商品单价变动率"表

（2）完善"商品单价变动率"表，双击数据列列名，将列名修改为"商品单价变动率"，并将其格式修改为"百分比"，保留 2 位小数，如图 2-42 所示。

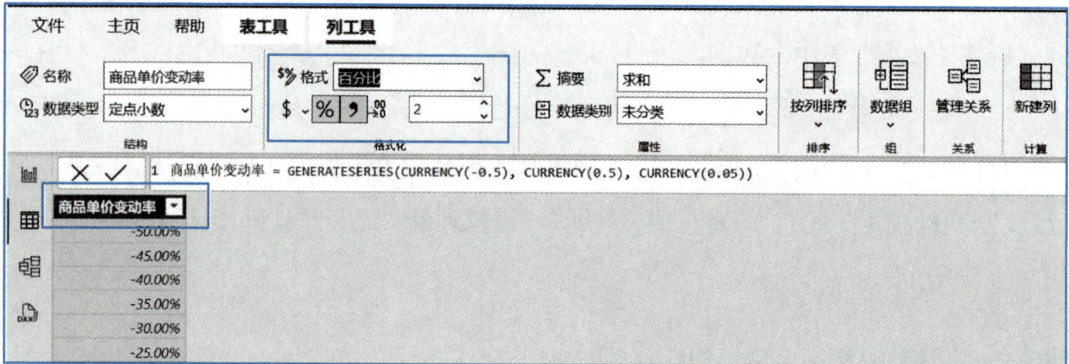

图 2-42　完善"商品单价变动率"表的设置

（3）创建"商品单价变动率值"的度量值，在"度量工具"选项卡中，单击"新建度量值"功能，输入"商品单价变动率值"的 DAX 表达式，按 Enter 键，注意设置其格式为百分比，如图 2-43 所示。

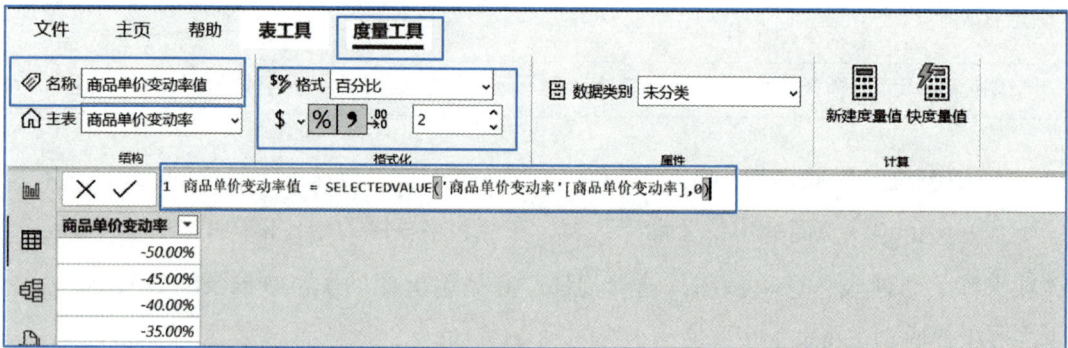

图 2-43　创建"商品单价变动率值"度量值

（4）创建"商品数量变动率""单位变动成本变动率""固定总成本变动率"相关数据表，创建各影响因素变动率数据表的 DAX 表达式，如表 2-4 所示。

表 2-4　各影响因素变动率数据表的 DAX 表达式

度量值	DAX 表达式
商品数量变动率	商品数量变动率 =GENERATESERIES（-0.5, 0.5, 0.05）
单位变动成本变动率	单位变动成本变动率 =GENERATESERIES（-0.5, 0.5, 0.05）
固定总成本变动率	固定总成本变动率 =GENERATESERIES（-0.5, 0.5, 0.05）

（5）在对应数据表中创建"商品数量变动率值""单位变动成本变动率值""固定总成本变动率值"度量值，各影响因素变动率度量值的DAX表达式如表2-5所示。

表2-5　各影响因素变动率度量值的DAX表达式

度量值	DAX 表达式
商品数量变动率值	商品数量变动率值 =SELECTEDVALUE（' 商品数量变动率 '[商品数量变动率]，0）
单位变动成本变动率值	单价变动成本变动率值 =SELECTEDVALUE（' 单位变动成本变动率 '[单位变动成本变动率]，0）
固定总成本变动率值	固定总成本变动率值 =SELECTEDVALUE（' 固定总成本变动率 '[固定总成本变动率]，0）

（6）在"表格视图"模式下，运用"输入数据"功能创建一个存储度量值的"敏感性分析指标"表，运用"新建度量值"功能创建敏感性分析指标的度量值，包括"变动后商品单价／元""变动后商品数量／份""变动后单位变动成本／元""变动后固定总成本／元"等。"敏感性分析指标"度量值的DAX表达式如表2-6所示。

表2-6　"敏感性分析指标"度量值的DAX表达式

度量值	DAX 表达式
变动后商品单价／元	变动后商品单价／元 =SUMX（' 本量利分析基础数据 '，' 本量利分析基础数据 '[商品单价／元]）＊（1+' 商品单价变动率 '[商品单价变动率值]）
变动后商品数量／份	变动后商品数量／份 =SUMX（' 本量利分析基础数据 '，' 本量利分析基础数据 '[商品数量／份]＊（1+' 商品数量变动率 '[商品数量变动率值]））
变动后单位变动成本／元	变动后单位变动成本／元 =SUMX（' 本量利分析基础数据 '，' 本量利分析基础数据 '[单位变动成本／（元／份）]）＊（1+' 单位变动成本变动率 '[单价变动成本变动率值]）
变动后固定总成本／元	变动后固定总成本／元 =SUMX（' 本量利分析基础数据 '，' 本量利分析基础数据 '[固定成本／元]）＊（1+' 固定总成本变动率 '[固定总成本变动率值]）
商品单价变动后销售利润／元	商品单价变动后销售利润／元 =（' 敏感性分析指标 '[变动后商品单价／元]–SUM（' 本量利分析基础数据 '[单位变动成本／（元／份）]））＊SUM（' 本量利分析基础数据 '[商品数量／份]）–SUM（' 本量利分析基础数据 '[固定成本／元]）

度量值	DAX 表达式
商品数量变动后销售利润／元	商品数量变动后销售利润／元 =SUMX（'本量利分析基础数据'，'本量利分析基础数据'[商品单价／元]-' 本量利分析基础数据 '[单位变动成本／（元／份）])"'敏感性分析指标'[变动后商品数量／份]-SUM（'本量利分析基础数据'[固定成本／元])
单位变动成本变动后销售利润／元	单位变动成本变动后销售利润／元 =（SUM（'本量利分析基础数据'[商品单价／元])-' 敏感性分析指标 '[变动后单位变动成本／元])*SUM（'本量利分析基础数据'[商品数量／份])-SUM（'本量利分析基础数据'[固定成本／元])
固定总成本变动后销售利润／元	固定总成本变动后销售利润／元 =SUMX（'本量利分析基础数据'，'本量利分析基础数据'[商品单价／元]-' 本量利分析基础数据 '[单位变动成本／（元／份）])*SUM（'本量利分析基础数据'[商品数量／份])-' 敏感性分析指标 '[变动后固定总成本／元]
商品单价的敏感系数	商品单价的敏感系数 =DIVIDE（（'敏感性分析指标'[商品单价变动后销售利润／元]-' 基础指标 '[销售利润／元])／' 基础指标 '[销售利润／元]，'商品单价变动率'[商品单价变动率值])
商品数量的敏感系数	商品数量的敏感系数 =DIVIDE（（'敏感性分析指标'[商品数量变动后销售利润／元]-' 基础指标 '[销售利润／元])／' 基础指标 '[销售利润／元]，'商品数量变动率'[商品数量变动率值])
单位变动成本的敏感系数	单位变动成本的敏感系数 =DIVIDE（（'敏感性分析指标'[单位变动成本变动后销售利润／元]-' 基础指标 '[销售利润／元])／' 基础指标 '[销售利润／元]，' 单位变动成本变动率 '[单价变动成本变动率值])
固定总成本的敏感系数	固定总成本敏感系数 =DIVIDE（（'敏感性分析指标'[固定总成本变动后销售利润／元]-' 基础指标 '[销售利润／元])／' 基础指标 '[销售利润／元]，' 固定总成本变动率 '[固定总成本变动率值])

3. 本量利分析关键指标建立

（1）在"表格视图"模式下，创建一个存储度量值的"本量利分析指标"表，运用"新建度量值"功能，创建本量利分析指标的度量值，包括"单位边际贡献""边际贡献率""保本商品数量／份""保本销售金额／元"等。"本量利分析指标"度量值的 DAX 表达式如表 2-7 所示。

表2-7 "本量利分析指标"度量值的DAX表达式

度量值	DAX 表达式
单位边际贡献	单位边际贡献 =SUMX（'本量利分析基础数据'，'本量利分析基础数据'[商品单价／元]-' 本量利分析基础数据 '[单位变动成本／（元／份）])

度量值	DAX 表达式
边际贡献率	边际贡献率 =DIVIDE（[单位边际贡献]，SUMX（' 本量利分析基础数据 '，' 本量利分析基础数据 '[商品单价／元]））
保本商品数量／份	保本商品数量／份 =DIVIDE（SUMX（' 本量利分析基础数据 '，' 本量利分析基础数据 '[固定成本／元]），[单位边际贡献]）
保本销售金额／元	保本销售金额／元 =[保本商品数量／份]*SUMX（' 本量利分析基础数据 '，' 本量利分析基础数据 '[商品单价／元]）
安全边际	安全边际 =SUMX（' 本量利分析基础数据 '，' 本量利分析基础数据 '[商品数量／份]）−[保本商品数量／份]
安全边际率	安全边际率 =DIVIDE（[安全边际]，SUMX（' 本量利分析基础数据 '，' 本量利分析基础数据 '[商品数量／份]））
安全等级	安全等级 =IF（[安全边际率]>=0.4，" 很安全 "，IF（[安全边际率]>=0.3，" 安全 "，IF（[安全边际率]>=0.2，" 较安全 "，IF（[安全边际率]=0.1，" 不安全 "，" 危险 "））））

注：须将 "边际贡献率" "安全边际率" 的 "格式" 设置为 "百分比"。

（2）参照本节 "敏感性分析关键指标建立" 中操作步骤（1）（2）的方法，创建 "本量利图" 数据表和 "本量利图．数据轴" 数据列，其 DAX 表达式为 "本量利图 =GENERATESERIES（0，3000，10）"，注意将生成的 "Values" 数据列重命名为 "本量利图．数据轴"。

（3）在 "本量利图" 表中创建 "本量利图．数据轴值" "本量利图．收入" "本量利图．成本" "本量利图．利润" "本量利图．标题" 度量值。"本量利图" 相关度量值的 DAX 表达式如表 2-8 所示。

表2-8 "本量利图" 相关度量值的DAX表达式

度量值	DAX 表达式
本量利图．数据轴值	本量利图．数据轴值 =SELECTEDVALUE（' 本量利图．数据轴 '[本量利图．数据轴]）
本量利图．收入	本量利图．收入 =VAR AMT=SUM（' 本量利分析基础数据 '[商品单价／元]）*' 本量利图 '[本量利图．数据轴值] RETURN IF（AMT>2*[保本销售金额／元]，BLANK（），AMT）
本量利图．成本	本量利图．成本 =VAR AMT=SUM（' 本量利分析基础数据 '[单位变动成本／（元／份）]）*' 本量利图 '[本量利图．数据轴值]+[固定总成本／元] RETURN IF（' 本量利图 '[本量利图．收入]=BLANK（），BLANK（），AMT）

度量值	DAX 表达式
本量利图 . 利润	本量利图 . 利润 =[本量利图 . 收入]–[本量利图 . 成本]
本量利图 . 标题	本量利图 . 标题 =" 本量利关系图（边际贡献率："&FORMAT（' 本量利分析指标 '[边际贡献率]，"0.00%"）&"）"

（二）开展敏感性分析

（1）新建报表页，并将报表页重命名为"2024 年预算方案敏感性分析"。

（2）创建"商品单价变动率"切片器，注意将"商品单价变动率"数据列拖曳至"字段"处，并将切片器样式设置为"下拉"，如图 2-44 所示。

同理，完成"商品数量变动率""单位变动成本变动率""固定总成本变动率"切片器的创建和设置。

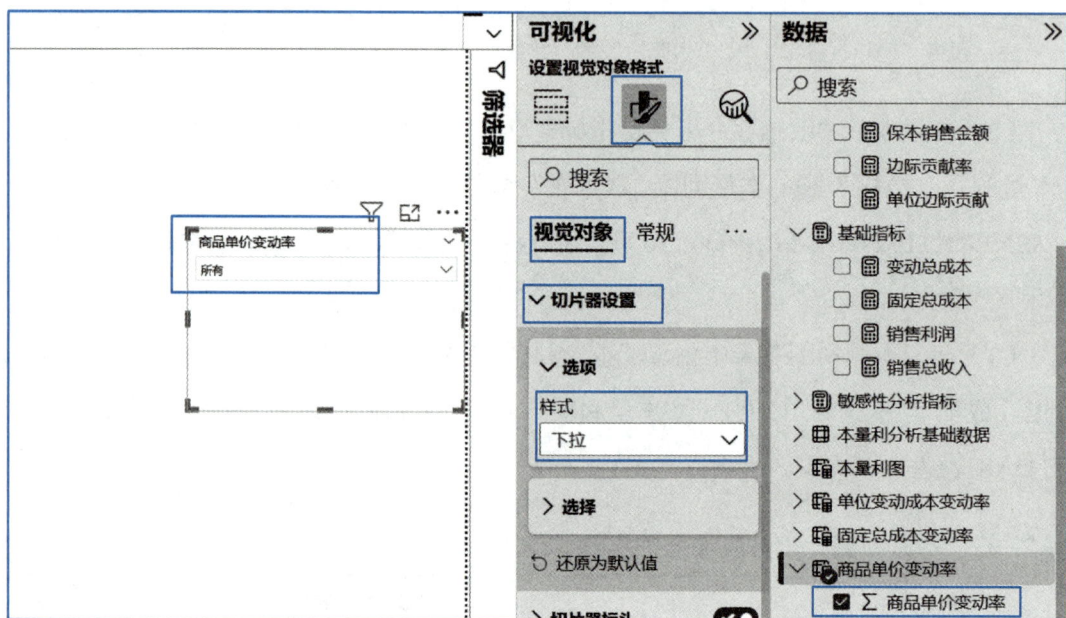

图 2-44　创建"商品单价变动率"切片器

（3）创建"商品单价的敏感系数"卡片图，选择"卡片图"视觉对象，将"商品单价的敏感系数"拖曳至"字段"处，如图 2-45 所示。注意此时卡片图显示为空白的原因是切片器未做"商品单价变动率"具体数值的选择。

同理，创建"商品数量的敏感系数""单位变动成本的敏感系数""固定总成本的敏感系数"卡片图。

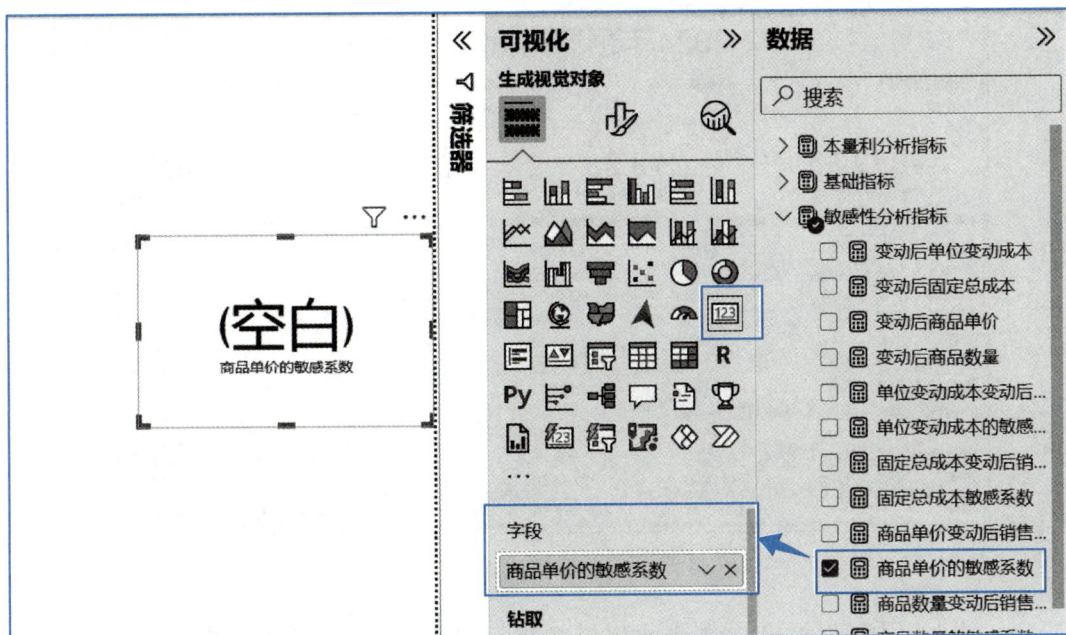

图 2-45　创建"商品单价的敏感系数"卡片图

（4）创建"敏感性分析数据变动"表，选择"表"视觉对象，将"商品名称""商品包装""商品重量/kg""变动后商品单价/元""商品单价变动后销售利润/元""变动后单位变动成本/元""单位变动成本变动后销售利润/元""变动后固定总成本/元""固定总成本变动后销售利润/元"等依次拖曳至"列"处，形成敏感性分析数据变动表，如图 2-46 所示。

商品名称	商品包装	商品重量/kg	变动后商品单价/元	商品单价变动后销售利润/元	变动后单位变动成本/元	单位变动成本变动后销售利润/元	变动后固定总成本/元	固定总成本变动后销售利润/元
臻米	袋装	10kg	20.00	1,775.30	13.00	1,775.30	2,060.70	1,775.30
福满园	袋装	10kg	100.00	8,968.97	43.46	8,968.97	27,555.87	8,968.97
福满园	袋装	5kg	53.00	8,826.01	21.63	8,826.01	20,128.50	8,826.01
福满园	真空	5kg	56.00	8,960.32	21.63	8,960.32	16,404.74	8,960.32
米糖	袋装	10kg	10.00	4,049.60	3.60	4,049.60	1,000.00	4,049.60
清香茉莉	袋装	10kg	110.00	10,174.73	44.31	10,174.73	20,108.36	10,174.73
清香茉莉	袋装	5kg	47.00	3,627.87	22.06	3,627.87	23,188.01	3,627.87
丝苗香米	袋装	10kg	130.00	27,771.30	47.98	27,771.30	29,810.25	27,771.30
丝苗香米	袋装	5kg	60.00	14,482.08	23.89	14,482.08	21,738.76	14,482.08
丝苗香米	真空	5kg	64.00	14,497.25	23.89	14,497.25	17,713.09	14,497.25
香天下	袋装	10kg	120.00	19,942.81	48.28	19,942.81	29,045.37	19,942.81
香天下	袋装	5kg	57.00	10,963.27	24.04	10,963.27	21,175.17	10,963.27
香天下	真空	5kg	66.00	15,480.61	24.04	15,480.61	17,250.14	15,480.61
郁金香	袋装	10kg	80.00	1,063.55	43.21	1,063.55	20,017.12	1,063.55
郁金香	袋装	5kg	42.00	1,449.90	21.51	1,449.90	15,315.01	1,449.90
郁金香	真空	5kg	46.00	2,910.14	21.51	2,910.14	13,134.09	2,910.14
御贡	袋装	5kg	81.00	28,226.14	26.17	28,226.14	18,820.15	28,226.14
御贡	真空	5kg	86.00	21,160.76	26.17	21,160.76	13,063.43	21,160.76
壮乡情	袋装	10kg	135.00	24,224.51	48.64	24,224.51	24,053.53	24,224.51
壮乡情	袋装	5kg	71.00	20,812.81	24.22	20,812.81	18,437.71	20,812.81
总计			1,434.00	12,542,092.50	573.19	12,542,092.50	370,020.00	12,542,092.50

图 2-46　敏感性分析数据变动表

（5）根据实际分析需求完成报表美化，美化后的"2024 年预算方案敏感性分析"报表如图 2-47 所示。

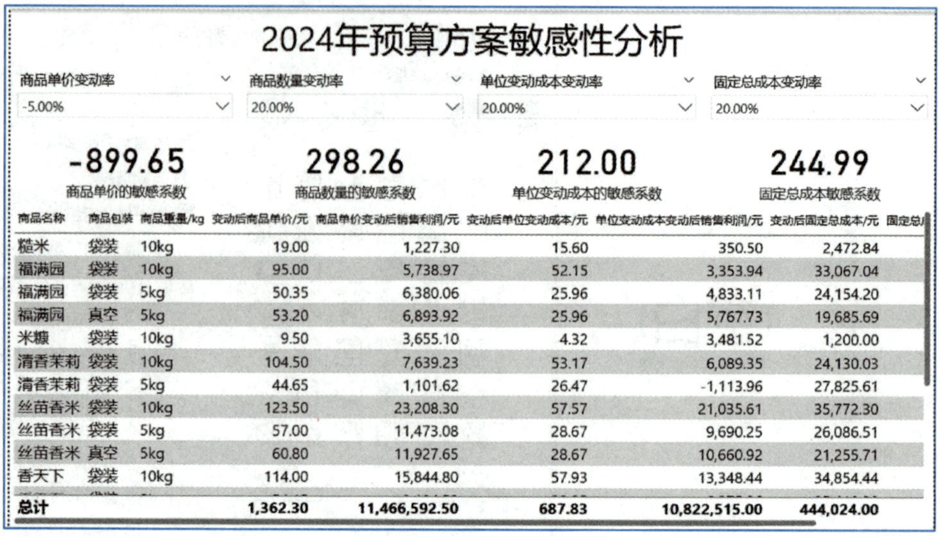

2024年预算方案敏感性分析

商品单价变动率	商品数量变动率	单位变动成本变动率	固定总成本变动率
-5.00%	20.00%	20.00%	20.00%

商品单价的敏感系数	商品数量的敏感系数	单位变动成本的敏感系数	固定总成本敏感系数
-899.65	298.26	212.00	244.99

商品名称	商品包装	商品重量/kg	变动后商品单价/元	商品单价变动后销售利润/元	变动后单位变动成本/元	单位变动成本变动后销售利润/元	变动后固定总成本/元	固定总
糙米	袋装	10kg	19.00	1,227.30	15.60	350.50	2,472.84	
福满园	袋装	10kg	95.00	5,738.97	52.15	3,353.94	33,067.04	
福满园	袋装	5kg	50.35	6,380.06	25.96	4,833.11	24,154.20	
福满园	真空	5kg	53.20	6,893.92	25.96	5,767.73	19,685.69	
米糠	袋装	10kg	9.50	3,655.10	4.32	3,481.52	1,200.00	
清香茉莉	袋装	10kg	104.50	7,639.23	53.17	6,089.35	24,130.03	
清香茉莉	袋装	5kg	44.65	1,101.62	26.47	-1,113.96	27,825.61	
丝苗香米	袋装	10kg	123.50	23,208.30	57.57	21,035.61	35,772.30	
丝苗香米	袋装	5kg	57.00	11,473.08	28.67	9,690.25	26,086.51	
丝苗香米	真空	5kg	60.80	11,927.65	28.67	10,660.92	21,255.71	
香天下	袋装	10kg	114.00	15,844.80	57.93	13,348.44	34,854.44	
总计			1,362.30	11,466,592.50	687.83	10,822,515.00	444,024.00	

图 2-47　美化后的“2024 年预算方案敏感性分析”报表

从报表中可以看出，XF 米业公司 2024 年的商品单价、商品数量、单位变动成本以及固定总成本的变动都会对产品及企业利润产生影响，其敏感性由高到低[①]排序，分别为商品单价、商品数量、固定总成本和单位变动成本。因此，XF 米业公司需要谨慎制定定价策略，从而在最大程度上减少商品单价对利润的影响。例如，当单价下降 5% 时，“郁金香”系列中的两款产品都会出现亏损（将“商品单价变动率”切片器切换到“−5.00%”）。另外，对于次敏感的商品数量，也可以采取一定的营销手段来提高销量，这是需要着重把握的两个方面。但也不能太拘泥于敏感性的高低，而忽视了成本对利润的影响，做好成本有效管理，尤其是固定成本控制，也同样重要。

（三）开展本量利分析

（1）新建报表页，并将报表页重命名为“2024 年预算方案本量利分析”。

（2）创建“销售总收入 / 元”“保本销售金额 / 元”“销售利润 / 元”“安全等级”卡片图，并完成设置。

（3）创建“本量利分析指标”表，选择“表”视觉对象，将“商品名称”“商品包装”“商品重量 /kg”“保本商品数量 / 份”“边际贡献率”“安全边际率”“安全等级”依次拖曳至“列”处。在表中单击“边际贡献率”表头，对“边际贡献率”进行降序排序，形成本量利分析指标一览表，如图 2-48 所示。

---

① 取敏感系数的绝对值。

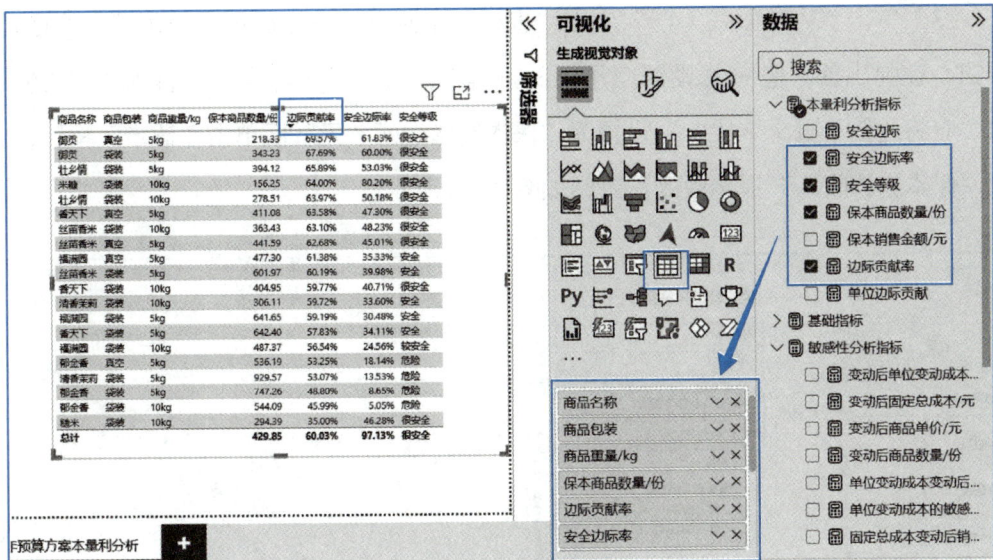

图 2-48　创建"本量利分析指标"表及指标显示的设置

（4）创建"本量利关系"分区图，将"本量利图.数据轴"拖曳至"X轴"处，将"本量利图.收入""本量利图.成本""本量利图.利润"拖曳至"Y轴"处。注意在右侧"可视化"|"分析"窗口中，单击"Y轴恒线"下拉菜单中"+添加行"后，单击"Y轴恒线1"右侧"重命名"按钮，将其重命名为"保本销售收入"，同时打开下方"数据标签"的显示，如图 2-49 所示。

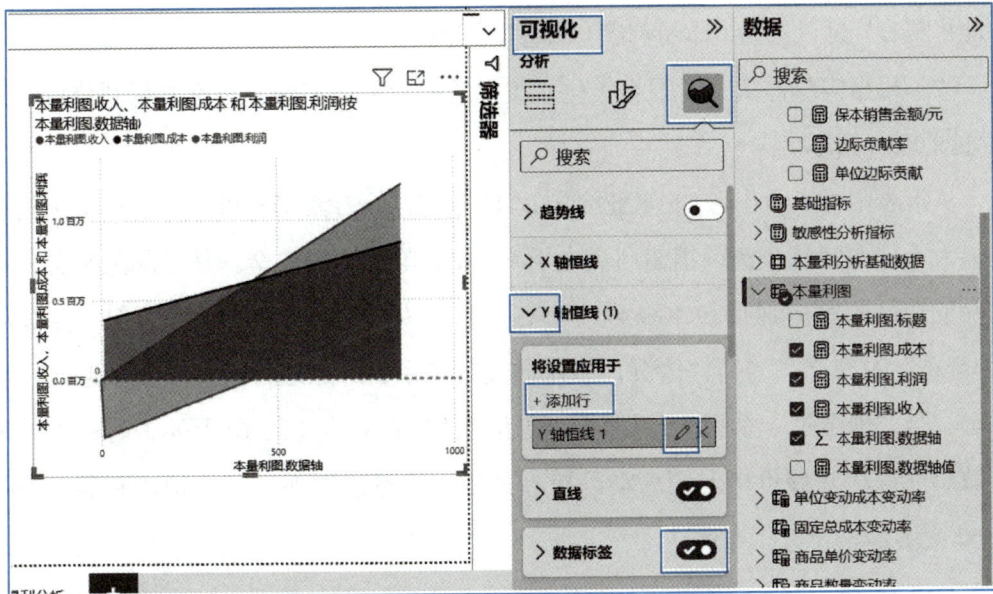

图 2-49　创建"本量利关系"分区图

（5）单击"Y轴恒线（1）"下方"直线"左侧下拉按钮后再次单击"条件格式"按钮，在弹出的"值 – 将设置应用于"窗口中，将"格式样式"设置为"字段值"，将"应将此基于哪个字段？"设置为"保本销售金额／元"后单击"确定"按钮，完成"保本销售收入"提示线的设置，如图 2-50 所示。

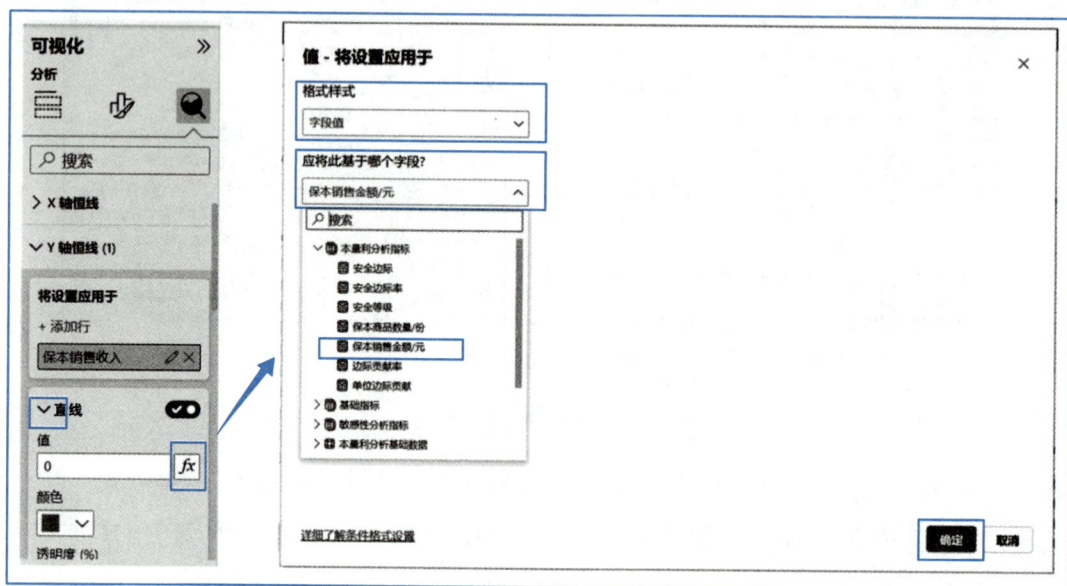

图 2-50　设置"保本销售收入"提示线

（6）在右侧"可视化"｜"设置视觉对象格式"｜"常规"窗口中利用"条件格式"功能将图表标题设置为"本量利图．标题"度量值。

（7）根据实际需求完成报表美化，美化后的"2024 年预算方案本量利分析"报表如图 2-51 所示。

从报表中可以看出，XF 米业公司 2024 年的预算方案基本可行，总体上销售总收入大于保本销售金额，销售利润大于 0，安全等级为很安全。从产品上来看，主产品的边际贡献率保持在 40% 以上，各产品的安全边际率均大于 0，但需要关注"郁金香"系列产品的销售情况，可以通过对该系列产品进行工艺改良来迎合市场需求。当"郁金香"系列产品销售金额达到盈亏临界点（约 10 万元）时，可以结合敏感性分析开展价格促销活动以提高其销售数量，增加产品的销售利润，如图 2-52 所示。

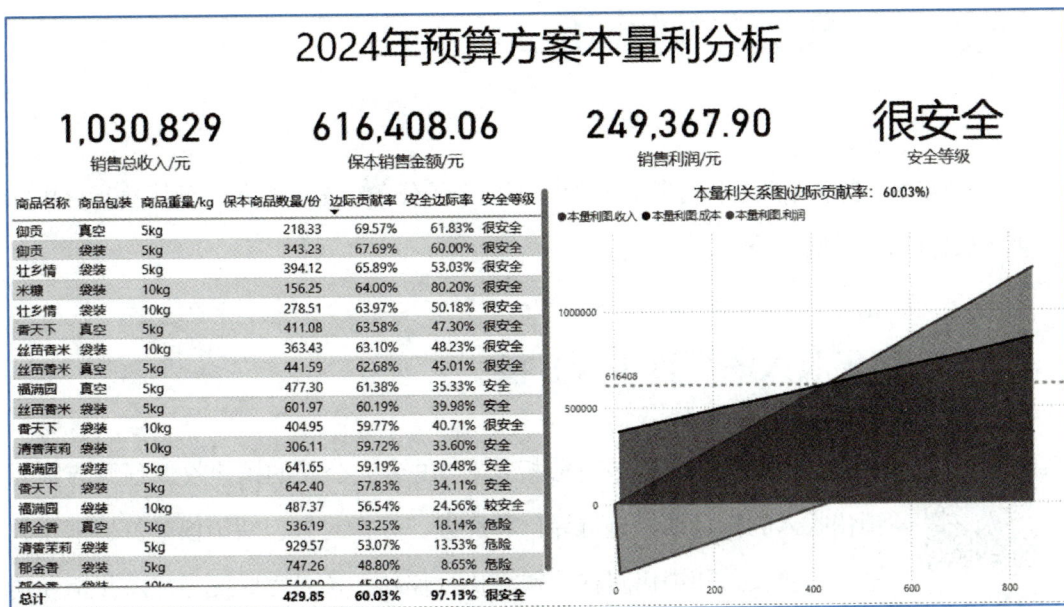

2024年预算方案本量利分析

1,030,829			**616,408.06**		**249,367.90**	**很安全**
销售总收入/元			保本销售金额/元		销售利润/元	安全等级

商品名称	商品包装	商品重量/kg	保本商品数量/份	边际贡献率	安全边际率	安全等级
御贡	真空	5kg	218.33	69.57%	61.83%	很安全
御贡	袋装	5kg	343.23	67.69%	60.00%	很安全
壮乡情	袋装	5kg	394.12	65.89%	53.03%	很安全
米糠	袋装	10kg	156.25	64.00%	80.20%	很安全
壮乡情	袋装	10kg	278.51	63.97%	50.18%	很安全
香天下	真空	5kg	411.08	63.58%	47.30%	很安全
丝苗香米	袋装	10kg	363.43	63.10%	48.23%	很安全
丝苗香米	真空	5kg	441.59	62.68%	45.01%	很安全
福满园	真空	5kg	477.30	61.38%	35.33%	安全
丝苗香米	袋装	5kg	601.97	60.19%	39.98%	安全
香天下	袋装	10kg	404.95	59.77%	40.71%	很安全
清香茉莉	袋装	10kg	306.11	59.72%	33.60%	安全
福满园	袋装	5kg	641.65	59.19%	30.48%	安全
香天下	袋装	5kg	642.40	57.83%	34.11%	安全
福满园	袋装	10kg	487.37	56.54%	24.56%	较安全
郁金香	真空	5kg	536.19	53.25%	18.14%	危险
清香茉莉	袋装	5kg	929.57	53.07%	13.53%	危险
郁金香	袋装	5kg	747.26	48.80%	8.65%	危险
郁金香	袋装	10kg	544.99	45.99%	5.05%	危险
总计			**429.85**	**60.03%**	**97.13%**	**很安全**

本量利关系图(边际贡献率: 60.03%)
●本量利图.收入 ●本量利图.成本 ●本量利图.利润

图 2-51　美化后的"2024年预算方案本量利分析"报表

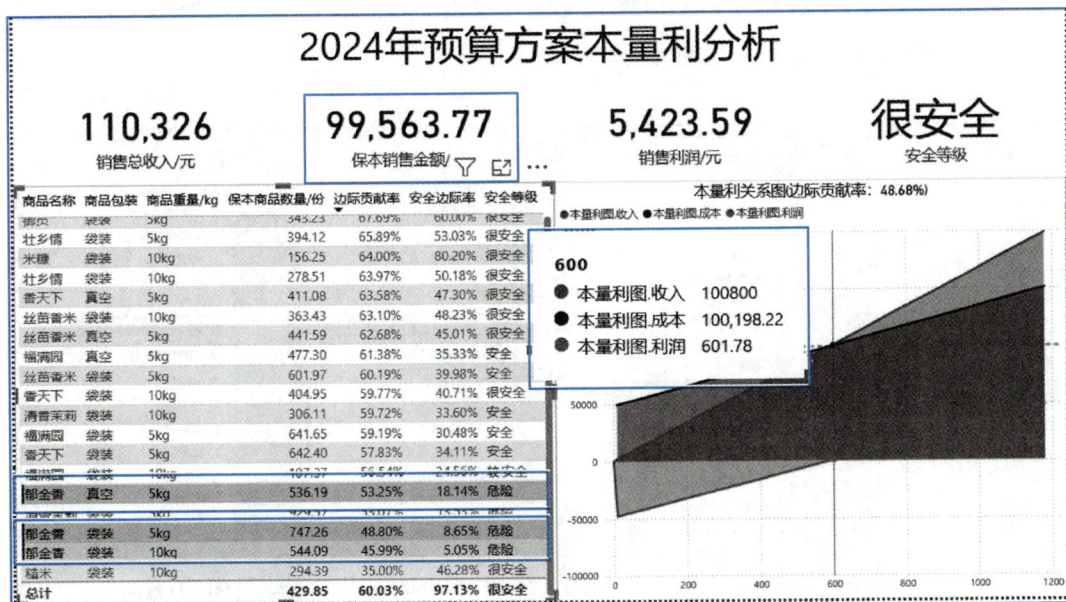

2024年预算方案本量利分析

110,326		**99,563.77**		**5,423.59**	**很安全**
销售总收入/元		保本销售金额/		销售利润/元	安全等级

商品名称	商品包装	商品重量/kg	保本商品数量/份	边际贡献率	安全边际率	安全等级
御贡	袋装	5kg	343.23	67.69%	60.00%	很安全
壮乡情	袋装	5kg	394.12	65.89%	53.03%	很安全
米糠	袋装	10kg	156.25	64.00%	80.20%	很安全
壮乡情	袋装	10kg	278.51	63.97%	50.18%	很安全
香天下	真空	5kg	411.08	63.58%	47.30%	很安全
丝苗香米	袋装	10kg	363.43	63.10%	48.23%	很安全
丝苗香米	真空	5kg	441.59	62.68%	45.01%	很安全
福满园	真空	5kg	477.30	61.38%	35.33%	安全
丝苗香米	袋装	5kg	601.97	60.19%	39.98%	安全
香天下	袋装	10kg	404.95	59.77%	40.71%	很安全
清香茉莉	袋装	10kg	306.11	59.72%	33.60%	安全
福满园	袋装	5kg	641.65	59.19%	30.48%	安全
香天下	袋装	5kg	642.40	57.83%	34.11%	安全
福满园	袋装	10kg	487.37	56.54%	24.56%	较安全
郁金香	真空	5kg	536.19	53.25%	18.14%	危险
清香茉莉	袋装	5kg	929.57	53.07%	13.53%	危险
郁金香	袋装	5kg	747.26	48.80%	8.65%	危险
郁金香	袋装	10kg	544.99	45.99%	5.05%	危险
糙米	袋装	10kg	294.39	35.00%	46.28%	很安全
总计			**429.85**	**60.03%**	**97.13%**	**很安全**

本量利关系图(边际贡献率: 48.68%)
●本量利图.收入 ●本量利图.成本 ●本量利图.利润

600
● 本量利图.收入　100800
● 本量利图.成本　100,198.22
● 本量利图.利润　601.78

图 2-52　"郁金香"系列产品本量利分析报表

任务二　预算控制分析

　　根据项目要求，本任务可以分解为以下两个子任务：销售收入的预算执行分析和生产预算的预算执行分析。

一、销售收入的预算执行分析

销售收入预算执行分析

　　销售收入的预算执行分析是对 XF 米业公司的销售收入预算与实际销售收入的执行结果进行评价和反馈，分析对象包括销售单价、销售数量、销售收入和销售回款的预算执行偏差和预算完成度等，以此指导销售活动的改进和调整。销售收入的预算执行分析的具体工作过程如下。

　　（1）使用 Power BI"获取数据"功能，导入"预算控制与分析数据源"，并建立表与表之间的关联关系，如图 2-53 所示。

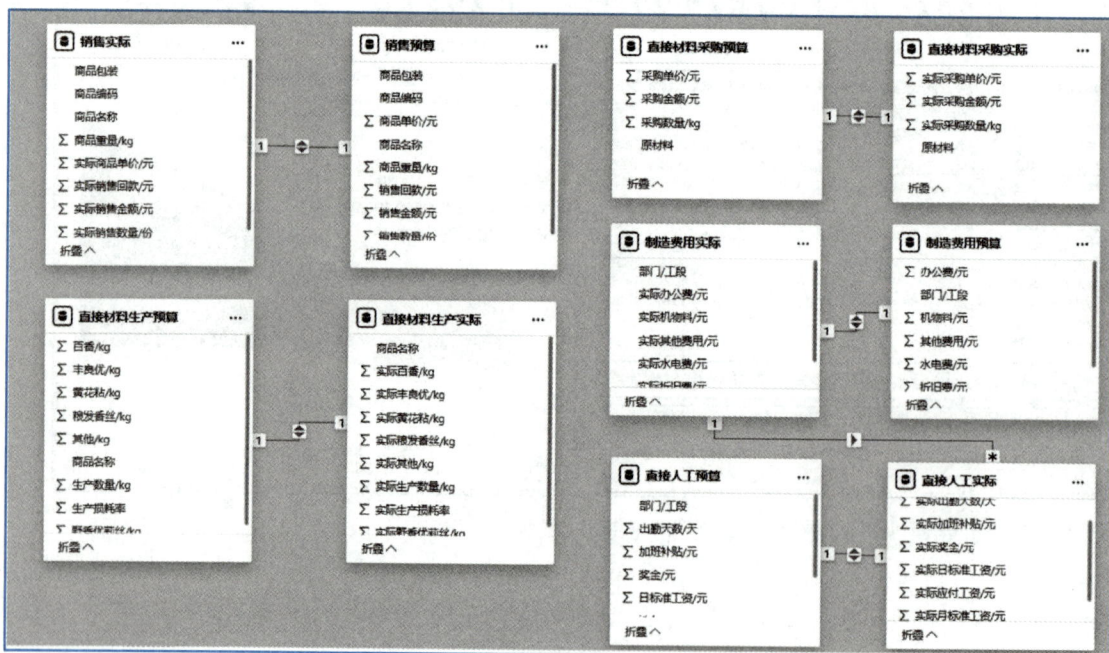

图 2-53　为"预算控制与分析数据源"建立表与表之间的关联关系

（2）创建一个存储度量值的"销售预算执行指标"表，并在该表中创建预算控制与分析所需度量值，包括"销售金额预算执行偏差／元""销售金额预算完成率""销售数量预算执行偏差／份""销售数量预算完成率"四个度量值，其 DAX 表达式如表 2-9 所示。注意将"销售金额预算完成率"与"销售数量预算完成率"度量值的格式设置为"百分比"，并保留 2 位小数。

表2-9 "销售预算执行指标"度量值表

度量值	DAX 表达式
销售金额预算执行偏差／元	销售金额预算执行偏差／元 =SUM（'销售实际'[实际销售金额／元]）-SUM（'销售预算'[销售金额／元]）
销售金额预算完成率	销售金额预算完成率 =DIVIDE（SUM（'销售实际'[实际销售金额／元]），SUM（'销售预算'[销售金额／元]））
销售数量预算执行偏差／份	销售数量预算执行偏差／份 =SUM（'销售实际'[实际销售数量／份]）-SUM（'销售预算'[销售数量／份]）
销售数量预算完成率	销售数量预算完成率 =DIVIDE（SUM（'销售实际'[实际销售数量／份]），SUM（'销售预算'[销售数量／份]））

（3）新建报表页，并将报表页重命名为"2024 年销售预算执行分析"。

（4）创建"销售数量预算执行分析"矩阵，选择"矩阵"视觉对象，将"商品名称"拖曳至"行"处，将"销售数量／份""实际商品数量／份""销售数量预算执行偏差／元""销售数量预算完成率"依次拖曳至"值"处，如图 2-54 所示。注意在将"销售数量／份""实际销售数量／份"拖曳至"值"处时，需单击其右侧下拉按钮，在弹出的功能对话框中将"将值显示为"修改为"占总计的百分比"，同理，创建"销售金额预算执行分析"矩阵。

（5）完善"销售数量预算执行分析"矩阵，在右侧"可视化"|"设置视觉对象格式"|"视觉对象"窗口中，单击"单元格元素"左侧下拉按钮，在"数据系列"中选择"销售数量预算执行偏差／份"，先单击打开"数据条"，再单击下方的"条件格式按钮"；在弹出的"数据条－数据条"窗口中，将"正值条形图"设置为红色，将"负值条形图"设置为绿色，最后单击"确定"按钮，如图 2-55 所示。同理，完善"销售金额预算执行分析"矩阵。

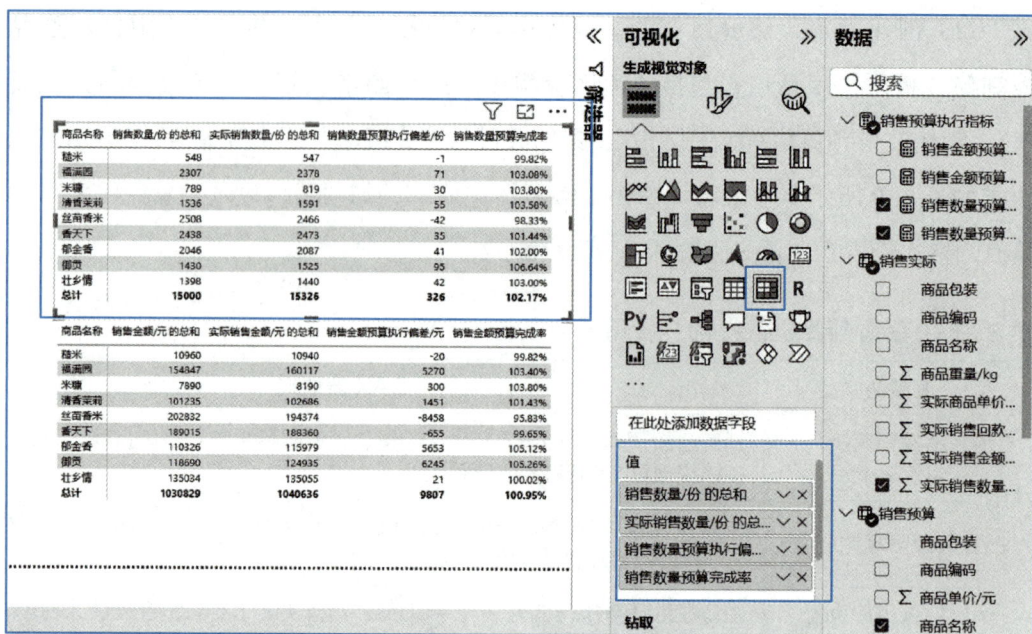

图 2-54　创建"销售数量预算执行分析"和"销售金额预算执行分析"矩阵

图 2-55　设置"销售数量预算执行偏差"数据条格式

（6）进一步完善"销售数量预算执行分析"矩阵，在右侧"可视化"｜"设置视觉对象格式"｜"视觉对象"窗口中，单击"单元格元素"左侧下拉按钮，在"数据系列"中选择"销售数量预算完成率"，单击打开"图表"，单击下方的"条件格式按钮"；在弹出的对话框中，将"图标布局"设置为"数据右侧"，并设置对应显示规则，最后单击"确定"按钮，如图2-56所示。同理，完善"销售金额预算执行分析"矩阵。

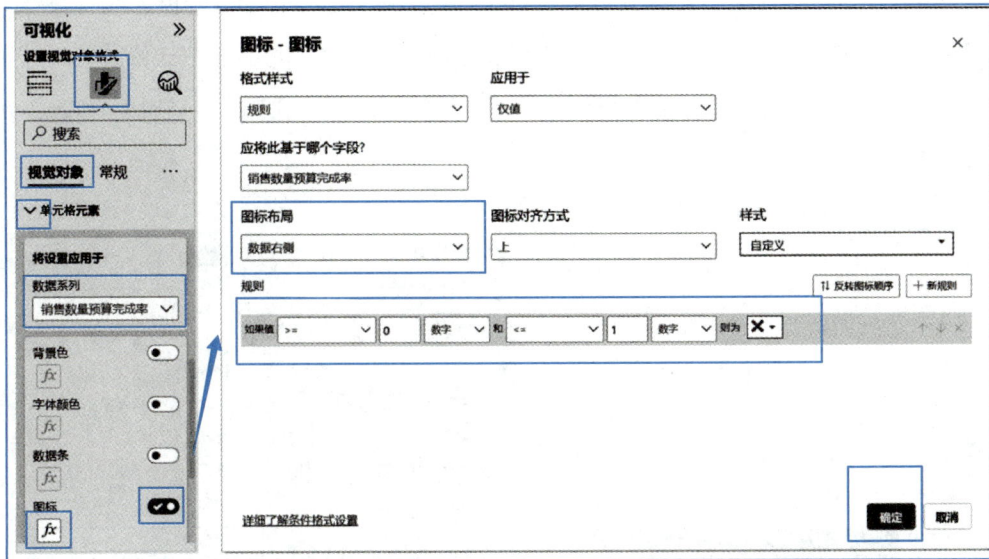

图 2-56 设置"销售数量预算完成率"图标

（7）创建"销售回款预算执行分析"仪表，将"实际销售回款／元"拖曳至"值"处，将"实际销售金额／元"拖曳至"最大值"处，将"销售回款／元"拖曳至"目标值"处，如图2-57所示。注意设置其值的显示方式为"占总计的百分比"。

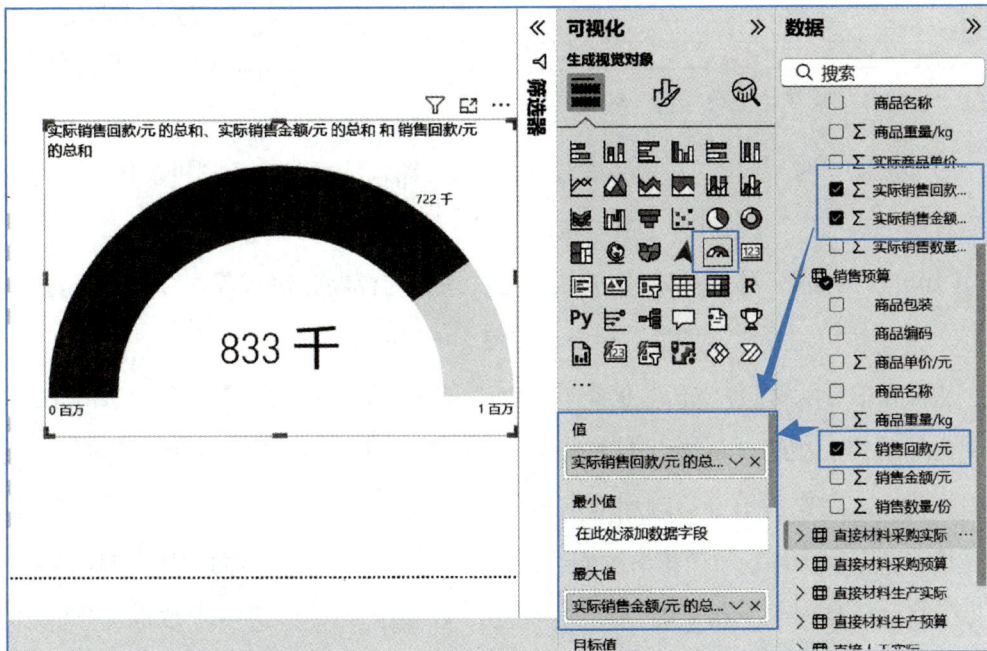

图 2-57 创建"销售回款预算执行分析"仪表

（8）创建"销售单价预算执行"簇状条形图，选择"簇状条形图"视觉对象，将"商品名称"拖曳至"Y轴"处，"商品单价/元""实际商品单价/元"拖曳至"X轴"处。注意将"商品单价/元""实际商品单价/元"的汇总方式修改为"平均值"，如图2-58所示。在右侧"可视化"|"设置视觉对象格式"|"视觉对象"窗口中，打开"数据标签"显示。

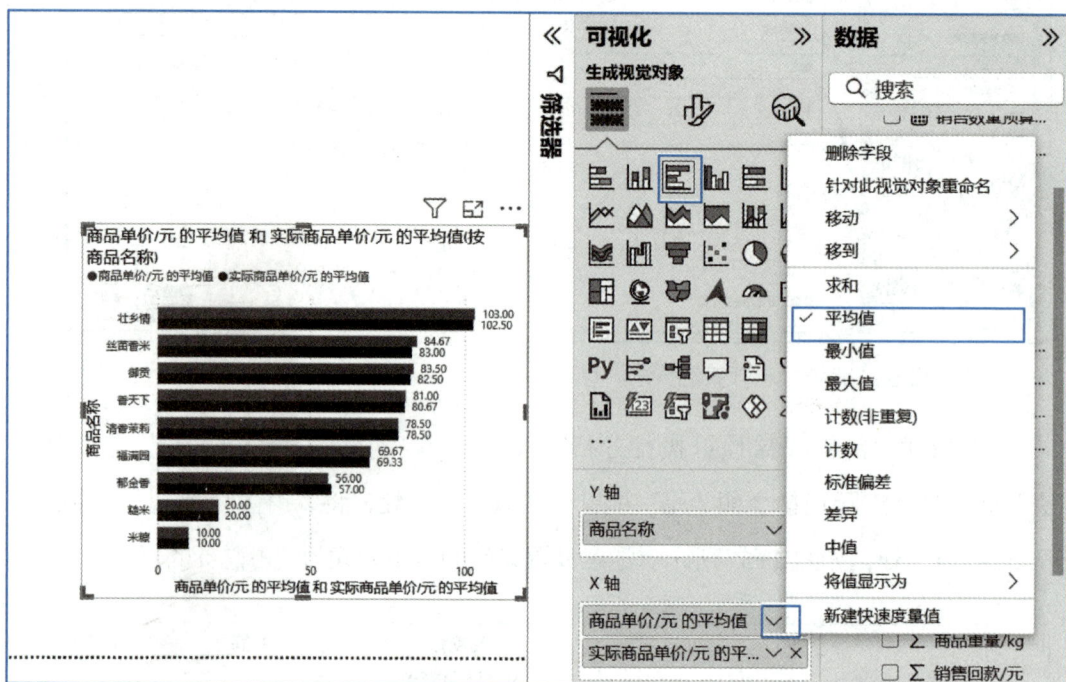

图2-58　创建"销售单价预算执行"簇状条形图

（9）创建"商品包装""商品重量/kg"切片器，注意在右侧"可视化"|"设置视觉对象格式"|"视觉对象"窗口中，将切片器样式设置为"磁贴"。

（10）根据实际分析需求，完成报表与各图表的标题、格式美化和显示设置，形成"2024年销售预算执行分析"报表，如图2-59所示。

从报表中可以看出，XF米业公司2024年的销售预算执行情况较好，实际销售数量、实际销售金额的预算执行偏差和预算完成度总计均为正值，实际销售回款已超过目标值，实际销售单价与预期基本一致。但"丝苗香米"系列产品的销售情况略差，其中真空款的各方面销售情况均达到预期，而袋装款的各方面销售情况均未达到预期（将"商品包装"切片器切换到"袋装"）。因此，需要进一步整合、分析销售业务的内外部环境数据，重新定位各产品的受众客户和市场需求，着重挖掘"丝苗香米""香天下"等系列产品的特色,以此指导下一个销售年度销售策略的改进和调整。

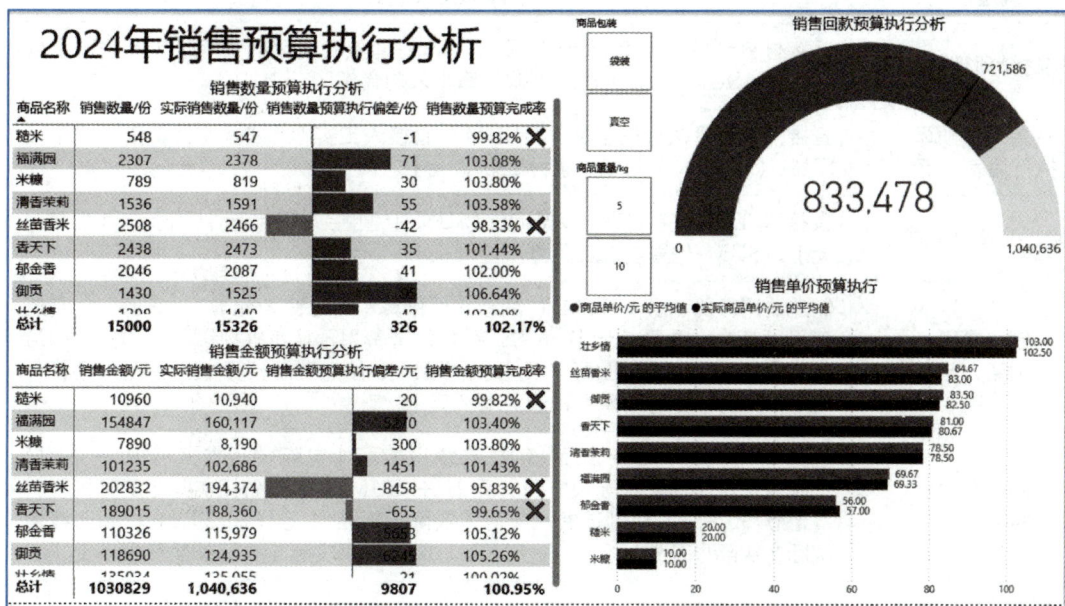

图 2-59 "2024 年销售预算执行分析"报表

二、生产预算的预算执行分析

生产预算的预算执行分析是对 XF 米业公司的生产预算与实际生产的执行结果进行评价和反馈,分析对象包括生产总成本、毛利的预算执行偏差和预算完成度等,以及形成生产总成本的直接材料、直接人工和制造费用分析,以此指导生产活动的改进和调整。生产预算的预算执行分析的具体工作过程如下。

生产预算的
预算执行
分析

(1)创建一个存储度量值的"生产预算执行指标"表,在该表中创建预算控制与分析所需度量值,包括直接材料、直接人工、制造费用、生产总成本、毛利五个方面的相关度量值。"生产预算执行指标"度量值的 DAX 表达式如表 2-10 所示。

表 2-10 "生产预算执行指标"度量值的 DAX 表达式

度量值	DAX 表达式
直接材料预算执行偏差／元	直接材料预算执行偏差／元 =SUM('直接材料采购实际'[实际采购金额／元]) - SUM('直接材料采购预算'[采购金额／元])

度量值	DAX 表达式
直接材料预算完成率	直接材料预算完成率 =DIVIDE（SUM（'直接材料采购实际'[实际采购金额／元]），SUM（'直接材料采购预算'[采购金额／元]））
直接人工预算执行偏差／元	直接人工预算执行偏差／元 =SUM（'直接人工实际'[实际应付工资／元]）－SUM（'直接人工预算'[应付工资／元]）
直接人工预算完成率	直接人工预算完成率 =DIVIDE（SUM（'直接人工实际'[实际应付工资／元]），SUM（'直接人工预算'[应付工资／元]））
制造费用预算／元	制造费用预算／元 =SUM（'制造费用预算'[转运费／元]）＋SUM（'制造费用预算'[水电费／元]）＋SUM（'制造费用预算'[机物料／元]）＋SUM（'制造费用预算'[折旧费／元]）＋SUM（'制造费用预算'[办公费／元]）＋SUM（'制造费用预算'[其他费用／元]）
制造费用实际／元	制造费用实际／元 =SUM（'制造费用实际'[实际转运费／元]）＋SUM（'制造费用实际'[实际水电费／元]）＋SUM（'制造费用实际'[实际机物料／元]）＋SUM（'制造费用实际'[实际折旧费／元]）＋SUM（'制造费用实际'[实际办公费／元]）＋SUM（'制造费用实际'[实际其他费用／元]）
制造费用预算执行偏差／元	制造费用预算执行偏差／元 =[制造费用实际／元]－[制造费用预算／元]
制造费用预算完成率	制造费用预算完成率 =DIVIDE（[制造费用实际／元]，[制造费用预算／元]）
生产总成本预算／元	生产总成本预算／元 =SUM（'直接材料采购预算'[采购金额／元]）＋SUM（'直接人工预算'[应付工资／元]）＋[制造费用预算／元]
生产总成本实际／元	生产总成本实际／元 =SUM（'直接材料采购实际'[实际采购金额／元]）＋SUM（'直接人工实际'[实际应付工资／元]）＋[制造费用实际／元]
生产总成本预算执行偏差／元	生产总成本预算执行偏差／元 =[生产总成本实际／元]－[生产总成本预算／元]
生产总成本预算完成率	生产总成本预算完成率 =DIVIDE（[生产总成本实际／元]，[生产总成本预算／元]）
毛利预算／元	毛利预算／元 =SUM（'销售预算'[销售金额／元]）－[生产总成本预算／元]
毛利实际／元	毛利实际／元 =SUM（'销售实际'[实际销售金额／元]）－[生产总成本实际／元]
毛利预算执行偏差／元	毛利预算执行偏差／元 =[毛利实际／元]－[毛利预算／元]
毛利预算完成率	毛利预算完成率 =DIVIDE（[毛利实际／元]，[毛利预算／元]）

（2）新建报表页，并将报表页重命名为"2024年生产预算执行分析"。

（3）创建"毛利形成及完成情况"多行卡，选择"多行卡"视觉对象，将"销售金额/元""实际销售金额/元""销售金额预算执行偏差/元""销售金额预算完成率""生产总成本预算/元""生产总成本实际/元""生产总成本预算执行偏差/元""生产总成本预算完成率""毛利预算/元""毛利实际/元""毛利预算执行偏差/元""毛利预算完成率"依次拖曳至"字段"处。注意根据实际情况设置数据格式,调整表格宽度,形成毛利形成及完成情况多行卡,同理创建"生产总成本形成及完成情况"多行卡,如图 2-60 所示。

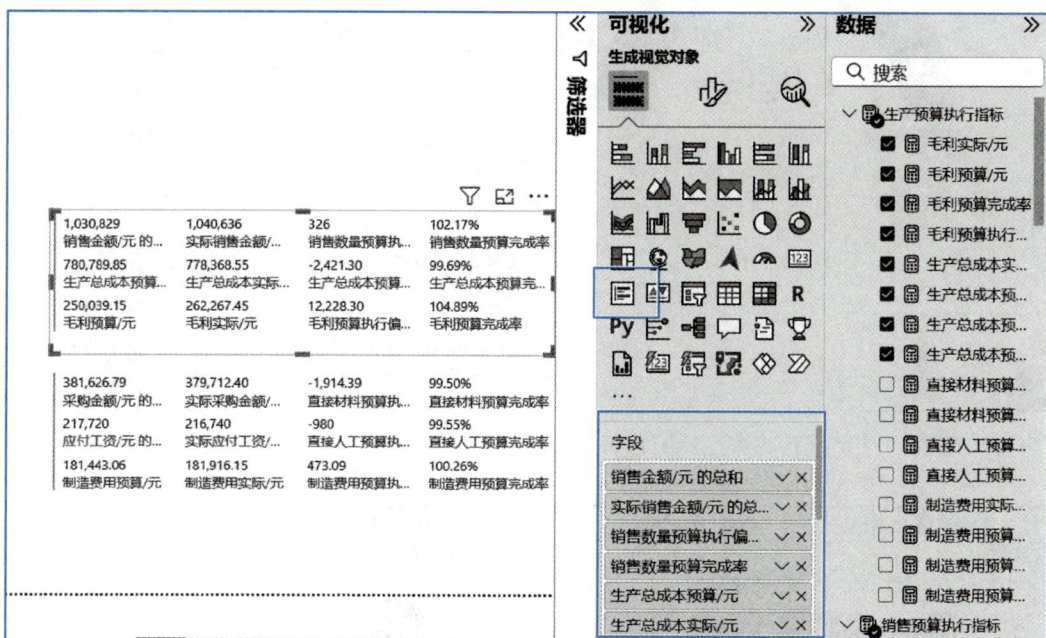

图 2-60　创建"毛利形成及完成情况""生产总成本形成及完成情况"多行卡

（4）创建"生产损耗率管控情况分析"仪表,选择"仪表"视觉对象,将"实际生产损耗率"拖曳至"值"处,将"生产损耗率"拖曳至"最大值"处。注意将"生产损耗率"和"实际生产损耗率"的格式设置为"百分比",其值的显示方式设置为"占总计的百分比",形成"生产损耗率管控情况分析"仪表,如图 2-61 所示。

（5）创建"直接人工管控分析"簇状柱形图,选择"簇状柱形图"视觉对象,将"部门/工段"拖曳至"X 轴"处,将"应付工资/元"和"实际应付工资/元"拖曳至"Y 轴"处,注意将其值的显示方式设置为"占总计的百分比"。在右侧"可视化"|"设置视觉对象格式"|"视觉对象"窗口中打开"数据标签"的显示选项,形成"直接人工管控分析"簇状柱形图,如图 2-62 所示。同理设置"制造费用管控情况分析"簇状柱形图。

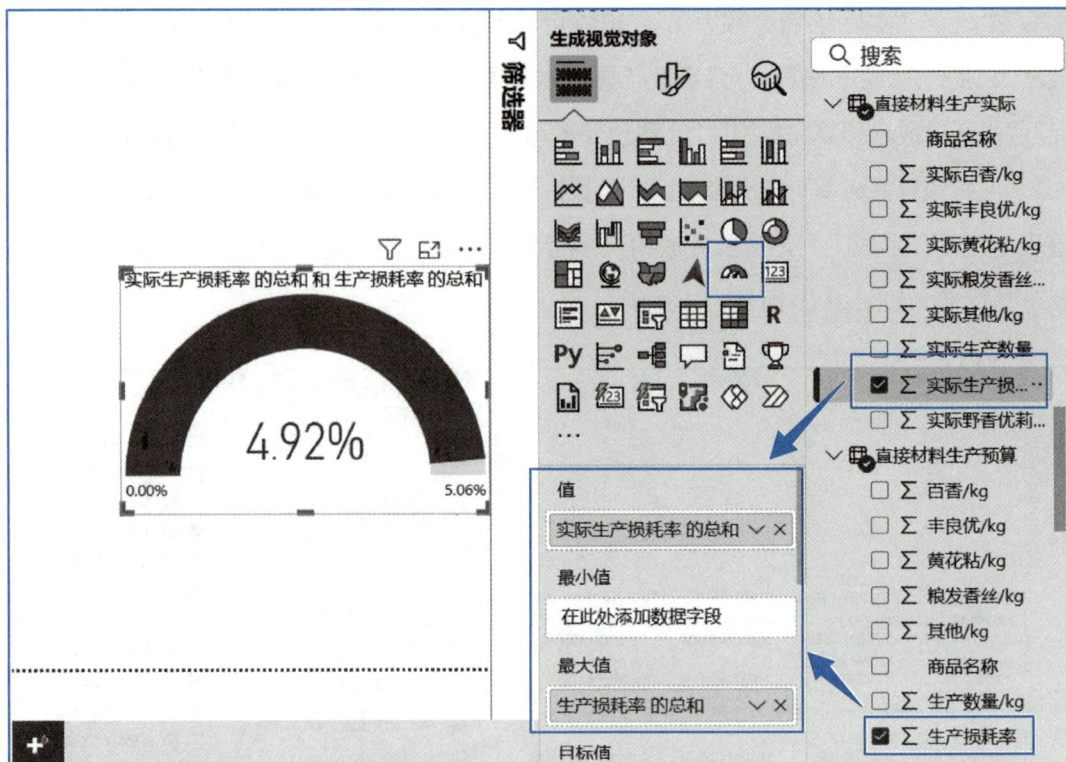

图 2-61　创建"生产损耗率管控情况分析"仪表

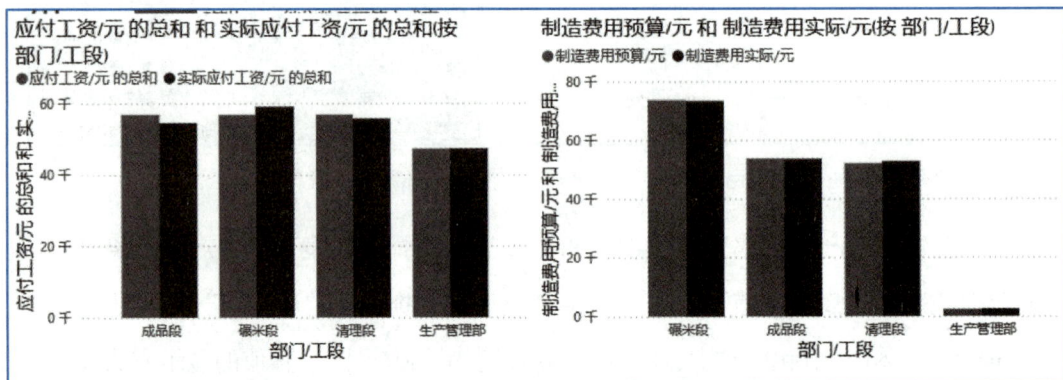

图 2-62　创建"直接人工管控情况分析""制造费用管控情况分析"簇状柱形图

（6）创建"办公费管控情况分析"仪表，选择"仪表"视觉对象，将"实际办公费 / 元"拖曳至"值"处，将"办公费 / 元"拖曳至"最大值"处，注意将其值的显示方式设置为"占总计的百分比"形成"办公费管控情况分析"仪表。同理创建其他制造费用管控情况分析仪表，注意在右侧"可视化"｜"设置视觉对象格式"｜"视觉对象"窗口中，将属于固定成本的"填充颜色"设置为紫色，将属于变动成本的

"填充颜色"保持为蓝色，如图 2-63 所示。

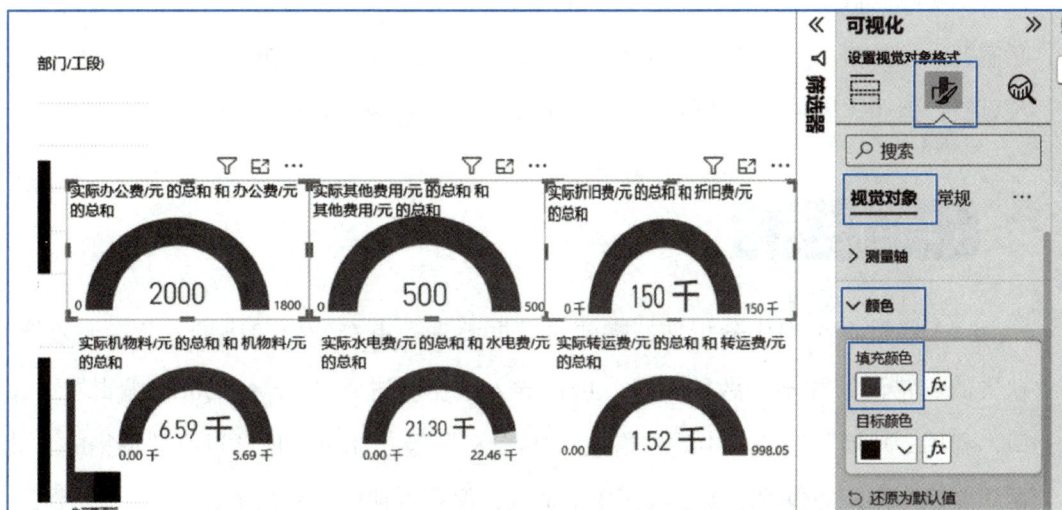

图 2-63 "办公费管控情况分析"等仪表"填充颜色"设置

（7）根据实际分析需求，完成报表与各图表的标题设置、格式美化和显示设置，形成"2024 年生产预算执行分析"报表，如图 2-64 所示。

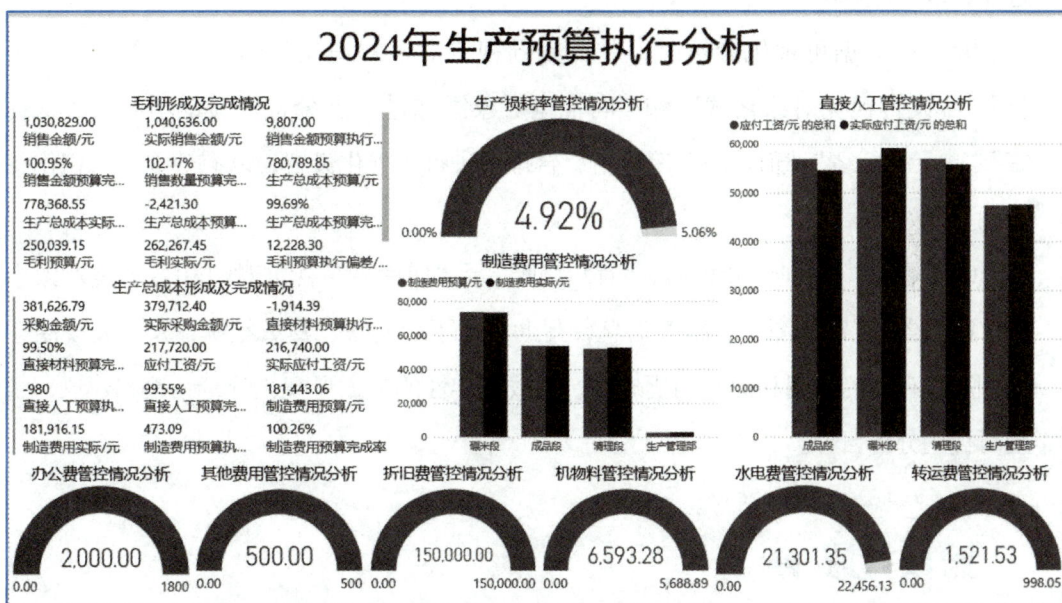

图 2-64 "2024 年生产预算执行分析"报表

从报表中可以看出，XF 米业公司 2024 年的生产预算的预算执行情况较好，在销售数量、销售金额增长的情况下，生产总成本的实际值低于预算值，使得毛利的实际值高于预算值。其中直接材料实际值低于预算值，得益于生产损耗率的有效管控；直接人工实际值低于预算值，得益于各部门或工段对应付工资的有效管控；制造费用实际值高于预算值，主要原因是生产管理部、清洗段的办公费、机物料等的实际值高出预算值，但还需要结合成本性态进一步分析各项制造费用的增长原因。

【项目总结】

（1）在数据可视化分析前，需要对数据源进行审查，如确认是否存在无效值、缺失值、错误值和不一致数据等，可在导入数据时进入"Power Query 编辑器"窗口，利用"转换"选项卡中的"格式""拆分列"等功能对数据源进行数据集成、数据清洗等操作，使数据源满足数据质量要求，保障可视化分析需求。

（2）在数据可视化分析时，需要结合数据源的结构和内容，适时使用"新建度量值"或"快度量值"功能，实现复杂计算。特别是对于 DAX 表达式不熟悉的学习者，利用"快度量值"功能可以通过拖曳的方式，快速、轻松地执行常见的聚合、筛选器、数学运算等计算。

（3）在数据可视化分析时，掌握不同视觉对象的适用场景，并且关注"可视化"｜"设置视觉对象格式"和"向视觉对象添加进一步分析"窗口中的"数据标签""单元格元素""恒定线"等设置，合理地进行可视化设置，以有效提升可视化图表的呈现效果。

（4）在数据可视化分析后，可以合理设置"切片器"视觉对象和各视觉对象中的"筛选器"，钻取图表、报表信息，帮助企业了解业务、财务状况，及时发现潜在的问题、存在的机遇和面对的挑战等，形成文字性的数据可视化分析结论和建议，实现可视化分析目标。

德技并修 ▶▶

大数据技术助推预算内控管理

为实施预算内控管理，某机关单位运用大数据技术构建财政信息一体化系统，推动政务工作与财政预算管理密切结合，实现预算编制、预算执行、预算调整、绩效评价全过程、全链条、全流程信息化监控，进一步提高财政资源配置效率和使用效益。

1. 整合业财信息，实施全过程化数据管理

将财政预算经费审批环节形成的预算、审批、支付、使用以及原始单据电子资料信息、各类项目资金监管信息与内控信息平台相衔接，通过事前申报、事中报销管理、事后预算分析实现预算资金的全过程管控。

2. 编织数据网络，强化资金风险监管控制

在内控信息平台设置审批节点，让资金执行结合风险指标自动提示超支风险、流程风险、异常数据等，所有风险提示将会以风险分布图、风险类型统计图、月度风险趋势图等多角度、多形式的内控视图进行集中性展示，强化资金支出监管。

3. 拓展数据智能，全面预算实施提质增效

内控信息平台根据各部门的具体规模、业务特点和人员数量等，量身定制边际成本测算方案，通过对预算标准和实有数据的对比，得出工作材料的短缺和冗余数据，形成工作材料配备和购置计划，实现财物管理的精准预判和高效运用。

4. 深度挖掘数据，推动预算绩效深度融合

在内控信息平台中的绩效管理控制模块通过对年度预算项目绩效申报、绩效评价、绩效报告三个流程形成绩效项目看板，实现预算项目绩效模块全周期可视化管理，推动提高财政资金支出使用效益。

【思考与实践】足国之道，节用裕民，而善藏其余。党的十八大以来，以习近平同志为核心的党中央高度重视厉行节约反对浪费。例如，通过大数据技术构建的预算内控管理平台深度调整支出结构来缓解收支矛盾，把压缩运转成本结余的资金更多地配置到需求急迫的领域，从而提高财政资金使用效率。作为新时代大学生，要全面审视自身的工作生活方式，践行勤俭节约良好风尚，以科学发展观为指导规划自己的职业生涯，筑梦青春，"职"引未来。

【知识测验】

一、单选题

1. 企业预算管理的导向是（　　　）。

A. 财务状况   B. 战略目标

C. 经营活动   D. 经营成果

2. 下列因素中，促使保本点销售量上升的是（　　　　）。

A. 单价下降   B. 销售量上升

C. 固定成本下降   D. 单位变动成本下降

3. 适用于预算控制对比分析的图表为（　　　　）。

A. 树状图   B. 瀑布图

C. 柱形图   D. 折线图

4. "仪表"用于显示单个值相对于目标值的进度，在全面预算分析中适用于（　　　）分析。

A. 销售收入变动趋势   B. 销售回款达成情况

C. 产品成本构成占比   D. 预算执行对比分析

5. 在 Power BI 中，计算"预算完成率"相关指标适用的函数是（　　　　）。

A. SUBTRACT 函数   B. SUMX 函数

C. DIVIDE 函数   D. CALCULATE 函数

二、多选题

1. 全面预算可以按不同标准进行分类，其中根据内容进行分类可以将全面预算分为（　　　　　）。

A. 滚动预算   B. 经营预算

C. 专门决策预算   D. 财务预算

2. 在本量利关系图上，保本点的位置是由（　　　　　）决定的。

A. 销售收入线   B. 变动成本线

C. 固定成本线   D. 总成本线

3. Power Query 编辑器的优点有（　　　　）。

A. 操作简单   B. 多数据连接

C. 数据无限制   D. 处理过程自动记录

4. DAX 语言支持的运算符为（　　　　）。

A. 算术运算符   B. 比较运算符

C. 逻辑运算符   D. 文本运算符

5. 在 Power BI 中，适用于描述性分析的图表有（　　　　　）。

A. 表　　　　　　　　　　　　B. 饼图

C. 多行卡　　　　　　　　　　D. 条形图

三、判断题

1. 销售预算应以生产预算为基础。　　　　　　　　　　　　　　（　　）

2. 运用敏感性分析计算敏感系数的公式为某因素敏感系数＝因素值变动百分比 ÷ 目标值变动百分比。　　　　　　　　　　　　　　　　　　　　（　　）

3. 获取的数据源均需要进行审查，若存在无效值、缺失值等，则需要对数据源进行数据集成、数据清洗等操作，使数据源满足数据质量要求。　　　　　（　　）

4. 在 Power BI 中，常见的趋势分析图表为折线图、折线和簇状柱形图等。（　　）

5. 使用 Power BI 创建的报表中，所有视觉对象都是静态的，无法进行交互。

（　　）

【技能实践】

【任务要求】XF 米业公司已经根据 2024 年的全面预算方案有效完成了预算执行，实现了经营目标。XF 米业公司对于运用 Power BI 软件进行的销售预测及生产预算管理分析与可视化的效果和结论十分满意，为了能全面预测和筹划 2025 年的全面预算方案，科学、合理地配置企业各项财务和非财务资源，请完成以下数据分析与可视化任务。

任务：（1）运用 XF 米业公司 2021—2024 年销售收入数据，完成 2025 年销售收入预测的数据分析与可视化，提出销售收入预测分析结论和建议并编制销售预算。（数据源为 2025 年全面预算分析与可视化数据源。）

（2）运用 XF 米业公司 2021—2024 年生产数据，完成 2025 年生产预测的数据分析与可视化，提出生产预测分析结论和建议并编制生产预算。（数据源为 2025 年全面预算分析与可视化数据源。）

（3）运用 XF 米业公司 2025 年全面预算数据，完成 2025 年全面预算的本量利分析与可视化，提出本量利分析结论和建议并调整全面预算。（数据源为 2025 年全面预算及本量利分析数据源。）

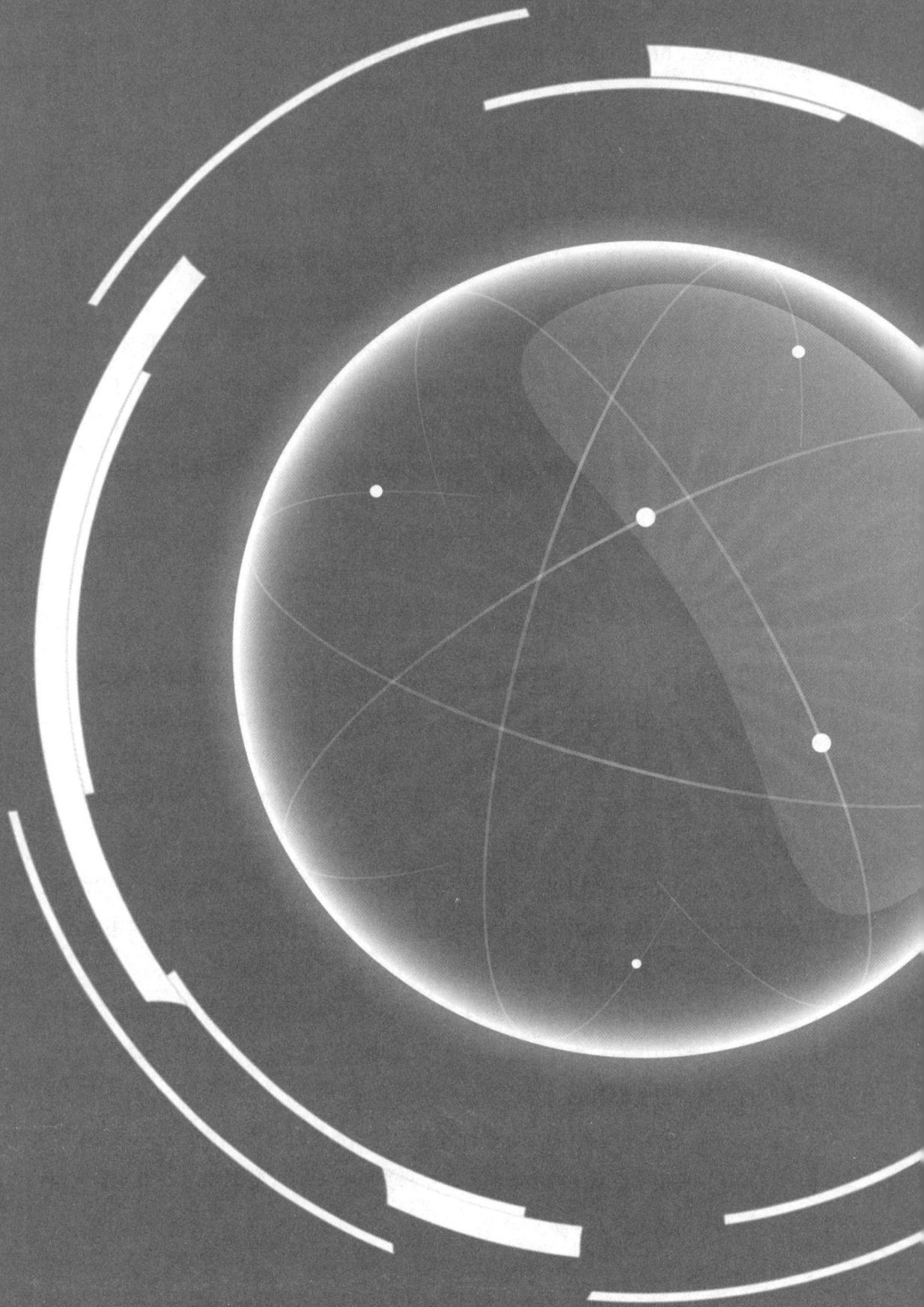

项目三

大数据技术在资金管理中的应用

学习目标

素养目标

◆ 通过"资金管理分析"的学习，养成认真严谨、科学决策的职业习惯。

◆ 通过"投资管理分析"的学习，养成依法理财、风险管理的职业意识。

◆ 通过"融资管理分析"的学习，具有诚信守法、成本节约的职业道德。

知识目标

◆ 理解资金管理的重要性。

◆ 掌握资金需求预测、投资决策和融资决策的内容和方法。

◆ 掌握大数据分析的流程和方法。

◆ 掌握资金管理中使用的 Power BI 函数的基本方法和功能。

能力目标

◆ 能够熟练运用 Power BI 进行资金需求预测。

◆ 能够熟练运用 Power BI 进行应收账款的余额、账龄和回收分析。

◆ 能够熟练运用 Power BI 进行企业对内、对外投资分析，搭建投资决策模型，进行项目投资决策。

◆ 能够熟练运用 Power BI 进行企业融资现状分析，搭建融资决策模型，进行融资决策。

思维导图

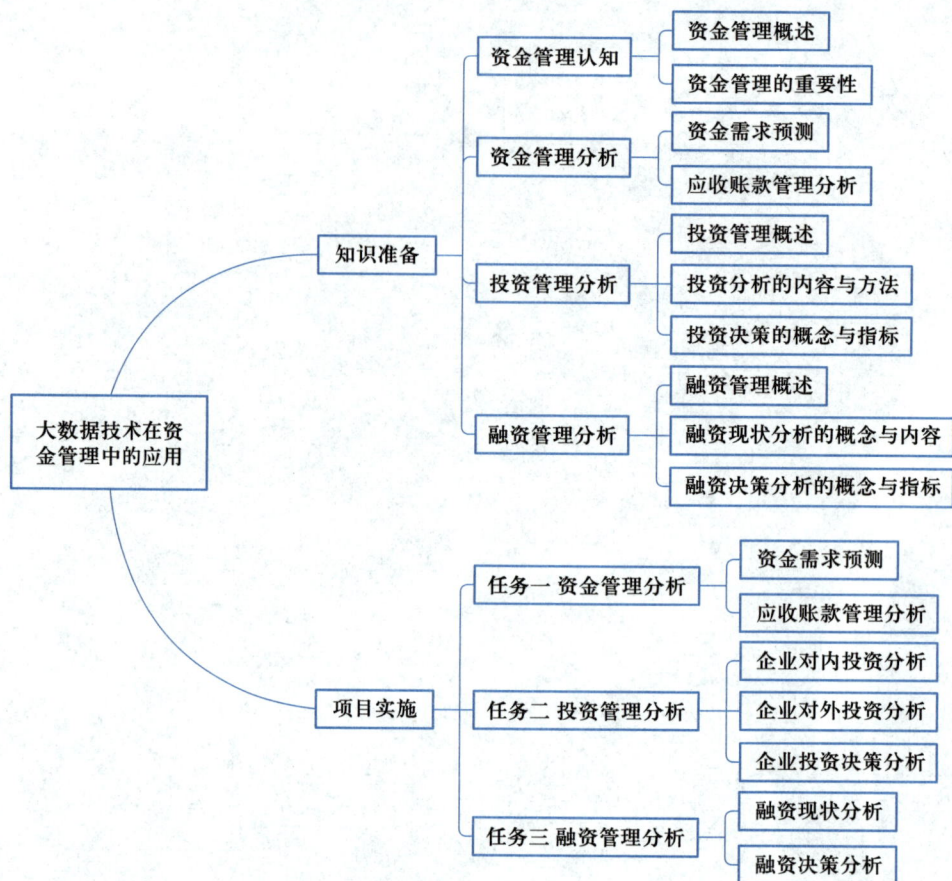

项目导入

大数据技术助力资金管理风险管控

随着经济全球化的发展，企业面临着更多的机遇和挑战。资金作为企业运营的"血液"，贯穿于企业生产经营全过程，资金管理是企业财务管理的核心内容，同时也是当前企业管理工作的薄弱环节。因此，加强资金管理和风险控制具有十分重要的意义。

近年来，企业资金管理中存在的问题非常突出，财务风险日益暴露。例如，企业没有合理的融资计划，盲目对外融资，自有资金和对外融资比例不合理，资金成本较高；资金的控制和统筹随意性过大，没有建立资金预算管理制度，造成了资金的短缺或剩余，影响企业的正常经营活动或造成不必要的浪费；没有合理安排资金的投向，业务经营很少考虑资金的融资成本，造成企业资金利润率较低或出现负数的情况；财务人员理财意识薄弱，利用资金为企业创效的能力不足等。

大数据应用于资金管理可以帮助企业更好地理解和优化其财务活动，提高决策的准确性和效率；可以实时监控资金流动，识别潜在的风险和机会，预测未来的财务状况，做出科学决策；可以优化预算和预测，减少不确定性，提高资金管理的效率；可以分析各种财务和业务数据，深入地理解财务状况，识别潜在的问题和机会，有效利用资源信息，提供决策智能支持；可以更准确地评估风险，确保企业的稳定和可持续发展；可以整合和优化企业内部资源，帮助企业更有效地分配和管理资金，提高资金的分配和管理效率。

【项目要求】

XXY 电子元件制造股份有限公司的经营范围包括：通信和其他电子设备制造；设备安装；货物和技术进出口；电子设备、元件批发和零售。在发展的前期阶段，公司重在研发制造和销售，资金管理不够精细，导致公司资金需求预测不科学，货款回收不及时、坏账多；投融资随意，效益不高。为了在激烈的市场竞争中保持自身的竞争优势，提高资金运行管理效率，降低成本，提高收益，公司成立了资金管理小组，负责对现有的资金运行、投融资现状进行分析，搭建投融资项目决策模型，全面支持公司的资金管理。

资金管理小组已经获取了公司过去六年的三大财务报表、应收账款明细数据、相关投融资明细数据、投融资方案模拟数据以及资金需求预测数据，现在需要利用已获取到的数据完成以下分析任务。

（1）完成资金管理分析。利用"资金需求预测数据"完成资金需求量模型的创建和预测；利用"应收实收账款数据源"完成应收账款余额、账龄、回收的分析和可视化展示。

（2）完成投资管理分析。利用"资产负债表""利润表"，以及"固定资产明细"和"无形资产明细"表完成企业的对内、对外投资分析和分析结果可视化展示；利用"企业投资决策分析"表完成项目投资决策模型的创建和决策可视化。

（3）完成融资管理分析。利用"资产负债表"和"现金流量表"完成公司融资现状分析；利用"融资方案信息"表完成融资方案决策模型的创建和决策的可视化展示。

【知识准备】

一、资金管理认知

（一）资金管理概述

1. 资金管理的概念

资金管理是指对企业的资金来源和资金使用进行计划、控制、监督、考核等工作的总称。资金管理是企业管理的一项重要组成部分，涵盖了筹资管理、投资管理和营运资金管理（应收账款等）等方面。

2. 资金管理的目的

资金是企业的"血液"，为企业生产经营活动的正常运作提供物质基础，是企业赖以生存的根本组成部分。资金管理的主要目的有：

（1）组织资金供应，保证生产经营活动不间断地进行。

（2）不断提高资金利用效率，节约资金。

（3）提出合理使用资金的建议和措施，促进企业生产、技术、管理水平的提高。

（二）资金管理的重要性

1. 加强资金管理和控制，能有效地掌控企业的经营活动

资金主要运用于企业的供产销环节，管住资金，即可以管住企业的大部分经营活动。因此，企业必须对全部资金和处于各周转环节的流动资金进行经常性分析，及时掌握资金的使用情况，保持财务资金流动性，维持企业的偿债能力。

2. 加强资金管理和控制，能有效地防止舞弊

在企业的所有资产中，资金的挪用是引起各种贪污犯罪的主要原因之一。因此

要加强资金管理，这就要求企业制定严格的内部控制制度，保证资金的收入、支出合法合理，从而有效地防止舞弊的发生。

3. 加强资金管理和控制，可以提高资金使用效益

企业资金存量应该保持在一个合理的水平上，资金过多或过少都不合理。持有资金过多，会使机会成本增多，是资源的浪费；持有资金过少，有可能危及企业的偿债能力，给企业带来负面影响。因此，企业应对资金的使用制定一个合理的规划，加强资金管理。

二、资金管理分析

（一）资金需求预测

1. 资金需求预测的概念

资金需求预测是指企业根据生产经营发展的需求，对未来一定时期内所需的资金进行估计和推测。企业筹集资金，首先要对资金需求进行预测，即对未来生产经营活动的资金需求量进行估计、分析和判断，这是企业制定融资计划的基础。

2. 资金需求预测的方法

资金需求预测方法有定性预测和定量预测两种。

定性预测法是指根据调查研究所掌握的情况和数据资料，凭借预测人员的知识和经验，对资金需求量所作的判断。该方法是否正确，完全取决于预测者的知识和经验，一般在缺乏完整、准确的历史资料时采用。具体有德尔菲法、市场调查法、相互影响预测方法等。

定量预测法是指以资金需求量与有关因素的关系为依据，在掌握大量历史资料的基础上选用一定的数学方法加以计算，并将计算结果作为预测的一种方法。定量预测方法有很多，主要有销售百分比法和资金习性预测法。

（1）销售百分比法。销售百分比法是一种基于销售收入与资金需求量之间关系的预测方法。该方法假设企业的资金需求量与销售收入之间存在稳定的百分比关系。通过历史数据或者其他相关数据，可以计算出这个百分比关系，进而预测未来的资金需求量。

具体步骤如下：

① 收集历史数据，包括销售收入和资金需求量（各项资产、负债）的数据；

② 计算销售收入与资金需求量（各项资产、负债）之间的百分比关系；

③ 确定未来销售收入的预测值；

④ 根据百分比关系计算未来资金需求量的预测值。

该方法简单易行，能够快速得到预测结果，但假设条件过于简单，忽略了其他影响资金需求量的因素。

（2）资金习性预测法。资金习性预测法是一种基于统计学的方法，它通过建立资金需求量与产销业务量之间的线性模型，来对未来的资金需求量进行预测。根据资金习性，可将占用资金区分为不变资金、变动资金和半变动资金。

不变资金是指在一定的产销规模内不随产销量变动的资金，主要包括为维持经营活动展开而占用的最低数额的现金、原材料的保险储备、必要的成品储备和厂房、机器设备等固定资产占用的资金。变动资金是指随产销量变动而同比例变动的资金，一般包括在最低储备以外的现金、存货、应收账款等所占用资金。半变动资金是指虽然受产销量变动的影响，但不成同比例变动的资金，如一些辅助材料上占用的资金等，可采用一定的方法，将半变动资金划分为不变资金和变动资金两部分。

具体步骤如下：

① 收集历史数据，包括不同时间点的产销量和资金需要量数据；

② 利用统计软件建立线性模型，分析产销量与资金需求量之间的关系；

③ 确定未来产销量的预测值；

④ 根据线性模型计算未来资金需求量的预测值。

（二）应收账款管理分析

1. 应收账款的概念

应收账款是指企业在正常的经营过程中因销售商品、提供劳务等，应向购买单位收取的款项，包括应由购买单位或接受劳务单位负担的税金、代购买方垫付的各种运杂费等。

2. 应收账款产生的原因和作用

在现代市场经济的条件下，竞争日趋激烈，为增加竞争力，赊销成了普遍现象。现代市场经济本质而言是信用经济，信用销售已成为企业最有效的经营手段之一。商业竞争是发生应收账款的主要原因，也是客观原因。

应收账款在企业经营过程中发挥着重要作用，主要有：

（1）扩大销售。赊销具有比较明显的促销作用，对企业销售新产品、开拓新市场具有重要意义。企业赊销实际上是向顾客提供了两项交易：① 向顾客销售产品，② 在一个有限的时期内向顾客提供资金。赊销对顾客来说相对有利，所以顾客在一般情况下大都会选择赊购。

（2）减少库存。企业持有产成品存货时，要追加管理费、仓储费和保险费等支出；相反，企业持有应收账款，则无须支出上述费用。因此，当企业产成品存货较多时，一般都可采用较为优惠的信用条件进行赊销，把存货转化为应收账款，减少产成品存货，节约相关的开支。

（3）贷款融资。应收账款可以作为企业流动资金贷款的基本条件。根据其金额大小及应收下游企业性质，企业可以向银行申请流动资金贷款，用于自身扩大经营与生产。

3. 应收账款管理分析的内容

应收账款是伴随企业的销售行为发生而形成的一项债权，它能否收回存在不确定性，不能收回的应收账款就是企业利润的损失。因此，为了尽量避免坏账损失的产生，企业有必要对应收账款进行动态监测和管理。常见的应收账款管理分析主要有应收账款余额分析、应收账款账龄分析和应收账款回收分析。

（1）应收账款余额分析。应收账款余额是指应收账款期末余额，它等于期初余额加上本期新增应收账款减去本期收回应收账款。该余额不同于资产负债表项目中的"应收账款"，未考虑坏账准备。对企业应收账款余额进行分析，可以有效地检测应收账款情况，避免坏账损失的产生。

（2）应收账款账龄分析。应收账款账龄是指企业尚未收回的应收账款的时间长度。通常，应收账款账龄被划分为几个级别，如 30 天以内、30 ~ 60 天、60 ~ 120 天、120 天以上等。账龄越长，发生坏账损失的风险越大，财务成本越高，对企业的运营和资金流动性影响也越大。对应收账款的账龄进行分析，有利于评价销售部门的经营绩效，加快货款回笼，减少坏账损失；有利于会计报表使用者更好地理解公司资产状况。

（3）应收账款回收分析。应收账款回收分析是了解一段时间内应收账款回收情况，以及检验应收账款回收管理的责任是否有效落实的重要工具。通常使用应收账款回收率指标衡量企业应收账款的回收情况。

应收账款回收率是指企业在一定时期内收回的应收账款与应收账款的占用及发生额之间的比率，其计算公式如下：

$$应收账款回收率 = \frac{应收账款收回额}{应收账款占用及发生额} \times 100\%$$

三、投资管理分析

（一）投资管理概述

企业投资是指企业投入人力、财力，以期望在未来获取收益的一种行为。企业投资是实现财务管理目标的基本前提，是发展生产的必要手段，也是降低企业风险的重要方法。

投资管理是指企业根据自身战略发展规划，以企业价值最大化为目标，对资金投入营运进行的管理活动。企业通过科学合理的投资管理，提高企业的投资收益，实现企业的发展目标。同时，投资管理还可以帮助企业开拓新的业务领域，提高企业的市场竞争力和综合实力。因此，做好企业投资管理工作对企业的可持续发展至关重要。

（二）投资分析的内容与方法

1. 投资分析内容

依据投资活动资金投出的方向，企业投资可分为对内投资和对外投资。

对内投资是指在本企业范围内部的资金投放，用于购买和配置各种生产经营所需的经营性资产，如购买原材料、机器设备、厂房和技术等，形成各项流动资产、固定资产、无形资产和其他资产。

对外投资是指通过联合投资、合作经营、换取股权、购买证券资产等方式，向外部其他企业投放资金。对外投资可以以现金、实物资产、无形资产等方式进行投资，目的是获取投资收益、分散经营风险、加强企业间联合、控制或影响其他企业。

2. 投资分析方法

（1）规模分析。规模是指事物的大小、程度或范围，如通过对企业对内投资规模的分析，可以判断企业的资金总量及投资力度；通过对企业对外投资规模的分析，可以判断企业是否具备充足的资金，企业的经营发展战略是否多元化等。

（2）结构分析。结构分析也叫"比重分析"，是计算某事物各项组成部分占总体的比重。例如，分析企业投资的固定资产或无形资产占总资产的比重，在重工业和制造业，往往固定资产占比较大；而在科技信息计算行业，往往无形资产占比较大。

（3）趋势分析。趋势分析是指观察某项指标值在时间维度上的变化，从中发现问题，为企业管理需要提供参考支持。例如，通过对固定资产的年度变化趋势进行分析，可以判断资产的生命周期，企业的成长阶段，以及企业的发展战略等。

（4）投资效益分析。企业的对内、对外投资的目的均在于获取更多的利润，因此企业投资不但要关注投入量，更要关注投入的效率，即是否能带来更多的收益。

（三）投资决策的概念与指标

1. 投资决策的概念

投资决策分析也叫项目投资决策。项目投资是指企业为了在未来获取收益而发生的投资行为，包括新建工厂或生产线、购置设备等。投资决策是指对各种投资方案进行分析、评价和选择，最终确定投资方案的过程。

现金流量是指由一项长期投资方案所引起的未来一定期间所发生的现金收支。其中，现金收入成为现金流入量，现金支出成为现金流出量，流入流出相抵后成为现金净流量。

2. 投资决策的指标

（1）投资回收期。投资回收期也称为"投资回收年限"，是指投资项目投产后获得的收益总额达到该项投资投入的总额所需要的时间（年限）。它反映了投资项目资金回收能力和资金周转速度。一般情况下，投资回收期越短，风险越小，收益越大。

（2）净现值。净现值是指未来资金流入现值与未来资金流出现值的差额。未来的资金流入与资金流出均需要先按预计折现率进行折现，再确定其净额，该预计折现率按照企业投资能够接受的最低投资收益率来确定。它反映了项目投资获利能力，一般情况下：净现值 ≥ 0，方案可行；净现值 ≤ 0，方案不可行。净现值均大于 0 且为最大值的方案为最优方案。

（3）内部报酬率。内部报酬率亦称"内含报酬率"，是指投资项目的净现值为零时的折现率，即某项投资处于经济保本点时的折现率。它反映了投资项目实际可以达到的收益率，当内部报酬率大于企业要求的最低报酬率时，方案即可行，多个方案中选择内部报酬率最大的方案。

四、融资管理分析

（一）融资管理概述

融资是指企业根据自身的生产经营、资金拥有状况以及企业未来经营发展的需要，通过科学的预测和决策，采用一定的方式，从一定的渠道向企业的投资者或债权人筹集资金、组织资金的供应的过程，以保证企业正常的生产经营活动需要。

融资管理是指企业为实现既定的战略目标，在风险匹配的原则下，向企业外部有关单位或个人以及从企业内部筹措和集中生产经营所需资金的财务管理活动。通过融资管理，企业能够更加合理地筹集所需资本，在投资收益一定的情况下，使资本成本和财务风险最低化。融资管理的最终目标是实现企业价值的最大化。

（二）融资现状分析的概念与内容

1. 融资现状分析的概念

融资现状分析是指对企业当前已有的融资情况进行全面分析，了解企业当前的资金来源、融资渠道、融资成本等，明确企业自身的融资风险，不断优化融资策略，降低企业财务风险，增加企业收益。

2. 融资现状分析的内容

融资现状分析主要是分析资金来源、融资渠道及融资成本。

企业所有的资本（资金）均来源于负债和股东权益。不同的来源以及不同渠道的融资对于企业的影响是不一样的，从企业的融资现状分析可以判断企业的资产是否健康，企业融资的风险强度和企业融资的资本成本是否合理。

企业的融资方式分为债权融资和股权融资。债权融资是指企业通过举债的方式获得资金，企业需要支付利息，并在借款到期后向债权人偿还本金。股权融资则是指企业通过出让部分企业所有权，通过企业增资的方式引进新的股东进行融资。股权融资所获得的资金，企业无须还本付息，但新股东将与老股东同样分享企业的盈利与增长。

（1）债权融资。根据资金来源来看，债权融资主要分为银行贷款、发行债券、民间借贷、信用担保和金融租赁五种模式。

银行贷款融资是指企业通过向银行借款以筹集所需的资金，其优点是方便灵活，期限和类型较多，风险较小，一般不涉及税务问题。但银行作为企业，也追求利润最大化，一般贷款利率较高，虽不涉及企业资产所有权的转移，但一旦银行因企业无力偿还而停止贷款，则可能使企业陷入困境，甚至导致企业破产。

发行债券融资是一种直接融资方式，为企业和政府提供了筹集资金的机会，同时也为投资者提供了一种相对稳定的投资途径。这种融资方式资本成本较低，具有财务杠杆作用，但是财务风险较高。

民间借贷融资主要是指自然人、法人、非法人组织之间的借贷融资，其作为一种资源丰富、操作简捷灵便的融资手段，在一定程度上可缓解银行信贷资金不足的问题。

信用担保融资主要是由第三方融资机构提供资金，其是一种民间有息贷款，是解决中小型企业资金问题的主要途径。信用担保融资是一个专业性极强的高风险行业，承担了银行或其他债权人不愿意或不能够承受的高信用风险。

金融租赁融资是指以商品形式表现借贷资本运动过程的融资模式，其对于出租方和承租方而言，优点是很突出的。但其缺点也明显，如资金成本较高、承租方不能享有设备残值、固定的租金支付构成一定的负担，且相对于银行信贷而言，风险因素较多，风险贯穿于整个业务活动之中。

（2）股权融资。股权融资根据资金来源方向可以分为外部股权融资和内部股权融资。

外部股权融资是指企业的现有股东愿意让出部分企业所有权，通过企业增资的方式引进新的股东以获取资金，其获取的资金将形成实收资本和资本公积，被视为股东出资。外部股权融资的方式主要有吸收直接投资和公开发行股票。

内部股权融资是指企业将留存收益转化为投资，实质是原股东对企业追加的投资，留存收益包括盈余公积和未分配利润。

通常而言，当企业的股东出资占比较大时，需要关注企业的融资成本；当企业留存收益较多时，说明企业具有较强的内部融资能力。

（三）融资决策分析的概念与指标

1. 融资决策的概念

融资决策是指为企业筹集所需资金，制定出最佳的融资方案。融资决策是每个企业都会面临的问题，也是企业生存和发展的关键问题之一。

融资决策需要考虑众多因素，包括直接影响融资方案的融资成本、效益和风险，也有间接影响融资决策的企业自身状况和外部的经济、法律及政策环境等。

2. 融资决策的指标

当存在多个融资方案时，选择哪个融资方案主要取决于融资方案的资本成本。

资本成本是指企业为筹集和使用资本而付出的代价，包括筹资费用和占用费用。一般来说，资本成本越小越好，但受各种融资因素的影响，企业融资方案中往往需要采取多种方式进行组合融资，融资决策时需要分别计算个别资本成本和平均资本成本。

（1）个别资本成本。主要有债务、股权两个部分。

债务个别资本成本率的计算必须要考虑所得税的影响，因为债务融资产生的利息费用可以在所得税税前扣除，具有抵税作用，能够降低企业实际资本成本。债务个别资本成本率的计算公式如下：

$$债务个别资本成本率 = \frac{年利息 \times （1- 所得税率）}{筹资金额 \times （1- 筹资费率）}$$

$$= \frac{年利率 \times （1- 所得税率）}{1- 筹资费率}$$

股权资本成本是股东要求的股利或分红，从扣除所得税后的净利润中分配，不影响所得税；但股东往往希望所得的报酬具有增长性。股利增长模型下的股权个别资本成本率的计算公式如下：

$$股权个别资本成本率 = \frac{第一年股利}{筹资金额 \times （1- 筹资费率）} + 股利增长率$$

$$= \frac{年利举}{1- 筹资费率} + 股利增长率$$

当融资方式是留存收益时，筹资费率为 0；当融资方式是优先股时，股利增长率为 0。

（2）平均资本成本。平均资本成本是以各单项筹资方式的个别资本在企业总资本中的比重为权数，对各单项个别资本成本进行加权平均而得到筹资方案的总资本成本率。平均资本成本率的计算方式如下：

$$\text{平均资本成本率} = \sum_{j=1}^{n} \text{第} j \text{种个别资本成本率} \times \text{第} j \text{种个别资本比重}$$

最终，企业会选择平均资本成本最小的融资方案。

【项目实施】

任务一　资金管理分析

根据项目要求，本任务可以分解为以下两个子任务：资金需求预测和应收账款管理分析。

一、资金需求预测

资金需求预测是指企业根据生产经营历史数据，预测未来生产经营所需要的资金。本项目中依据资金习性运用回归分析法进行预测，主要包括建立回归分析模型，明确业务量与资金需求量之间的关系，最后根据预测的业务量来预测资金需求量，具体操作步骤如下。

（1）使用 Power BI "获取数据"功能导入"资金需求预测数据源"，根据实际需要完成数据清洗工作，并完成数据加载。

本任务采用一元线性回归方程（$y=a+bx$），根据产销量预测资金需求量，其中产销量为自变量（x），资金需求量为应变量（y），a 和 b 为回归系数。要想根据产销量预测出资金需求量，首先需要利用最小二乘法计算出回归系数 a 和 b 的具体值，然后得出资金需求量预测的一元线性回归方程。下面的操作步骤（2）就是在 Power BI 中利用最小二乘法求解回归系数的具体操作过程。

（2）在"表格视图"模式下，依次单击"主页"选项卡|"新建列"功能按钮，在公式编辑栏内输入"x_Sqrt" DAX 表达式，键盘敲击回车键，如图 3-1 所示。同理，创建"xy"数据列，其 DAX 表达式为"xy='资金需求预测数据表'[产销量/万

件]*' 资金需求预测数据表 '[资金占用 / 万元]"。

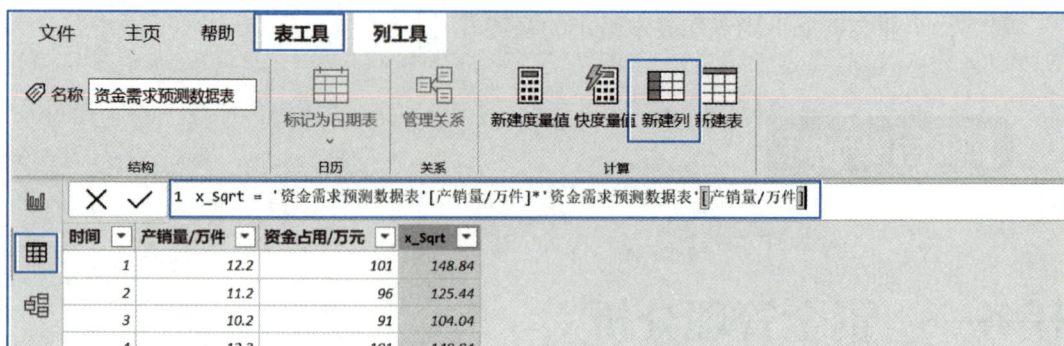

图 3-1　创建 "x_Sqrt" 数据列

（3）创建求解回归系数的过程性度量值和回归系数度量值，其中过程性度量值包括 "N" "sum_x" "sum_x_sqrt" "sum_y" "sum_xy"，回归系数度量值包括 "a" "b"。过程性度量值和回归系数度量值的 DAX 表达式如表 3-1 所示。

表 3-1　资金需求预测度量值的 DAX 表达式

度量值类型	度量值	DAX 表达式
过程性 度量值	N	N=COUNTA（' 资金需求预测数据表 '[时间]）
	sum_x	sum_x=SUM（' 资金需求预测数据表 '[产销量 / 万件]）
	sum_x_sqrt	sum_x_sqrt=SUM（' 资金需求预测数据表 '[x_sqrt]）
	sum_y	sum_y=SUM（' 资金需求预测数据表 '[资金占用 / 万元]）
	sum_xy	sum_xy=SUM（' 资金需求预测数据表 '[xy]）
回归系数度 量值	a	a=DIVIDE（[sum_y]*[sum_x_sqrt]−[sum_x]*[sum_xy], [N]*[sum_x_sqrt]−[sum_x]^2）
	b	b=DIVIDE（[N]*[sum_xy]−[sum_x]*[sum_y], [N]*[sum_x_sqrt]−[sum_x]^2）

（4）在"报表视图"模式下，依次单击"建模"选项卡 |"新建参数" |"数值范围"功能按钮，在"参数"对话框中将名称修改为"预计产销量 / 万件"，数据类型修改为"十进制数字"，最小值设置为"0"，最大值设置为"20"，增量设置为"0.1"，默认值设置为"10"。单击"创建"按钮，完成"预计产销量 / 万件"参数设置，如图 3-2 所示。

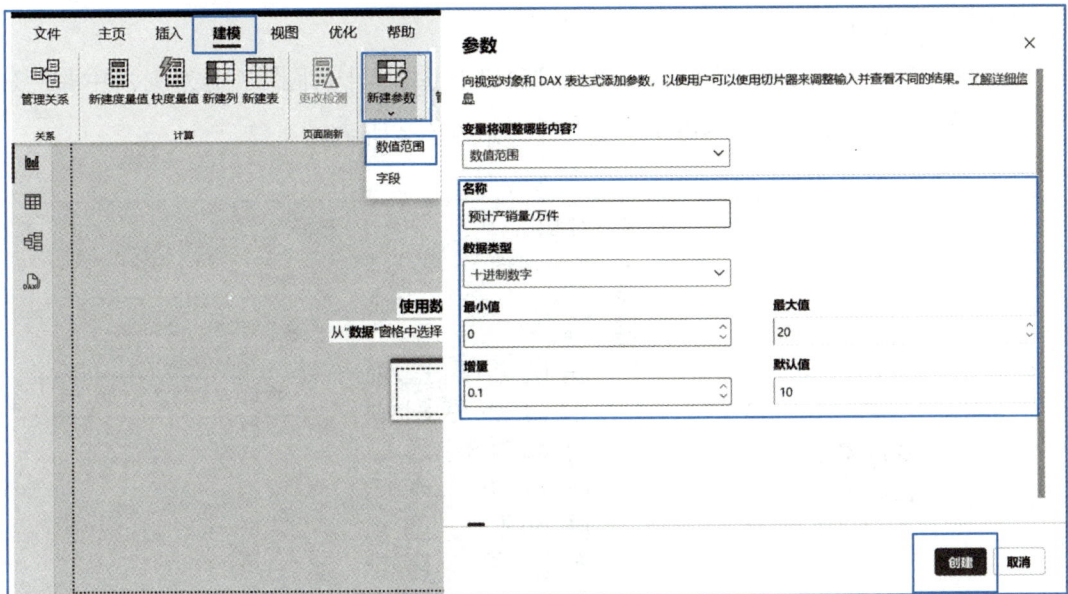

图 3-2　新建"预计产销量 / 万件"参数

完成操作步骤（4）后，系统将自动生成"预计产销量 / 万件"数据表和"预计产销量 / 万件"切片器，如图 3-3 所示。

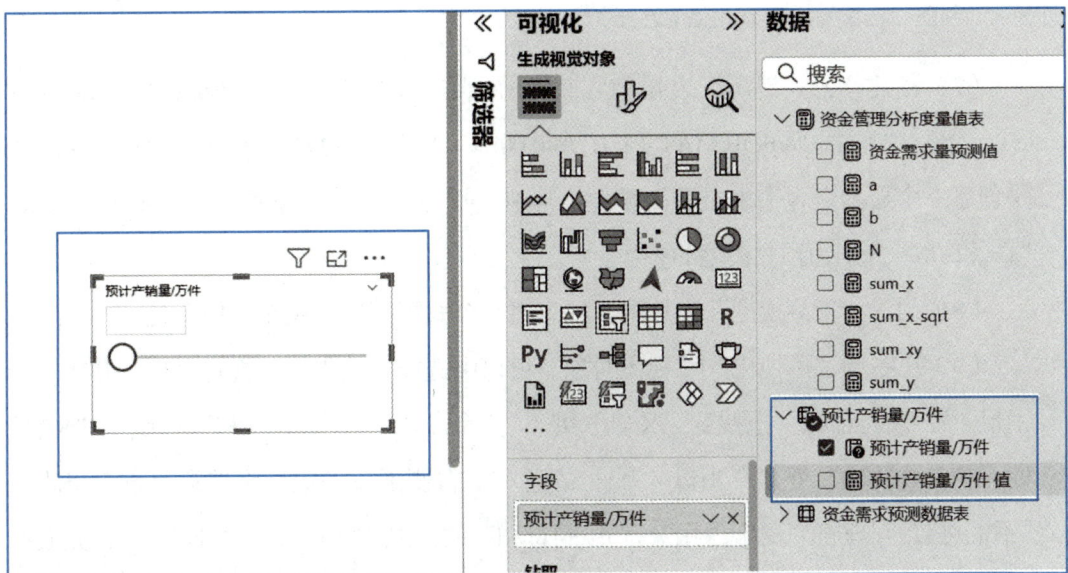

图 3-3　"预计产销量 / 万件"切片器

（5）创建"资金需求量预测值"度量值，其 DAX 表达式为"资金需求量预测值 =' 资金管理分析度量值表 '[a]+' 资金管理分析度量值表 '[b]*' 预计产销量 / 万件 '[预计

产销量 / 万件 值]"。

（6）在右侧"可视化" | "视觉对象"窗口中选择"卡片图"视觉对象，并将"资金需求量预测值 / 万元"拖曳至"值"处，如图 3-4 所示。

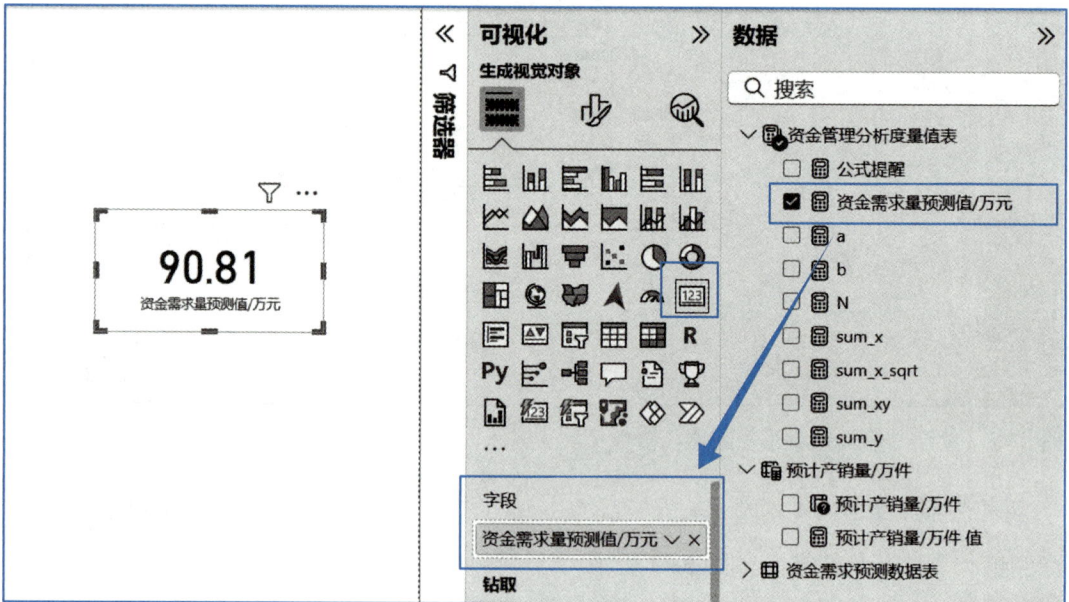

图 3-4　创建"资金需求量预测值 / 万元"卡片图

（7）创建"公式提醒"度量值，其 DAX 表达式为"公式提醒 ="y="&FORMAT（[a]，"#0.00"）&"+"&FORMAT（[b]，"#0.00"）&"x""。该 DAX 表达式的主要作用是创建一个显示资金需求量预测模型，其中"y"表示资金需求量，"x"表示产销量，"a"和"b"分别为预测模型的参数。

（8）创建"预测模型"卡片图，注意将"公式提醒"拖曳至"值"处。

（9）在右侧"可视化" | "视觉对象"窗口中选择"散点图"视觉对象，并将"产销量 / 万件 的总和"拖拽至"X 轴"处，"资金占用 / 万元 的总和"拖曳至"Y 轴"处；单击"X 轴"处"产销量 / 万件 的总和"右侧下拉按钮，将其汇总方式修改为"不汇总"，同理将"资金占用 / 万元 的总和"的汇总方式修改为"不汇总"，完成产销量与资金需求量的一元线性回归分析图的创建，如图 3-5 所示。

（10）选中"一元线性回归"分析图视觉对象，在右侧"可视化" | "分析"窗口中打开"趋势线"右侧开关，并将颜色设置为红色，如图 3-6 所示。

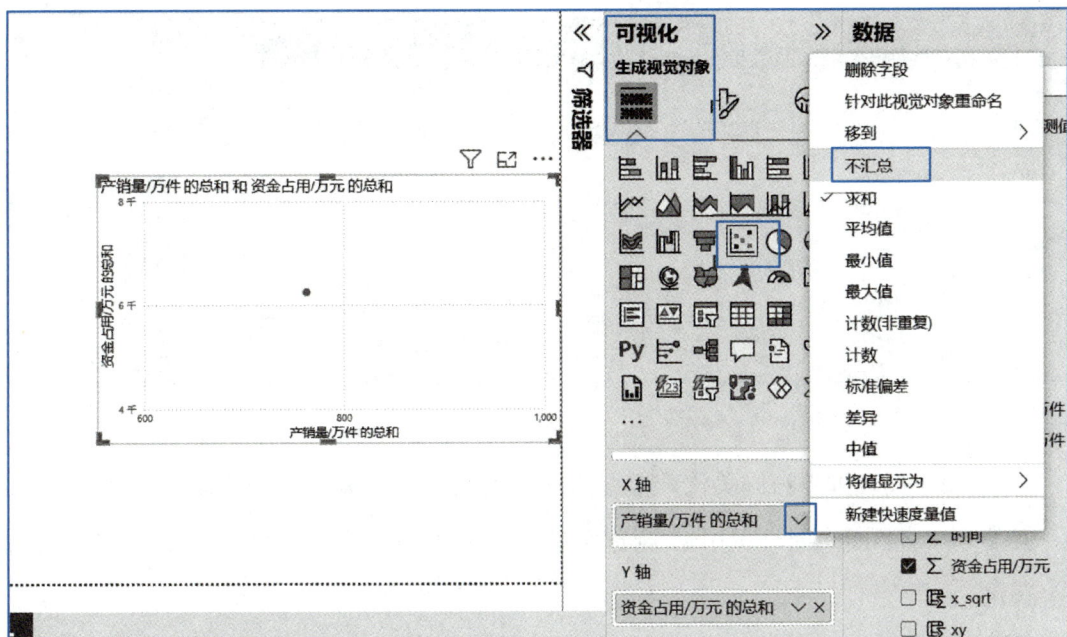

图 3-5　创建"一元线性回归"分析图

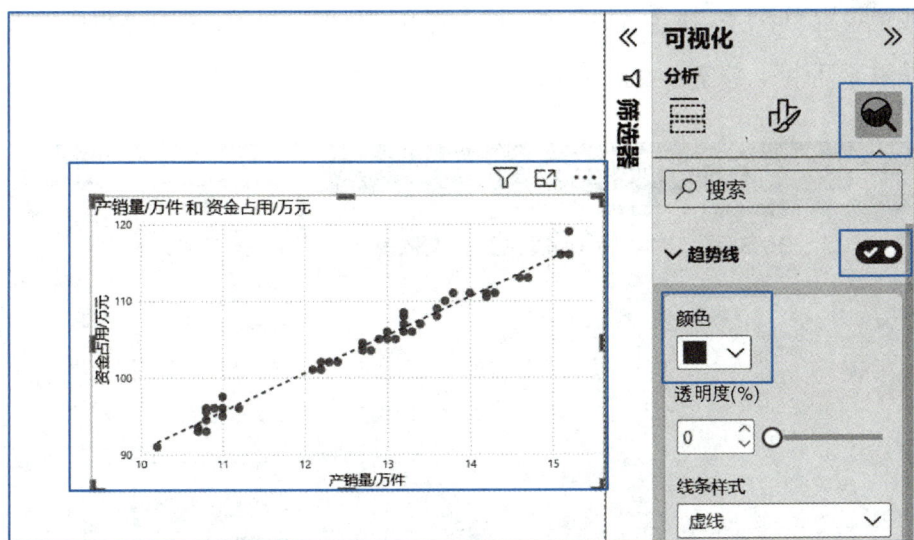

图 3-6　为"一元线性回归"分析图添加趋势线

（11）使用插入"文本框"功能为报表添加标题"资金需求预测分析"，注意将文本字号设置为"40"，字体颜色设置为白色，对齐方式设置为"居中"。在右侧"格式"|"常规"窗口中的"效果"下拉菜单里，将背景色设置为绿色，如图 3-7 所示。

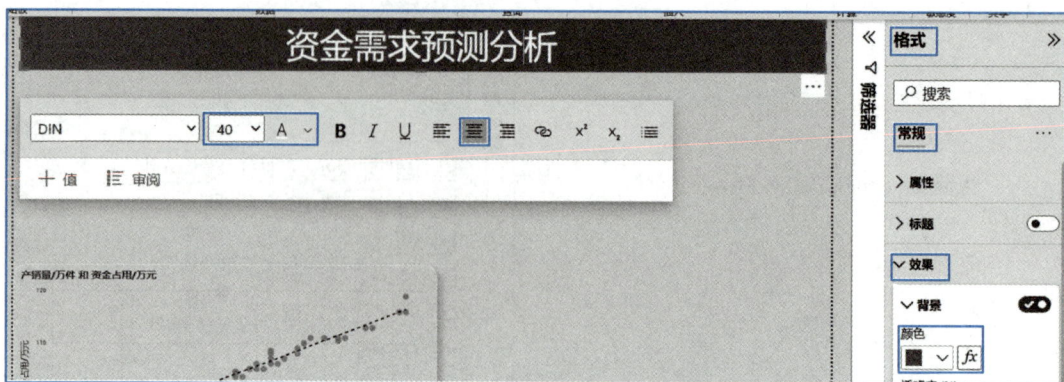

图 3-7　为报表添加标题

（12）报表排版布局美化。根据需求适当调整报表中各视觉对象的位置和大小，并使用"视图选项卡"中的"浏览主题"功能为报表添加主题，初步完成报表的美化。

（13）选中"预计产销量／万件"切片器，在右侧"可视化"｜"设置视觉对象格式"｜"视觉对象"窗口中，关闭"切片器标头"显示，将"值"字号设置为"36"，字体颜色设置为蓝色；在"常规"窗口中，打开"标题"显示，在文本框中输入"预计产销量／万件"，将字号设置为"20"，如图 3-8 所示。

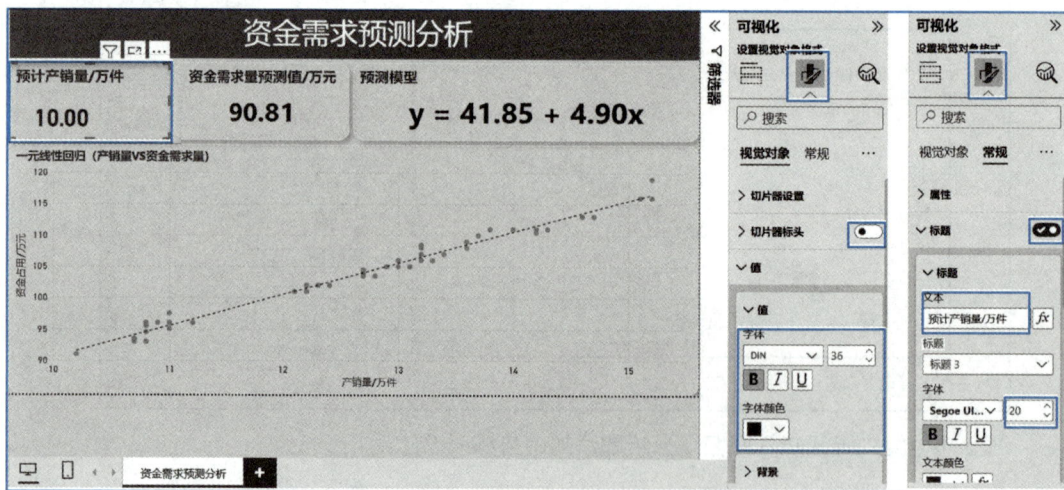

图 3-8　美化"预计产销量／万件"切片器

（14）选中"资金需求量预测值／万元"卡片图，在右侧"可视化"｜"设置视觉对象格式"｜"视觉对象"窗口中，关闭"类别标签"显示，将"标注值"字号设置为"36"；在"常规"窗口中，打开"标题"显示，在文本框中输入"资金需求量预测值／万元"，将字号设置为"20"，如图 3-9 所示。

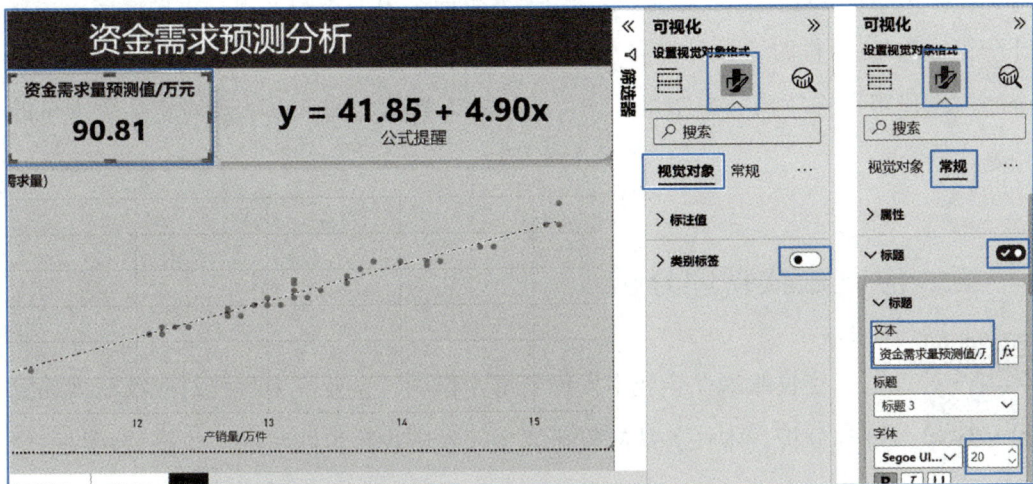

图 3-9　美化"资金需求量预测值／万元"卡片图

（15）参考操作步骤（13），美化"公式提醒"卡片图，注意将其标题设置为"预测模型"。

（16）选中"一元线性回归分析图"视觉对象，将其 X 轴、Y 轴的"值"和"标题"的字号设置为"14"，并为其添加标题"一元线性回归（产销量 VS 资金需求量）"，完成报表美化。美化后的报表如图 3-10 所示。

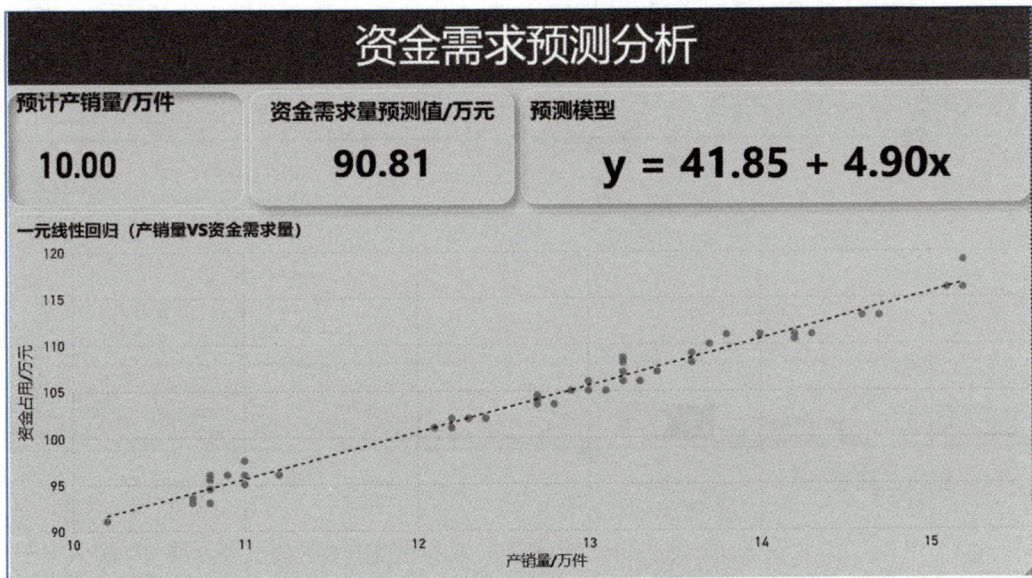

图 3-10　美化后的"资金需求预测分析"报表

从报表可知，已建立的资金需求量预测一元线性回归模型为"y=41.85+4.90x"，其中"x"（预计产销量）为自变量，"y"（资金需求量）为因变量；根据模型，当预计产销量为 10 万件时，预计需要 90.81 万元的资金。当需要预测其他产销量时，资金的需求量可以在"预计产销量"切片器处输入具体数值，以实现对资金需求量的预测。

二、应收账款管理分析

应收账款余额分析

应收账款在企业中发挥着重要作用，企业需要加强对应收账款的管理与分析。本任务从应收账款余额、应收账款账龄和应收账款回收三个维度对应收账款的管理情况进行分析。

（一）应收账款余额分析

应收账款余额分析是对企业目前持有应收账款余额的基本情况进行的分析，应收账款分析是掌握企业应收账款总额情况、变化趋势、重点客户以及明细情况的重要途径。应收账款余额分析的具体步骤如下。

（1）使用 Power BI"获取数据"功能导入"应收实收款项数据源"，根据实际需求完成数据的清洗和加载。

（2）双击页面下方"第 1 页"报表页标签，将其重命名为"应收账款余额分析"，如图 3-11 所示。

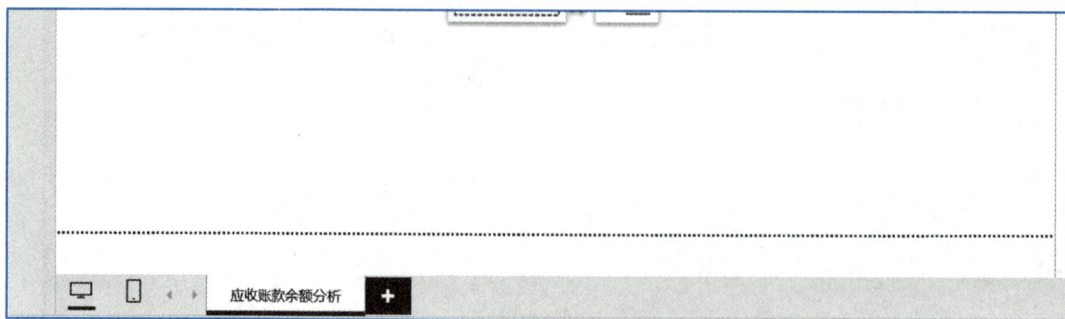

图 3-11　重命名报表

（3）单击"主页"选项卡下的"新建表"功能按钮，在公式编辑栏内输入"日期表"的 DAX 表达式，完成日期表的创建，如图 3-12 所示。

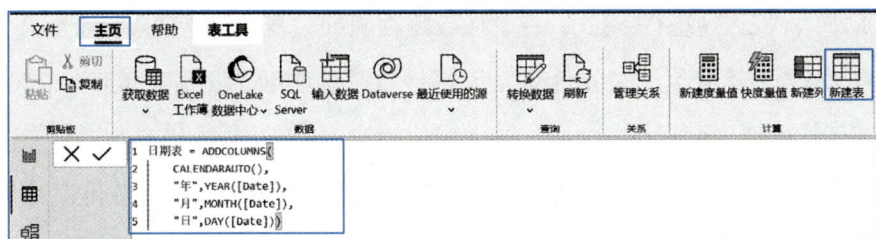

图 3-12　创建"日期表"

（4）依次单击"主页"选项卡和"输入数据"功能按钮，在弹出的"创建表"对话框中编辑表名和数据后，单击"加载"按钮，完成"单位表"的创建，如图 3-13 所示。

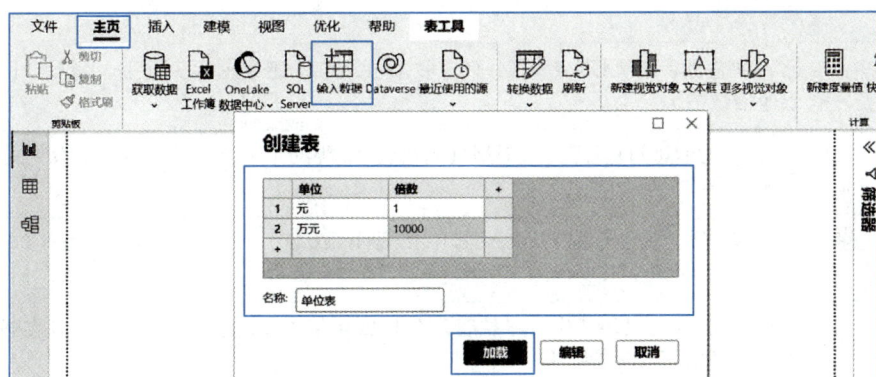

图 3-13　创建"单位表"

（5）进入"模型视图"模式，以"应收款项明细"表中"开票日期"字段和"日期表"中"Date"字段为关键字，建立"应收款项明细"表和"日期表"之间的关联关系，如图 3-14 所示。

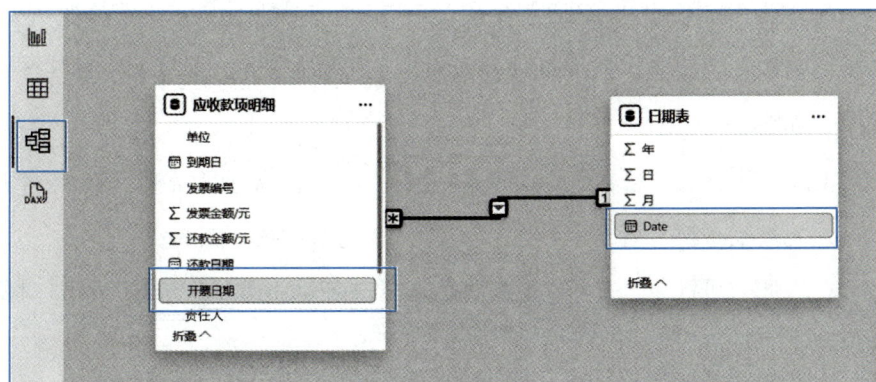

图 3-14　创建"应收账款明细"表和"日期表"之间的关联关系

（6）进入"表格视图"模式，在"应收账款明细"表中创建"未收金额／元"数据列，其 DAX 表达式为"未收金额／元 ='应收款项明细'[发票金额／元]-'应收款项明细'[还款金额／元]"。

（7）创建"应收账款管理分析度量值表"后，在该表中创建应收账款余额分析所需的"应收款总额""已收款总额""应收款项余额""欠款客户数／户""客户平均欠款金额"五个度量值，它们的 DAX 表达式如表 3-2 所示。

表3-2　应收账款余额分析度量值的DAX表达式

度量值	DAX 表达式
应收款总额	应收款总额 =DIVIDE（SUM（'应收款项明细'[发票金额／元]），MAX（'单位表'[倍数]））
已收款总额	已收款总额 =DIVIDE（SUM（'应收款项明细'[还款金额／元]），MAX（'单位表'[倍数]））
应收款项余额	应收账款余额 =DIVIDE（SUM（'应收款项明细'[未收金额／元]），MAX（'单位表'[倍数]））
欠款客户数／户	欠款客户数／户 =CALCULATE（DISTINCTCOUNT（'应收款项明细'[单位]），'应收款项明细'[未收金额／元]>0）
客户平均欠款金额	客户平均欠款金额 ='应收账款管理分析度量值表'[应收账款余额]/'应收账款管理分析度量值表'[欠款客户数／户]

注意：由于后续会设置有关金额单位的"单位"筛选器，所以此处部分度量值不带单位。

（8）在右侧"可视化"｜"生成视觉对象"窗口中选择"切片器"视觉对象，并将"日期表"中的"Date"拖曳至"值"处，完成"日期"筛选器的创建，同理创建"单位"筛选器。

（9）选中"单位"筛选器视觉对象，在右侧"可视化"｜"设置视觉对象格式"｜"视觉对象"窗口中，在"切片器设置"｜"选项"下拉菜单下，将其样式设置为"磁贴"，如图 3-15 所示。

（10）创建"应收款总额""已收款总额""应收款项余额""欠款客户数／户""客户平均欠款金额"五个卡片图，创建完成的卡片图如图 3-16 所示。

（11）在右侧"可视化"｜"生成视觉对象"窗口中选择"丝带图"视觉对象，将"日期表"中的"Date"拖曳至"X 轴"处，将"应收款总额""已收款总额""应收账款余额"拖曳至"Y 轴"处，如图 3-17 所示。

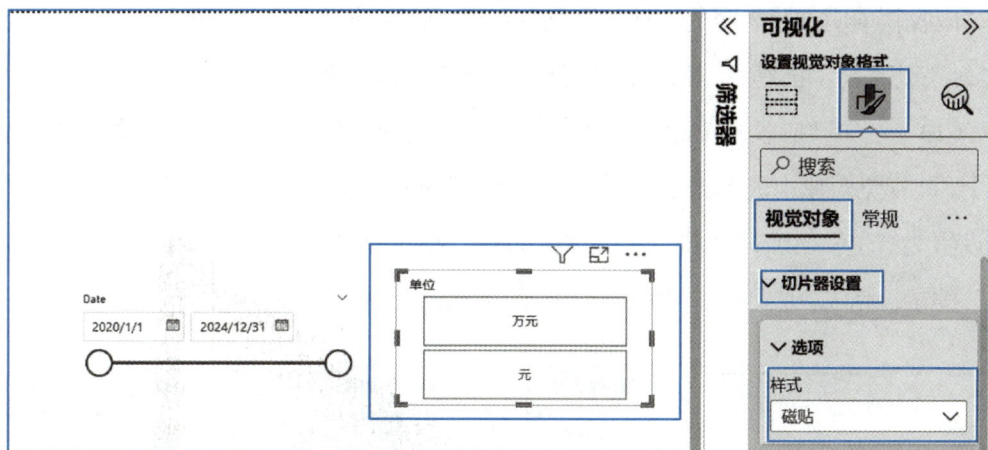

图 3-15 设置"单位"切片器样式为"磁贴"

图 3-16 创建关键指标卡片图示例

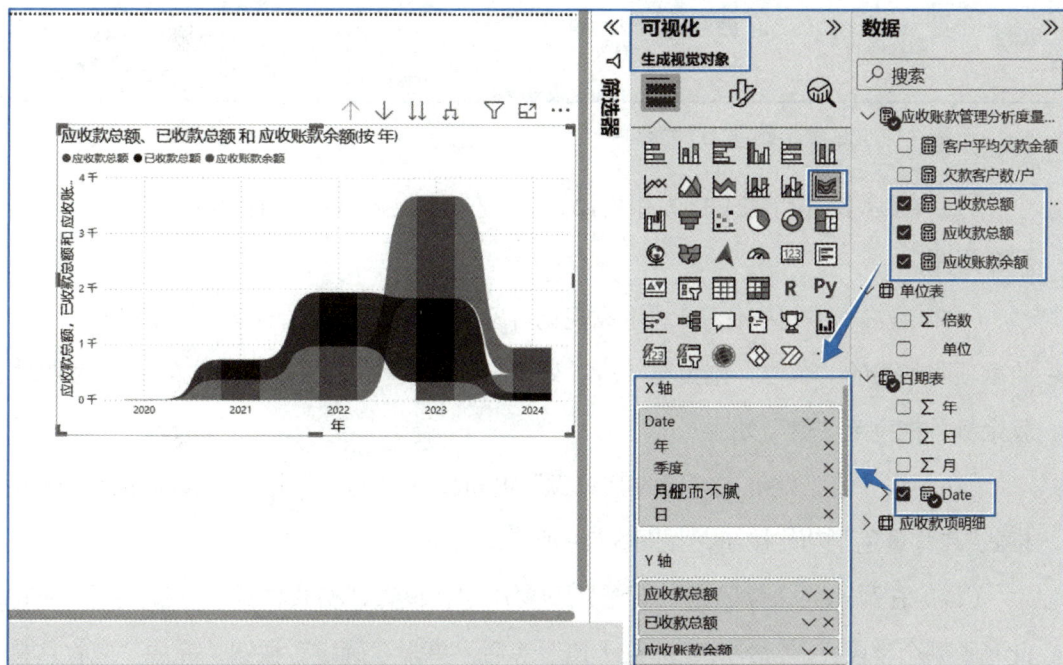

图 3-17 创建"应收款项趋势分析"丝带图

（12）在右侧"可视化" | "生成视觉对象"窗口中选择"簇状条形图"视觉对象，

将"应收款项明细"表中的"单位"拖曳至"Y 轴"处，将"应收账款余额"拖曳至"X 轴"处，初步创建"应收账款余额前 10 客户排名"簇状条形图。

（13）选中"应收账款余额前 10 客户排名"簇状条形图，在右侧"筛选器"窗口｜"此视觉对象上的筛选器"中，将"单位"的筛选类型设置为"前 N 个"，显示项设置为"上""10"，并将"应收账款余额"拖曳至"按值"处，单击"应用筛选器"按钮，完成应收账款余额前 10 客户的筛选，如图 3-18 所示。

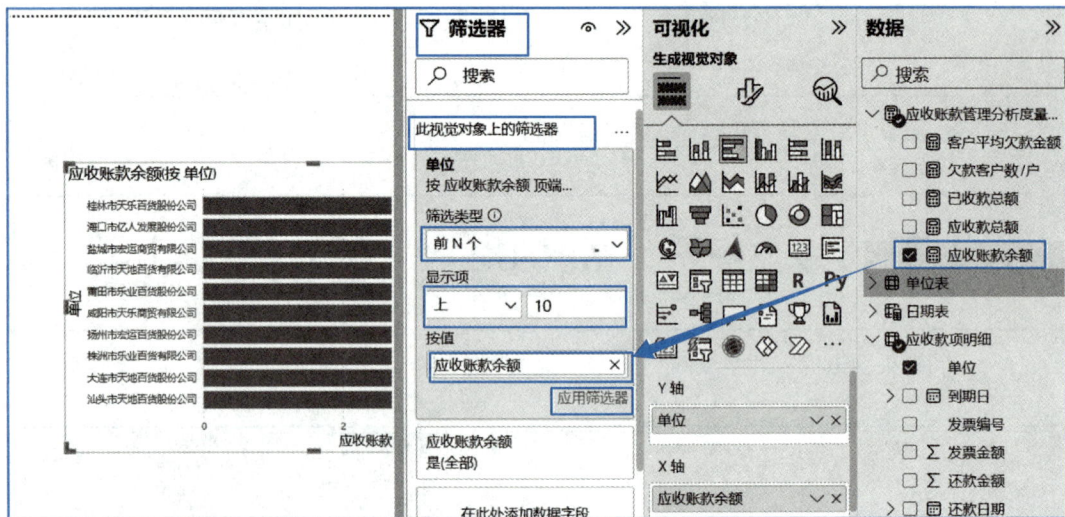

图 3-18　筛选应收账款余额前 10 的客户

（14）参考操作步骤（11）和（12），创建"应收账款余额前 10 责任人排名"簇状条形图。

（15）在右侧"可视化"｜"生成视觉对象"窗口中选择"矩阵"视觉对象，将应收款项明细表的"单位"拖曳至"行"处，将"应收款总额""已收款总额""应收账款余额"拖曳至"值"处。

（16）在"值"处单击"应收款总额"度量值右侧的下拉按钮，依次单击"条件格式""背景色"功能按钮，如图 3-19 所示。

（17）在弹出的"背景色 - 背景色"窗口中，设置"格式样式""应用于""应将此基于哪个字段？""最小值""最大值"等后，单击"确定"按钮，完成"应收款总额"条件格式设置，如图 3-20 所示。

（18）根据实际需求完成报表的美化，美化后的报表如图 3-21 所示。

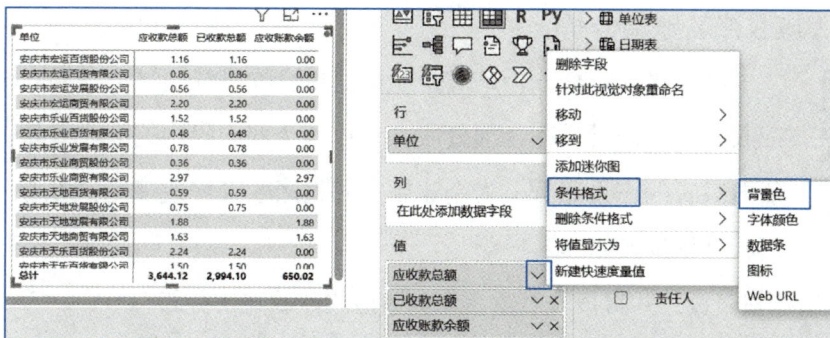

图 3-19　调用"背景色"功能

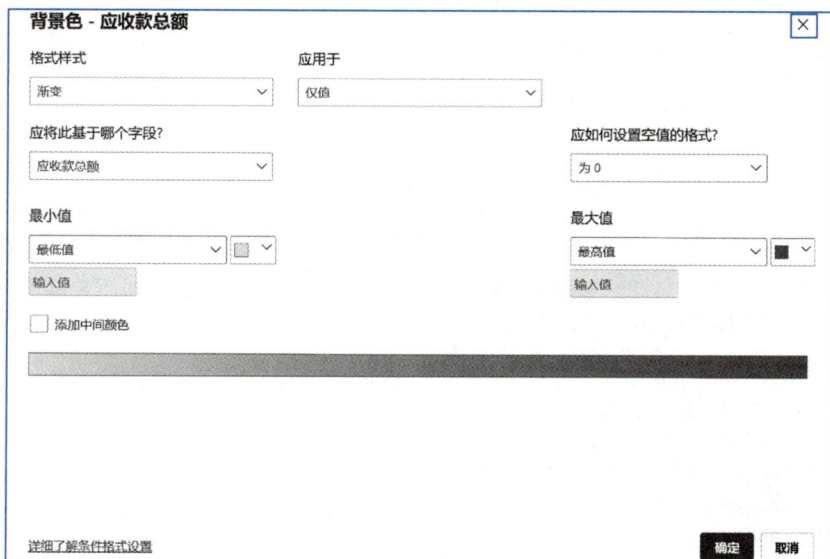

图 3-20　设置"应收款总额"条件格式

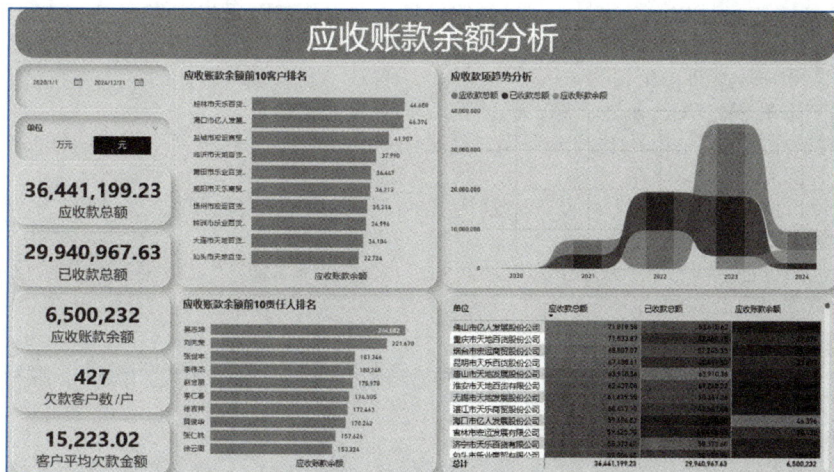

图 3-21　美化后的"应收账款余额分析"报表

（二）应收账款账龄分析

应收账款账龄分析

应收账款账龄分析是对企业目前持有的已经超过信用期尚未收回的应收账款的账龄进行合理分段，计算各个期间段内的应收账款，深入分析账龄长的应收账款，为企业制定应收账款管理政策提供参考。账龄分析的具体步骤如下。

（1）新建报表页，并将报表页重命名为"应收账款账龄分析"。

（2）在"表格视图"模式下，选中"应收账款明细"表，依次单击"表工具"选项卡下的"新建列"功能按钮，在公式编辑栏分别输入"账龄""账龄区间"的DAX表达式，键盘敲击回车键，即可完成"账龄"和"账龄区间"数据列的创建，相关度量值的DAX表达式如表3-3所示。

表3-3 "应收账款账龄分析"度量值的DAX表达式

度量值	DAX 表达式
账龄	账龄 =IF（'应收款项明细'[未收金额／元]=0，0.1，DATEDIFF（'应收款项明细'[到期日]，DATE（2024，3，24），DAY））
账龄区间	账龄区间 =SWITCH（TRUE( )，'应收款项明细'[账龄]<=0，"未到期"， '应收款项明细'[账龄]=0.1，"——"， '应收款项明细'[账龄]<=30，"1~30 天"， '应收款项明细'[账龄]<=90，"31~90 天"， '应收款项明细'[账龄]<=180，"91~180 天"， '应收款项明细'[账龄]<=360，"181~360 天"， "360 天以上"）

公式说明：

①"账龄"采用 IF 函数计算，本任务中，计算账龄的统计截止日期为 2024 年 3 月 24 日。当应收账款对应的未收金额为"0"时，说明该笔应收账款已经全部收回，为了和未到期应收账款加以区分，公式将该部分应收账款的账龄返回为 0.1。

②"账龄区间"采用 SWITCH 函数计算，通过 IF 函数计算的账龄可知：

当账龄 <=0 时，说明该笔应收账款尚未到期，即截止到统计时间点 2024 年 3 月 24 日的到期金额为"0"；

当账龄 =0.1 时，说明截止到统计时间点 2024 年 3 月 24 日，该笔应收账款已全部收回，这种情况下，将账龄区间设置为"——"以示区分；

当账龄为大于 0.1 的整数时，说明截止到统计时间点 2024 年 3 月 24 日，该笔应收账款已超过到期日，且该笔应收账款尚未完全收回。

（3）通过"输入数据"功能创建"账龄辅助表"，如图 3-22 所示，顺序数据列的作用是保证账龄区间按一定顺序排列。

（4）进入"模型视图"界面，以"账龄区间"为关键字，建立"账龄辅助表"

和"应收款项明细"表之间的关联关系。

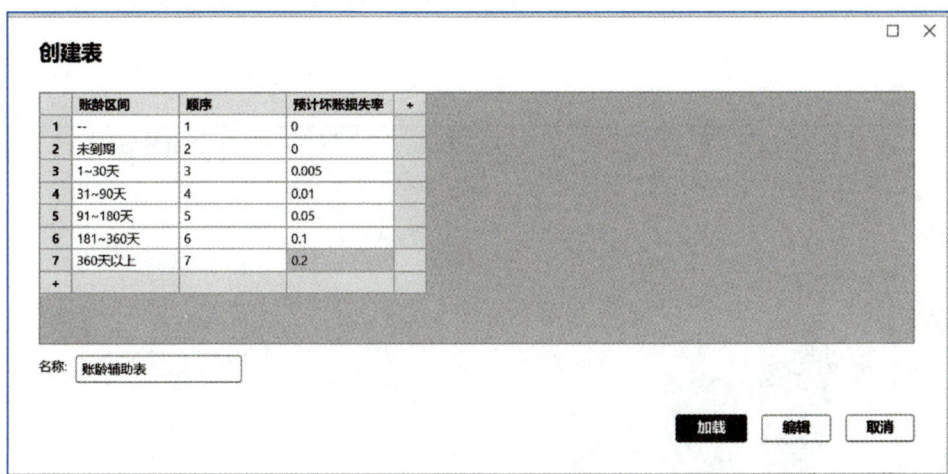

图 3-22　创建"账龄辅助表"

（5）创建应收账款余额分析需要的度量值，包括"平均账龄/天"和"预计坏账损失"两个度量值，它们的 DAX 表达式如表 3-4 所示。

表 3-4　应收账款账龄分析度量值的 DAX 表达式

度量值	DAX 表达式
平均账龄/天	平均账龄/天 =CALCULATE（AVERAGE（'应收款项明细'[账龄]），'应收款项明细'[账龄]>0.1）
预计坏账损失	预计坏账损失 =SUMX（'账龄辅助表'，[应收账款余额]*'账龄辅助表'[预计坏账损失率]）

注意：由于会设置有关金额单位的"单位"筛选器，所以此处"预计坏账损失"度量值不带单位。

（6）创建"应收账款余额""平均账龄/天""预计坏账损失"卡片图，创建好的卡片图如图 3-23 所示。

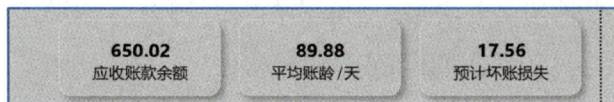

650.02	89.88	17.56
应收账款余额	平均账龄/天	预计坏账损失

图 3-23　"应收账款余额分析"关键指标卡片图

（7）创建"应收账款余额账龄区间分布"簇状柱形图，选择"簇状柱形图"视觉对象，注意将"账龄辅助表"中的"账龄区间"拖曳至"X 轴"处，将"应收账款余额"拖曳至"Y 轴"处。

（8）选中"应收账款余额账龄区间分布"簇状柱形图，在右侧"筛选器"窗口中，取消账龄区间中"--"的勾选，不再显示款项已经全部收回的数据，如图 3-24 所示。

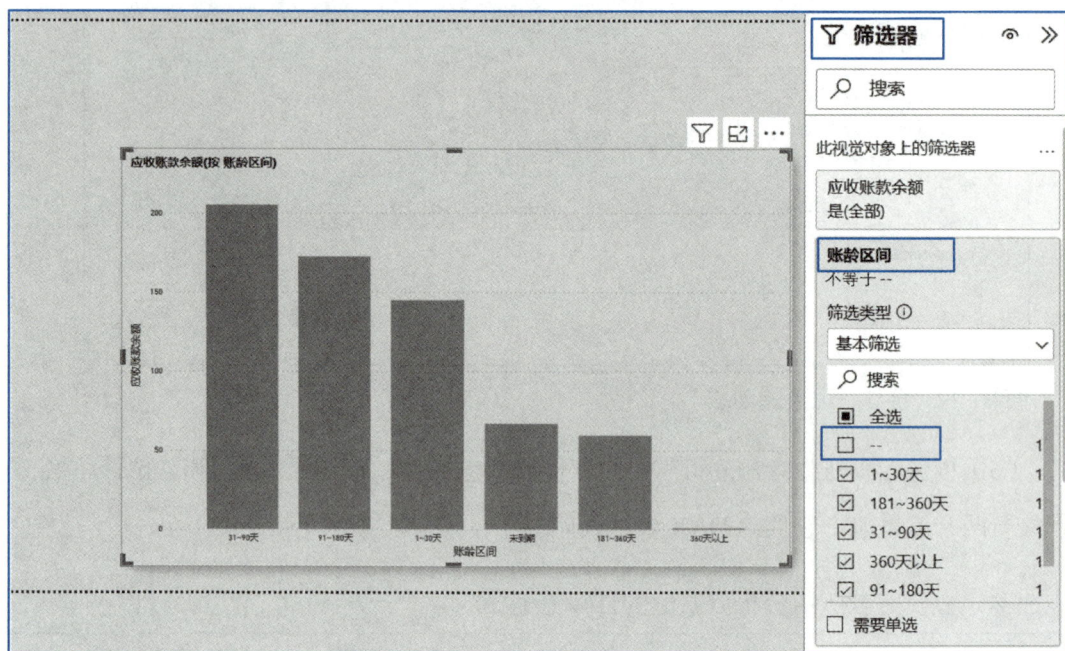

图 3-24 设置"账龄区间"筛选器

图 3-24 中的账龄区间并非按账龄由小到大的方式排列，并不利于阅读，接下来通过操作步骤（9）和操作步骤（10）改变"账龄区间"排序。

（9）通过"应收账款余额账龄区间分布"簇状柱形图上的"更多选项"｜"排列轴"功能按钮，将排列依据设置为"账龄区间"，将排序依据设置为"以升序排序"，如图 3-25 所示。

（10）在右侧"数据"窗口选中"账龄区间"数据列，随后在"列工具"选项卡中的"按列排序"功能按钮下，将排序依据设置为"顺序"，如图 3-26 所示。

（11）在右侧"可视化"｜"设置视觉对象格式"｜"视觉对象"窗口中，在"列"下拉菜单中，将类别设置为"1~30"天，颜色设置为"浅红"，如图 3-27 所示，同理设置"31~90 天""91~180 天"数据列的颜色。

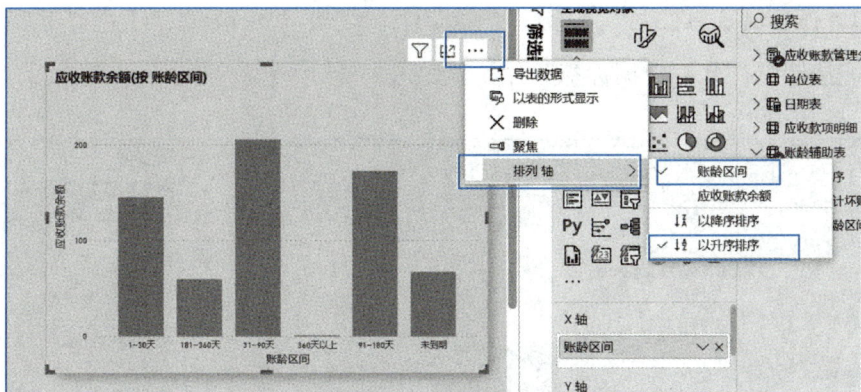

图 3-25　设置"应收账款余额账龄区间分布"簇状柱形图排列方式

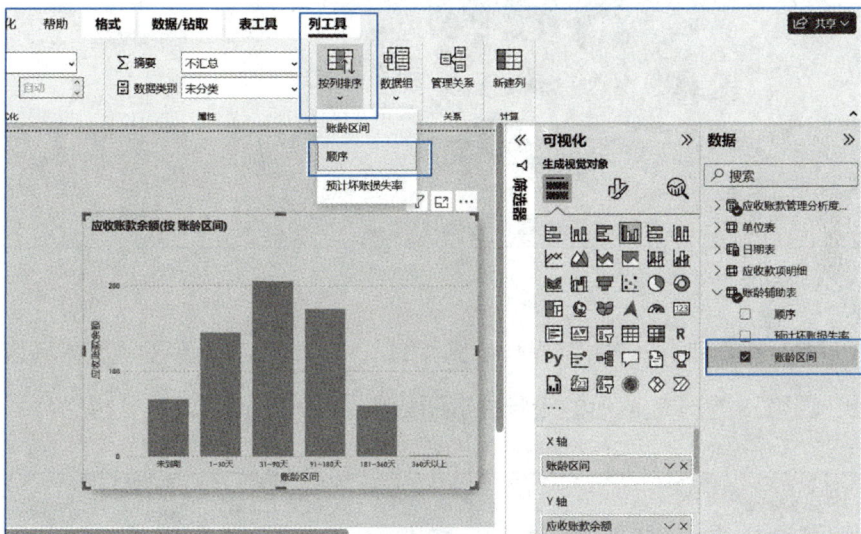

图 3-26　设置"账龄区间"数据列顺序排序

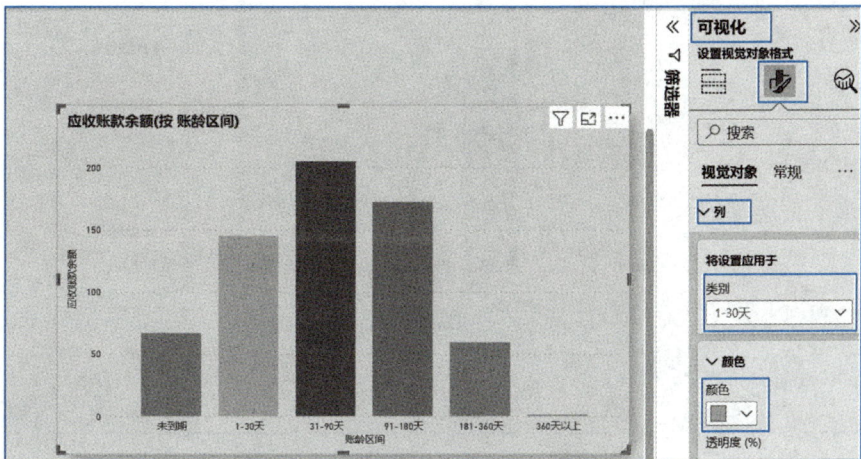

图 3-27　设置"1~30 天"数据列颜色

（12）在右侧"可视化"｜"分析"窗口下，单击"平均值线（1）"下的"+ 添加行"功能按钮，打开"数据标签"开关，如图3-28所示。

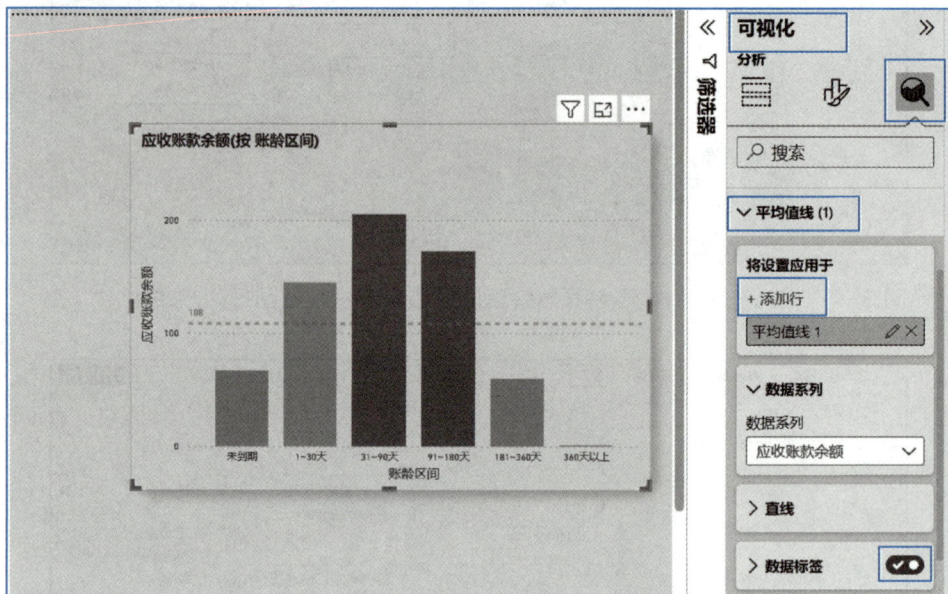

图 3-28　添加"平均值线"

（13）参考操作步骤（7）至操作步骤（11），创建"各账龄区间预计坏账损失分布"簇状柱形图，创建完成后的簇状柱形图如图3-29所示。

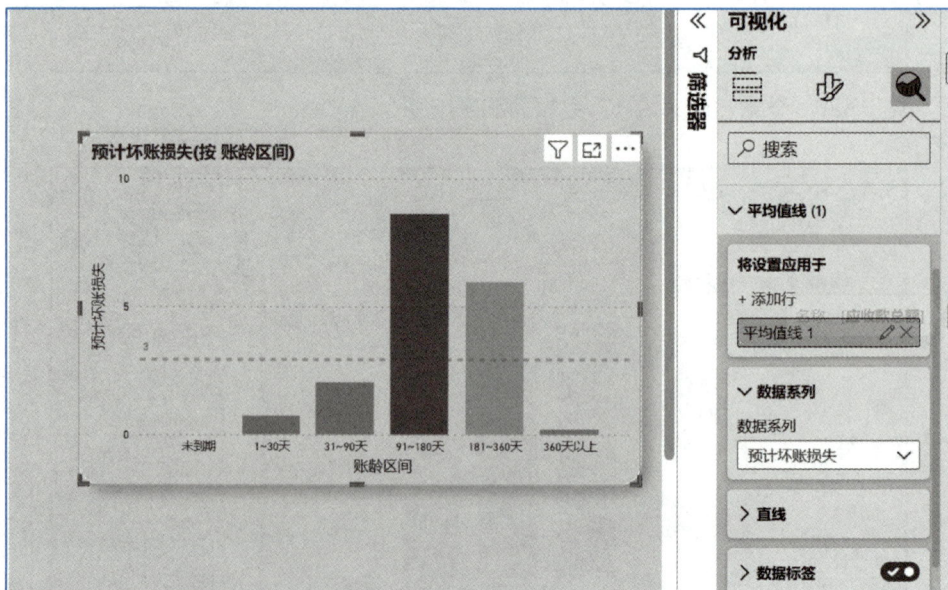

图 3-29　"各账龄区间坏账损失分布"簇状柱形图

（14）参考本任务中"应收账款余额分析"部分中的操作步骤（11）和（12），创建"平均账龄前10客户"簇状条形图，注意将"单位"拖曳至"Y轴"处，将"平均账龄／天"拖曳至"X轴"处。

（15）在右侧"可视化"|"生成视觉对象"窗口中选择"环形图"视觉对象，将"账龄辅助表"中的"账龄区间"拖曳至"图例"处，将"应收账款余额"拖曳至"值"处，初步完成"应收账款账期构成"环形图的创建，如图3-30所示。

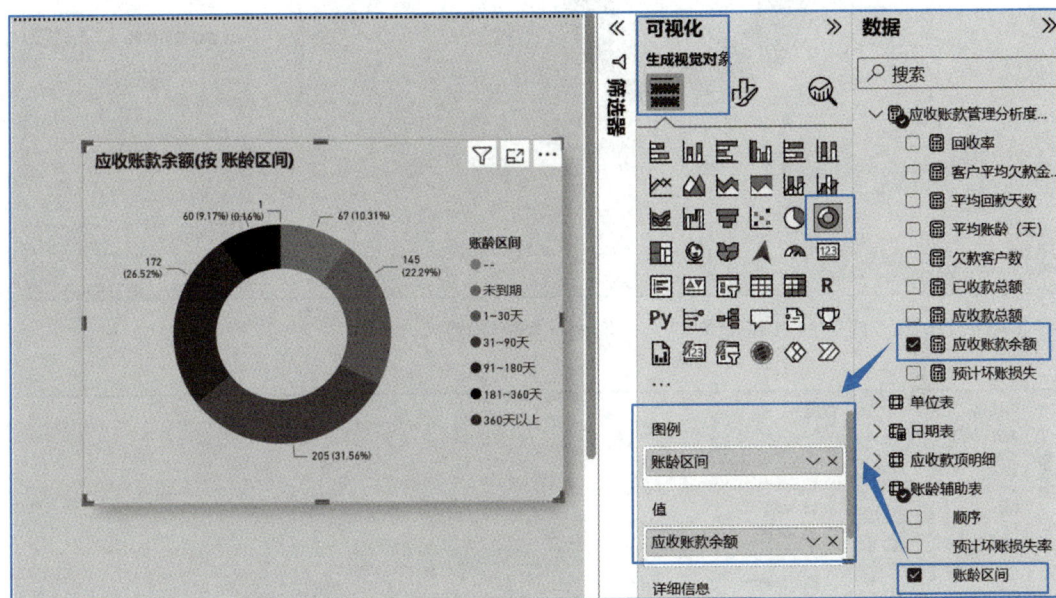

图 3-30　创建"应收账款账期构成"环形图

（16）在右侧"可视化"|"设置视觉对象格式"窗口中，关闭"图例"显示，将标签内容设置为"类别，总百分比"，如图3-31所示。

（17）选中"应收账款账期构成"环形图，在右侧"可视化"|"生成视觉对象"窗口中，依次单击图例中"账龄区间"右侧下拉按钮和"新建组"功能按钮；在弹出的"组"对话框中，在左侧"未分组值"中选择"1~30天"等账龄区间具体值，后单击"分组"按钮，创建新的组，在"组和成员"处双击组标题，将其重命名为"超期"，单击"确定"即可完成"超期"组的创建，如图3-32所示。

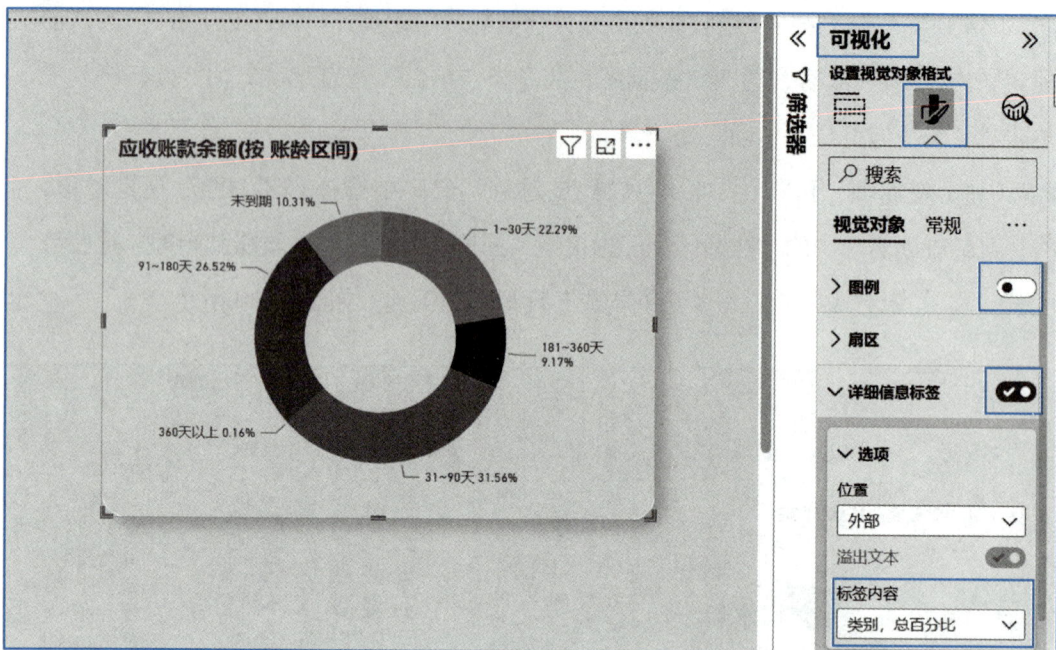

图 3-31　设置"应收账款账期构成"环形图标签和图例

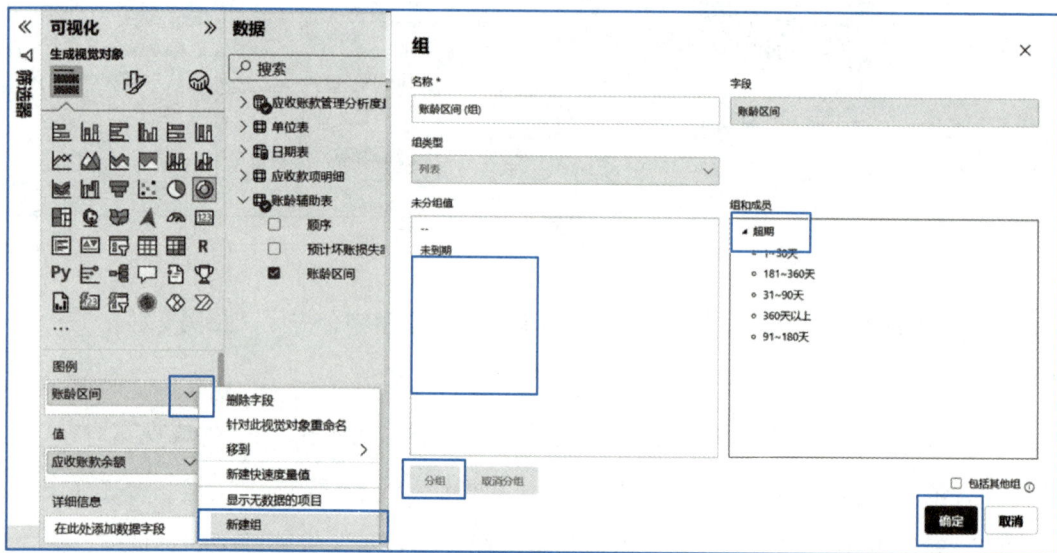

图 3-32　创建"超期"组

（18）创建"应收账款账龄明细"表，如图 3-33 所示。注意选择"矩阵"视觉对象，将"应收账款明细"表中的"单位"拖曳至"行"处，"账龄辅助表"中的"账龄区间"拖曳至"列"处，"应收账款余额"拖曳至"值"处。右击"应收账款账龄明细"表中"——"列标题，在弹出的对话框中选择"排除"。

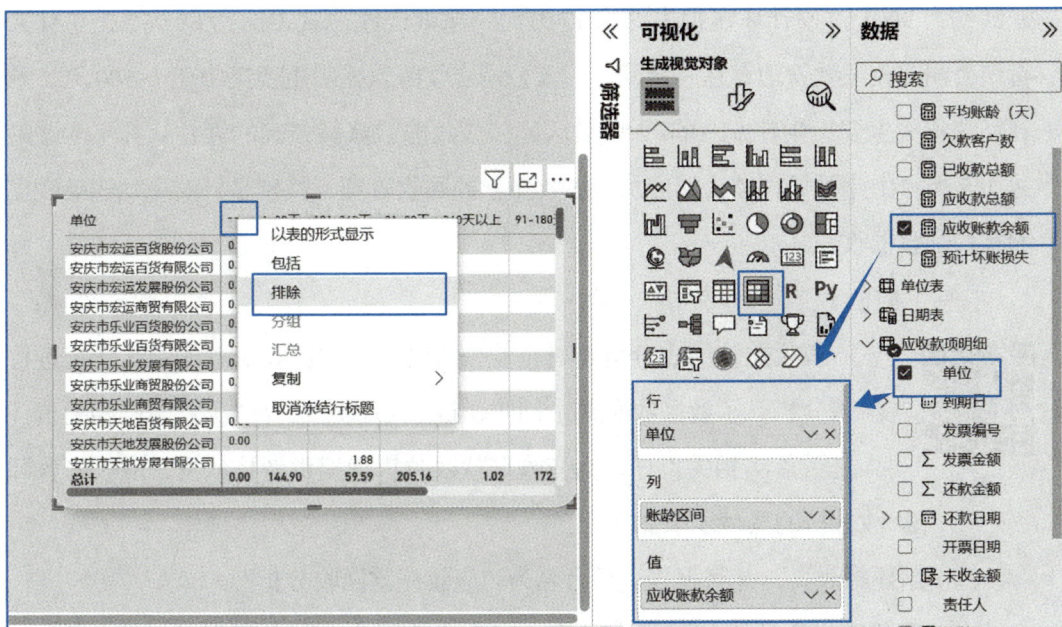

图 3-33　创建"应收账款账龄明细"表

（19）创建"日期""单位"切片器。

（20）完成报表美化，美化后的报表如图 3-34 所示。

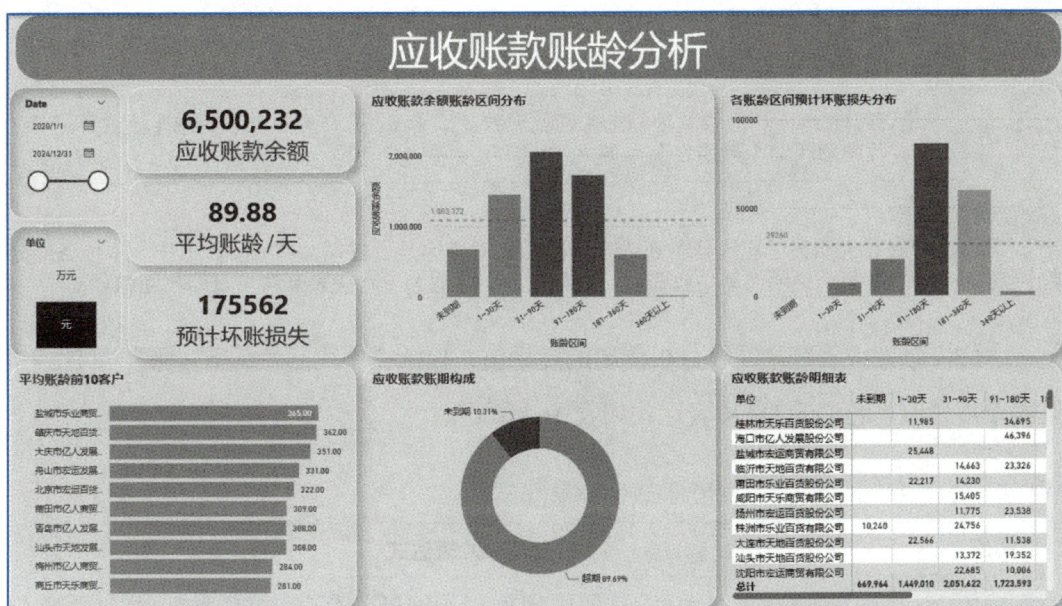

图 3-34　美化后的"应收账款账龄分析"报表

从"应收账款账龄分析"报表可以看出，公司应收账款余额约为 650 万元，平均账龄约为 90 天，预计坏账损失约为 17 万元，超期应收账款占比达 89.96%，总体来看该公司应收账款管理存在一定问题，该公司应收账款账龄主要集中在 1~180 天，预计坏账损失主要集中在 91~360 天账龄区间，应收账款账龄最高的客户，其平均账龄达 365 天。由此可见，该公司应加强应收账款的回收管理，特别是针对平均账龄较高的客户加强催收。

（三）应收账款回收分析

应收账款回收分析是对企业一段时间内的应收账款的回收情况进行深入分析，了解回收总额、回收率以及回款时长等情况，明确相关责任人是否落实相关责任，为应收账款回收管理提供考核依据。应收账款回收分析的具体步骤如下。

（1）新建报表页，并将报表页重命名为"应收账款回收分析"。

（2）在"应收款项明细"表中创建"应收账款回收分析"需要的"回收天数 / 天"和"是否超期"数据列，它们的 DAX 表达式如表 3-5 所示。

表 3-5 "应收账款回收分析"新建数据列的 DAX 表达式

数据列	DAX 表达式
回收天数 / 天	回收天数 / 天 =IF（'应收款项明细'[未收金额 / 元]=0，DATEDIFF（'应收款项明细'[开票日期]，'应收款项明细'[还款日期]，DAY）+1，0）
是否超期	是否超期 =IF（'应收款项明细'[回收天数 / 天]>0,IF（'应收款项明细'[还款日期]>'应收款项明细'[到期日]，"是"，"否"），"——"）

公式说明：

当回收天数 =0 时，说明该笔应收账款还未全部收回，对应的是否超期为"——"，不作为本任务的分析对象；当回收天数 >0 时，说明该笔应收账款已全部收回，该值为 1 时代表开票当日即收回款项。

（3）创建应收账款回收分析需要的度量值，包括"平均回款天数 / 天""回收率"两个度量值，它们的 DAX 表达式如表 3-6 所示。

表 3-6 "应收账款回收分析"度量值的 DAX 表达式

度量值	DAX 表达式
平均回款天数 / 天	平均回款天数 / 天 =CALCULATE（AVERAGE（'应收款项明细'[回收天数 / 天]），'应收款项明细'[回收天数 / 天]>0）
回收率	回收率 =[已收款总额]/[应收款总额]

（4）创建"已收款总额""回收率"和"平均回款天数／天"卡片图，创建好的
卡片图如图 3-35 所示。

图 3-35 "应收账款回收分析"关键指标卡片图

（5）创建"已收款总额回收超期情况占比分析"环形图，选择"环形图"视觉
对象，注意将"是否超期"拖曳至"图例"处，将"已收款总额"拖曳至"值"处，
并将"−−"项排除，如图 3-36 所示。

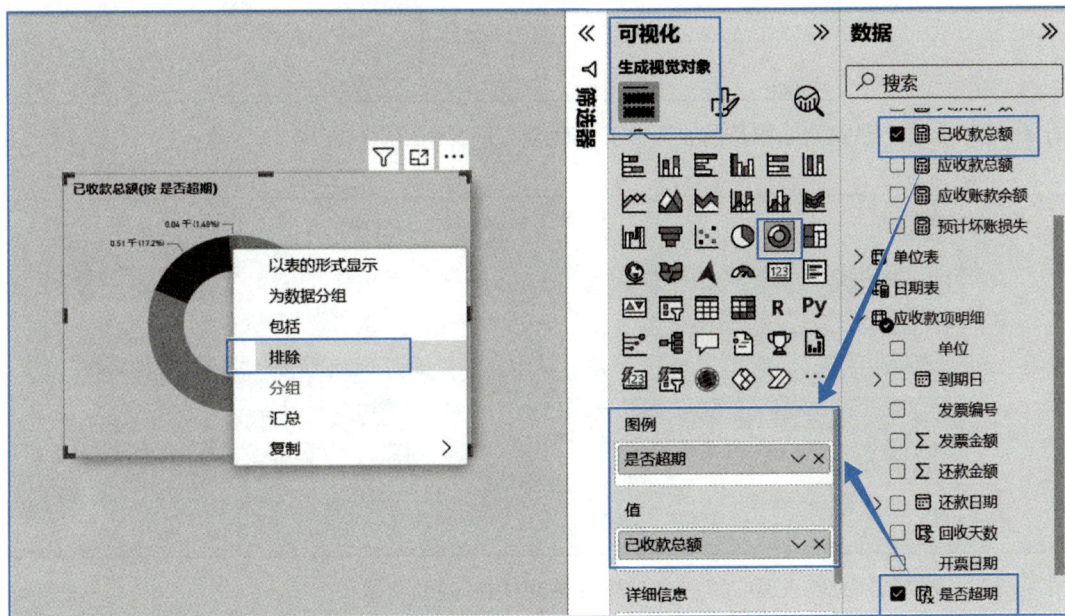

图 3-36 创建"已收款总额回收超期情况占比分析"环形图

（6）创建"已收款总和及回收天数变动趋势"折线和簇状柱形图，选择"折线
和簇状柱形图"视觉对象，注意将"日期表"中"Date"拖曳至"X 轴"处，将"已
收款总额"拖曳至"列 y 轴"处，"平均回款天数／天"拖曳至"行 y 轴"处，并将
其"排列 轴"设置为"年 月"，排序方式设置为"以升序排序"，如图 3-37 所示。

（7）参考本任务中"应收账款余额分析"部分中的操作步骤（11）和（12），创
建"回收率前 5 责任人排名"和"回收率后 5 责任人排名"簇状条形图，创建完成的
簇状条形图如图 3-38 所示。

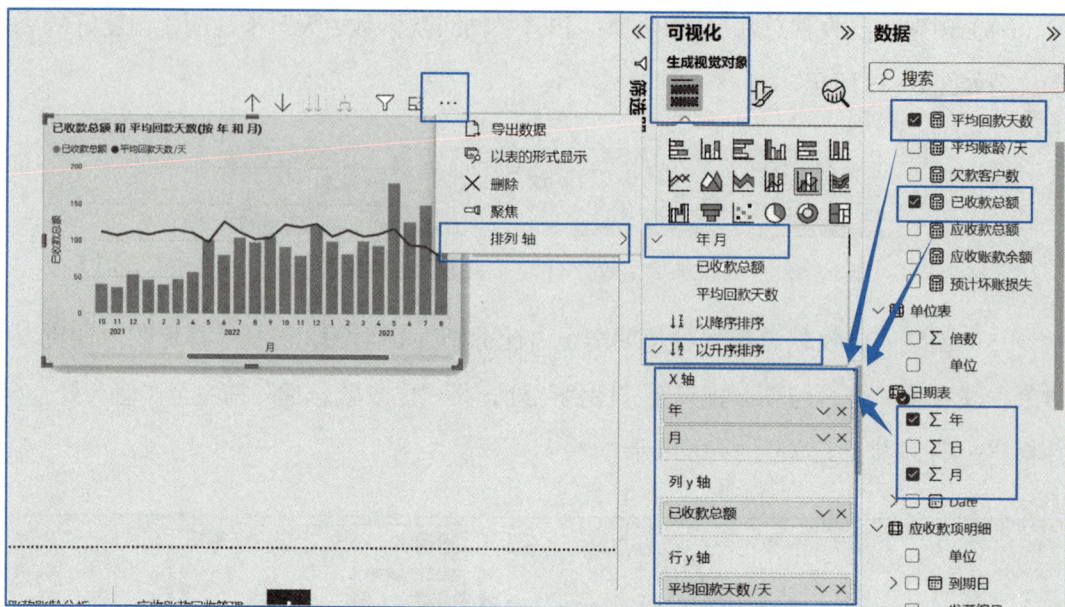

图 3-37　创建"已收款总和及回收天数变动趋势"折线和簇状柱形图

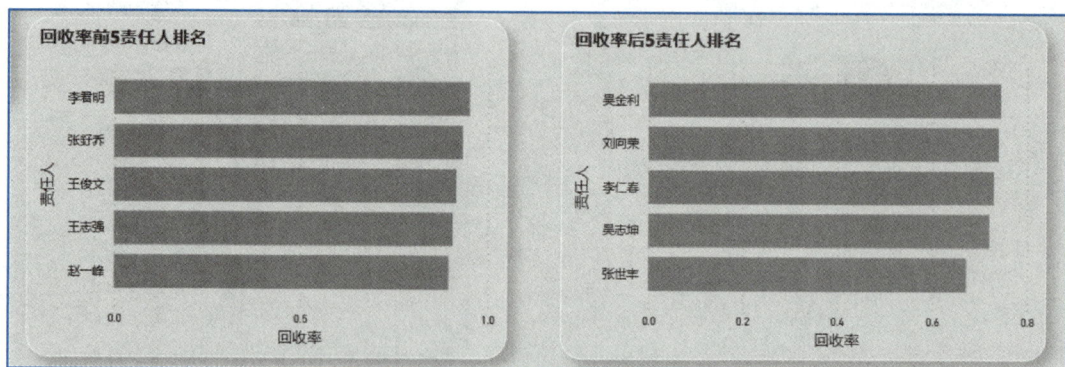

图 3-38　应收账款责任人回收率排名分析相关簇状条形图

（8）创建"应收账款回收明细表"，注意选择"矩阵"视觉对象，将"单位""已收款总额""平均回收天数/天""回收率"拖曳至"列"处。

（9）在"列"处单击"回收率"度量值右侧的下拉按钮，依次单击"条件格式""数据条"功能按钮，在弹出的"数据条－回收率"窗口中完成最小值、最大值等设置后，单击"确定"按钮，初步完成"应收账款回收明细表"的创建，如图3-39所示。

（10）在右侧"可视化"|"设置视觉对象格式""视觉对象"窗口中，关闭"总计－值"的显示，如图3-40所示。

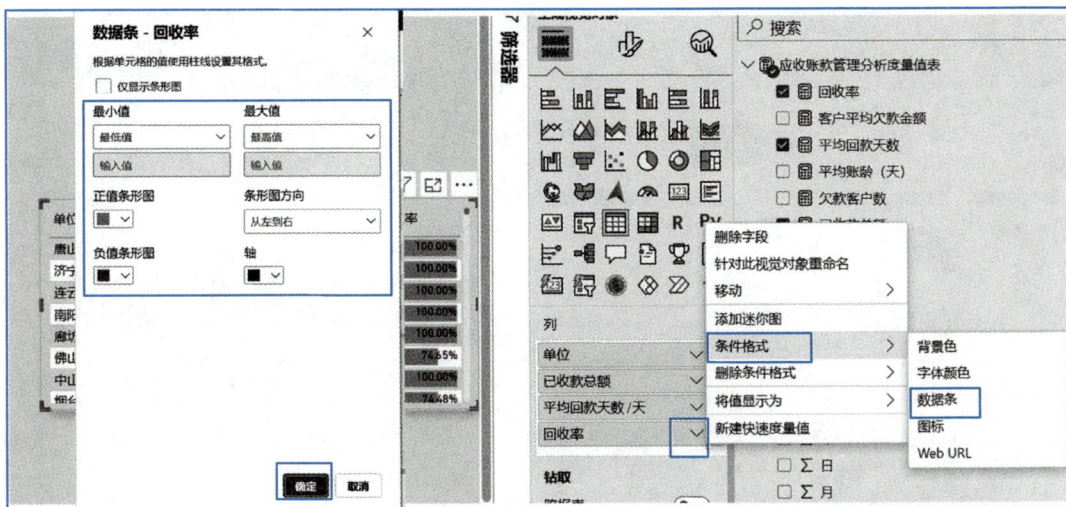

图 3-39　创建 " 应收账款回收明细表 "

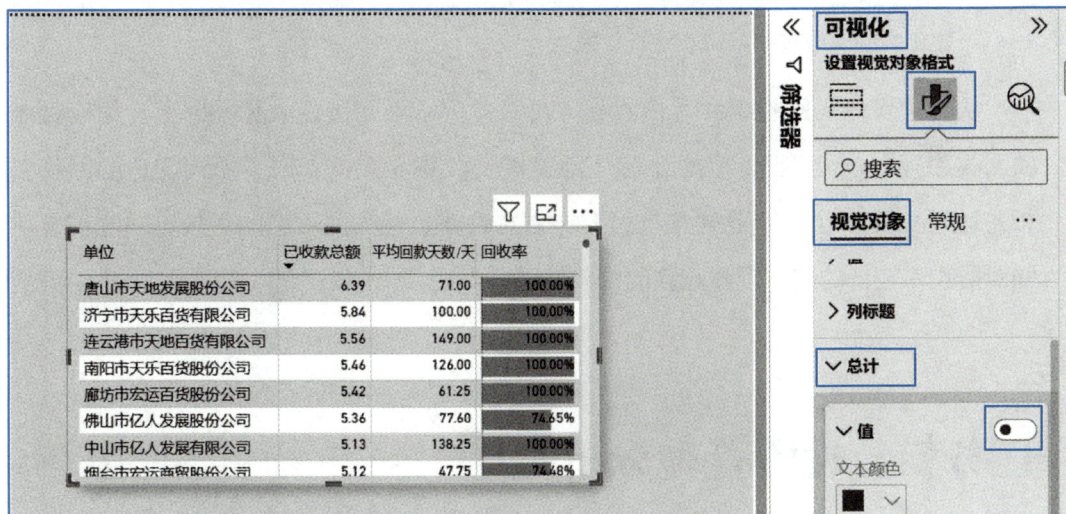

图 3-40　关闭 " 应收账款回收明细表 " 的 " 总计－值 " 显示

（11）创建 " 日期 "" 单位 " 切片器。

（12）完成报表美化。美化后的报表如图 3-41 所示。

从 " 应收账款回收分析 " 报表来看，该公司已收回的应收账款总额约为 2 994 万元，回收率为 82.16%，平均回款天数约为 102 天，其中 82.54% 的款项属于超期回款。总体来看，该公司应收账款回收管理存在一定问题，但是从已收款额和平均回收天数的变动趋势来看，收款情况有逐渐好转的倾向。

图 3-41 美化后的"应收账款回收分析"报表

从收款责任人回收率和客户回收率可以看出，不同责任人和不同客户的应收账款回收率存在较大差异，责任人应收账款的回收率相差约 20%，不同客户的回收率相差达到 90% 以上，企业非常有必要加强对收款责任人回收率的考核，同时也要加强对回收率较低的客户应收账款的回收管理。

任务二　投资管理分析

根据项目要求，本任务可以分解为以下三个子任务：企业对内投资分析、企业对外投资分析和企业投资决策分析。

一、企业对内投资分析

企业对内投资主要是投资于流动资产、固定资产、无形资产以及其他资产，目的是用于企业生产经营，实现企业利润。而其中的固定资产和无形资产往往投资金额较大，周转时间长，一定程度上能反映企业经营战略，是资产管理的重点。

（一）固定资产投入分析

固定资产投资分析是对企业所投资的固定资产的规模、结构、趋势和效益等进行分析，以便掌握企业固定资产的风险与收益。固定资产投入分析的具体操作步骤如下。

固定资产投入分析

（1）利用 Power BI "获取数据"功能导入"资产负债表"，导入数据时注意单击"转换数据"功能按钮，进入 Power Query 数据处理界面。

（2）在"主页"选项卡下，单击"将第一行用作标题"，为数据列设置标题，如图 3-42 所示。

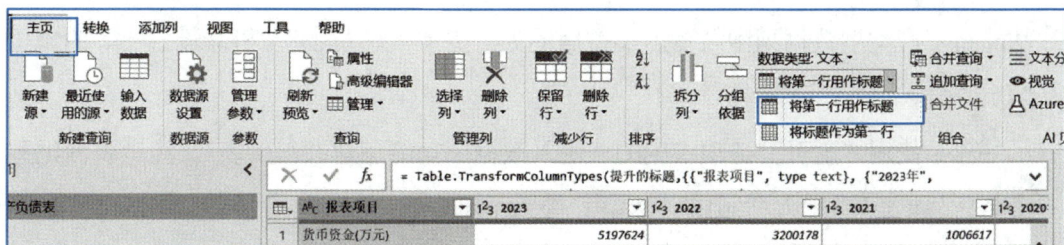

图 3-42 设置数据表标题

（3）选中"报表项目"数据列，在"转换"选项卡中，单击"逆透视其他列"功能按钮，将数据表从二维表转换为一维表，如图 3-43 所示。

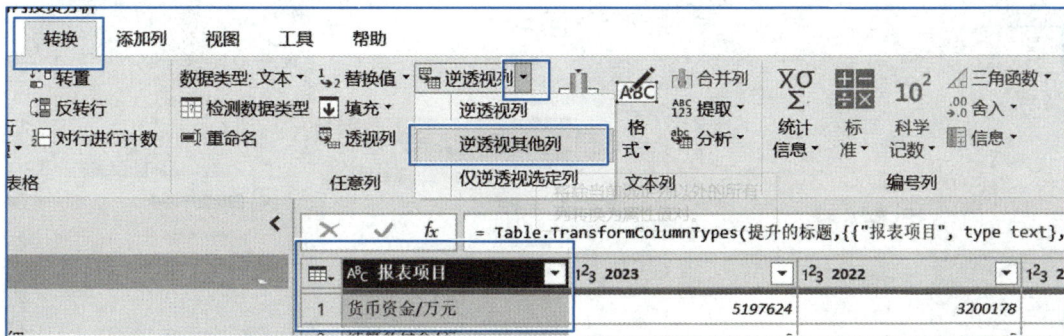

图 3-43 逆透视数据表

双击数据列名，分别将"属性"和"值"列重命名为"年份"和"金额 / 万元"，如图 3-44 所示。值得注意的是"年份"数据列的数据类型为"文本"。

（4）选中"报表项目"数据列，在"转换"选项卡中，利用"替换值"功能将"报表项目"数据列中的单位"/ 万元"删除。

图 3-44　重命名数据列

（5）在"主页"选项卡下，单击"关闭并应用"按钮，完成数据加载。

（6）参考操作步骤（1）至（5），导入"利润表"和"固定资产明细"表。

需要注意的是导入"固定资产明细"表并逆透视数据表后，应利用"替换值"功能将资产类型数据列中各资产类型后的如"房屋及建筑物""机器设备"等的单位"/元"删除。

（7）使用"主页"选项卡中的"输入数据"功能创建"年度表"，注意将数据列命名为"年份"，输入"2018""2019"等六个年度值。

（8）进入"模型视图"，以"年份"为关键字建立"年度表"与"资产负债表""利润表""固定资产明细"表之间的关联关系，如图3-45所示。

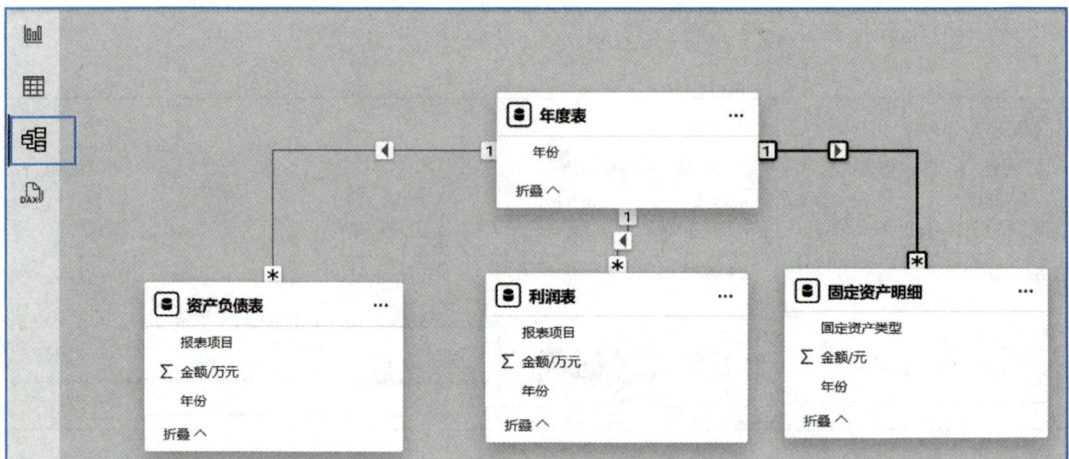

图 3-45　建立关联关系

（9）创建"投资管理分析度量值表"后，创建企业固定资产投资分析所需的度量值，包括"固定资产/万元""总资产/万元""固定资产占比""营业成本/万元""存货/万元""产值/万元""固定资产投入产出比"七个度量值，相关DAX表达式如表3-7所示。

表3-7　投资管理分析度量值的DAX表达式

度量值	DAX 表达式
固定资产／万元	固定资产／万元 =CALCULATE（SUM（'资产负债表'[金额／万元]），'资产负债表'[报表项目]="固定资产"）
总资产／万元	总资产／万元 =CALCULATE（SUM（'资产负债表'[金额／万元]），'资产负债表'[报表项目]="资产总计"）
固定资产占比	固定资产占比 =[固定资产／万元]/[总资产／万元]
营业成本／万元	营业成本／万元 =CALCULATE（SUM（'利润表'[金额／万元]），'利润表'[报表项目]="营业成本／万元"）
存货／万元	存货／万元 =CALCULATE（SUM（'资产负债表'[金额／万元]），'资产负债表'[报表项目]="存货"）
产值／万元	产值／万元 =[营业成本／万元]+[存货／万元]
固定资产投入产出比	固定资产投入产出比 =DIVIDE（[营业成本／万元]+[存货／万元]，[固定资产／万元]）

（10）将"第1页"报表页重命名为"固定资产投入分析"，设置报表主题。

（11）创建"固定资产／万元"和"固定资产投入产出比"卡片图。

（12）在右侧"可视化"｜"视觉对象"窗口中，依次单击字段处"固定资产投入产出比"右侧下拉按钮，"针对此视觉对象重命名"功能按钮，将其重命名为"投入产出比"，如图3-46所示。

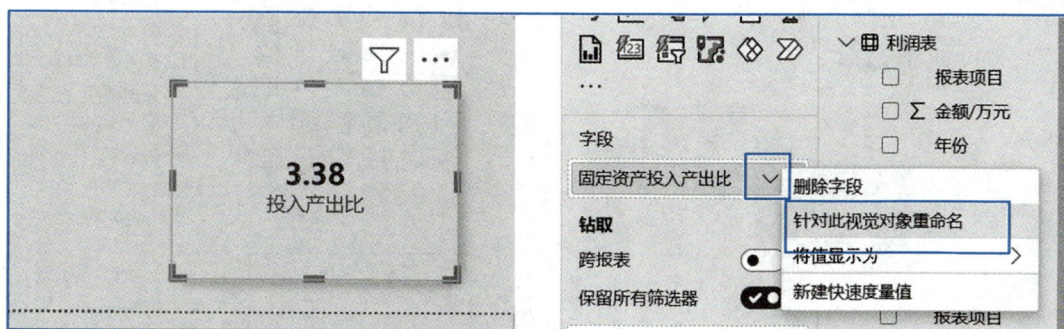

图3-46　在视觉对象中重命名"固定资产投入产出比"

（13）在右侧"可视化"｜"生成视觉对象"窗口中选择"仪表"视觉对象，并将"固定资产占比"拖曳至"值"处，如图3-47所示。

（14）创建"固定资产和固定资产占比分析"折线和簇状条形图，选择"折线和簇状条形图"视觉对象，注意将"年度表"中的"年份"拖曳至"X轴"处，将"固

定资产 / 万元"拖曳至"列 y 轴"处，"固定资产占比"拖曳至"行 y 轴"处，如图 3-48 所示。

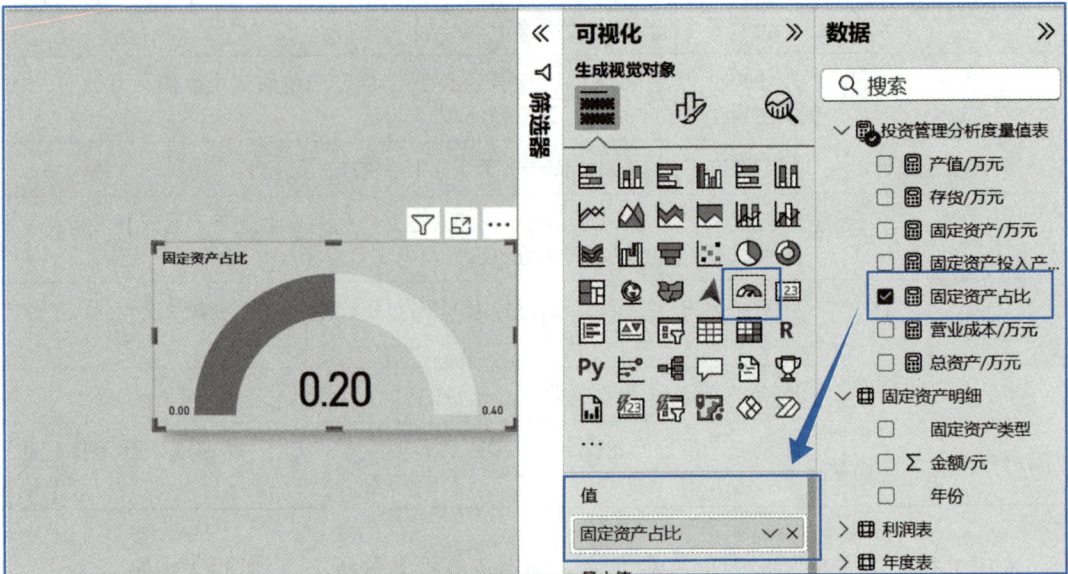

图 3-47　创建"固定资产占比"仪表

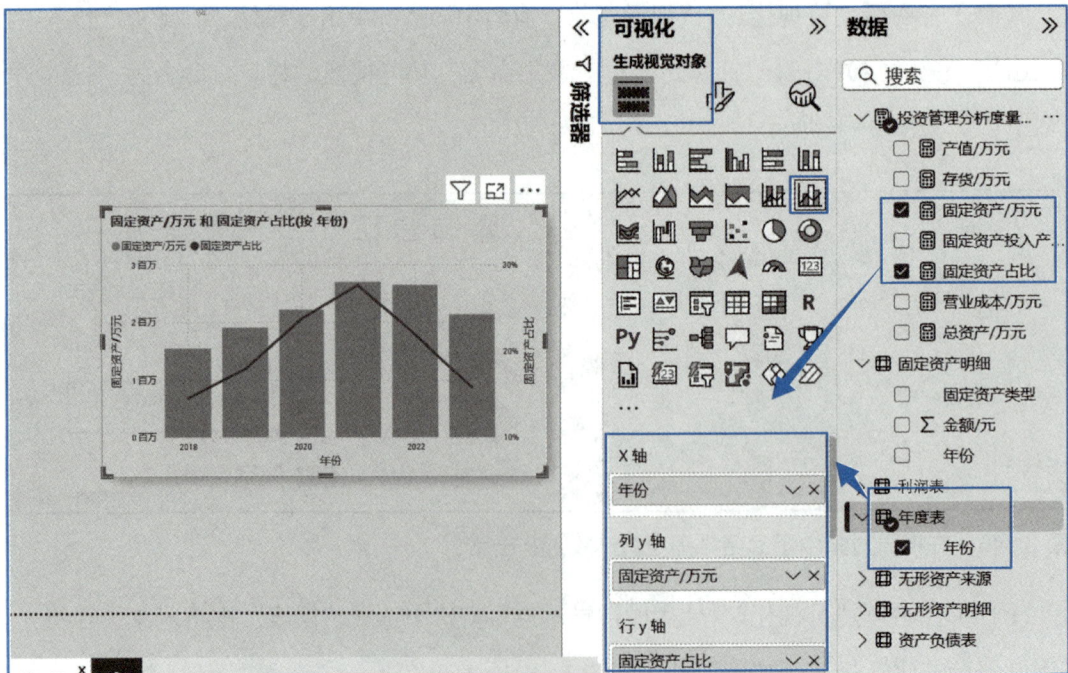

图 3-48　创建"固定资产和固定资产占比分析"折线和簇状条形图

（15）创建"各类型固定资产占比分析"环形图，选择"环形图"视觉对象，注意将"固定资产明细"表中的"固定资产类型"拖曳至"图例"处，将"金额／元"拖曳至"值"处。

（16）创建"各类型固定资产规模变化趋势分析"折线图，选择"折线图"视觉对象，注意将"固定资产明细"表中的"固定资产类型"拖曳至"图例"处，将"金额／元"拖曳至"Y轴"处，"年度表"中的"年度"拖曳至"X轴"处。

（17）将操作步骤（16）创建的"各类型固定资产规模变化趋势分析"折线图的"排列 轴"排序依据设置为"年份"，排序方式设置为"以升序排序"，如图3-49所示。

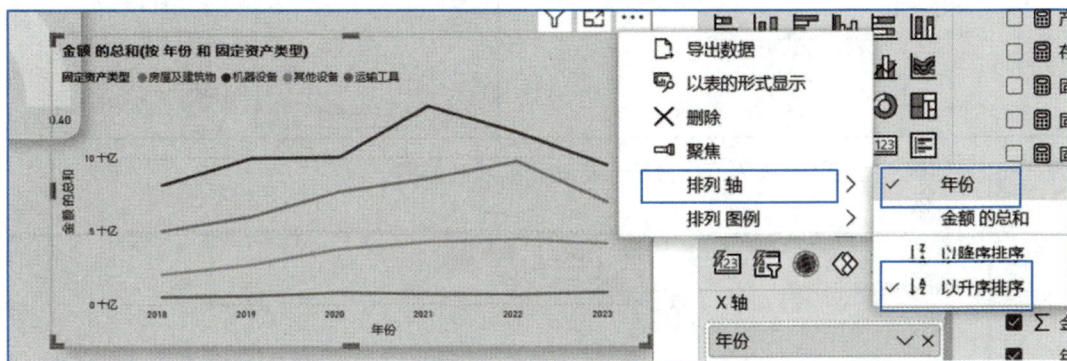

图3-49　设置"各类型固定资产规模变化趋势分析"轴排列依据

（18）创建"固定资产投入产出分析"折线和簇状柱形图，选择"折线和簇状柱形"视觉对象，将"年度表"中的"年份"拖曳至"X轴"处，将度量值"固定资产／万元""产值／万元"拖曳至"列y轴"处，"固定资产投入产出比"拖曳至"行y轴"处，注意将轴排列依据设置为"年份"，排序方式设置为"以升序排序"。绘制完成的图表如图3-50所示。

（19）创建"年份"切片器后，单击"格式"选项卡下的"编辑交互"功能按钮，将"固定资产投入产出分析"折线和簇状柱形图、"各类型固定资产规模变化趋势分析"折线图、"固定资产和固定资产占比分析"折线和簇状条形图的"编辑交互"模式设置为"无"，如图3-51所示。注意设置完成后再次单击"编辑交互"退出交互编辑模式。

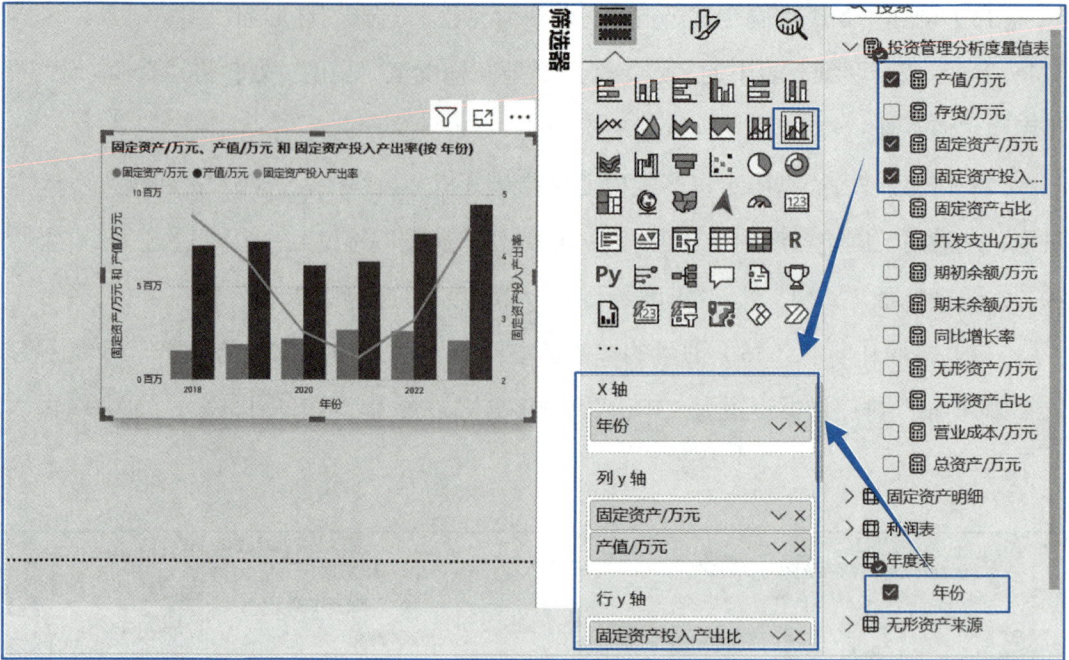

图 3-50　创建"固定资产投入产出分析"折线和簇状柱形图

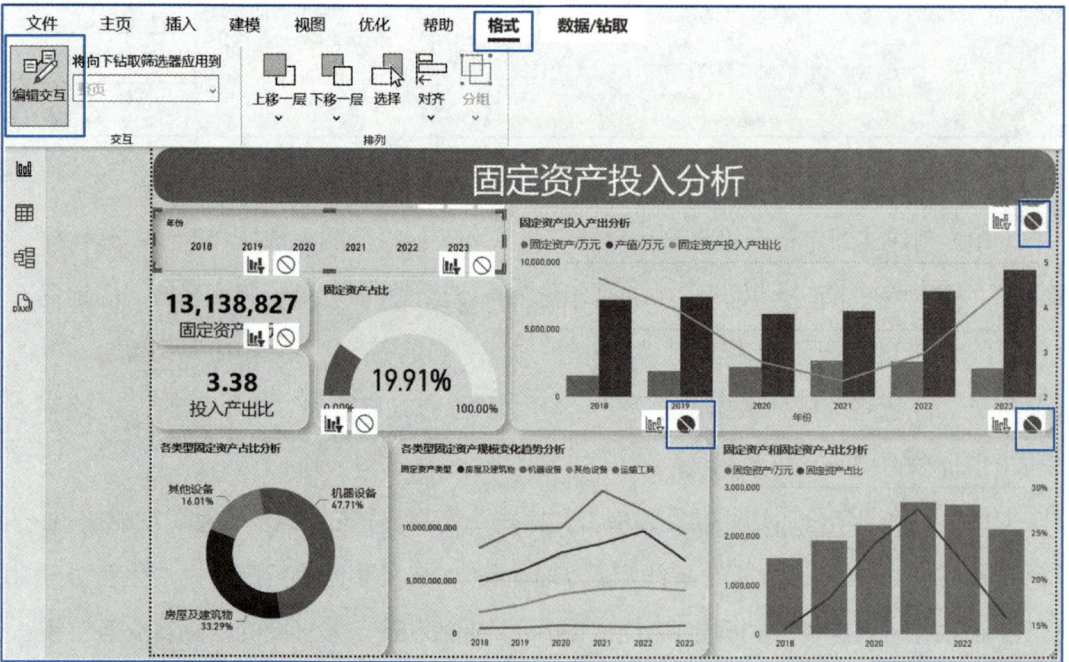

图 3-51　编辑"年份"切片器与其他视觉对象的交互

　　（20）报表排版布局美化。适当调整创建好的可视化对象的大小、位置；通过"插入文本"给报表添加标题，最终效果如图3-52所示。

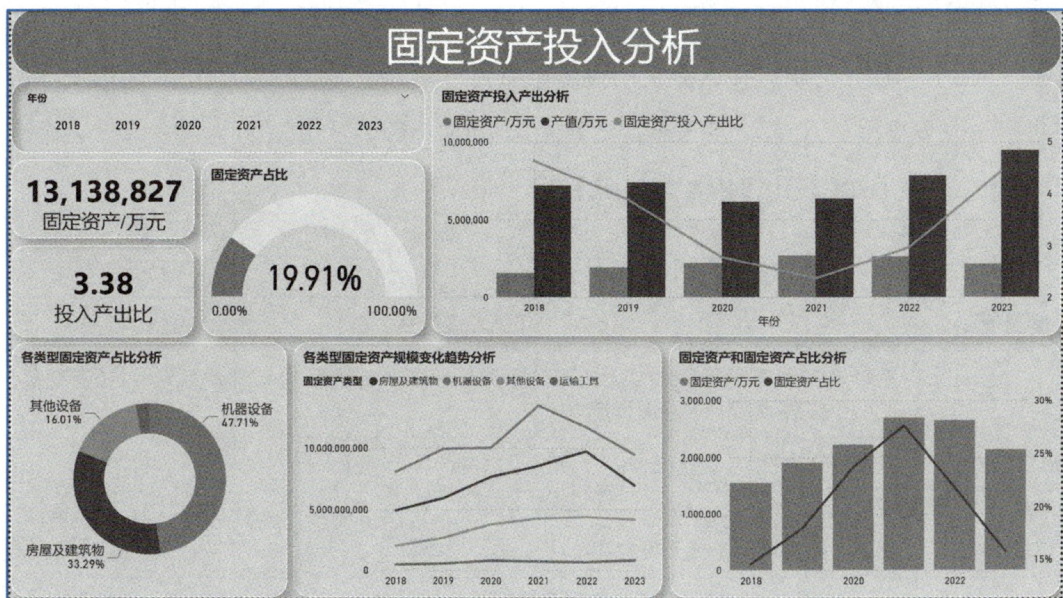

图 3-52　美化后的"固定资产投入分析"报表

从"固定资产投入分析"报表来看，公司累计固定资产约 131.4 亿元，占总资产的比例约为 20%，投入产出比为 3.38，总体来看，公司固定资产管理有一定的成效；从固定资产构成来看，比例最高的固定资产类型是机器设备，占总资产比例达 47%，其次是房屋及建筑物，占比超过 30%，说明机器设备和房屋及建筑物是该公司的主要资产类型；从固定资产规模变化趋势来看，固定资产在 2021 年达到最大规模，随后出现下降趋势，投入产出比呈现倒"U"形，在固定资产规模最大的 2021 年其投入产出比最低，说明 2021 年该公司固定资产投入出现了问题，可以进一步深入挖掘具体问题及问题原因。

（二）无形资产投入分析

无形资产投资分析是对企业所拥有的无形资产的现状、要素构成以及无形资产获取方式进行分析，了解企业无形资产的质量和企业的创新研发能力。无形资产投入分析的具体操作步骤如下。

无形资产投入分析

（1）使用 Power BI"获取数据"功能导入"无形资产明细"中的"无形资产明细"表和"无形资产来源"表，参考前文的操作，完成二维表到一维表的转换及必要的数据清洗工作。

（2）以"年份"为关键字，建立"年度表"与"无形资产明细""无形资产来源"表之间的关联关系。

（3）创建无形资产投入分析所需度量值，包括"无形资产／万元""无形资产占比""开发支出／万元""期末余额／万元""期初余额／万元""同比增长率"六个度量值，相关 DAX 表达式如表 3-8 所示。

表3-8　无形资产投入分析度量值的DAX表达式

度量值	DAX 表达式
无形资产／万元	无形资产／万元 =CALCULATE (SUM ('资产负债表 '[金额／万元])，'资产负债表 '[报表项目]=" 无形资产 ")
无形资产占比	无形资产占比 =[无形资产／万元]/[总资产／万元]
开发支出／万元	开发支出／万元 =CALCULATE (SUM ('资产负债表 '[金额／万元])，'资产负债表 '[报表项目]=" 开发支出 ")
期末余额／万元	期末余额／元 =SUM ('无形资产明细 '[金额／元]) /10000
期初余额／万元	期初余额／万元 = VAR RP_YEAR=SELECTEDVALUE ('年度表 '[年份]) RETURN CALCULATE ([期末余额／万元]，FILTER (ALL ('年度表 ')，'年度表 '[年份]=RP_YEAR−1)) /10000
同比增长率	同比增长率 =DIVIDE ([期末余额／万元]−[期初余额／万元]，[期初余额／万元])

（4）新建报表页，并将其重命名为"无形资产投入分析"。

（5）创建"无形资产占比"仪表，选择"仪表"视觉对象，将"无形资产占比"拖曳至"值"处。

（6）创建"无形资产投入和占比分布"折线和堆积柱形图，选择"折线和堆积柱形图"视觉对象，将"年度表"中的"年份"拖曳至"X 轴"处，"无形资产／万元""开发支出／万元"拖曳至"列 y 轴"处，"无形资产占比"拖曳至"行 y 轴"处，如图 3-53 所示。

（7）创建"无形资产类型构成"环形图，选择"环形图"视觉对象，注意将"无形资产明细"表中的"无形资产类型"拖曳至"图例"处，"金额／元"拖曳至"值"处。

（8）创建"无形资产新增来源构成"环形图，选择"环形图"视觉对象，注意将"无形资产来源"表中的"新增来源"拖曳至"图例"处，"金额／元"拖曳至"值"处。

（9）创建"无形资产新增来源趋势分析"丝带图，选择"丝带图"视觉对象，将"无形资产来源"表中的"新增来源"拖曳至"图例"处，"金额 / 元"拖曳至"Y 轴"处，将"年度表"中的"年度"拖曳至"X 轴"处，如图 3-54 所示。

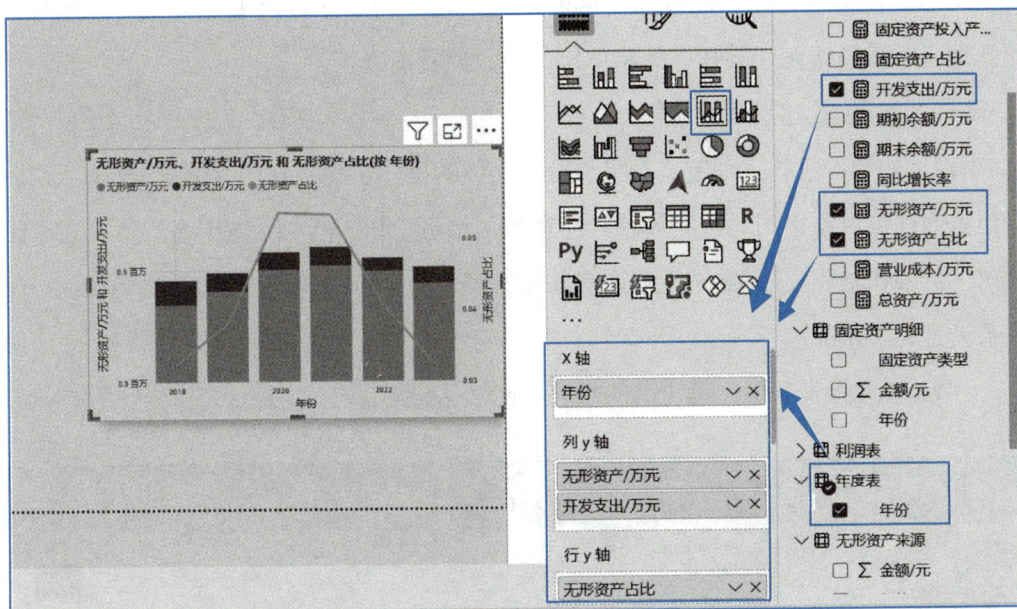

图 3-53　创建"无形资产投入和占比分布"折线和堆积柱形图

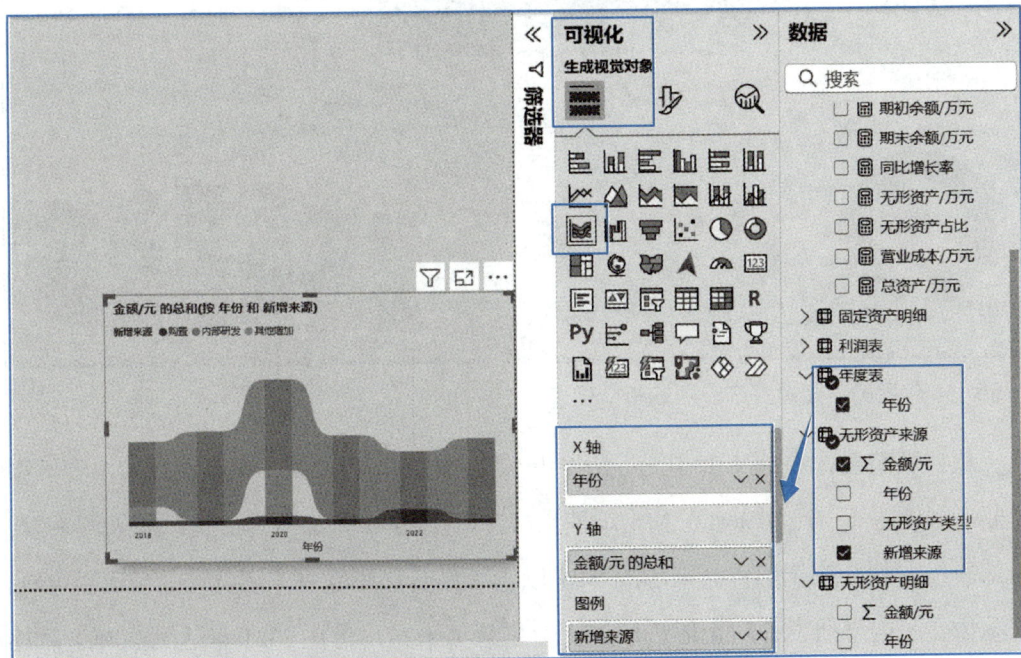

图 3-54　创建"无形资产新增来源趋势分析"丝带图

（10）创建"应收账款回收明细"表，选择"表"视觉对象，将"无形资产明细"表中的"无形资产类型"拖曳至"行"处，将"年度表"中的"年份"拖曳至"列"处，将"期初余额 / 万元""期末余额 / 万元""同比增长率"拖曳至"值"处。

虽然目前创建好的"应收账款回收明细"表中的数据看起来不正确，但此时无须处理，后续创建切片器并选择具体年份后数据就正确了。

（11）创建"年份"切片器。

（12）参考本任务"固定资产投入分析"中的操作步骤（14），编辑"年份"切片器与其他视觉对象之间的控制关系，注意将"年份"切片器与"无形资产投入和占比分布"折线和堆积柱形图、"无形资产新增来源趋势分析"丝带图之间的"编辑交互"关系设置为"无"。

（13）完成报表美化，美化后的报表如图 3-55 所示。

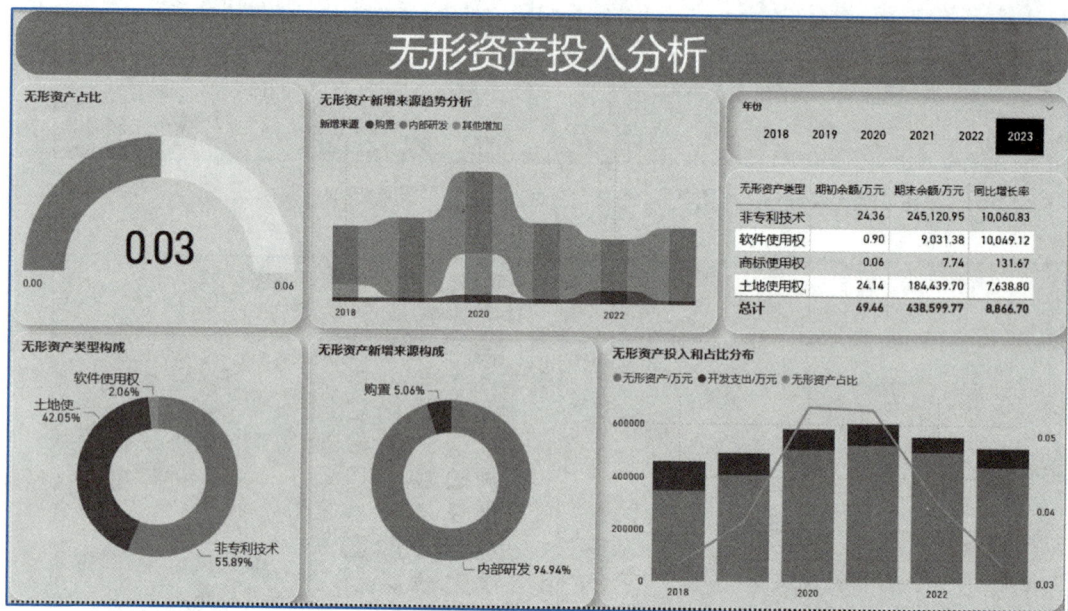

图 3-55　美化后的"无形资产投入分析"报表

从报表来看，2023 年公司无形资产占总资产的比例为 3%，无形资产的主要类型是非专利技术（占比约 56%）和土地使用权（占比约 42%）；从无形资产的来源来看，内部研发占到全部无形资产来源的 94% 以上，结合历年数据来看无形资产最主要的来源依然是内部研发；从无形资产占比变化趋势来看，它在 2021 年达到高峰之后逐年下降，公司应进一步明确下降原因。

从报表可以得出，公司无形资产的最主要来源是内部研发，最主要的无形资产类型是非专利技术。后续公司可以考虑加强在研发方面的投入，增强公司整体的技术竞争力。

二、企业对外投资分析

企业对外投资分析

企业对外投资主要是因为产业多元化以及闲置资金利用等需求，对外投资会形成交易性金融资产、衍生金融资产、其他债权投资、债权投资以及长期股权投资，目的是赚取投资收益，增加企业利润。对外投资按投资项目性质可以分为金融性投资和控制性投资。金融性投资主要是为灵活运用多余资金，而控制性投资主要是对其他企业进行控制或施加重大影响，即长期股权投资。

企业对外投资分析主要是对投资现状、投资项目性质和投资效益进行分析。企业对外投资分析的具体操作步骤如下。

（1）利用 Power BI "获取数据" 功能导入 "资产负债表" "利润表"，根据实际需求完成数据的清洗。

（2）通过 "主页" 选项卡下 "输入数据" 功能创建 "年度表"，列名为 "年份"，内容为 "2018" 至 "2023" 六个年度值。

（3）在 "模型视图" 模式下以 "年份" 为关键字建立 "年度表" 与 "资产负债表" "利润表" 之间的关联关系，如图 3-56 所示。

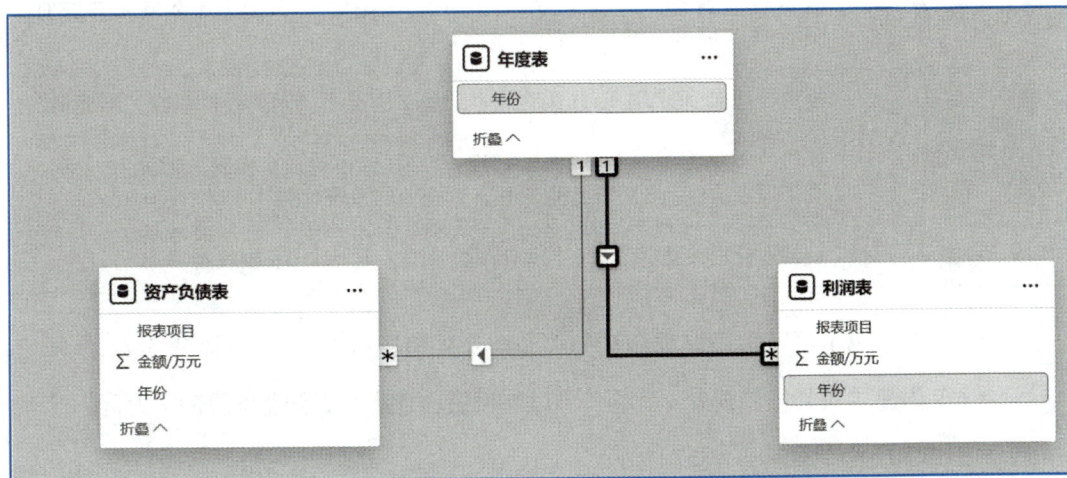

图 3-56　建立 "年度表" 与 "资产负债表" "利润表" 之间的关联关系

（4）创建"企业对外投资度量值表"后，创建企业对外投资所需的度量值，相关度量值及对应的 DAX 表达式如表 3-9 所示。

表3-9　企业对外投资分析度量值及对应的 DAX 表达式

度量值	DAX 表达式
总资产／万元	总资产／万元 =CALCULATE（SUM（'资产负债表'[金额／万元]），'资产负债表'[报表项目]=" 资产总计 "）
交易性金融资产／万元	交易性金融资产／万元 =CALCULATE（SUM（'资产负债表'[金额／万元]），'资产负债表'[报表项目]=" 交易性金融资产 "）
衍生金融资产／万元	衍生金融资产／万元 =CALCULATE（SUM（'资产负债表'[金额／万元]），'资产负债表'[报表项目]=" 衍生金融资产 "）
其他债权投资／万元	其他债权投资／万元 =CALCULATE（SUM（'资产负债表'[金额／万元]），'资产负债表'[报表项目]=" 其他债权投资 "）
债权投资／万元	债权投资／万元 =CALCULATE（SUM（'资产负债表'[金额／万元]），'资产负债表'[报表项目]=" 债权投资 "）
长期股权投资／万元	长期股权投资／万元 =CALCULATE（SUM（'资产负债表'[金额／万元]），'资产负债表'[报表项目]=" 长期股权投资 "）
对外投资总额／万元	对外投资总额／万元 =[交易性金融资产／万元]+[其他债权投资／万元]+[债权投资／万元]+[衍生金融资产／万元]+[长期股权投资／万元]
对外投资占比	对外投资占比 =DIVIDE（[对外投资总额／万元]，[总资产／万元]）
金融性投资／万元	金融性投资／万元 =[交易性金融资产／万元]+[其他债权投资／万元]+[衍生金融资产／万元]+[债权投资／万元]
投资收益总额／万元	投资收益总额／万元 =CALCULATE（SUM（'利润表'[金额／万元]），'利润表'[报表项目]=" 投资收益 "）
投资收益率	投资收益率 =DIVIDE（[投资收益总额／万元]，[对外投资总额／万元]）
长投收益／万元	长投收益／万元 =CALCULATE（SUM（'利润表'[金额／万元]），'利润表'[报表项目]=" 对联营企业和合营企业的投资收益 "）
金融性投资收益／万元	金融性投资收益／万元 =[投资收益总额／万元]−[长投收益／万元]

（5）将"第 1 页"报表页重命名为"企业对外投资分析"，设置报表主题。

（6）创建"对外投资总额／万元""对外投资占比""投资收益总额／万元"卡片图，创建好的卡片图如图 3-57 所示。

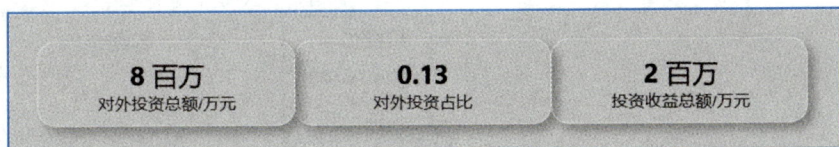

图 3-57 "企业对外投资分析"关键指标卡片图

（7）创建"对外投资性质构成"环形图，选择"环形图"视觉对象，将"金融性投资/万元""长期股权投资/万元"拖曳至"值"处；在右侧"可视化"|"生成视觉对象"窗口处，将"长期股权投资/万元"重命名为"控制性投资/万元"，如图 3-58 所示。

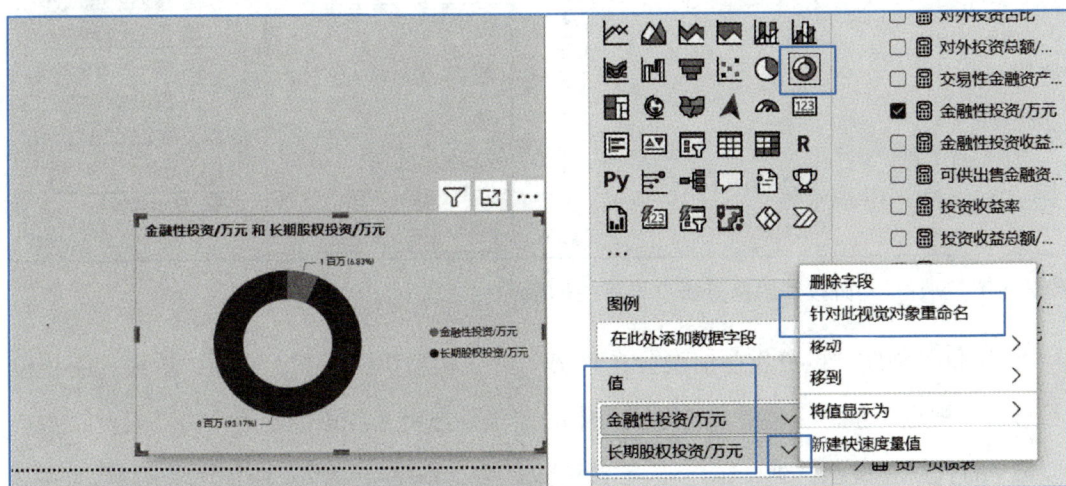

图 3-58　创建"对外投资性质构成"环形图

（8）参考操作步骤（7），创建"金融性投资构成"环形图，选择"环形图"视觉对象，将"其他债权投资/万元"和"交易性金融资产/万元"拖曳至"值"处。

（9）参考操作步骤（7），创建"投资收益性质构成"环形图，选择"环形图"视觉对象，将"金融性投资收益/万元""长投收益/万元"拖曳至"值"处，并将"长投收益/万元"重命名为"控制性投资收益/万元"。

（10）创建"对外投资趋势分析"堆积柱形图，选择"堆积柱形图"视觉对象，注意将"年度表"中的"年份"拖曳至"X轴"处，将"长期股权投资/万元""交易性金融资产/万元""其他债权投资/万元"拖曳至"Y轴"处，如图 3-59 所示。

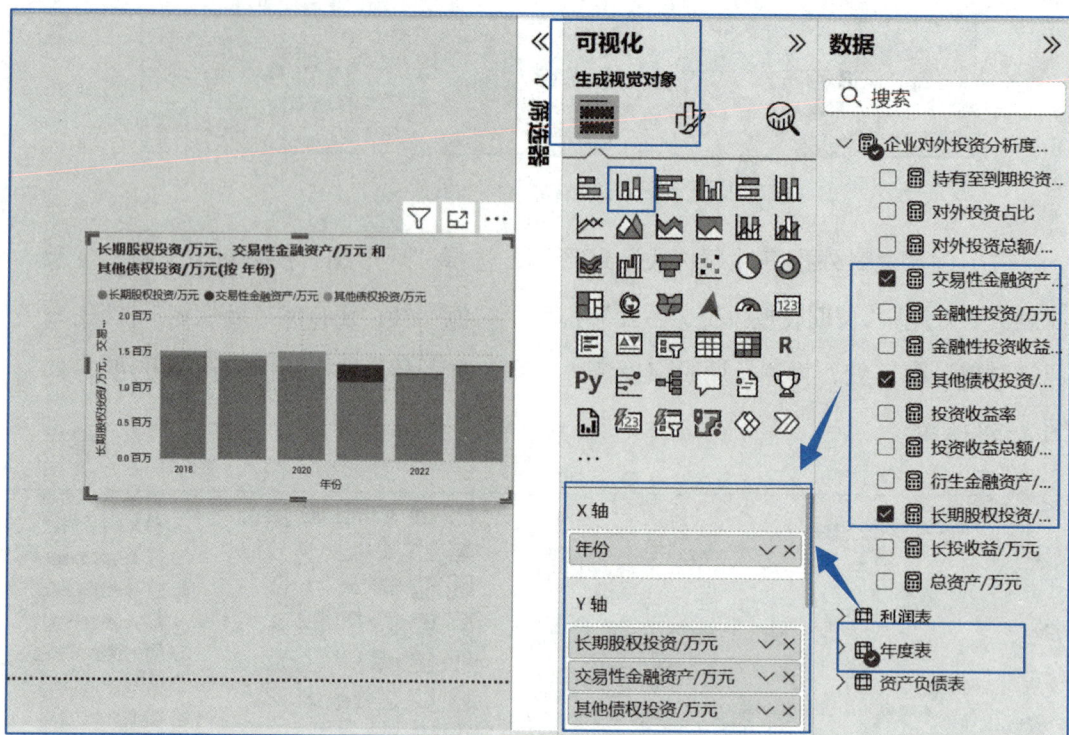

图 3-59　创建"对外投资趋势分析"堆积柱形图

（11）创建"投资收益情况分布趋势"折线和簇状柱形图，选择"折线和簇状柱形图"视觉对象，注意将"年度表"中的"年"拖曳至"X 轴"处，将"投资收益总额 / 万元"拖曳至"列 y 轴"处，"投资收益率"拖曳至"行 y 轴"处。

（12）在右侧"可视化"｜"设置视觉对象格式"｜"视觉对象"窗口中打开"数据标签"，将设置应用于"投资收益总额 / 万元"度量值，并关闭"显示此系列"，如图 3-60 所示。

（13）创建"企业对外投资明细"矩阵，选择"矩阵"视觉对象，将"年度表"中的"年份"拖曳至"行"处，将"对外投资总额 / 万元""对外投资占比""投资收益总额 / 万元""投资收益率"拖曳至"值"处。

（14）创建"年份"切片器，参考本任务"固定资产投入分析"中的操作步骤（19），编辑"年份"切片器与其他视觉对象之间的控制关系，注意将"年份"切片器与"对外投资趋势分析"堆积柱形图、"投资收益情况分布趋势"折线和簇状柱形图之间的"编辑交互"关系设置为"无"。

（15）完成报表美化，美化后的报表如图 3-61 所示。

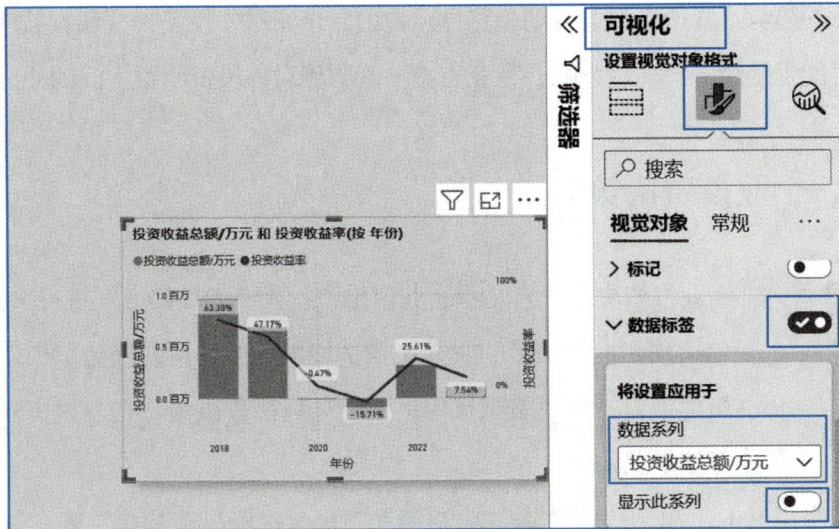

图 3-60　设置"投资收益情况分布趋势"折线和簇状柱形图数据标签

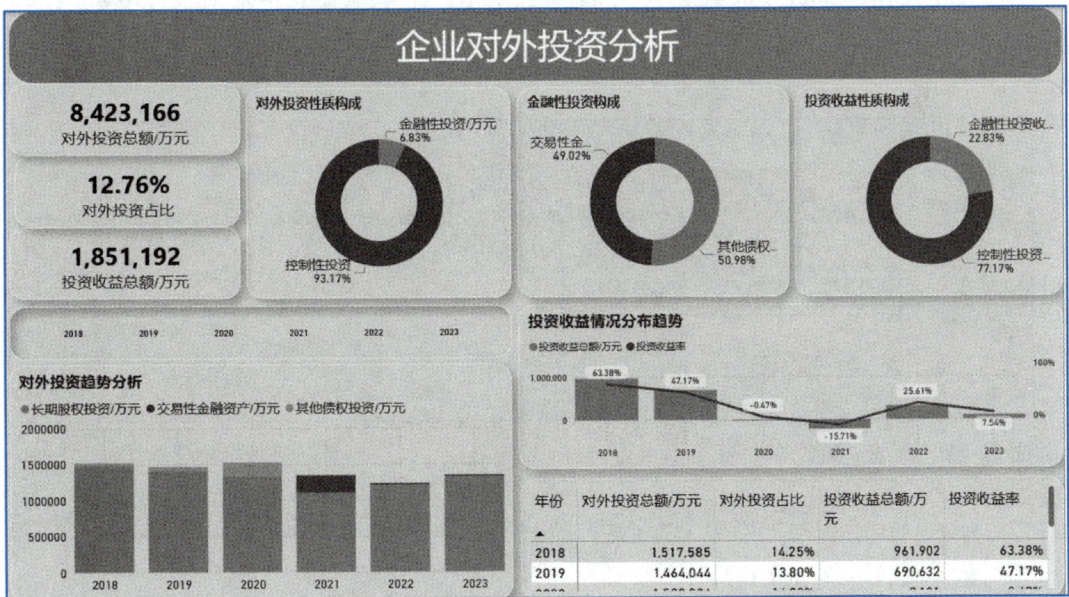

图 3-61　美化后的"企业对外投资分析"报表

从"企业对外投资分析"报表可以看出,企业对外投资总额约为842.3亿元,占企业总投资的比例为12.76%,获取投资收益约为185.1亿元,说明企业对外投资效益较好。从对外投资结构来看,控制性投资为对外投资的主要投资类型,占比达93%以上,其投资收益占总投资收益的77.17%,相较之下,金融性投资收益略低,占22.83%。从对外投资变动趋势可以看出,总投资呈下降趋势,其中长期投资呈先下降后上升的趋势。从投资收益变动趋势可以看出，企业对外投资收益和收益率都逐年下降，可能是受经济大环境影响，企业应进一步明确对外投资收益下降的原因。

三、企业投资决策分析

企业投资决策分析是指企业对拟进行投资的项目方案进行决策分析，主要包括预测投资项目的收入，预估增量现金流量的趋势，创建项目投资决策模型，计算决策指标值，进行项目投资决策。企业投资决策分析具体操作步骤如下。

（1）利用 Power BI "获取数据"功能导入"企业投资决策分析"表，并完成必要的数据清洗工作。

（2）单击"主页"选项卡中"新建表"按钮，在公式编辑栏输入"折现率"DAX表达式"折现率 =GENERATESERIES（0，0.3，0.005）"，如图 3-62 所示。

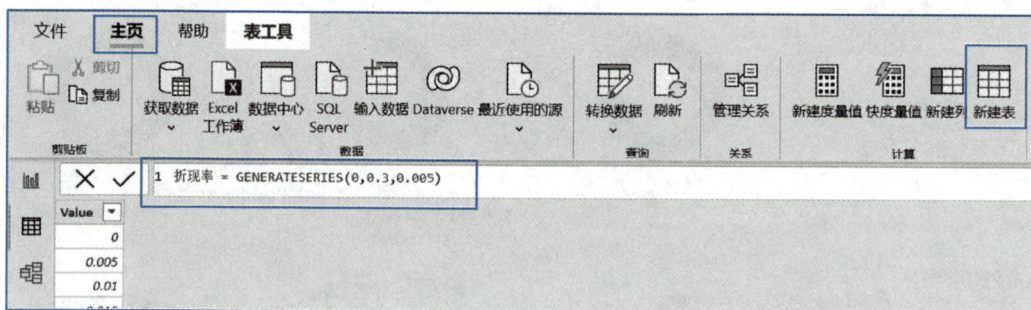

图 3-62　创建"折现率"表

（3）在"列工具"选项卡中，将"Value"数据列的格式设置为"百分比"，保留"2"位小数，如图 3-63 所示。

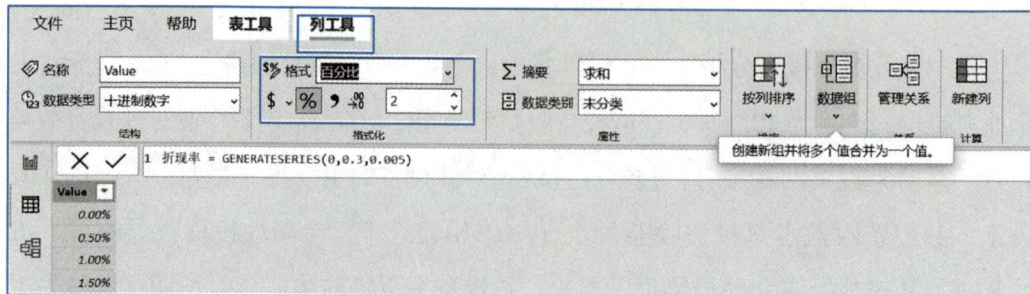

图 3-63　设置"Value"数据列格式

（4）在创建"企业投资决策度量值表"后，创建企业投资决策分析所需的度量值，包括"折现率""NPV""IRR""投资回收期"四个度量值，对应的 DAX 表达式如表 3-10 所示。

表 3-10　企业投资决策分析度量值的 DAX 表达式

度量值	DAX 表达式
折现率	折现率 =SELECTEDVALUE（'折现率'[Value]）
NPV	NPV=XNPV（'项目投资预计现金流'，'项目投资预计现金流'[当期现金净流量/元]，'项目投资预计现金流'[投资日期]，[折现率]）
IRR	IRR=XIRR（'项目投资预计现金流'，'项目投资预计现金流'[当期现金净流量/元]，'项目投资预计现金流'[投资日期]）
投资回收期	投资回收期 = VAR FILTERtable= TOPN（ 　1， 　FILTER（'项目投资预计现金流'，'项目投资预计现金流'[累计现金净流量/元]>=0）， 　'项目投资预计现金流'[月数]， 　ASC ） RETURN IF（ 　COUNTROWS（FILTERtable）=0，" 未回收 "，// 没有满足条件的筛选结果，即没有收回投资 　SUMX（ 　　FILTERtable， 　　'项目投资预计现金流'[月数]-1+DIVIDE（'项目投资预计现金流'[当期现金净流量/元]-'项目投资预计现金流'[累计现金净流量/元]，'项目投资预计现金流'[当期现金净流量/元]）)）

公式说明：

"投资回收期"的公式逻辑为先筛选出"项目投资预计现金流"表中"累计现金净流量"大于或等于 0 的第 1 行并保存为 FILTERtable；如果 FILTERtable 的行数为 0，即本金还未收回；如果 FILTERtable 的行数不等于 0，只能是 1，则 FILTERtable 的数据为收回本金当年的现金流量相关数据。

（5）将"第 1 页"报表页重命名为"企业投资决策分析"，设置报表主题。

（6）创建"折现率"切片器，将"折现率"表中的"Value"拖曳至"字段"处，并将"Value"重命名为"折现率"。

（7）创建"现金流入期"切片器，将"项目投资预计现金流"表中的"投资日期"拖曳至"字段"处，并将"投资日期"重命名为"现金流入期"。

（8）创建"NPV""IRR""投资回收期"三个卡片图，创建好的卡片图如图

3-64 所示。

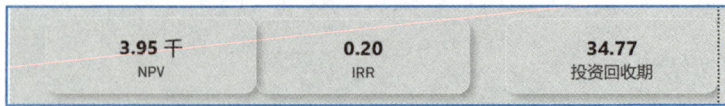

图 3-64 "企业投资决策分析"关键指标卡片图

（9）创建"项目收入预测分析"分区图，选择"分区图"视觉对象，将"项目投资预计现金流"表中的"投资日期"拖曳至"X 轴"处，"当期现金流入/元"拖曳至"Y 轴"处，注意单击"上钻"按钮，将日期上钻到"年"，如图 3-65 所示。

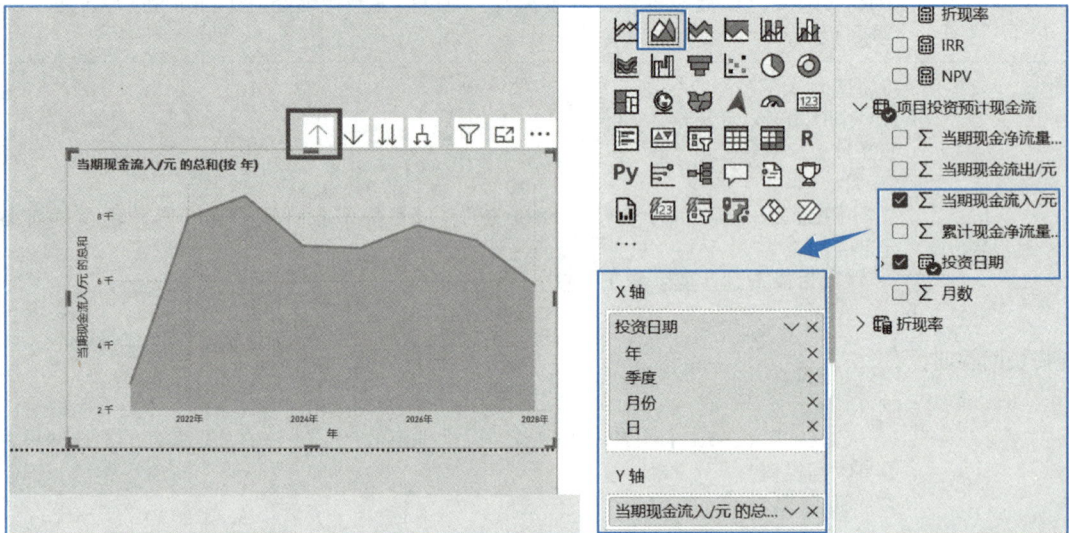

图 3-65 创建"项目收入预测分析"分区图

（10）参考操作步骤（9），创建"增量现金流量趋势分析"堆积面积图，选择"堆积面积图"视觉对象，注意将"项目投资预计现金流"表中的"投资日期"拖曳至"X 轴"处，"累计净现金流量/元"拖曳至"Y 轴"处。

（11）创建"不同折现率的 NPV 分布"折线图，选择"折线图"视觉对象，将"折现率"表中的"Value"拖曳至"X 轴"处，将"NPV"拖曳至"Y 轴"处。

（12）在右侧"可视化"|"分析"窗口中，为"不同折现率的 NPV 分布"折线图添加平均值线，并打开"数据标签"显示，如图 3-66 所示。

（13）参考本任务"固定资产投入分析"中的操作步骤（19），编辑"折现率"切片器与其他视觉对象之间的控制关系，注意将"折现率"切片器与"不同折现率的 NPV 分布"折线图之间的"编辑交互"关系设置为"无"。

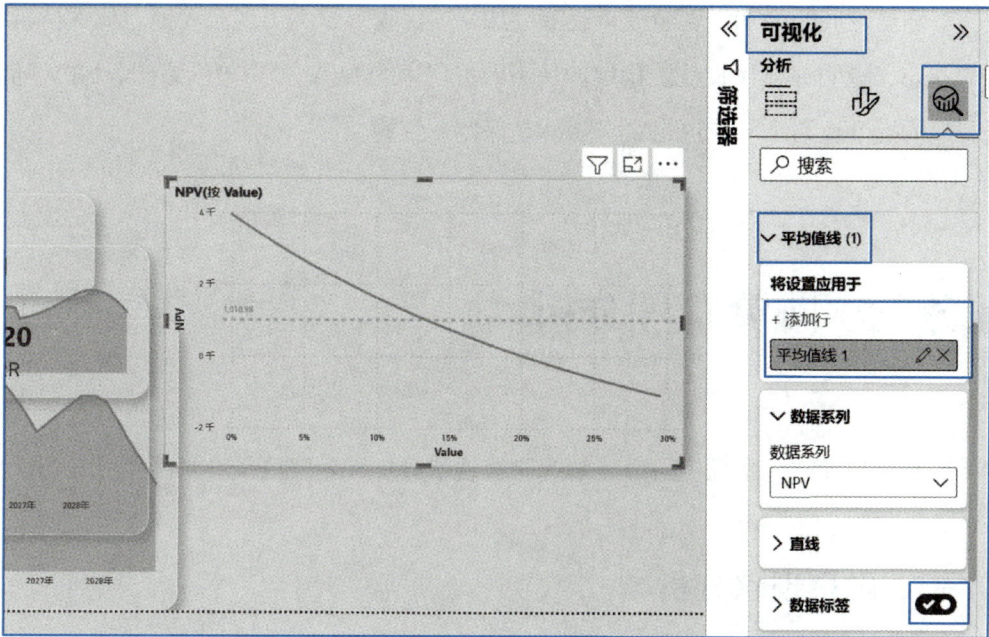

图 3-66 为"不同折现率的 NPV 分布"折线图添加平均值线

（14）完成报表美化，美化后的报表如图 3-67 所示。

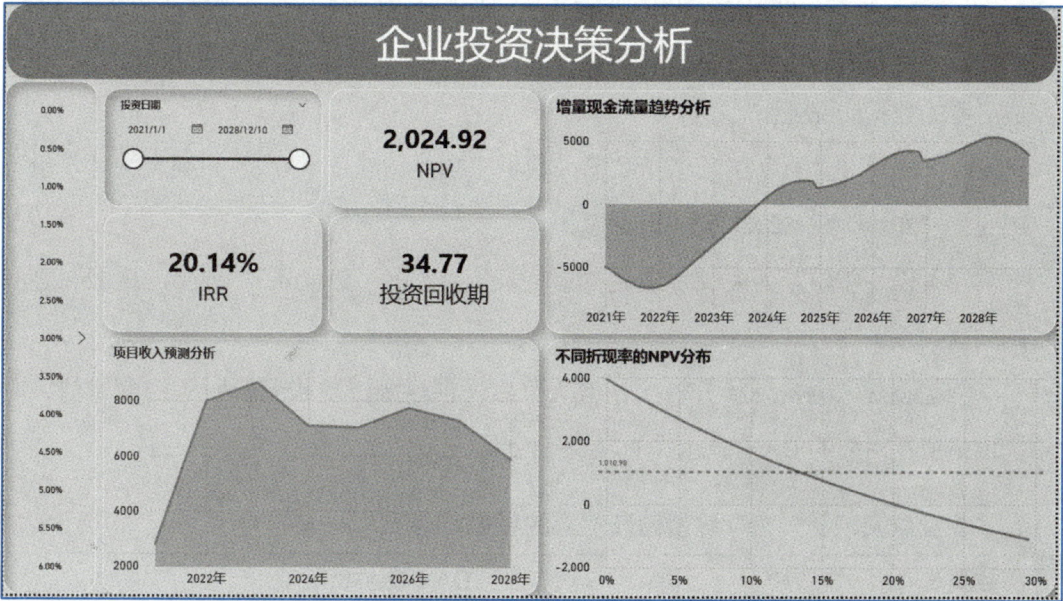

图 3-67 美化后的"企业投资决策分析"报表

从报表可以看出该公司投资平均内部收益率（IRR）为 20.14%，平均投资净现值（NPV）约为 2 024.92，投资回收期约为 35 期；总体来看，该公司项目投资收益较高。随着时间的增加，现金流量逐渐增加，项目收入虽然出现波动但总体保持较平稳的状态，说明该项目收益较稳定。从不同折现率的 NPV 分布可以看出，NPV 随着折现率的提升逐渐下降，这与经济规律是保持一致的。

任务三　融资管理分析

根据项目要求，本任务可以分解为融资现状分析和融资决策分析两个子任务。

一、融资现状分析

融资现状分析是对企业已筹集的资金规模、结构、筹资来源、渠道以及趋势进行分析，以便了解企业整体的融资现状，为强化企业的融资管理、降低融资风险提供支持。企业融资现状分析具体操作步骤如下。

（1）利用 Power BI "获取数据" 功能导入 "资产负债表" "现金流量表"，并完成必要的数据清洗工作。

（2）通过 "主页" 选项卡下 "输入数据" 功能创建 "年度表"，列名为 "年份"，内容为 "2018" 至 "2023" 六个年度值。

（3）以 "年份" 为关键字建立 "年度表" 与 "资产负债表" "现金流量表" 之间的关联关系。

（4）创建 "融资现状分析度量值表" 后，创建融资现状分析所需的度量值，所需度量值及对应的 DAX 表达式如表 3-11 所示。

表 3-11　"企业融资现状分析" 度量值及对应的 DAX 表达式

度量值	DAX 表达式
负债／万元	负债／万元 =CALCULATE（SUM（'资产负债表'[金额／万元]），'资产负债表'[报表项目]="负债合计"）
股东权益／万元	股东权益／万元 =CALCULATE（SUM（'资产负债表'[金额／万元]），'资产负债表'[报表项目]="所有者权益（或股东权益）合计"）

度量值	DAX 表达式
资产负债率	资产负债率 =[负债／万元]／([负债／万元]+[股东权益／万元])
金融性负债／万元	金融性负债／万元 =CALCULATE (SUM ('资产负债表'[金额／万元]), '资产负债表'[报表项目]=" 短期借款 "‖'资产负债表'[报表项目]=" 交易性金融负债 "‖'资产负债表'[报表项目]=" 衍生金融负债 "‖'资产负债表'[报表项目]=" 应付票据 "‖'资产负债表'[报表项目]=" 应付短期债券 "‖'资产负债表'[报表项目]=" 一年内到期的非流动负债 "‖'资产负债表'[报表项目]=" 长期借款 "‖'资产负债表'[报表项目]=" 应付债券 ")
经营性负债／万元	经营性负债／万元 =[负债／万元]–[金融性负债／万元]
股东出资／万元	股东出资／万元 =CALCULATE (SUM ('资产负债表'[金额／万元]), '资产负债表'[报表项目]=" 实收资本（或股本）"‖'资产负债表'[报表项目]=" 资本公积 ") –CALCULATE (SUM ('资产负债表'[金额／万元]), '资产负债表'[报表项目]=" 减：库存股 ")
少数股东权益／万元	少数股东权益／万元 =CALCULATE (SUM ('资产负债表'[金额／万元]), '资产负债表'[报表项目]=" 少数股东权益 ")
留存收益／万元	留存收益／万元 =[股东权益／万元]–[股东出资／万元]–[少数股东权益／万元]
筹资活动现金流出／万元	筹资活动现金流出／万元 =CALCULATE (SUM ('现金流量表'[金额／万元]), '现金流量表'[报表项目]=" 筹资活动现金流出小计 ")
筹资活动现金流入／万元	筹资活动现金流入／万元 =CALCULATE (SUM ('现金流量表'[金额／万元]), '现金流量表'[报表项目]=" 筹资活动现金流入小计 ")
筹资流入流出比	筹资流入流出比 =DIVIDE ([筹资活动现金流入／万元], [筹资活动现金流出／万元])
吸收投资／万元	吸收投资／万元 =CALCULATE (SUM ('现金流量表'[金额／万元]), '现金流量表'[报表项目]=" 吸收投资收到的现金 ")
借款／万元	借款／万元 =CALCULATE (SUM ('现金流量表'[金额／万元]), '现金流量表'[报表项目]=" 取得借款收到的现金 ")
债券／万元	债券／万元 =CALCULATE (SUM ('现金流量表'[金额／万元]), '现金流量表'[报表项目]=" 发行债券收到的现金 ")
其他筹资／万元	其他筹资／万元 =CALCULATE (SUM ('现金流量表'[金额／万元]), '现金流量表'[报表项目]=" 收到其他与筹资活动有关的现金 ")

（5）将"第 1 页"报表页重命名为"企业融资现状分析"，设置报表主题。

（6）创建"企业资本来源分布"折线和簇状柱形图，选择"折线和簇状柱形图"视觉对象，将"年度表"中的"年份"拖曳至"X 轴"处，将"负债／万元""股东权益／万元"拖曳至"列 y 轴"处，"资产负债率"拖曳至"行 y 轴"处，如图 3-68

所示。

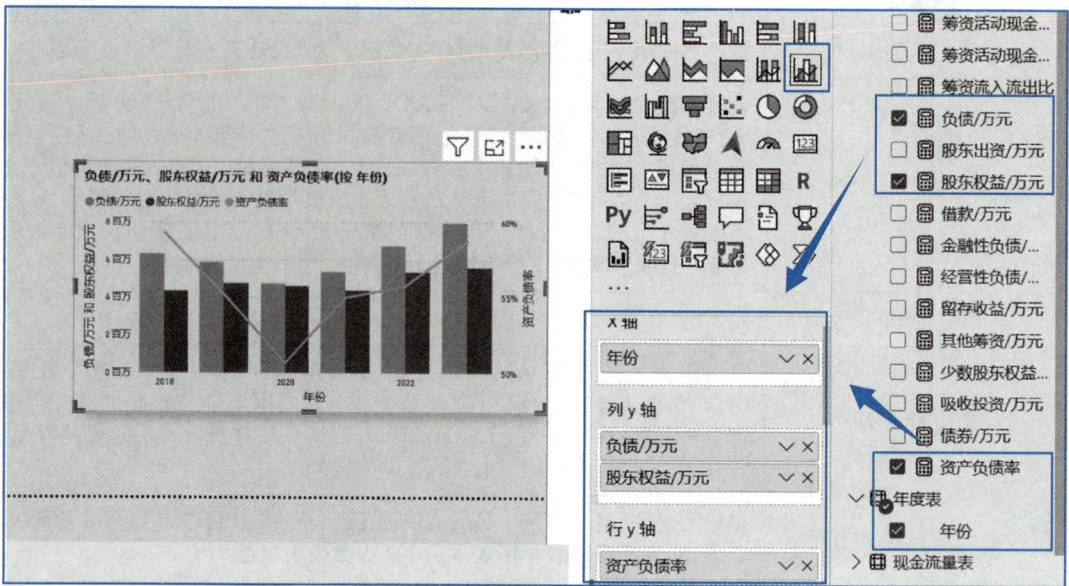

图 3-68　创建"企业资本来源分布"折线和簇状柱形图

（7）创建"债务结构"环形图，选择"环形图"视觉对象，将"金融性负债 / 万元""经营性负债 / 万元"拖曳至"值"处。

（8）创建"股本结构"环形图，选择"环形图"视觉对象，将"留存收益 / 万元""股东出资 / 万元""少数股东权益 / 万元"拖曳至"值"处。

（9）创建"筹资活动现金流量分布"折线和簇状柱形图，选择"折线和簇状柱形图"视觉对象，将"年度表"中的"年份"拖曳至"X 轴"处，将"筹资活动现金流入 / 万元""筹资活动现金流出 / 万元"拖曳至"列 y 轴"处，"筹资流入流出比"拖曳至"行 y 轴"处。

（10）创建"筹资渠道分析"树状图，选择"树状图"视觉对象，将"吸收投资 / 万元""借款 / 万元""债券 / 万元""其他筹资 / 万元"拖曳至"值"处，如图 3-69 所示。

（11）创建"年份"切片器，注意将"年份"切片器与"企业资本来源分布"折线和簇状柱形图、"筹资活动现金流量分布"折线和簇状柱形图的"编辑交互"模式设置为"无"。

（12）完成报表美化，美化后的报表如图 3-70 所示。

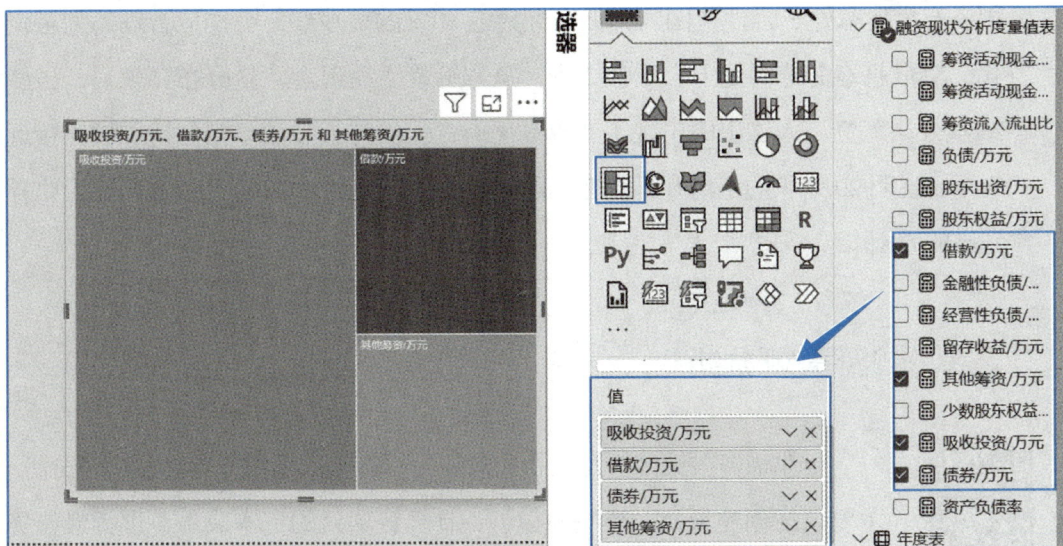

图 3-69 创建"筹资渠道分析"树状图

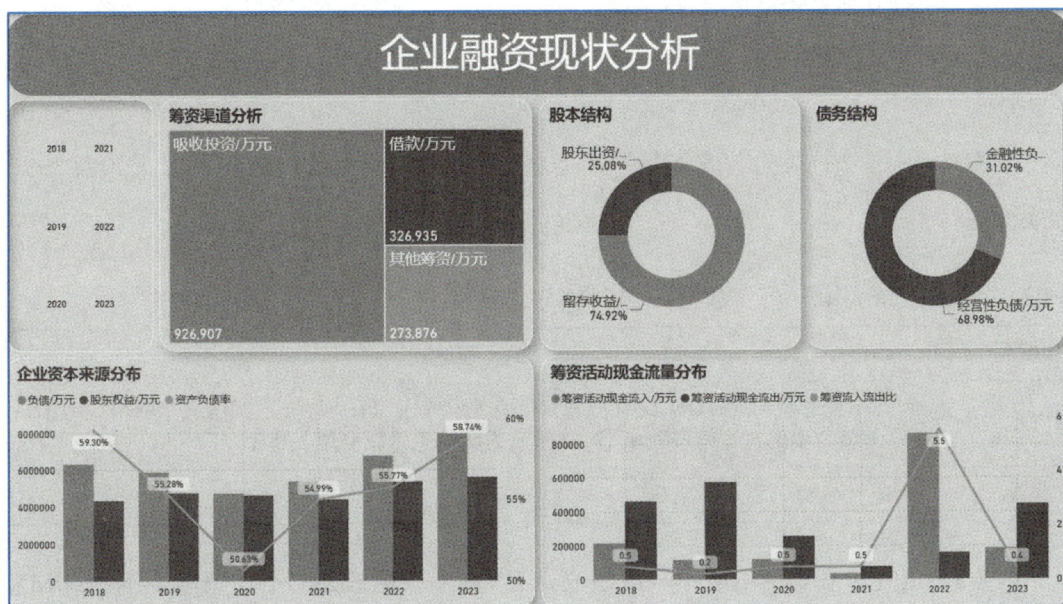

图 3-70 美化后的"企业融资现状分析"报表

从报表可知，公司最主要的筹资渠道是吸收投资，其次是借款和其他筹资两种方式；从股本结构来看，其留存收益占比约为 75%，说明留存收益是公司吸收投资的主要来源；从债务结构来看，经营性负债占比约为 69%。从公司"企业资本来源分布"可以看出，从 2020 年起负债在公司筹资中的作用越来越重要，其占比呈现出逐年上升的趋势（资产负债率在一定程度上能够代表负债占筹资总额的比例）；虽然公司资产负债率处于合理范围内，但已经接近 60% 的警戒线，公司应合理筹划融资方式，使企业筹资结构处于合理范围内。从"筹资活动现金流量分布"来看，虽然 2023 年公司筹资流入流出比出现了严重的下滑，但仍与大多数年份保持了较为接近的水平，说明 2023 年的下滑并不存在问题，公司更应关注 2022 年筹资流入流出比异常升高的原因。

二、融资决策分析

企业融资决策分析是指企业对拟进行筹资的项目方案进行决策分析，主要包括创建项目融资决策模型，计算各项目的资本成本，进行最佳资本成本决策以降低企业经营风险和财务风险。企业融资决策分析具体操作步骤如下。

融资决策分析

（1）利用 Power BI "获取数据"功能导入"融资方案信息"，并完成必要的数据清洗。

（2）创建"个别资本成本"和"比重"数据列，对应的 DAX 表达式如表 3-12 所示。

表 3-12 "企业融资决策分析"数据列的 DAX 表达式

数据列	DAX 表达式
个别资本成本	个别资本成本 =DIVIDE（' 筹资方案信息 '[利率]*（1-' 筹资方案信息 '[所得税率]），1-' 筹资方案信息 '[筹资费率]）+' 筹资方案信息 '[股利增长率]
比重	比重 =[金额 / 万元]/2000

（3）创建"平均资本成本"度量值，其 DAX 表达式为"平均资本成本 =SUMX（' 筹资方案信息 '，' 筹资方案信息 '[个别资本成本]*' 筹资方案信息 '[比重]）"。

（4）将"第 1 页"报表页重命名为"企业融资决策分析"，设置报表主题。

（5）创建"方案"切片器。插入切片器，将"融资方案信息"表中的"方案"拖曳至"字段"处，注意将切片器的选择设置为"单项选择"。

（6）参考操作步骤（5）创建"筹资方式"切片器，注意将选择方式也设置为"单项选择"，如图 3-71 所示。

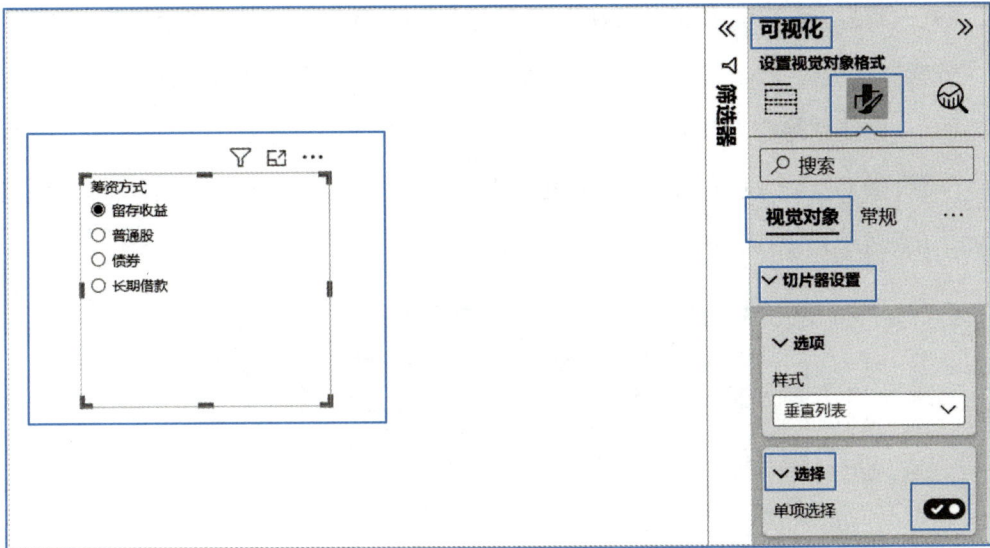

图 3-71　设置"筹资方式"切片器选择方式为"单项选择"

（7）创建"筹资决策模型"参数卡片图和决策指标卡片图，其中参数卡片图包括"金额／万元 的总和""利率 的总和""筹资费率 的总和""股利增长率 的总和"，决策指标卡片图包括"个别资本成本 的总和""平均资本成本"，创建好的卡片图如图 3-72 所示。

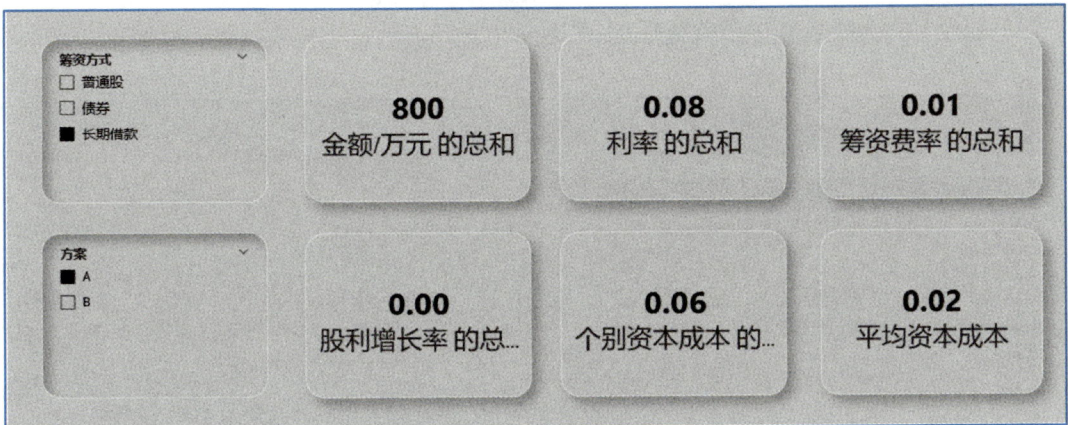

图 3-72　"筹资决策模型"参数卡片图和决策指标卡片图

（8）参考本项目任务二"投资管理分析"中"企业对内投资分析"部分中的操作步骤（12），重命名上述卡片图中"值"处字段名称，将"金额／万元 的总和"重命名为"筹资金额／万元"，"利率 的总和"重命名为"利率"，"股利增长率 的总和"重命名为"增长率"，"个别资本成本 的总和"重命名为"个别资本成本"。

（9）创建"平均资本成本分析"簇状柱形图，选择"簇状柱形图"视觉对象，将"方案"拖曳至"X轴"处，将"平均资本成本"拖曳至"Y轴"处。

（10）创建"筹资方案明细"表，依次将"方案""筹资方式""金额/万元""利率""筹资费率""个别资本成本"拖曳至"列"处，并根据需求将"列"处各字段重命名，创建好的"筹资方案明细"表如图3-73所示。

方案	筹资方式	筹资金额/万元	利率	筹资费率	个别资本成本
A	长期借款	800	0.08	0.01	0.06

图 3-73 "筹资方案明细"表

受已经创建切片器的影响，"筹资方案明细"表只展示了筹资方案"A"、筹资方式为"长期借款"对应的数据指标值。

（11）将"方案"切片器与"平均资本成本"卡片图和"筹资方案明细"表的"编辑交互"模式设置为"无"；将"筹资方式"切片器、"平均资本成本"卡片图、"平均资本成本"簇状柱形图、"筹资方案明细"表的"编辑交互"模式统一设置为"无"。

（12）完成报表美化，美化后的报表如图3-74所示。

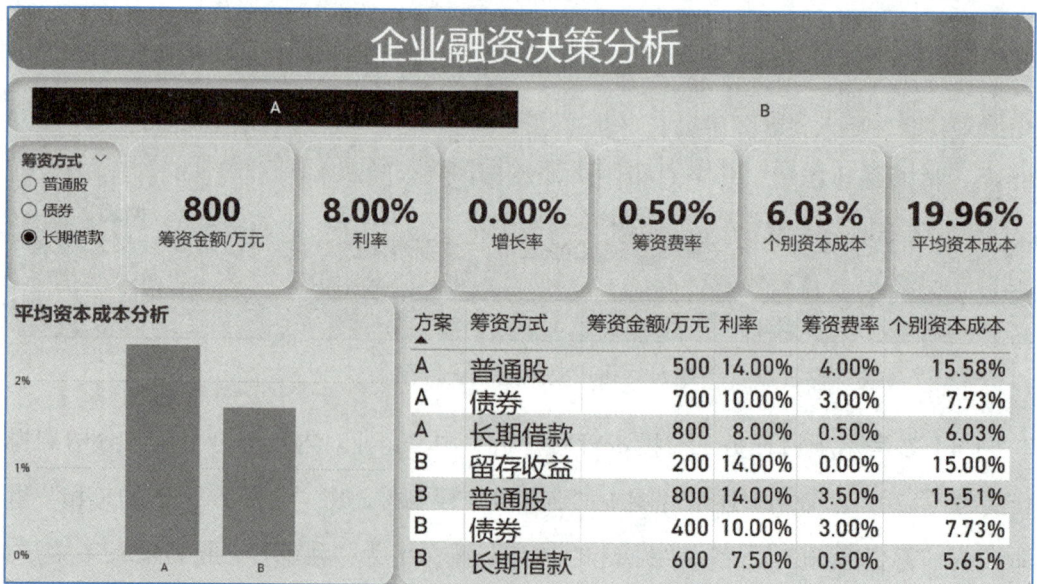

图 3-74 美化后的"企业融资决策分析"报表

从报表可以看出，不同融资方案、不同筹资方式的筹资金额、利率、筹资费率、个别资本成本都不同，企业需要结合自身资金需求和实际经营状况选择合适的筹资方式。

【项目总结】

（1）掌握资金需求预测的回归分析方法、应收账款账龄计算、投融资项目决策关键指标及判定标准，掌握规模分析、结构分析、趋势分析、效益分析的方法和作用。

（2）熟练掌握 Power BI 的 DAX 函数，并将其灵活运用于新建表、新建列、新建度量值，正确计算分析所需数据指标等工作中。本项目运用的 DAX 函数主要有 SUM、SUMX、DIVIDE、AVERAGE、MAX、COUNTA、COUNTROWS、DISTINCTCOUNT、SELECTEDVALE、CALCULATE、FILTER、ALL、VAR、FORMAT、XNPV、XIRR 等。

（3）熟练掌握 Power BI 数据分析可视化的"新建参数""分析 | 辅助线""条件格式""数据分组""数据项排除""筛选器"等功能的运用，增加数据分析的灵活性。

（4）掌握切片器的"编辑交互"功能，增加报表分析的互动性；掌握在图形上增加"公式提醒"的方法和作用，增强分析报表的可读性。

德技并修 ▶▶

大数据技术赋能合理合法融资

企业可以借助大数据技术构建统一的融资信息口径，建立集团统一融资安排和分析体系，汇总成员企业内外部融资信息，根据资金流动和重大项目及时安排资金的筹措，做到事前计划、事中控制、事后分析与预测。

1. 精准分析预测企业资金缺口

通过大数据技术的预测模型及运算方法能够预测未来一段时间现金流动情况，若出现资金缺口，则可根据业务需要明确融资规模和期间，合理开展融资活动。

2. 选择合法的融资渠道和方式

融资渠道是指企业取得资金的来源，融资方式是企业取得资金的具体形式。企业一定要通过合法的渠道和方式获取资金。在与众多金融机构对接获取融资方案后，企业可以通过智能资金管理系统实现融资方案的对比，选定最适合企业的融资渠道和方式。

3. 保障运营资金的结构合理性

不同的融资方式产生的资金成本不同，也对应不同的财务风险，通过融资管理中的数据分析，能够及时清晰地展示企业融资状况和资产负债变动，并借助聚类算法等大数据技术对申请授信的主体、项目等进行快速风险识别，对客户或者内部主体进行聚类分析，从而为企业决策层提供数据支持。

【思考与实践】企业融资要遵循《中华人民共和国中国人民银行法》《中华人民共和国商业银行法》《中华人民共和国公司法》《中华人民共和国证券法》《中华人民共和国贷款通则》《中华人民共和国民法典》等法律法规，一定要选用合法的融资渠道、履行合法的融资程序、合理地开展融资活动。其他企业、组织、个人作为被融资的对象，应当谨慎投资，不轻信且不被"暴利"所诱惑。

【知识测验】

一、单选题

1.（　　）是通过建立资金需求量与产销量之间的线性模型，对未来的资金需求量进行预测的方法。

A. 销售百分比法   B. 资金习性预测法

C. 因素分析法   D. 高低点法

2.（　　）是指投资项目投产后获得的收益总额达到该项投资投入的总额所需要的时间（年限）。

A. 现值指数   B. 净现金流量

C. 年金净流量   D. 投资回收期

3.（　　）是指投资项目的净现值为 0 时的折现率，即某项投资处于经济保本点时的折现率。

A. 内部报酬率   B. 净现值

C. 年利率   D. 投资回报率

4. (　　　) 是指企业具有利息的负债, 如短期借款、长期借款、交易性金融负债等。

A. 负债   B. 经营性负债

C. 金融性负债   D. 衍生金融负债

5. (　　　) 是以各个单项筹资方式的个别资本在企业总筹资金额中的比重为权数, 对各单项个别资本成本进行加权平均而得到筹资方案的总资本成本率, 是融资方案决策的关键指标。

A. 资本结构   B. 个别资本成本

C. 平均资本成本   D. 边际资本成本

二、多选题

1. 下列选项中, 属于资金需求预测的方法的有 (　　　　)。

A. 销售百分比法   B. 每股收益分析法

C. 资金习性预测法   D. 平均资本成本比较法

E. 公司价值分析法

2. 应收账款在企业经营过程中发挥着重要作用, 主要包括 (　　　　)。

A. 扩大销售   B. 减少库存

C. 贷款融资   D. 提高投资效率

E. 降低成本

3. 企业的对内投资在资产负债表上所呈现的项目有 (　　　　)。

A. 长期股权投资   B. 固定资产

C. 无形资产   D. 存货

E. 交易性金融资产

4. 下列选项中, 属于投资分析方法的有 (　　　　)。

A. 规模分析   B. 结构分析

C. 趋势分析   D. 投资效益分析

E. 客户维度分析

5. 在项目投资决策中, 经常使用的决策关键指标有 (　　　　)。

A. 投资回收期   B. 净现值

C. 内部报酬率   D. 现值指数

E. 年金净流量

三、判断题

1. 企业资金需求预测有定性和定量预测两种方法，销售百分比法属于定性预测方法。 （　　）

2. 资产负债表上的应收账款项目的金额是应收账款的余额，未抵减坏账准备。

（　　）

3. 当投资项目的净现值大于等于 0 时，说明该投资方案可行；多个净现值均大于 0 的方案，净现值最大的为最优方案。 （　　）

4. 企业融资来源包括债权和股权，其中债权人要求的回报大于股东。 （　　）

5. 向金融机构借款和发行债券属于债务筹资，在计算债务的资本成本时必须要考虑所得税的影响，因为债务利息在所得税前支付，具有抵税作用。 （　　）

【技能实践】

【任务要求】COF 公司为一家以化工制造为主的集团公司，在环保标准越来越高的市场背景下，公司适当缩减了化工主业的产业规模，公司高层决定投资新项目，该新项目的初始投资资金的 60% 需要进行融资。COF 公司的企业所得税税率为 25%，公司的必要报酬率为 8%。请帮助投资小组和融资小组完成以下数据分析任务。（数据源：COF 投资融资项目信息表）

任务：（1）创建投资项目决策分析模型，进行备选方案分析和可视化，提出投资决策建议。

（2）根据投资决策选定项目所需资金，创建融资决策分析模型，进行备选方案分析和可视化展示，提出融资决策建议。

大数据技术在损益管理中的应用

学习目标

素养目标

◆ 通过对"销售收入分析与可视化"的学习，养成分析问题、解决问题的基本职业素养。

◆ 通过对"成本费用分析与可视化"的学习，培养数据分析的基本逻辑思维。

◆ 通过对可视化看板的学习和制作，提升审美素养。

知识目标

◆ 理解损益管理的重要性。

◆ 掌握损益管理分析的基本内容和关键指标。

◆ 熟悉损益管理数据分析与可视化的基本方法与技巧。

能力目标

◆ 能够掌握损益管理分析中 Power BI 常用函数的功能和语法。

◆ 能够掌握损益管理分析中常用的可视化图表绘制方法，并能根据需求绘制恰当的图表。

◆ 能够熟练运用 Power BI 进行销售收入、成本费用相关数据分析，并根据分析结果给出恰当的分析结论，提出合适的改进或优化建议。

思维导图

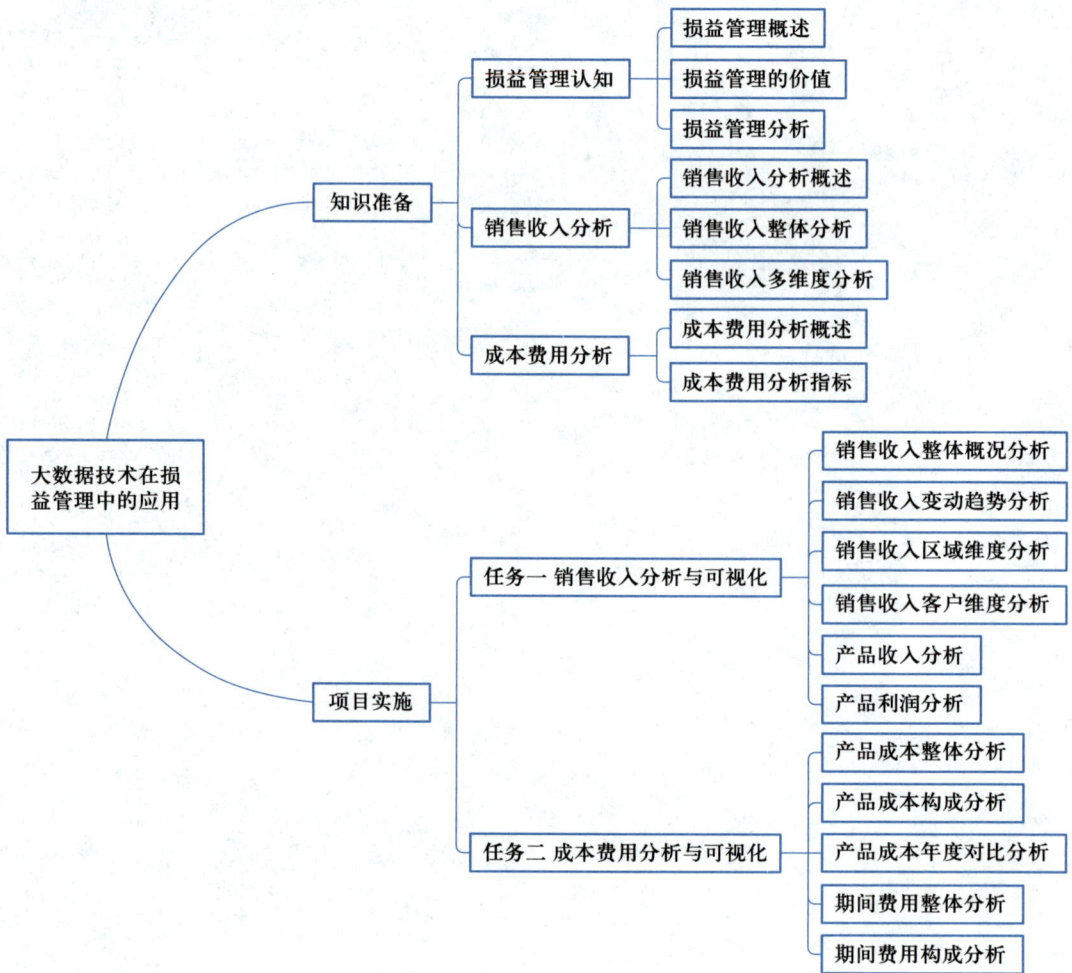

项目导入

大数据分析助力"书香中国"建设

阅读是获取知识、增长智慧的重要方式，是传承文明、提高国民素质的重要途径。2016 年，我国首个国家级全民阅读规划《全民阅读"十三五"时期发展规划》印发；2020 年中共中央宣传部印发《关于促进全民阅读工作的意见》，对推进新时代全民阅读工作作出全面部署；2021 年，《中华人民共和国国民经济和社会发展第十四个五年规划和 2035 年远景目标纲要》明确指出"深入推进全民阅读，建设'书香中国'"；2022 年党的二十大报告再次强调"加强国家科普能力建设，深化全民阅读活动"。

出版社作为图书及相关影像作品的主要发行者，在推进全民阅读的过程中有着不可或缺的作用。2016 年修订的《出版管理条例》更是对出版物的出版管理程序和出版物的印刷质量提出了更高的要求，这无疑增加了出版社的运营和管理成本。在全民阅读时代，高质量阅读需求和数字经济时代高效率工作方式的时代背景下，出版社更应该借助大数据分析工具对其出版物的内容质量、经营状况和运营管理情况的相关数据进行采集整理和挖掘分析。

大数据分析可以帮助出版社洞悉市场热点和竞争态势，以便掌握市场动态、抓住市场需求，提升其市场竞争力；大数据分析可以帮助出版社了解读者的阅读习惯、阅读偏好，为内容创作提供指导和依据，以满足读者的阅读需求，提升其阅读体验；大数据分析技术还可以帮助出版社对其内部的生产数据进行分析，识别瓶颈和低效率环节，以提高生产效率和降低生产成本，促进良好出版生态构建，扎实阅读基础，助力建设"书香中国"。

【项目要求】

ABC 出版社是一家图书出版社，出版销售的图书主要涵盖人文社科、经管综合、计算机、文学综合四大类型，其主要销售渠道为互联网销售，主要的客户类型有公司、小型企业和个人消费者，其客户遍布全国各地。在出版行业竞争日益激烈和出版社内部成本费用压力较大的情况下，为了在激烈的市场竞争中保持自身的竞争优势，在提高销售收入的同时提升成本费用的使用效率，财务分析人员承担起了发掘公司销售收入增长点和成本费用提效点的重任，目前已经获取出版社的"销售收入数据源""生产成本数据源"和"费用明细数据"表，现在需要利用已获取的数据完成以下分析任务。

（1）完成销售收入分析与可视化。利用"销售收入数据源"完成销售收入整体概况分析、销售收入变动趋势分析、销售收入区域维度分析、销售收入客户维度分析、产品收入分析和产品利润分析，及其对应分析结果的可视化展示。

（2）完成成本费用分析与可视化。利用"生产成本数据源"和"费用明细数据"完成产品成本整体分析、产品成本构成分析、产品成本年度对比分析、期间费用整体分析和期间费用构成分析，及其对应分析结果的可视化展示。

【知识准备】

一、损益管理认知

（一）损益管理概述

1. 损益管理的概念

损益管理是指对企业经营成果进行分析管理，也就是对利润或亏损进行分析管理。如果企业在一定时期内的全部收入减去全部支出后为正值，就是盈利（即有利润）；如果全部收入减去全部支出后为负值，则是亏损。

2. 损益管理的内容

收入和成本费用是企业利润或亏损的重要影响因子，因此，损益管理除了直接关注利润或亏损，收入和成本费用也是其重要分析与管理的对象。

（二）损益管理的价值

1. 监控企业经营状况

通过损益管理，可以及时了解企业的收入、成本、利润等情况，帮助企业管理者监控企业的经营状况，及时发现问题并采取措施。

2. 提高企业有效产出

通过损益管理，可以准确掌握企业产出比，及时反馈产品的产量、销量、质量、成本等情况，有效控制成本，避免资源浪费，提高企业有效产出。

3. 制定企业经营策略

通过损益管理，可以了解企业的盈利能力、成本结构、市场需求等情况，帮助企业管理者制定合理的经营策略，提高企业的盈利能力和市场竞争力。

（三）损益管理分析

1. 损益管理的分析指标

根据损益管理的目标和管理内容，可以确定相关的分析指标，通常包括销售额、销售数量、期间费用、营业成本等，还包括各类指标的同比率、环比率、执行率等。

2. 损益管理的分析方法

损益管理的相关分析主要是分析利润的增减、利润结构的调整和影响利润的收入及成本费用等，其分析方法包括比较分析法、比率分析法、趋势分析法和多维分析法。

（1）比较分析法。比较分析法是指根据获得的或计算的损益类实际数据，如比率数据或百分比数据，与计划（预算）、上期数据或其他企业的类似数据进行比较，以确定差异。这种方法所得出的结果在数量上的差距可以反映业务管理方面的差距，它直观揭示了客观差距和造成差距的原因，能够帮助企业发现问题，挖掘潜力并改善工作。

（2）比率分析法。比率分析法是指比较同一会计期间的相关数据以找到它们之间的比率关系，并分析损益项目之间的关系，评估财务状况并找出经营中的问题。比率分析法也包括结构分析法，如分析销售收入在总收入中的占比和结构。

（3）趋势分析法。趋势分析法是指通过比较不同时期的损益项目，了解企业当前的经营状况并分析其发展趋势。它一方面可以帮助企业作出经营预测，确定决策和预算的方向，另一方面可以判断企业未来的发展趋势。

（4）多维分析法。

多维分析法是指从不同角度分析和解读同一事物或对象，比如销售收入可以从客户维度、产品维度、区域维度等不同维度去分析。它可以帮助信息使用者或决策者更加准确地把握数据分析结果，以作出更准确的决策。

二、销售收入分析

（一）销售收入分析概述

销售收入，是指企业在商品交易中所取得的收入，是企业收入的主要来源，主要计入利润表的主营业务收入和其他业务收入科目。在企业经营过程中，内部经营管理者分析销售收入时一方面要分析收入的整体变化情况，另一方面要深入分析销售收入发生变化的原因，一般会从客户、产品、时间、区域等多重维度分析，寻找问题产生的根源，以便优化销售收入管理效果。

（二）销售收入整体分析

市场竞争如逆水行舟，不进则退，销售收入增长率是判断企业竞争能力良莠的"试金石"。在分析一个企业的销售收入时，首先要对整体市场区域的销售数据（收入、数量、利润等指标）进行同比、环比、结构、趋势等综合分析。然后还要分析其他相关指标，比如与收入相关的销量、利润、应收账款或预收账款等指标。只有全面了解销售收入指标变化情况，才能作出准确的经营决策，以提高企业销售收入和市场占有率。具体分析内容包括以下几点。

1. 总量性分析

销售收入是衡量企业经营状况和市场占有力、预测企业经营业务拓展趋势的重要标志。不断增加的销售收入是企业生存的基础和发展的条件，销售总额与增长速度是企业整体实力的重要标志。增长速度越快，企业抵御风险的能力越强。销售总额分析不仅是分析企业本期收入总额，还需要对企业各产品以及各区域的销售总额进行详细分析。

2. 趋势性分析

企业要了解本期指标的好坏，需要对本期指标做同比与环比分析。同比分析是指本期数据与历史同期数据进行比较，侧重反映数据的长期趋势，规避了季节等因素。环比分析是指本期数据与相邻的前后两期进行比较，侧重反映数据的短期趋势，会受到季节等因素的影响。

3. 纵向性分析

纵向性分析反映企业现在与过去相比的增减变化趋势，通过纵向性分析可以总结销售收入的季节性变化，同时通过与销售数据中的销售组成进行对比，可以分析淡旺季发展规律。纵向性分析还可以分析影响企业发展的潜在因素，进行前瞻性预测。一般的纵向性分析可以按月、季度或年进行比较。

4. 横向性分析

横向性分析是指本企业与其他企业的比较。可以将本企业指标与行业标杆企业或行业均值进行对比分析，以获悉本企业更真实的发展情况。通过横向性分析，可以了解企业在行业中的地位以及与标杆企业的差距。

5. 相关性分析

与企业销售收入相关的还有许多财务指标，只有综合分析这些指标，管理者才能清楚影响企业销售收入的因素，做决策时才能做到有的放矢。

（1）销售收入增长率与净利润增长率。与销售收入关联最紧密的是利润，本期销售收入与本期利润的关联性可以反映很多问题。销售收入增长率与净利润增长率各自反映了销售收入与净利润的增长速度，如果净利润增长率高于销售收入增长率，说明企业的盈利能力增强；如果销售收入增长率明显高于净利润增长率，则说明毛利率变化趋势是向下的，或企业成本与费用的变化趋势是向上的。

（2）销售收入增长率与应收账款增长率。一般来说，应收账款与销售收入存在一定的正相关关系。在较好的经营状况下，应收账款增长率往往小于销售收入增长率。当应收账款增长率大于销售收入增长率时，说明销售收入中的大部分来自赊销，资金回笼速度较慢，企业的资金利用效率有所降低，影响了企业的资产质量，从而加大了经营风险，应收账款的变现速度有待加强。

（3）销售收入增长率与预收账款增长率。预收账款是企业下游议价能力的体现，也是销售收入的先行指标。预收账款大幅增加的企业，未来的销售收入大概率也会增加。但考虑预收账款时必须区分行业，常见的采用预收账款模式的行业有房地产类、科技类企业等。

（三）销售收入多维度分析

1. 时间维度分析

时间维度在销售分析中一直是一个非常重要的分析维度，通过不同时段的对比分析，可让管理者轻松看到数据之间的差异，如可以通过筛选时间段掌握不同时间段内的商品销售总体情况及明细情况等，以便及时分析原因，制定和实施不同的经营策略。

2. 区域维度分析

区域维度分析是指结合地区信息分析销售收入的构成情况，以优化销售收入地区结构，区域维度分析可以从以下几个方面进行。

（1）区域分布分析。通过分析销售区域及各个区域的销售表现，企业可以快速定位销售中心区域，发现潜在市场，从而为下阶段区域布局策略提供数据支持。

（2）重点区域分析。通过对重点区域的销售数据进行分析，企业可以了解销售额、销售数量等指标的发展趋势、结构占比情况。

（3）区域产品分析。通过将不同区域销售的产品进行横向性分析，企业可以观察其历史销售情况的变化。

（4）区域客户分析。通过分析各个区域中客户的历史销售贡献，企业可以快速定位核心客户。

3. 客户维度分析

企业经营的目标是盈利，而客户是企业盈利的来源。不同的客户将产生不同的价值，因此，企业应将客户按价值分成不同的等级和层次，把有限的时间、精力、财力做好有效分配，对不同客户做不同层级的关系维护，定制专属的销售策略，从而达到销售目标。客户分析的依据可以以客户采购额或者毛利贡献额为指标。从客户维度分析销售收入，一方面可以帮助企业找到优质客户或者发现潜在优质客户，即快速定位哪些客户是高价值的客户；另一方面也有利于重点关注并找出潜在的客户流失风险等。

4. 产品维度分析

（1）产品维度分析方法。产品是企业赖以生存的根本，而产品创新是企业的生命线，产品的优劣对于一个企业而言是至关重要的。销售收入的增长分析可以按照客户维度分析，还可以按照产品维度分析。在大数据时代，最常用的产品维度分析方法是利用波士顿矩阵模型来做产品预测。

波士顿矩阵又称市场增长率—相对市场份额矩阵，它把销售增长率（反映市场吸引力的指标）和市场占有率（反映企业实力的指标）作为两个判断指标，将企业现有产品分为四个类型，然后针对各类产品的特点及时调整投资方向。波士顿矩阵分析的四个类型产品分别是明星产品、金牛产品、问题产品和瘦狗产品。

① 明星产品。明星产品是指高销售增长率、高市场占有率的产品。其发展前景好，竞争力强，需要企业加大投资以支持其发展。

② 金牛产品。金牛产品是指低销售增长率、高市场占有率的产品。它是成熟市场的领导者，享有规模经济和高边际利润优势，金牛产品能给企业带来大量的现金流，但未来的增长前景有限。企业应降低投资，维持市场占有率并延缓衰退。

③ 问题产品。问题产品是指高销售增长率、低市场份额的产品。其发展前景好，但市场开拓不足，需谨慎投资。这些产品可能利润率很高，但占有的市场份额很小。处在这个领域中的多是一些投机性产品，具有较大的风险。

④ 瘦狗产品。瘦狗产品是指低销售增长率、低市场份额的产品。瘦狗产品大多

是微利甚至是亏损的。瘦狗产品及相关业务通常要占用很多资源，如资金投入、管理维护等，应及时采取撤退战略，以便把资源转移到更有利的领域。

（2）产品维度分析指标。产品维度分析主要包括产品维度的销售情况分析、产品库存分析、产品价位分析等几个方面，常见的产品维度分析指标有产品销售收入排名、产品毛利率排名、产品收入增长率、产品成本增长率、产品市场占有率和产品收入增长因素等。通过产品维度分析销售收入，主要是为了发掘潜力产品、优化产品结构。

三、成本费用分析

（一）成本费用分析概述

1. 成本费用的概念

成本费用即广义上的总成本。按企业会计制度划分，又分为营业成本和期间费用。营业成本是为生产产品、提供劳务而直接发生的人工、水电、材料物料、折旧等费用。期间费用则包括销售费用、管理费用、财务费用。其主要作用体现在以下几个方面：

（1）成本费用是反映和监督劳动耗费的工具。

（2）成本费用是补偿生产耗费的尺度。

（3）成本费用可以综合反映企业的工作质量，是推动企业提高经营管理水平的重要杠杆。

（4）成本费用是制定产品价格的一项重要依据。

2. 成本费用分析的重要性

对成本费用进行控制是企业增加收益、提高市场竞争力的重要手段。营业成本主要涉及企业生产过程的料工费等内容，对企业正常生产影响较大，所以企业营业成本的压缩空间相对有限；期间费用主要包括销售费用、管理费用和财务费用三个方面，相对弹性较大。在通常情况下，企业通过对成本费用进行分析和管控来体现以下优势：

（1）准确的成本费用数据是制定价格的依据，便于企业提高市场竞争能力。

（2）成本费用的降低能够提高企业的利润，直接影响企业经济效益。

（3）成本费用关联公司每个部门和员工，通过规范库存材料的核算管理，可以减少资金占用，减少浪费，进而提高经济效益。

（4）成本费用管理水平的提高可以带动和促进整个公司管理水平的提高。

（二）成本费用分析指标

在成本费用分析中，本期成本费用总额和全年累计成本费用总额是企业管理者最关心的。但是在掌握了整体情况后，企业还需要关注成本费用的结构以及结构内的各项占比情况，找出对其影响最大的项目；同时，还要进一步分析费用是固定性费用还是偶发性费用等。成本费用分析的意义在于找到成本费用高低的合理性，及时对其进行管控，以提高企业利润和毛利率。营业成本分析主要包括成本总体情况分析、产品成本构成分析、产品成本年度对比分析、产品成本量本利分析等；期间费用分析主要包括期间费用整体情况分析和期间费用构成分析。常见的成本费用分析指标如表4-1所示。

表4-1　常见的成本费用分析指标

指标	含义
本期成本费用总额	反映本期成本费用整体情况
全年累计成本费用总额	反映全年成本／费用整体情况
本期成本费用占本季度成本费用比例	反映本期成本费用在本季度中的整体情况
本期成本费用占全年成本费用比例	反映本期成本费用在本年度中的整体情况
全年累计（成本费用总额）中各月成本费用占比	反映成本费用各月的浮动情况
成本费用环比上月数值	反映本期成本费用变化趋势
成本费用同比上年同期数据	反映本期成本费用与上年相比的情况
成本费用构成及占比	反映成本费用结构情况
成本费用历史趋势	反映成本费用历史变动情况
成本费用收入比	反映成本费用与销售收入的配比
本期管理费用率、销售费用率、财务费用率	分解三大期间费用与销售收入的关系
与行业均值对比	反映企业成本费用与行业均值的对比情况
与对标企业对比	反映企业成本费用与对标企业的对比情况

任务一　销售收入分析与可视化

根据项目要求，可以将本任务分解为以下六个子任务：销售收入整体概况分析、销售收入变动趋势分析、销售收入区域维度分析、销售收入客户维度分析、产品收入分析和产品利润分析。

一、销售收入整体概况分析

销售收入整体概况分析是对 ABC 出版社销售收入总体情况所进行的分析，包括销售收入关键数据指标、收入总体变化趋势，以及结合销售渠道、地区、商品类别、客户会员等信息形成的针对不同维度的总体销售收入情况分析。具体操作步骤如下。

（1）使用 Power BI "获取数据"功能导入"销售收入数据源"，根据需要完成数据清洗工作，并完成数据的加载。

（2）在"表格视图"模式下，单击"主页"选项卡中的"新建表"功能按钮，在公式编辑栏内输入"日期表" DAX 表达式，完成日期表创建，如图 4-1 所示。

创建日期表
与表关系

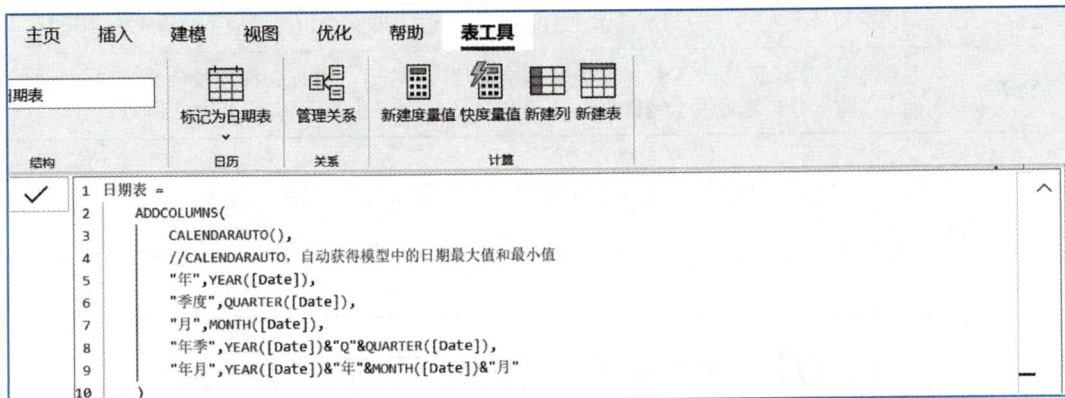

```
主页    插入    建模    视图    优化    帮助    表工具

期表          标记为日期表  管理关系  新建度量值 快度量值 新建列 新建表

结构            日历        关系              计算

✓   1  日期表 =
    2    ADDCOLUMNS(
    3        CALENDARAUTO(),
    4        //CALENDARAUTO，自动获得模型中的日期最大值和最小值
    5        "年",YEAR([Date]),
    6        "季度",QUARTER([Date]),
    7        "月",MONTH([Date]),
    8        "年季",YEAR([Date])&"Q"&QUARTER([Date]),
    9        "年月",YEAR([Date])&"年"&MONTH([Date])&"月"
   10    )
```

图 4-1　创建日期表

（3）进入"模型视图"模式，建立"销售详情表"与其他数据表之间的关联关系，如图4-2所示。

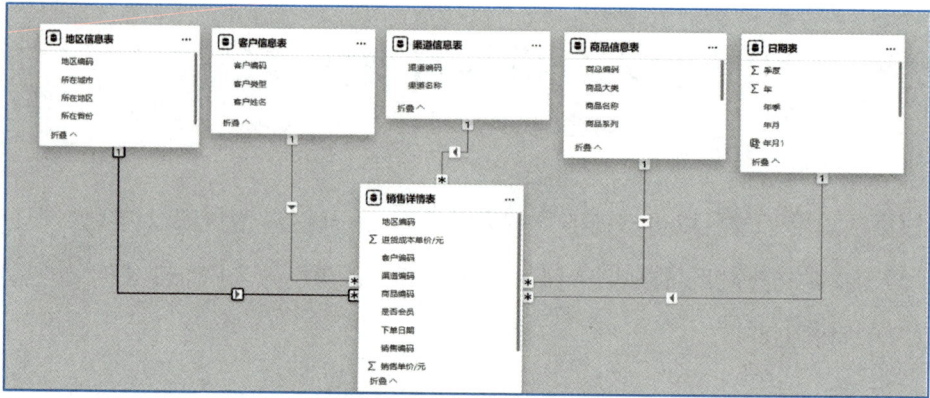

图4-2　创建关联关系

（4）在创建一个存储度量值的"销售收入整体概况分析度量值"表后，创建"销售收入整体概况分析"需要使用的度量值，包括"销售数量／本""销售收入／元""销售成本／元""销售毛利／元""毛利率"，相关DAX表达式如表4-2所示。

表4-2　"销售收入整体概况分析"度量值表及相关DAX表达式

度量值	DAX 表达式
销售数量／本	销售数量／本 =SUM（'销售详情表'[销售数量／本]）
销售收入／元	销售收入／元 =SUMX（'销售详情表'，'销售详情表'[销售数量／本]*'销售详情表'[销售单价／元]）
销售成本／元	销售成本／元 =SUMX（'销售详情表'，'销售详情表'[销售数量／本]*'销售详情表'[进货成本单价／元]）
销售毛利／元	销售毛利／元 ='收入分析度量值'[销售收入／元]-'收入分析度量值'[销售成本／元]
毛利率	毛利率 =DIVIDE（'收入分析度量值'[销售收入／元]-'收入分析度量值'[销售成本／元]，'收入分析度量值'[销售收入／元]）

（5）进入"报表视图"模式，创建"销售数量／本""销售收入／元""销售毛利／元""毛利率"卡片图，如图4-3所示。

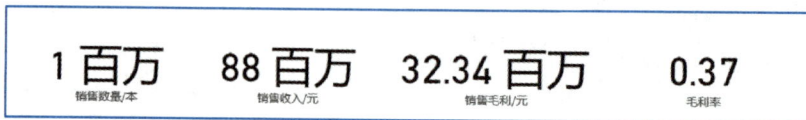

图4-3　创建"销售收入整体概况分析"关键指标卡片图

创建"销售收入变化趋势"折线图，在"生成视觉对象"窗口中选择折线图，将"日期表"中"Date"字段拖曳至"X 轴"处，将"销售收入 / 元"拖曳至"Y 轴"处。注意，要用单击"向上钻取"，将"Date"的显示层级设置为"年"，如图 4-4 所示。

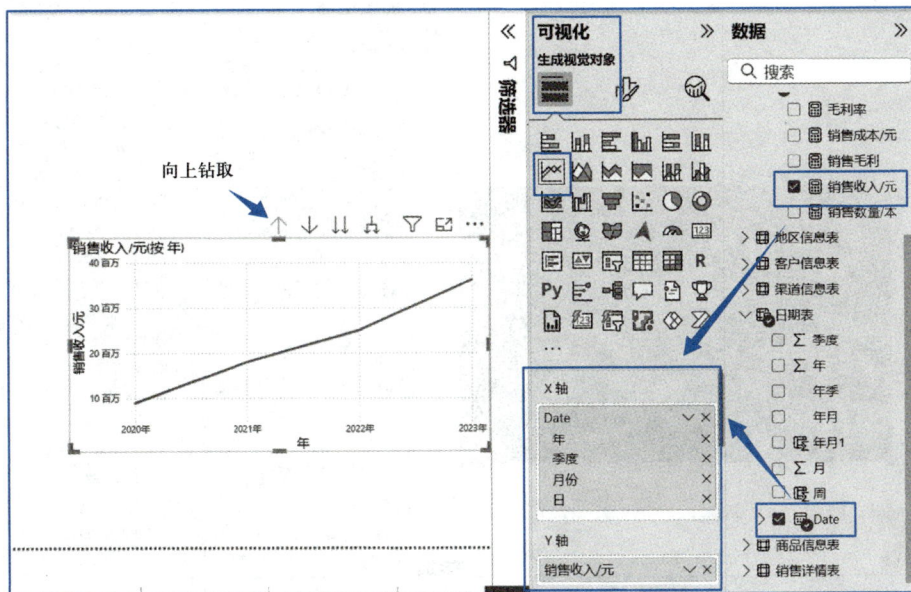

图 4-4　创建"销售收入变化趋势"折线图

（6）创建"各渠道销售收入占比"环形图，注意将"渠道信息表"中"渠道名称"拖曳至"图例"处，"销售收入 / 元"拖曳至"值"处，如图 4-5 所示。

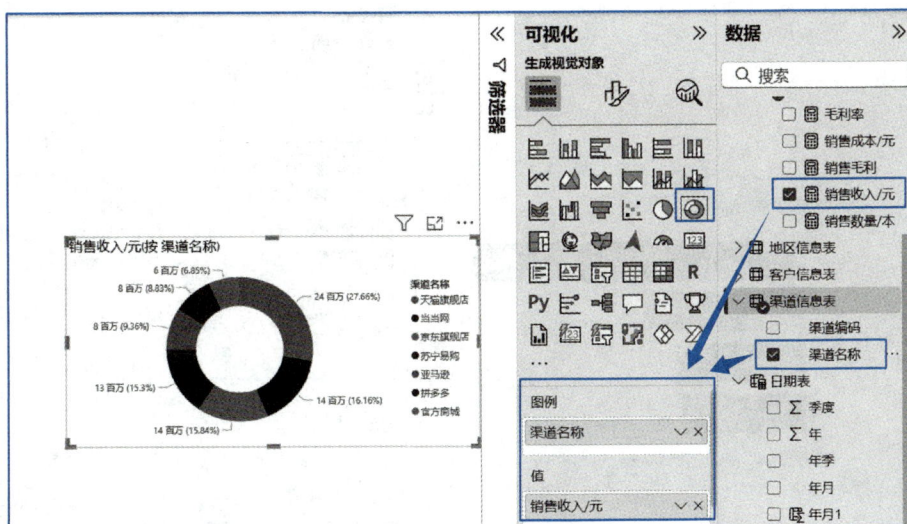

图 4-5　创建"各渠道销售收入占比"环形图

（7）创建"各地区销售收入"树状图，注意将"地区信息表"中"所在地区"拖曳至"类别"处，"销售收入／元"拖曳至"值"处，如图4-6所示。

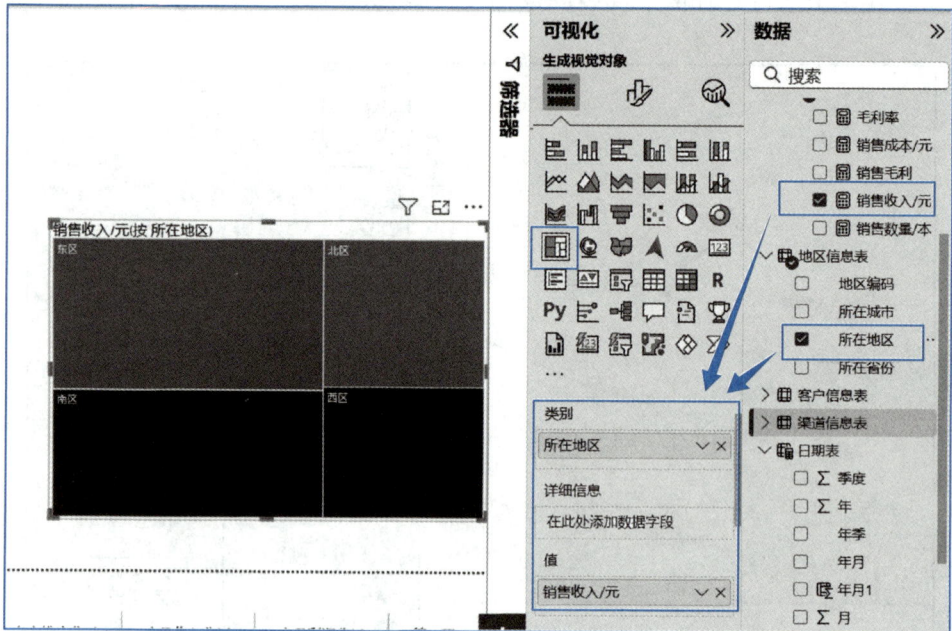

图4-6　创建"各地区销售收入"树状图

（8）创建"各类商品销售收入"簇状条形图，注意将"商品信息表"中"商品大类"拖曳至"Y轴"处，"销售收入／元"拖曳至"X轴"处，如图4-7所示。

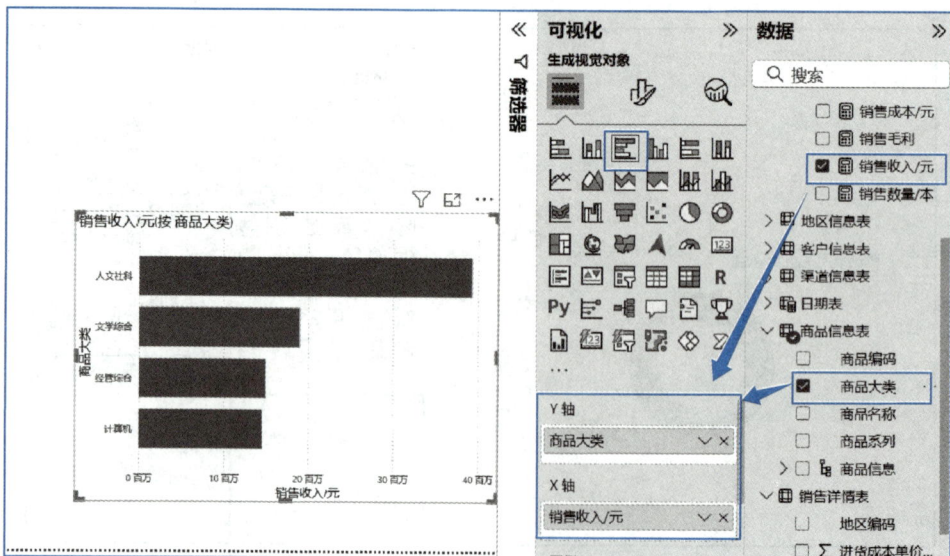

图4-7　创建"各类商品销售收入"簇状条形图

（9）参考操作步骤（7），创建"会员／非会员销售收入占比"环形图。

通过操作步骤（1）至操作步骤（9），初步完成了"销售收入整体概况分析"相关图表的创建，接下来要做的就是为报表添加筛选器并进行报表美化。

（10）在右侧"可视化"|"生成视觉对象"窗口中，选择"切片器"，将"日期表"中"Date"拖曳至"字段"处，创建"时间"切片器，如图4-8所示。如此创建的是页面切片器，作用于整个页面。

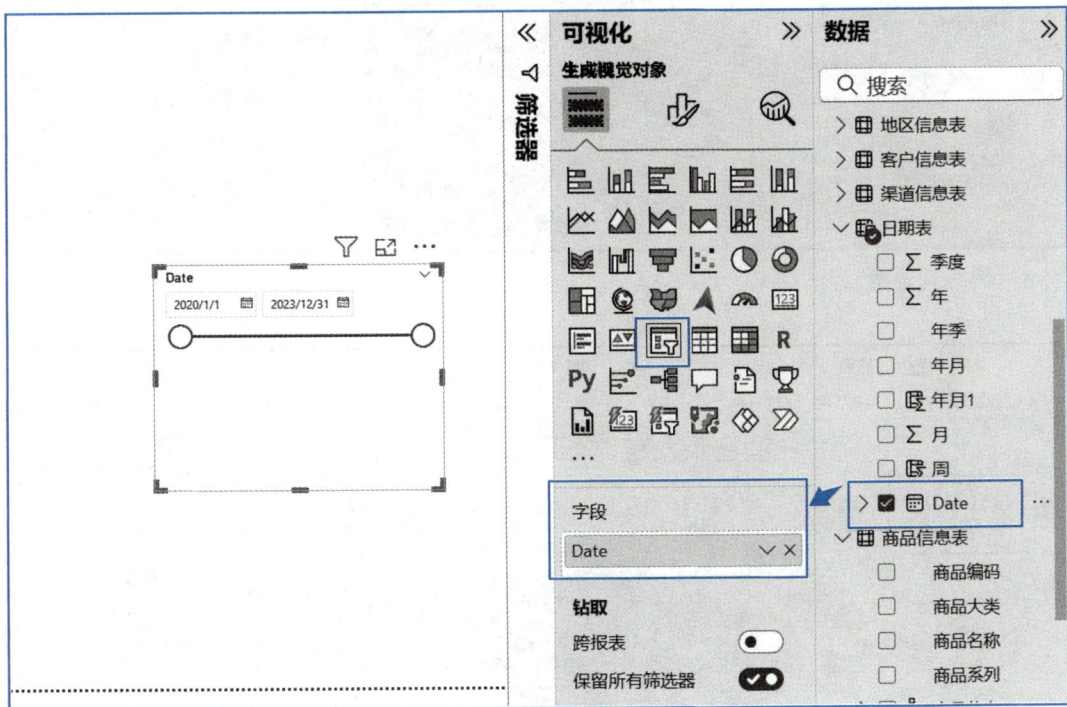

图4-8　创建"时间"切片器

（11）参考操作步骤（10），创建"所在地区"和"商品大类"切片器。

（12）适当调整报表中各视觉对象的位置和大小，使用"主题"功能为报表添加主题，注意在上方留出放置标题的位置，如图4-9所示。

（13）使用"插入"|"文本框"功能为报表添加标题"销售收入整体概况分析"，并将字号修改为"36"，对齐方式设置为"居中"。

（14）选中"销售数量／本"卡片图，在右侧"可视化"|"设置视觉对象格式"窗口中，将标注值中"显示单位"设置为"无"，如图4-10所示。同理，依次完成"销售收入／元""销售毛利／元"标注值显示单位的设置。

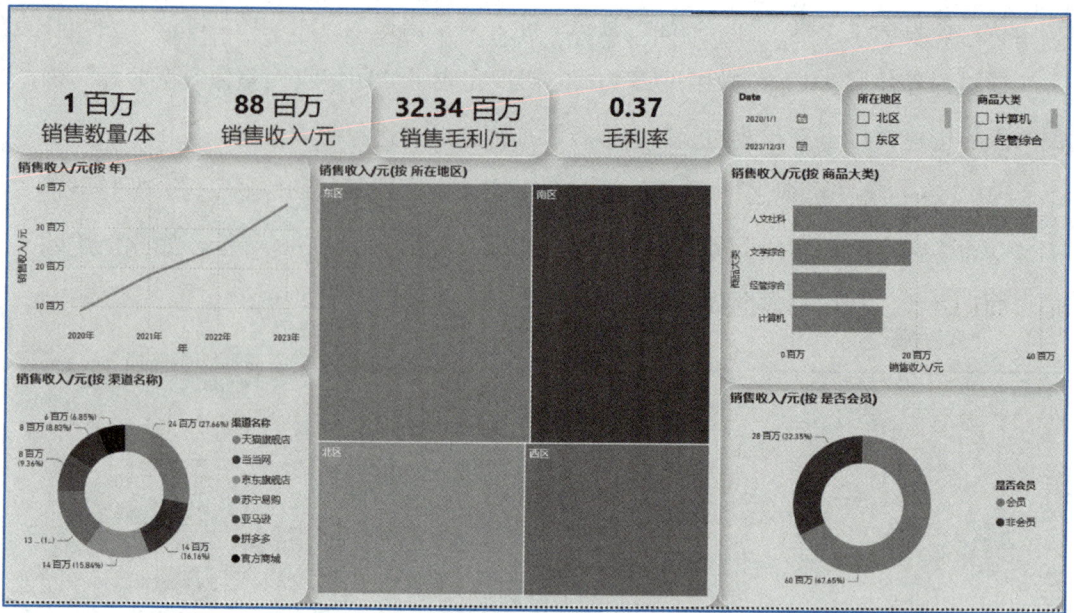

图 4-9　添加报表

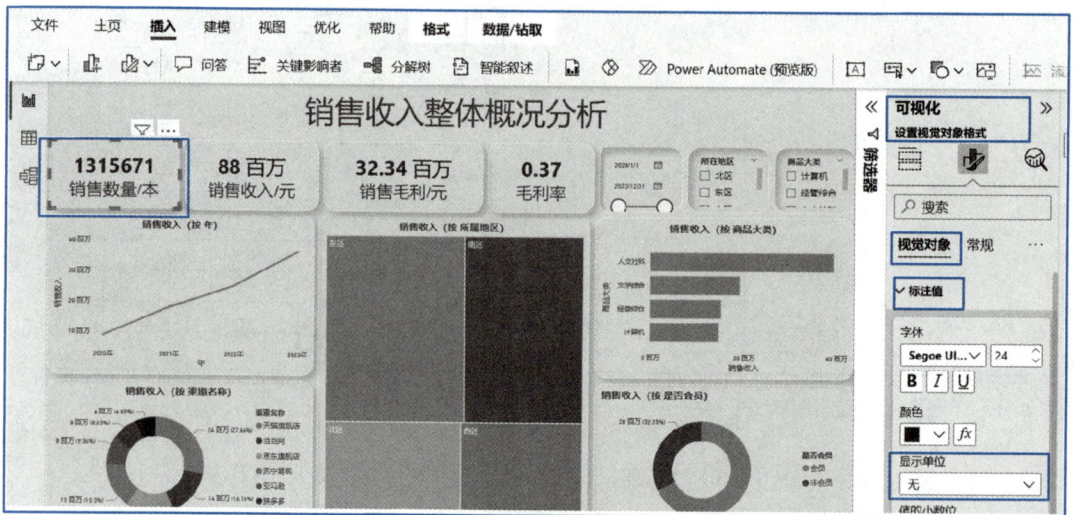

图 4-10　设置"销售数量/本"卡片图标注值显示单位

（15）在右侧"数据"窗口中，选中"销售数量/本"度量值，在上方"度量工具"选项卡中，将其格式设置为"整数"，注意添加"千位分隔符"，如图 4-11 所示。同理，依次设置"销售收入/元""销售毛利/元""毛利率"等度量值格式。

（16）在右侧"可视化"|"设置视觉对象格式"|"视觉对象"窗口中，将"所在地区""商品大类"切片器样式设置为"下拉"。

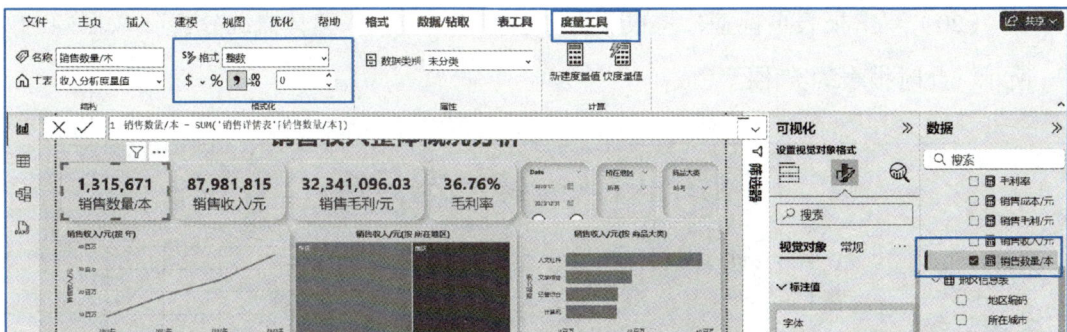

图 4-11　设置 "销售数量 / 本" 度量值格式为整数

（17）选中 "销售收入变化趋势" 折线图视觉对象，在右侧 "可视化" ｜ "设置视觉对象格式" ｜ "常规" 窗口中将标题文本修改为 "销售收入变化趋势"，对水平齐方式设置为 "居中"。同理，完成其他视觉对象标题的设置。

（18）选中 "销售收入变化趋势" 折线图视觉对象，在右侧 "可视化" ｜ "设置视觉对象格式" ｜ "视觉对象" 窗口中，将其 "Y 轴" "值" 的显示单位设置为 "无"。同理，依次设置 "各类商品销售收入" 簇状条形图 "X 轴" "值" 的显示单位。

（19）选中 "各渠道销售收入占比" 环形图，在右侧 "可视化" ｜ "设置视觉对象格式" ｜ "视觉对象" 窗口中，关闭 "图例" 的显示选择，并将 "详细信息标签" 的 "标签内容" 设置为 "类别，总百分比"，如图 4-12 所示。同理，完成 "会员 / 非会员销售收入占比" 环形图的设置。

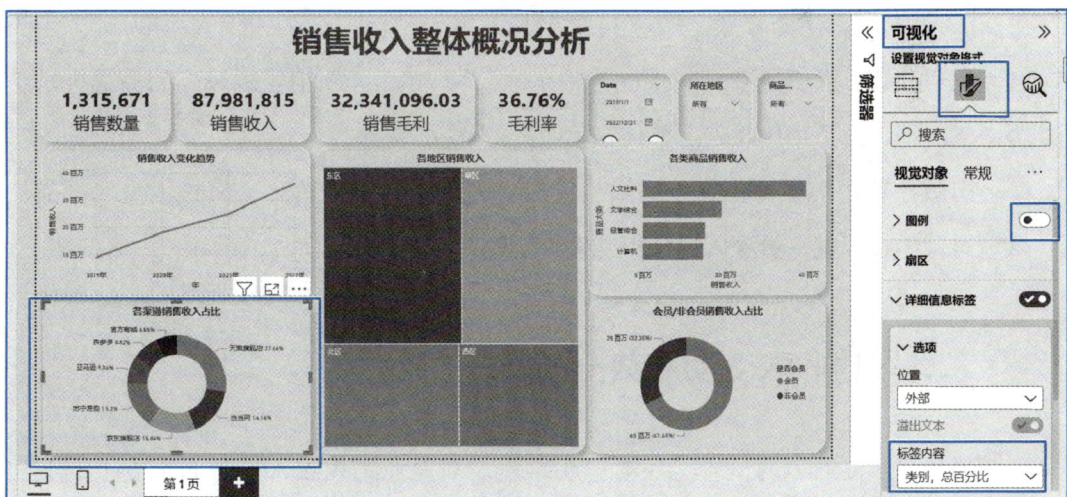

图 4-12　关闭图例显示、设置详细信息标签内容

（20）双击报表页标签，将报表重命名为"销售收入整体概况分析"，如图 4-13 所示。此时报表的美化已完成。

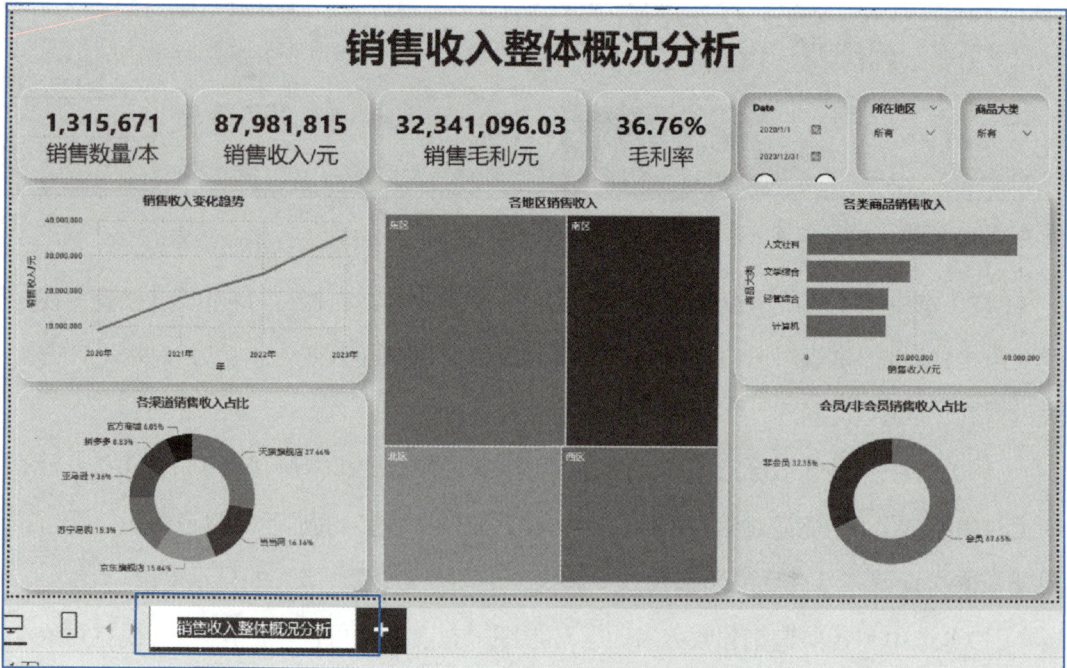

图 4-13　重命名报表

从报表中可以看出，ABC 出版社近五年图书销售数量约为 131.57 万本，实现销售收入约 8 798.18 万元，销售毛利约 3 234.11 万元，毛利率为 36.76%。2020 年至 2023 年期间，出版社销售收入持续增长，主要销售渠道为"天猫旗舰店""当当网""京东旗舰店"，主要销售地区为"东区"和"南区"，销售额最高的商品类别是"人文社科"，会员销售收入占整体销售收入的 67.65%。

出版社要想实现销售收入的增长还应进一步结合地区信息、客户信息、产品信息等对销售收入进行更深入的分析，发现销售收入的增长点。

二、销售收入变动趋势分析

趋势分析是指以时间作为主要分析维度，对企业销售收入在时间维度上的变化进行分析，发现其长期变动趋势、季节和周期变化规律，从时间维度上为企业提供经营建议。销售收入变动趋势分析的具体步骤如下。

（1）新建报表页，并将报表页重命名为"销售收入变动趋势分析"。

（2）在"日期表"中创建"周"数据列，其 DAX 表达式为"周 =WEEKDAY（'日期表'[Date]，2）"。

（3）在创建一个存储度量值的"销售收入变动趋势分析度量值"表后，创建销售收入变动趋势分析需要使用的度量值，包括"上年同期销售收入 / 元""同比增长额 / 元""同比增长率""上月销售收入 / 元""环比增长额 / 元""环比增长率""平均销售收入 / 元""销售收入周权重指数"八个度量值，相关 DAX 表达式如表 4-3 所示。

新建销售收入变动趋势分析度量值

表4-3 "销售收入变动趋势分析"度量值表及相关DAX表达式

度量值	DAX 表达式
上年同期销售收入 / 元	上年同期销售收入 / 元 =CALCULATE（'收入分析度量值'[销售收入 / 元]，SAMEPERIODLASTYEAR（'日期表'[Date]））
同比增长额 / 元	同比增长额 / 元 ='收入分析度量值'[销售收入 / 元]-'收入分析度量值'[上年同期销售收入 / 元]
同比增长率	同比增长率 =DIVIDE（'收入分析度量值'[同比增长额 / 元]，'收入分析度量值'[上年同期销售收入 / 元]）
上月销售收入 / 元	上月销售收入 / 元 =CALCULATE（'收入分析度量值'[销售收入 / 元]，DATEADD（'日期表'[Date]，-1，MONTH））
环比增长额 / 元	环比增长额 / 元 ='收入分析度量值'[销售收入 / 元]-'收入分析度量值'[上月销售收入 / 元]
环比增长率	环比增长率 =DIVIDE（'收入分析度量值'[环比增长额 / 元]，'收入分析度量值'[上月销售收入 / 元]）
平均销售收入 / 元	平均销售收入 / 元 =AVERAGEX（'销售详情表'，'销售详情表'[销售数量 / 本]*'销售详情表'[销售单价 / 元]）
销售收入周权重指数	销售收入周权重指数 =7*DIVIDE（'收入分析度量值'[平均销售收入 / 元]，SUMX（ALL（'日期表'[周]），'收入分析度量值'[平均销售收入 / 元]））

（4）创建"年度收入变动数据表"，选择"表"视觉对象，将"日期表"中"年"数据列，"销售收入变动趋势分析度量值"中"销售收入 / 元""上年同期销售收入 / 元""同比增长率"拖曳至"列"处。注意在将"年"数据列拖曳至"列"处时，需单击"年的总和"右侧下拉按钮，在弹出的功能对话框中将汇总方式修改为"不汇总"，如图 4-14 所示。

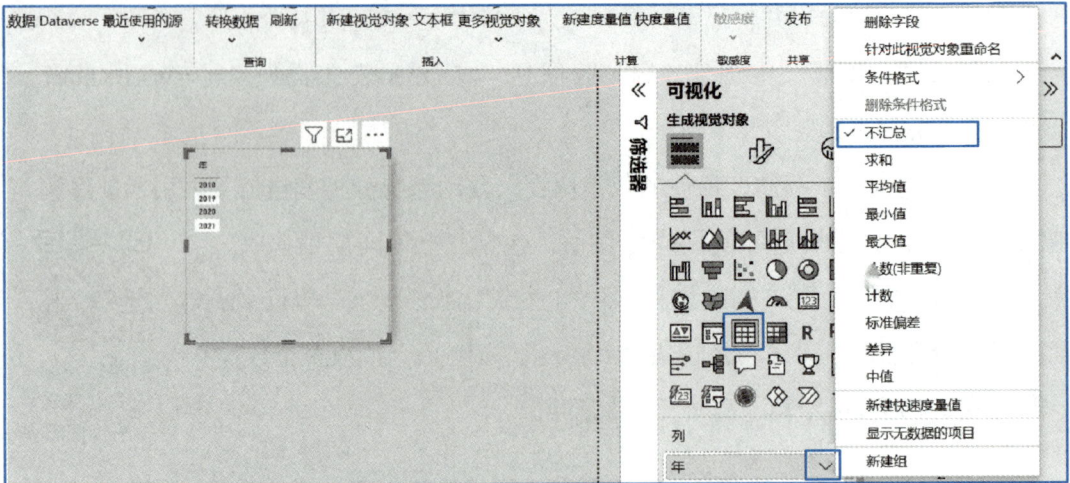

图 4-14   设置"年"数据列汇总方式

（5）参考项目三任务二中"固定资产投入分析"子任务的操作步骤（12），在视觉对象中将"年度收入变动数据表"中的"同比增长率"重命名为"销售收入年度增长率"。

（6）创建"销售收入长期变动趋势分析"折线图，将"年月"数据列拖曳至"X轴"处，"销售收入／元""上年同期销售收入／元"拖曳至"Y轴"处。选中"销售收入长期变动趋势分析"折线图，单击图表右上方更多选项中"排列 轴"功能按钮，将其排列方式设置为按"年月""以升序排序"，如图 4-15 所示。

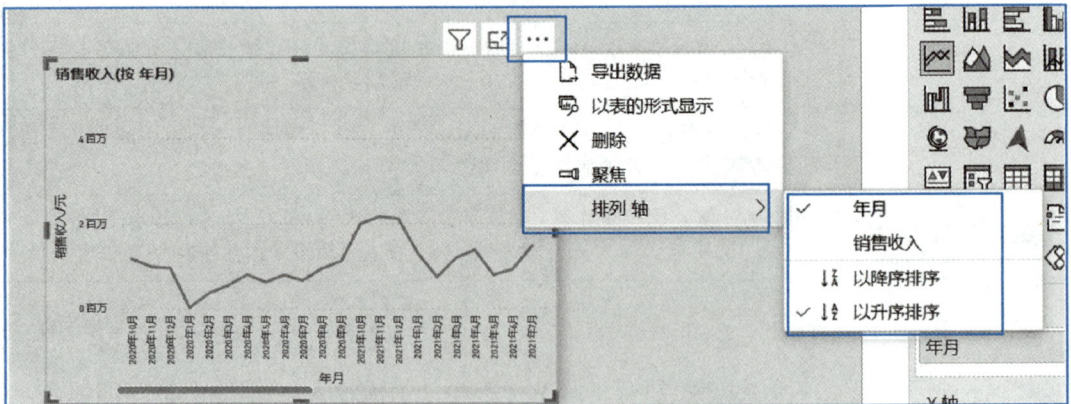

图 4-15   设置轴排列方式

（7）同理，创建"销售收入同比增长变化趋势分析"和"销售收入环比增长变化趋势分析"折线和簇状柱形图，如图 4-16 所示。

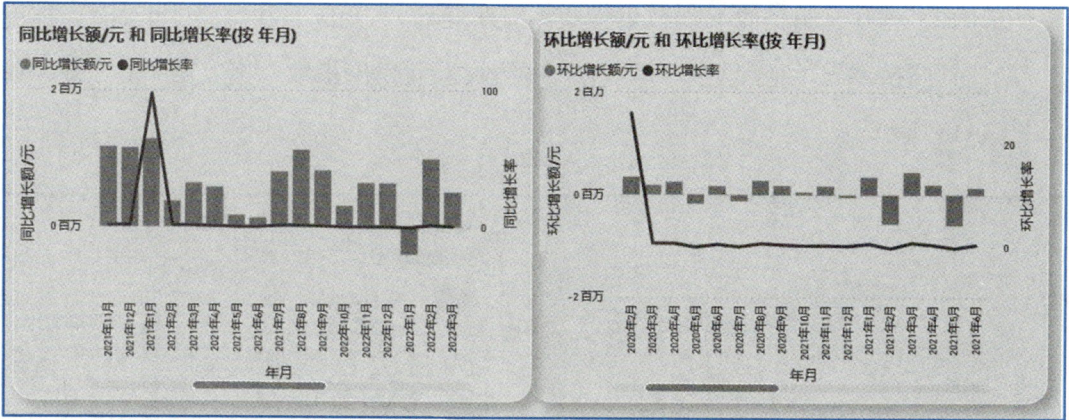

图 4-16　增长分析相关图表

（8）创建"销售收入季节变动分析"堆积面积图，注意将"月"拖曳至"X轴"处，"销售收入／元"拖曳至"Y轴"处，"年"拖曳至"图例"处，如图 4-17所示。

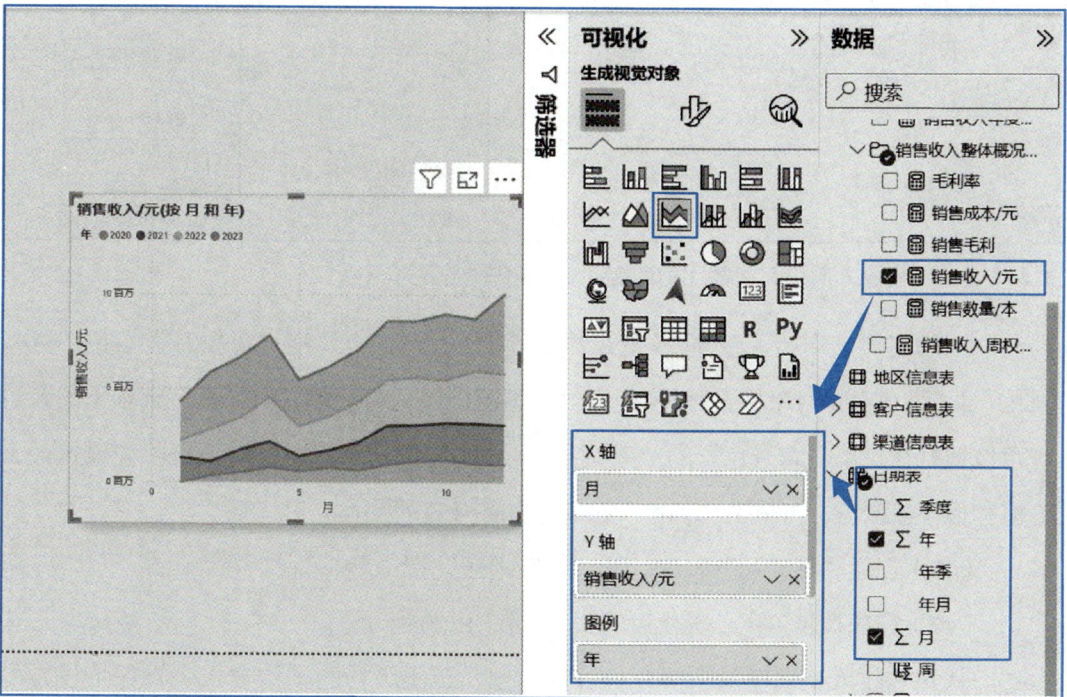

图 4-17　销售收入季节变动分析

（9）在"日期表"中创建"年月1"数据列，其 DAX 表达式为"年月1=YEAR（'日期表'[Date]）*100+MONTH（'日期表'[Date]）"。

（10）创建"销售收入周权重指数（周期变动）"矩阵，注意将"年月1"拖曳至"行"处，"周"拖曳至"列"处，"销售收入周权重指数"拖曳至"值"处，如图4-18所示。

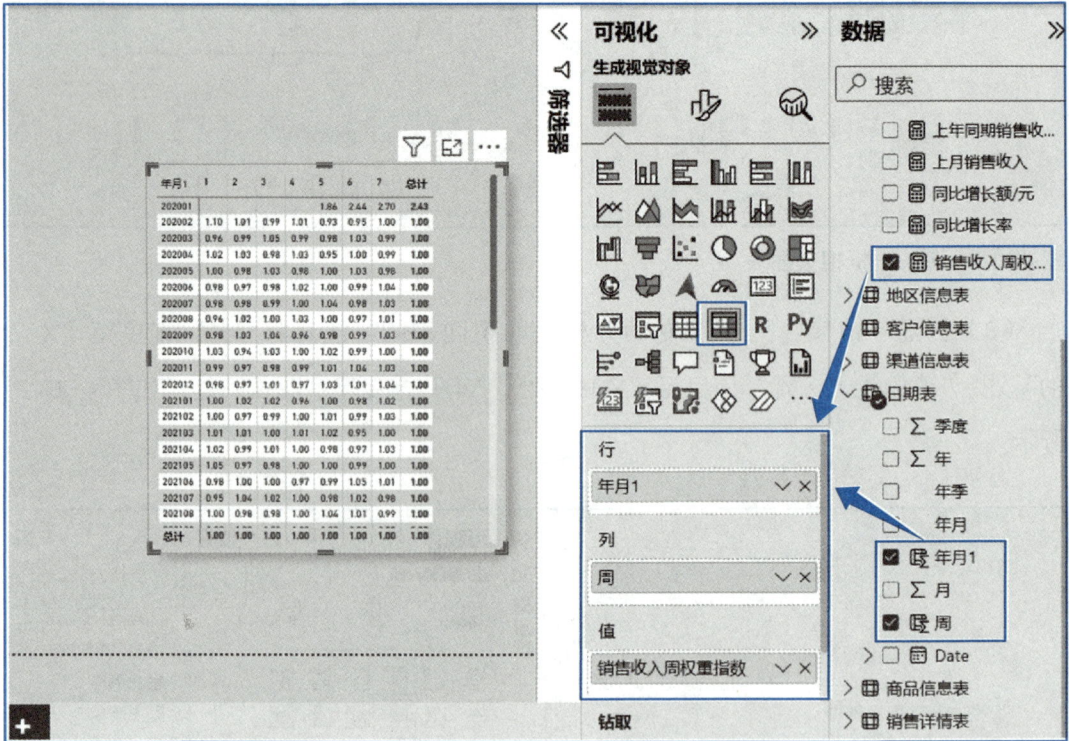

图 4-18 "销售收入周权重指数（周期变动）"矩阵

（11）选中"销售收入周权重指数（周期变动）"矩阵视觉对象，在右侧"可视化" | "设置视觉对象格式" | "视觉对象"窗口中，将"单元格元素"选项下的背景色按钮打开，单击背景色下的"fx"按钮，在弹出的"背景色"对话框中先设置最大值和最小值颜色，再单击"确定"按钮，如图4-19所示。

（12）创建"时间""商品大类""所在地区"切片器。

（13）完成报表美化。美化后的报表如图4-20所示。

从销售收入长期变动趋势分析可以看出，该出版社的销售收入一直保持稳定的增长态势，销售收入年度增长率也保持在较高的水平。从销售收入季节变动分析来看，可以发现每年的1月和5月是图书销售的淡季。从销售收入周期变动趋势来看，可以发现其销售收入并不存在明显的周期性。出版社可以考虑在销售淡季（月份）多推出促销、打折等优惠活动，以提升淡季的销售收入。

图 4-19 设置单元格背景色

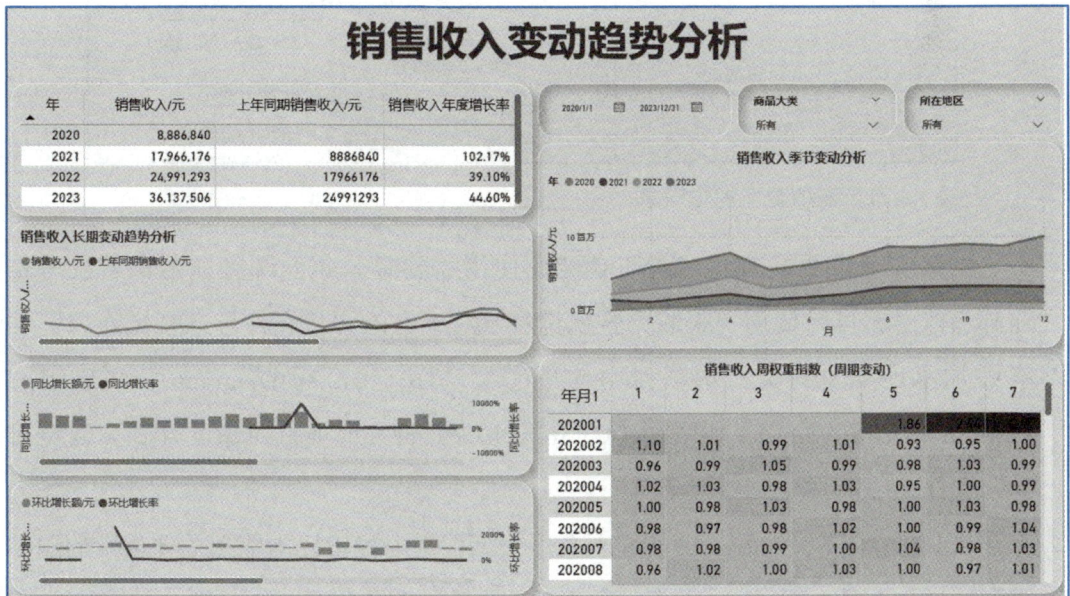

图 4-20 "销售收入变动趋势分析"报表

三、销售收入区域维度分析

销售收入区域维度分析就是分析销售收入在地理空间上的分布和变化等情况。

本任务结合地区、省份、城市等地理维度信息对销售收入展开分析，挖掘图书销售的潜在市场。销售收入区域维度分析的具体步骤如下。

（1）新建"销售收入区域维度分析"报表页。

（2）在"可视化"|"生成视觉对象"窗口中选择"获取更多视觉对象"，如图4-21所示。

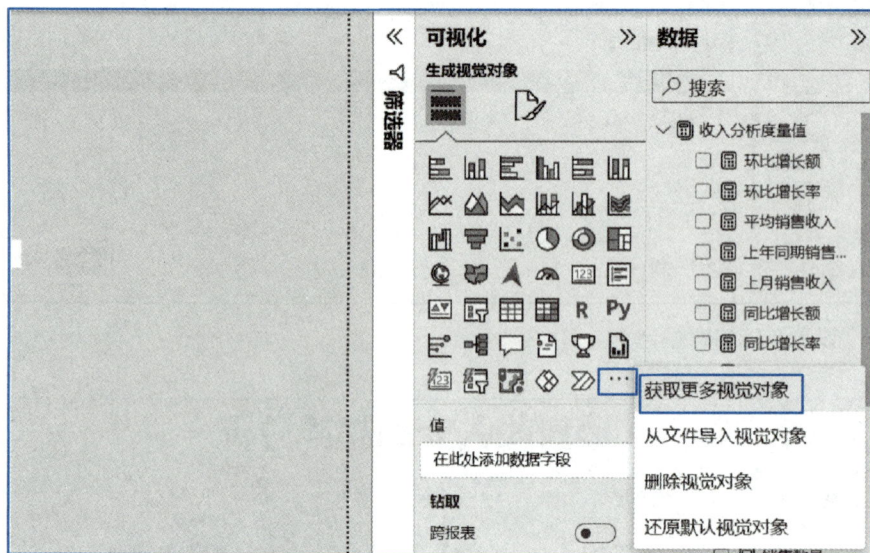

图4-21　获取更多视觉对象

注意："获取更多视觉对象"功能的使用需要登录企业邮箱账号；若没有企业邮箱账号，可以使用"获取更多视觉对象"下方的"从文件导入视觉对象"功能添加本地视觉对象。本项目中使用的桑基图（Sankey Diagram）、水族馆图（Enlighten Aquarium）、和弦图（Chord Chart）的本地视觉对象文件在"视觉对象"文件夹中。

（3）在弹出的"Power BI视觉对象"对话框中的搜索栏内输入需要搜索的图表类型，如桑基图（sankey），然后鼠标左键单击桑基图（Sankey Chart），如图4-22所示进入视觉对象添加页面。

（4）在视觉对象添加页面，单击"添加"按钮，完成桑基图视觉对象的添加，如图4-23所示。

（5）参照本任务操作步骤（3）和操作步骤（4），添加水族馆图。注意搜索"Enlighten Aquarium"。

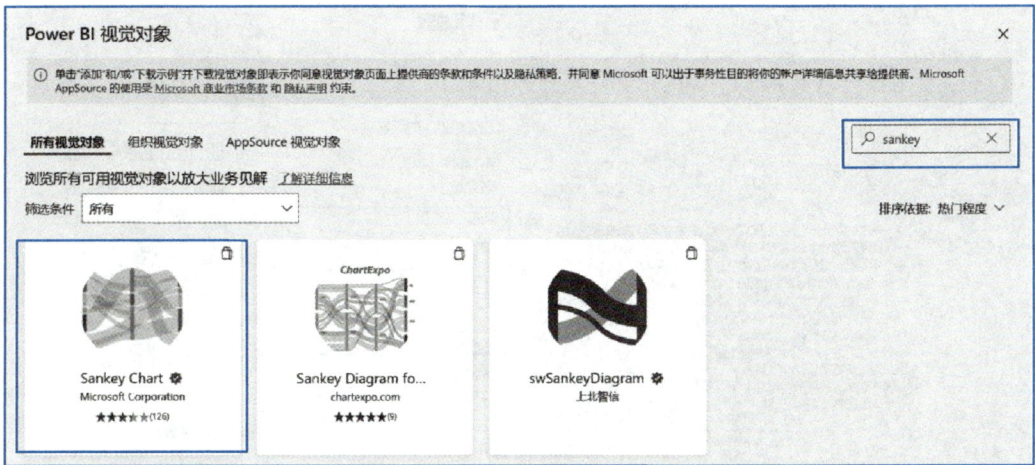

图 4-22　搜索桑基图（sankey）

图 4-23　添加桑基图视觉对象

（6）创建"各地区销售收入占比分析"环形图，注意将"销售收入"拖曳至"值"处，"所在地区"拖曳至"图例"处。

（7）创建"销售收入 Top10 城市"簇状条形图，注意将"销售收入"拖曳至"X轴"处，"所在城市"拖曳至"Y轴"处。

（8）选中操作步骤（7）中创建的"销售收入 Top10 城市"簇状条形图，在右侧"筛选器"窗口中将"此视觉对象筛选器"窗口中"所在城市"的筛选类型设置为"前 N 个"，"显示项"中显示方式设置为"上"，显示个数设置为"10"，将"销售收入"度量值拖曳至"按值"处，最后单击"应用筛选器"功能按钮。如此筛选出销售收入前十的城市，如图 4-24 所示。

（9）创建"各省销售收入分析"水族馆图，注意将"所在省份"拖曳至"Fish"处，将"销售收入"拖曳至"Fish size"处，如图 4-25 所示。

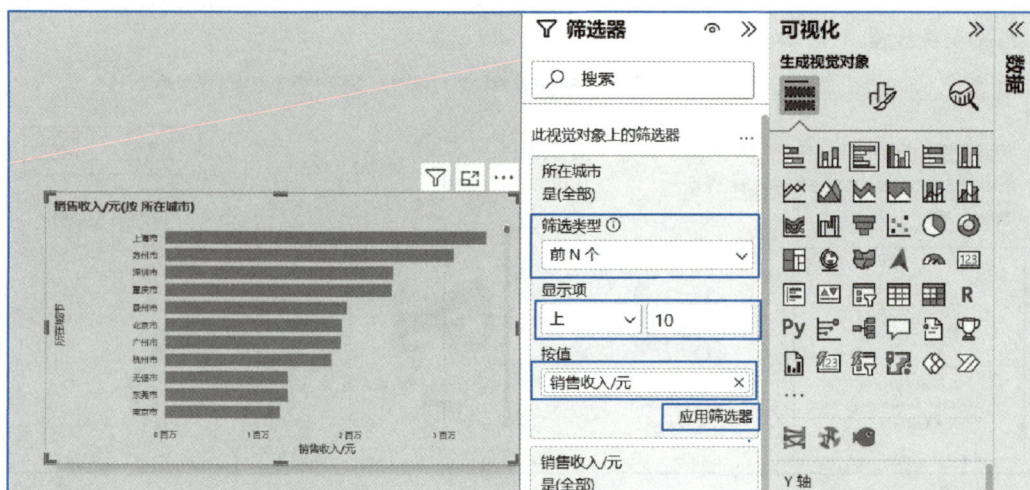

图 4-24 设置视觉对象筛选器

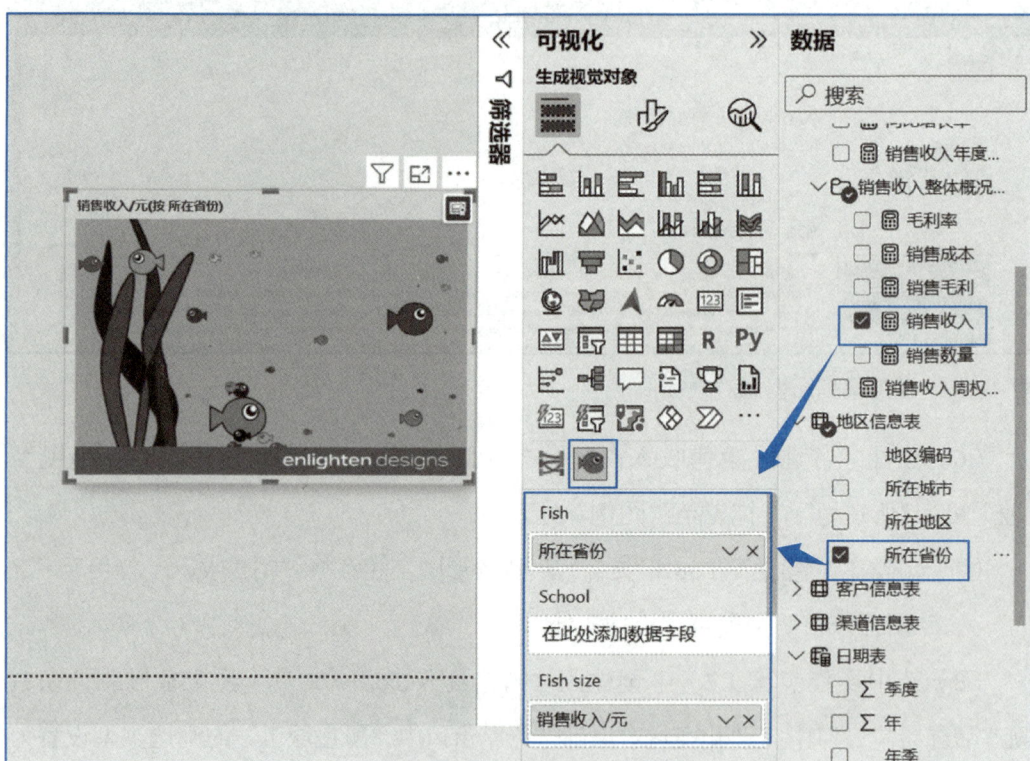

图 4-25 创建"各省销售收入分析"水族馆图

（10）创建"各地区销售收入异动分析"堆积面积图，注意将"Date"拖曳至"X轴"处，并将日期层级信息中的其他信息删除，只保留"年"和"月份"，将"销售收入/元"拖曳至"Y轴"处，"所在地区"拖曳至"图例"处，如图 4-26 所示。注意，鼠标左键单击"展开层次结构中的所有下移级别"按钮，将日期层级展开至"月份"。

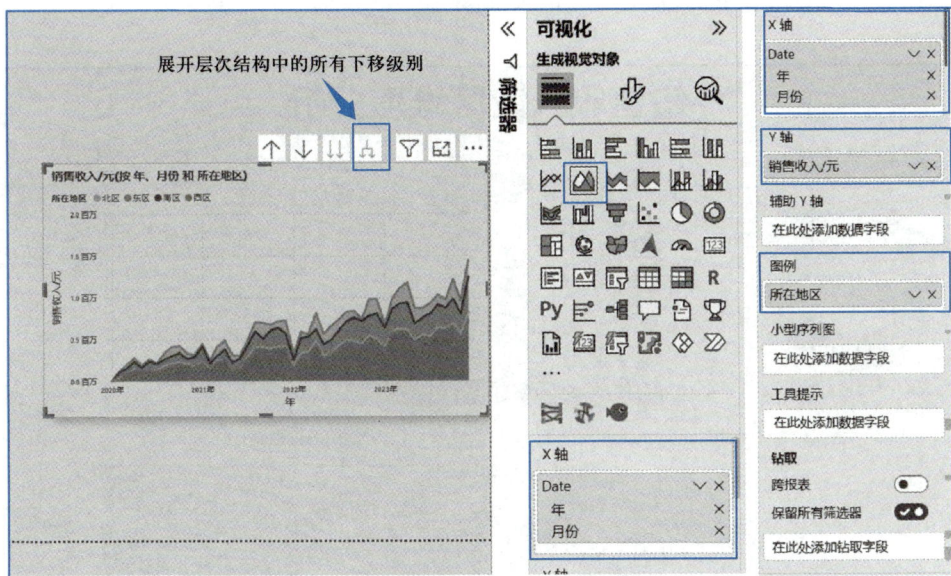

图 4-26　创建"各地区销售收入异动分析"堆积面积图

（11）创建"各地区不同产品销售收入分析"桑基图，将"所在地区"拖曳至"源"处，将"商品大类"拖曳至"目标"处，"销售收入／元"拖曳至"称重"处，如图 4-27 所示。

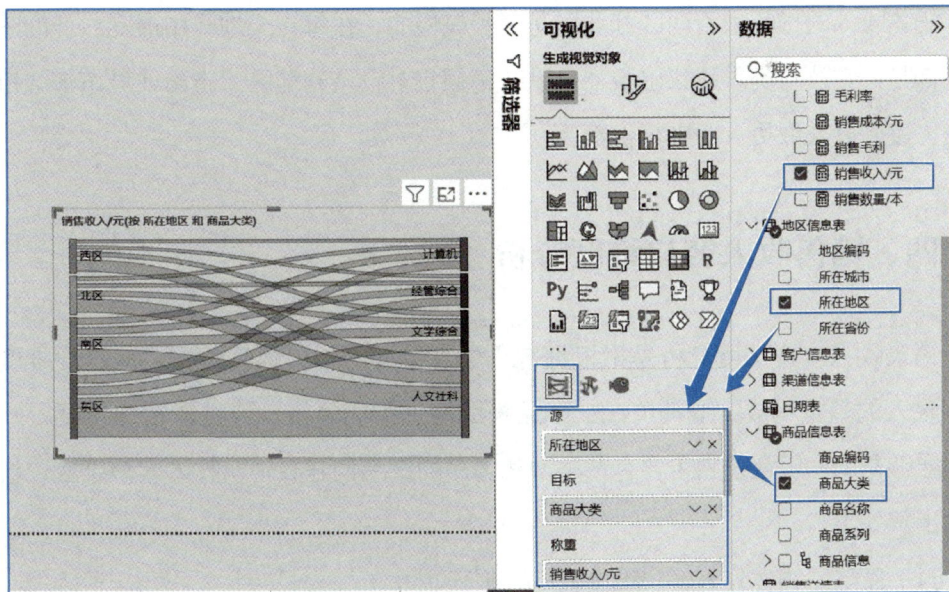

图 4-27　创建"各地区不同产品销售收入分析"桑基图

（12）创建"时间""渠道名称""客户类型"切片器。

（13）完成报表美化。美化后的报表如图 4-28 所示。

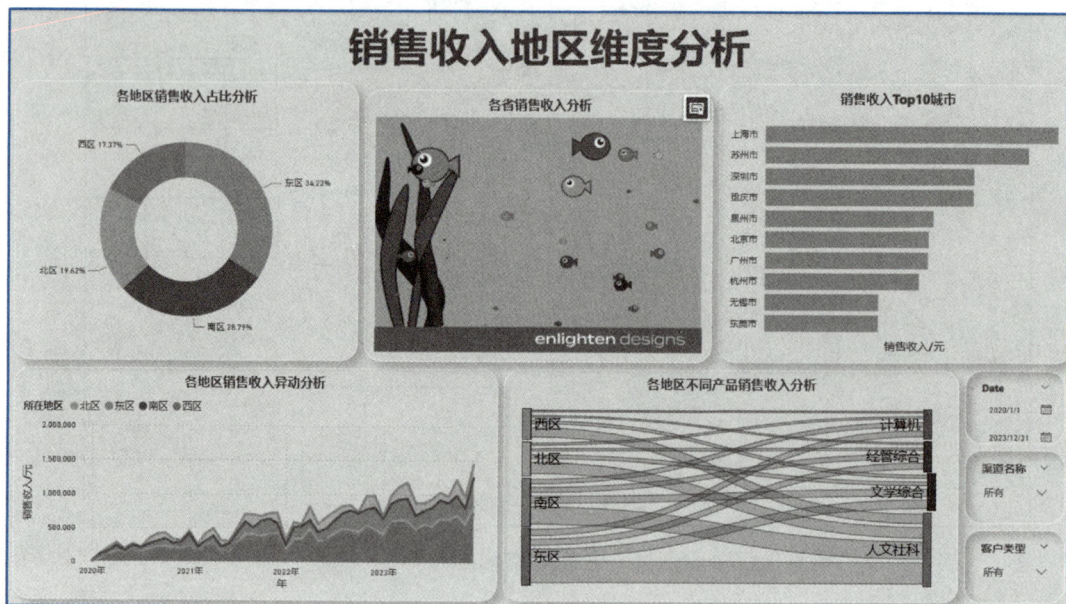

图 4-28   美化后的"销售收入区域维度分析"报表

从报表可以看出，东区和南区的销售收入占比最大；排名前十的城市中只有重庆市和北京市不在东区或南区，再次说明该出版社的主要销售地区是东区和南区；从各地区销售收入的增长来看西区和北区是增长最慢的；在每一个地区中最受欢迎的图书类别都是人文社科类。建议出版社可以在销售相对较差的地区、省份或城市加强市场开发力度，以获取更大的市场份额。

四、销售收入客户维度分析

销售收入客户维度分析是指根据客户信息数据和相关销售数据，从客户维度对销售收入的基本构成、变动情况、产品构成等进行的分析。通过从客户维度展开分析，能够帮助出版社识别主要客户类型和客户的产品偏好。销售收入客户维度分析的具体步骤如下。

（1）新建"销售收入客户维度分析"报表页。

（2）参考子任务三的方法，添加"和弦图"视觉对象，注意搜索"Chord"。

由于客户数据分析的对象是企业留有信息的客户数据，因此需要对报表页设置页面筛选器，只保留有会员信息的数据。下述操作步骤（3）和操作步骤（4）为设置页面筛选器的操作。

　　（3）将"销售详情表"中"是否会员"数据列拖曳至"筛选器"窗口中的"此页上的筛选器"处，如图4-29所示。

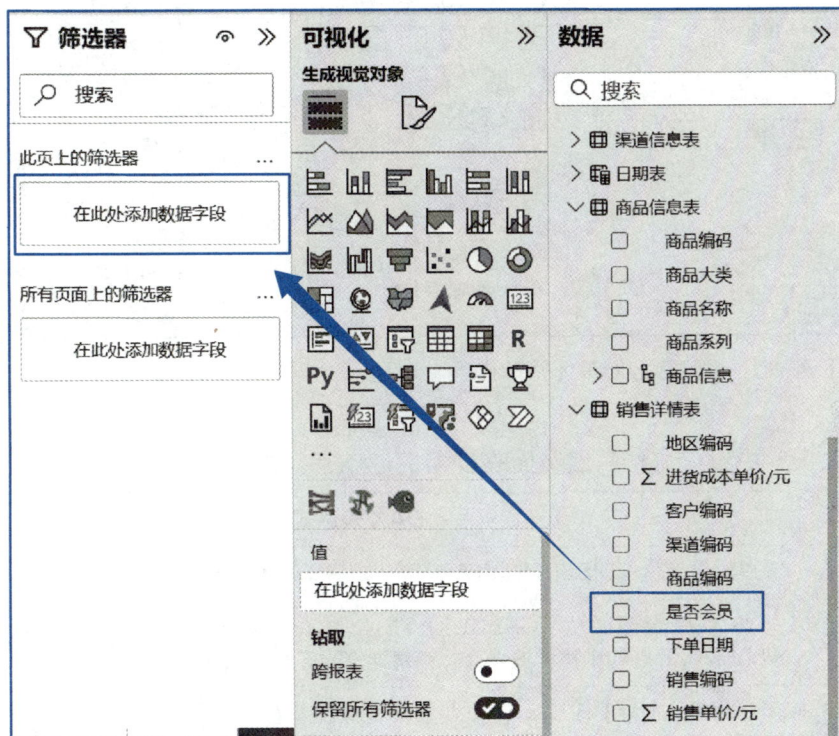

图4-29　设置页面筛选器字段

　　（4）在"筛选器"窗口中将"筛选类型"设置为"基本筛选"，勾选"会员"复选框，单击"锁定筛选器"按钮，如图4-30所示。

　　（5）创建客户数据分析所需的度量值，包括"客户数量/位""全部客户数量/位""客户数量占比""全部销售收入/元""销售收入占比"五个度量值，相关DAX表达式如表4-4所示。

　　（6）创建"客户数量/位""销售收入/元""销售数量/本"和"销售毛利/元"的卡片图，如图4-31所示。

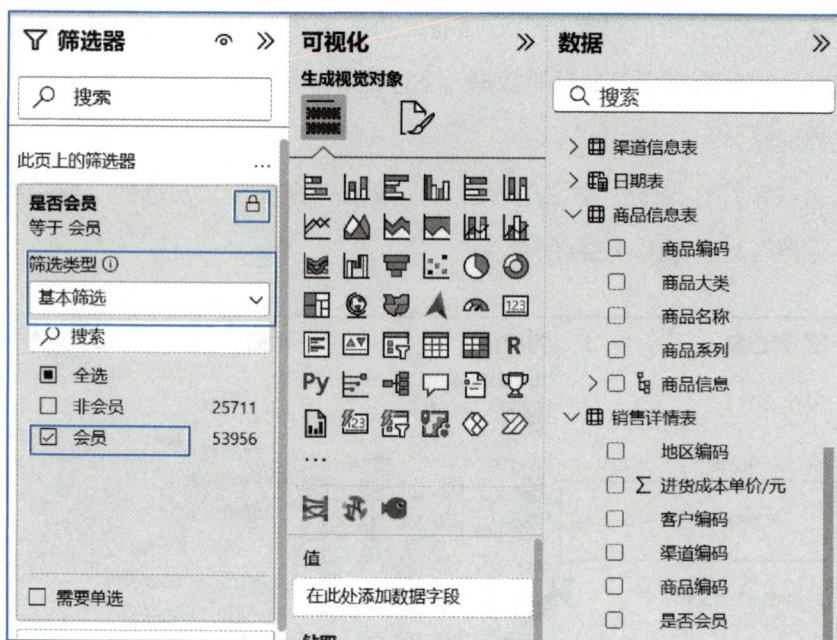

图 4-30　设定筛选器具体筛选内容

表 4-4　"销售收入客户维度分析"度量值表及相关 DAX 表达式

度量值	DAX 表达式
客户数量/位	客户数量/位 =DISTINCTCOUNT（'销售详情表'[客户编码]）
全部客户数量/位	全部客户数量/位 =CALCULATE（'收入分析度量值'[客户数量/位], ALLEXCEPT（'销售详情表', '销售详情表'[是否会员]））
客户数量占比	客户数量占比 =DIVIDE（'收入分析度量值'[客户数量/位], '收入分析度量值'[全部客户数量/位]）
全部销售收入/元	全部销售收入/元 =CALCULATE（'收入分析度量值'[销售收入/元], ALLEXCEPT（'销售详情表', '销售详情表'[是否会员]））
销售收入占比	销售收入占比 =DIVIDE（'收入分析度量值'[销售收入/元], '收入分析度量值'[全部销售收入/元]）

（7）创建"客户销售收入结构构成分析"表，将"客户类型""客户数量/位""客户数量占比""销售收入/元""销售收入占比"拖曳至"列"处。

（8）创建"各类型客户销售收入变动趋势分析"丝带图，将"Date"拖曳至"X轴"处，只保留"年"和"月份"，"销售收入/元"拖曳至"Y轴"处，"客户类型"拖曳至"图例"处，如图 4-32 所示。

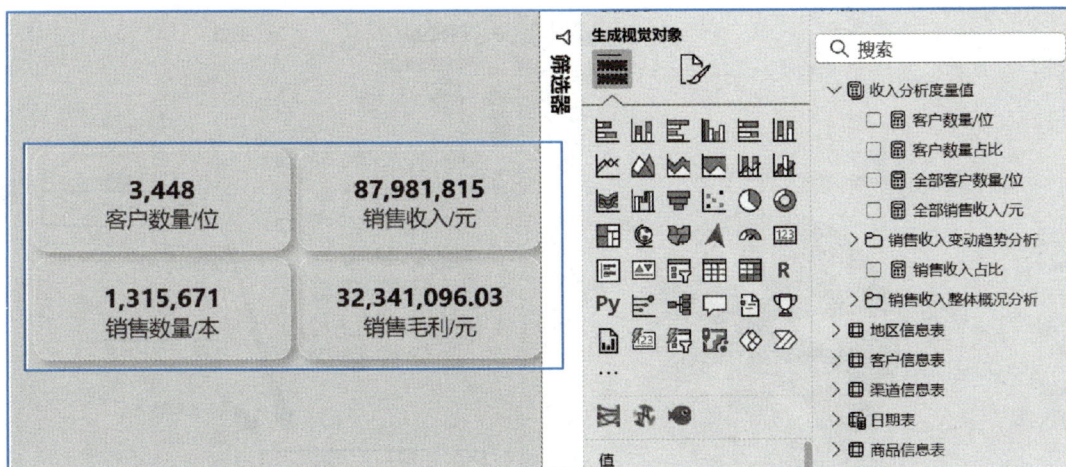

图 4-31　销售收入客户维度分析关键指标卡片图

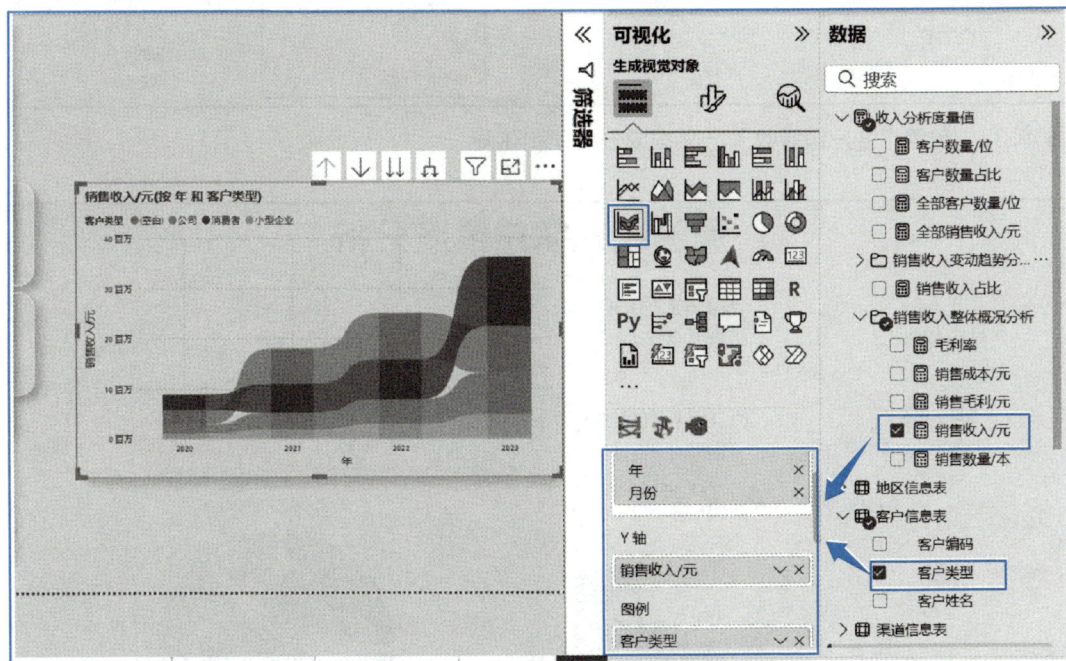

图 4-32　创建"各类型客户销售收入变动趋势分析"丝带图

（9）创建"客户销售收入产品构成分析"和弦图，注意将"商品大类"拖曳至"从"处，"客户类型"拖曳至"到"处，"销售收入/元"拖曳至"值"处，如图 4-33 所示。

（10）创建"时间""客户类型""所在地区""商品大类"切片器。

（11）完成报表美化。美化后的报表如图 4-34 所示。

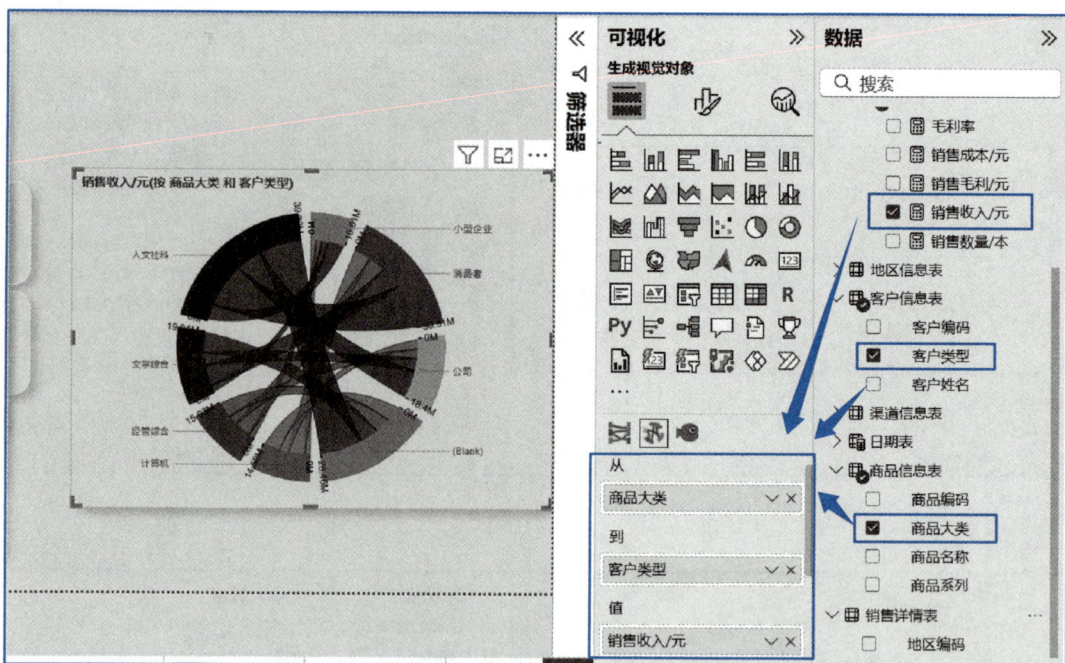

图 4-33　创建"客户销售收入产品构成分析"和弦图

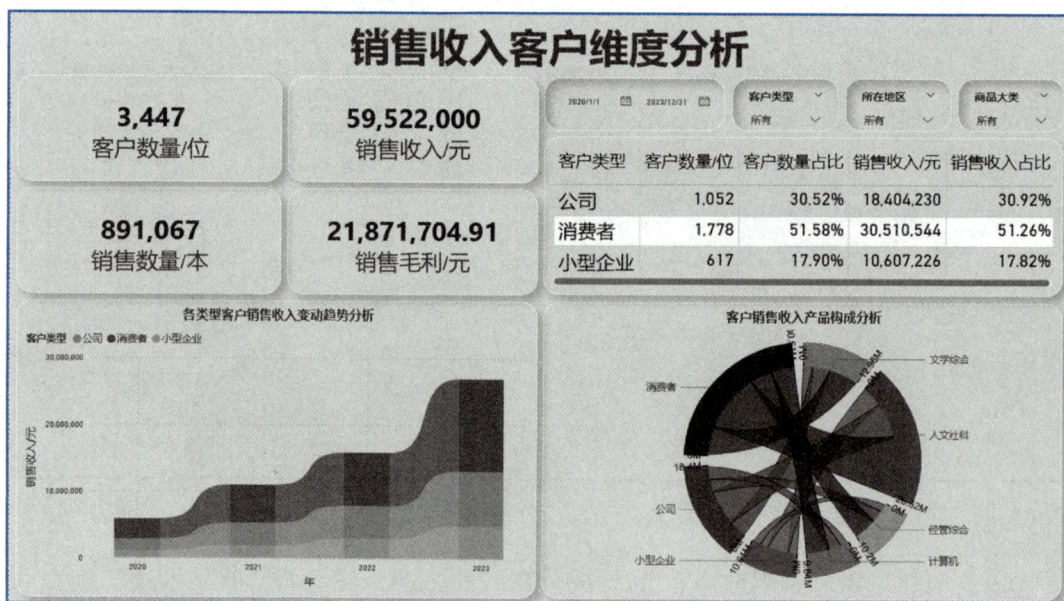

图 4-34　美化后的"销售收入客户维度分析"报表

　　从该报表可以看出，会员客户总数量为 3 447 人，出版社实现销售收入 5 952.2 万元、销售数量约 89.11 万本、销售毛利约 2 187.17 万元。其中消费者个人是出版社的主要客户群体，其客户数量和销售收入占比均达到 50% 以上，同时消费者个人也是销售收入增长最快的客户群体；最受消费者欢迎的书籍类型依然是人文社科类。建议出版社着重加强对消费者个人的营销，使该类型客户成为销售收入稳定增长的重要源动力。

五、产品收入分析

产品收入分析是从产品角度对销售收入展开的分析，通过对企业销售数据和产品信息数据的交叉分析，实现对企业产品收入的深度剖析。通过对产品收入构成情况、变动趋势和产品成长性的分析，能够帮助企业发现成长性好的产品，为出版社优化产品结构提供建议。产品收入分析具体步骤如下。

（1）新建"产品收入分析"报表页。

（2）右击"商品信息表"中"商品大类"数据列，在弹出的功能对话框中选择"创建层次结构"，如图 4-35 所示。

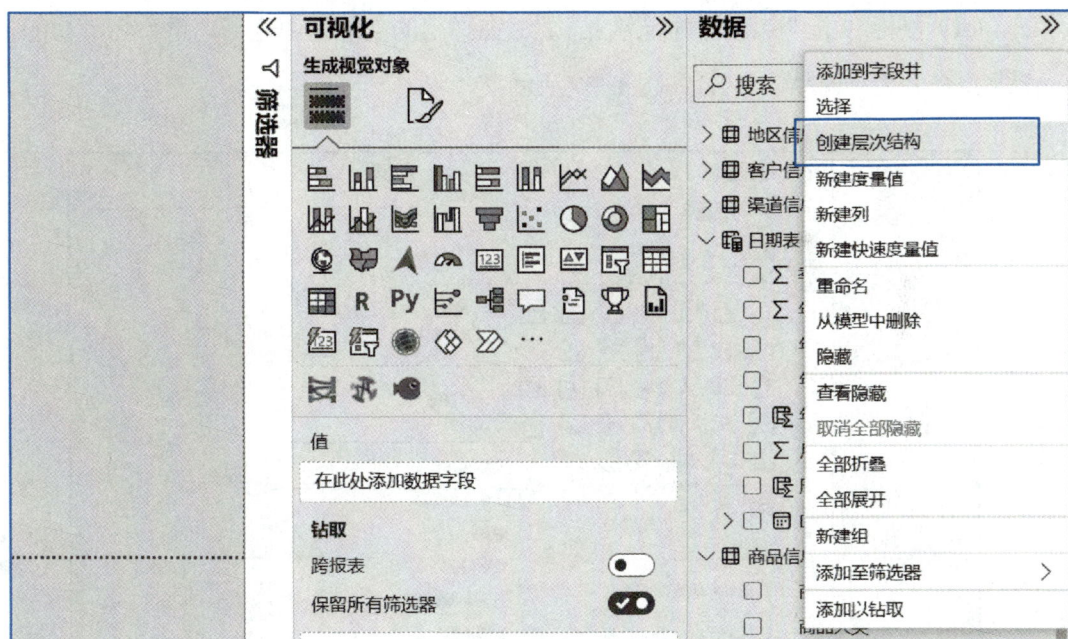

图 4-35　创建层次结构

（3）右击"商品系列"，在弹出的功能对话框中依次选择"添加到层次结构"｜"商品大类 层次结构"，如图 4-36 所示。同理，将"商品名称"添加到"商品大类 层次结构"。

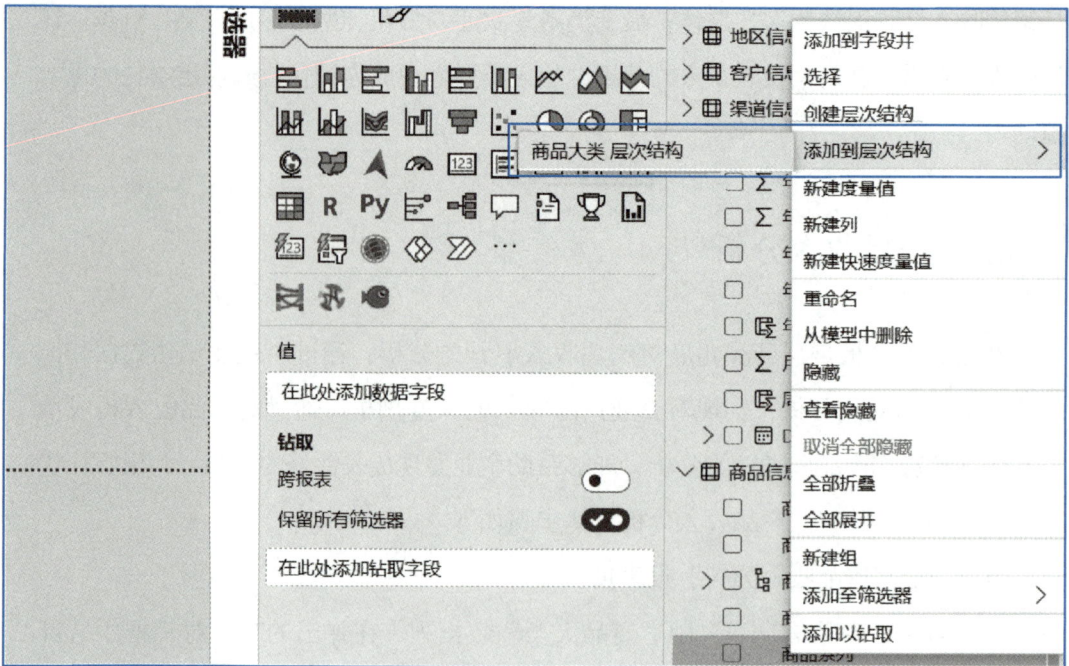

图 4-36　添加到"商品大类 层次结构"

（4）鼠标右击"商品大类 层次结构"，在弹出的功能窗中选择"重命名"功能，将其重命名为"商品信息"，如图 4-37 所示。

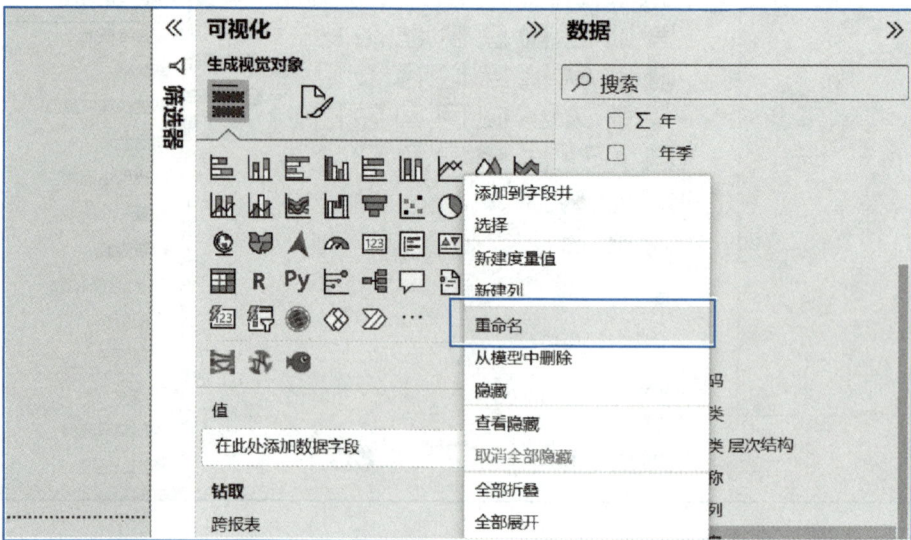

图 4-37　重命名"商品大类 层次结构"

（5）参照本任务中子任务三的操作步骤（7）和操作步骤（8），创建"销售收入 Top10 商品"和"销售收入 Last10 商品"簇状条形图。

（6）创建"商品销售收入分布分析"环形图，注意将"商品信息"层次结构拖曳至"图例"处，将"销售收入/元"拖曳至"值"处。由于"商品信息"层级结构的存在，就可以对该环形图进行向上钻取和向下钻取，以展示不同层级结构的销售收入，如图4-38所示。

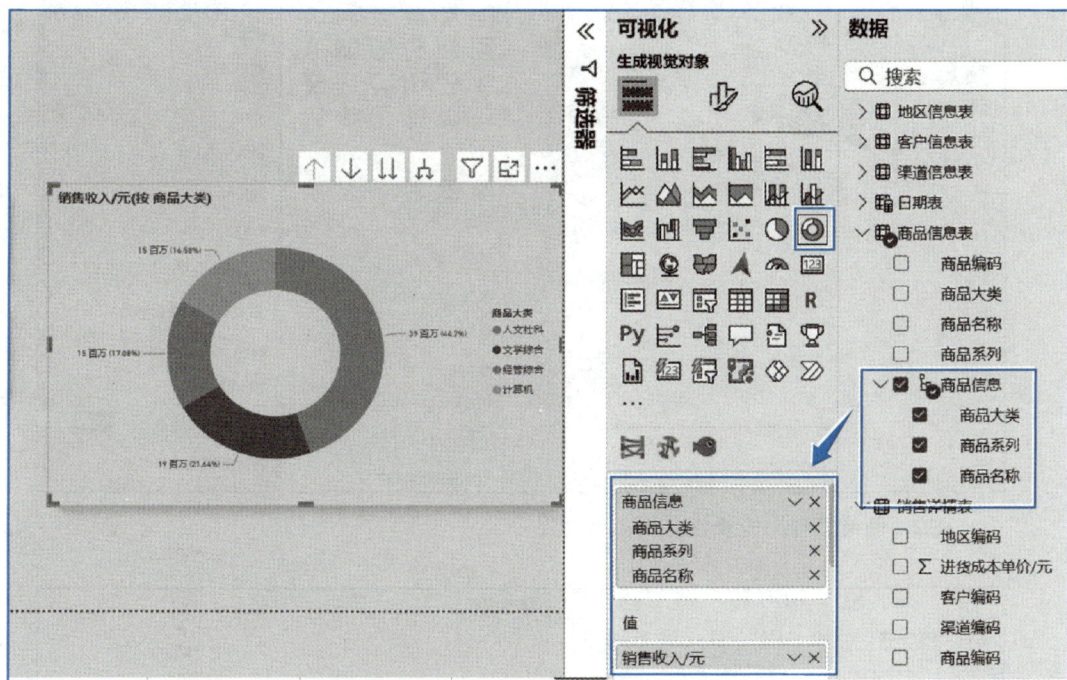

图4-38　创建"商品销售收入分布分析"环形图

（7）创建"商品销售收入变动趋势分析"分区图，注意将"Date"拖曳至"X轴"处，"销售收入/元"拖曳至"Y轴"处，"商品大类"拖曳至"图例"处。

（8）创建"商品成长性分析"散点图，将"销售收入/元"拖曳至"X轴"处，"销售数量/本"拖曳至"Y轴"处，"商品名称"拖曳至"图例"处；再次将"销售收入/元"拖曳至"大小"处，如图4-39所示。

（9）添加"时间""所在地区""客户类型"切片器，并完成报表美化。

创建"商品大类"切片器，使该切片器处于选中状态，依次单击"格式"选项卡 |"编辑交互"功能按钮，将除"商品销售收入变动趋势分析"分区图以外的其他视觉对象的交互模式都设置为"无"，如图4-40所示。

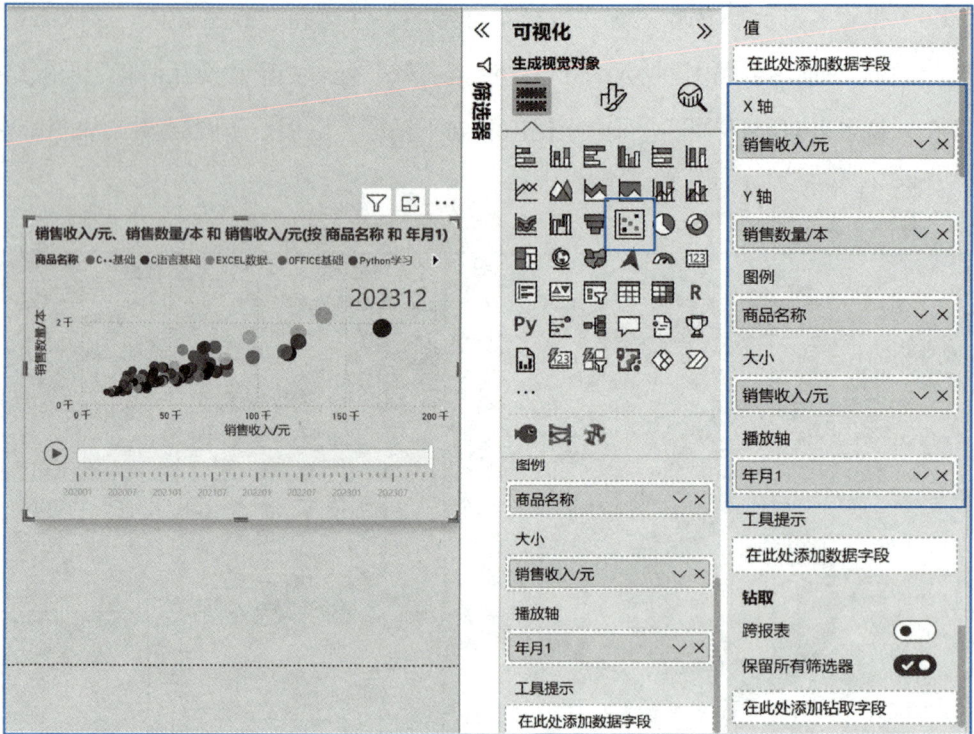

图 4-39　创建"商品成长性分析"散点图

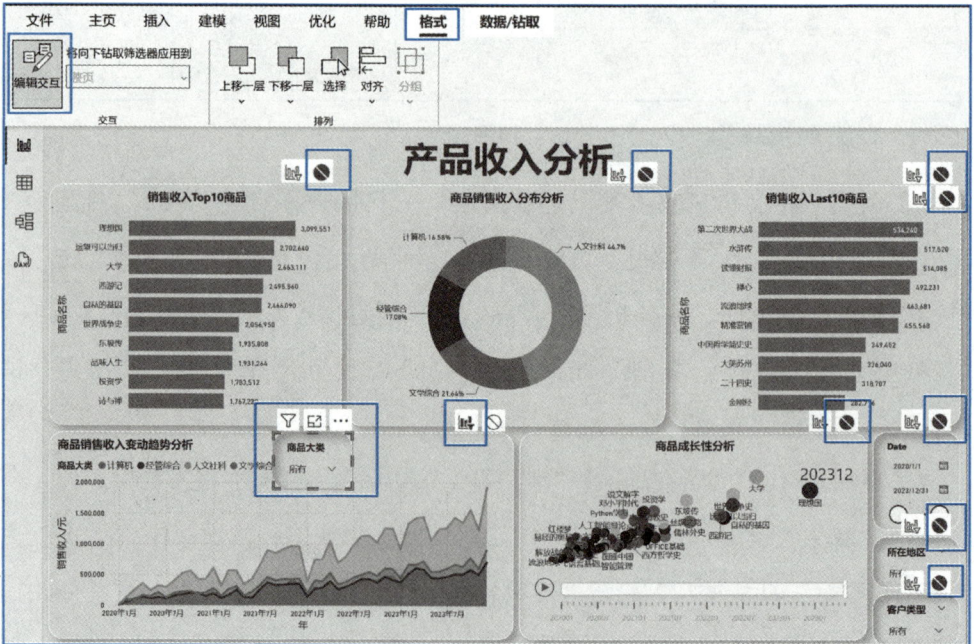

图 4-40　设置视觉对象切片器

（10）同理，设置作用于"商品销售收入变动趋势分析"分区图的"商品系列""商品名称"切片器。最终完成设置的"产品收入分析"报表如图 4-41 所示。

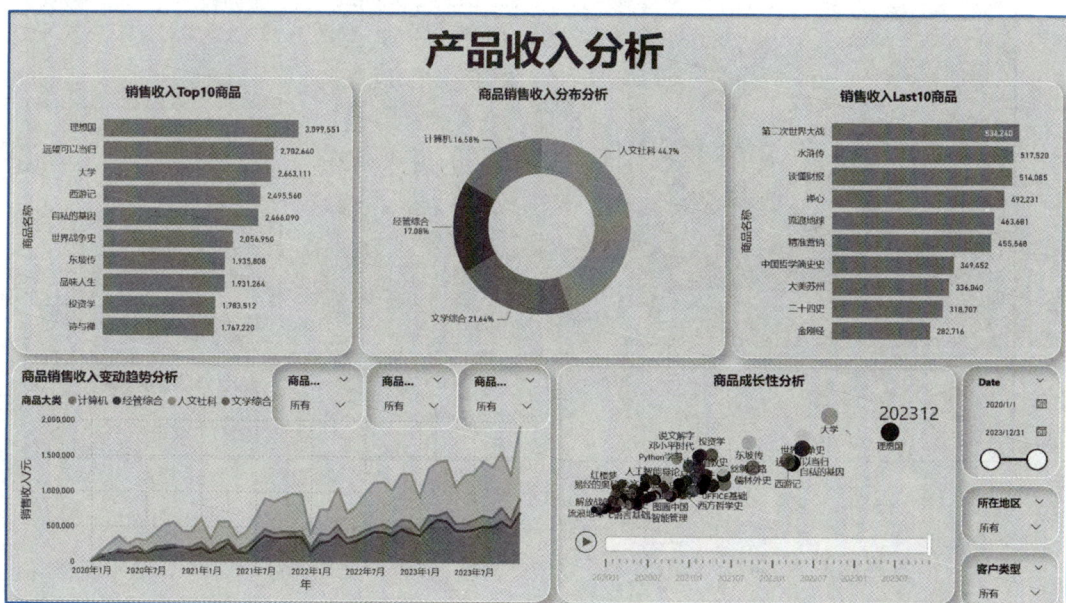

图 4-41 "产品收入分析"报表

通过产品收入分析报表可以看出，最受欢迎的是人文社科类书籍，销售收入排名第一的《理想国》的销售额超过 300 万元，而销售收入最低的《金刚经》仅为 28.27 万元；从变动趋势也可以看出，增长最快的是人文社科类书籍，成长性最好的商品包括《理想国》《远望可以当归》《大学》等，建议出版社可以对销售收入较高且成长性较好的商品加大营销投入，以实现更多的收入增长，而对销售收入低且成长性较差的商品可以考虑及时淘汰，替换为新的产品。

六、产品利润分析

产品利润分析是以产品为分析维度对产品盈利情况展开的分析，主要包括产品利润结构分析、产品利润贡献度分析和产品利润变化趋势分析，通过产品利润的分析能够帮助出版社发现高盈利、高回报的产品。产品利润分析具体操作步骤如下。

（1）新建"产品利润分析"报表页。

（2）创建"商品利润结构分析"树状图，注意将"商品信息"拖曳至"类别"处，"销售毛利/元"拖曳至"值"处，如图 4-42 所示。

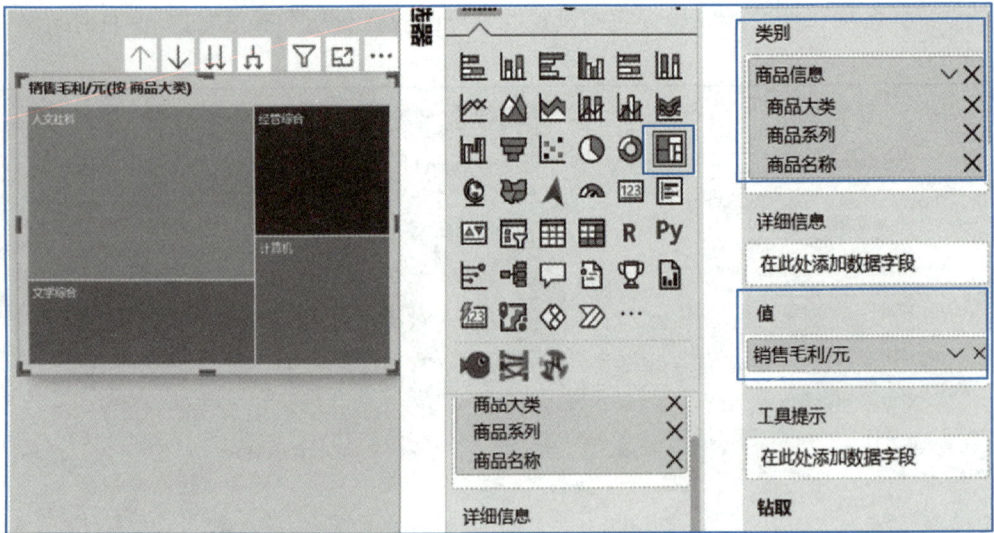

图 4-42　创建"商品利润结构分析"树状图

（3）创建"商品利润占比分析"环形图，注意将"商品信息"拖曳至"图例"处，"销售毛利 / 元"拖曳至"值"处。

（4）创建"产品利润贡献度分析"瀑布图，注意将"商品信息"拖曳至"类别"处，"销售毛利 / 元"拖曳至"Y 轴"处，如图 4-43 所示。

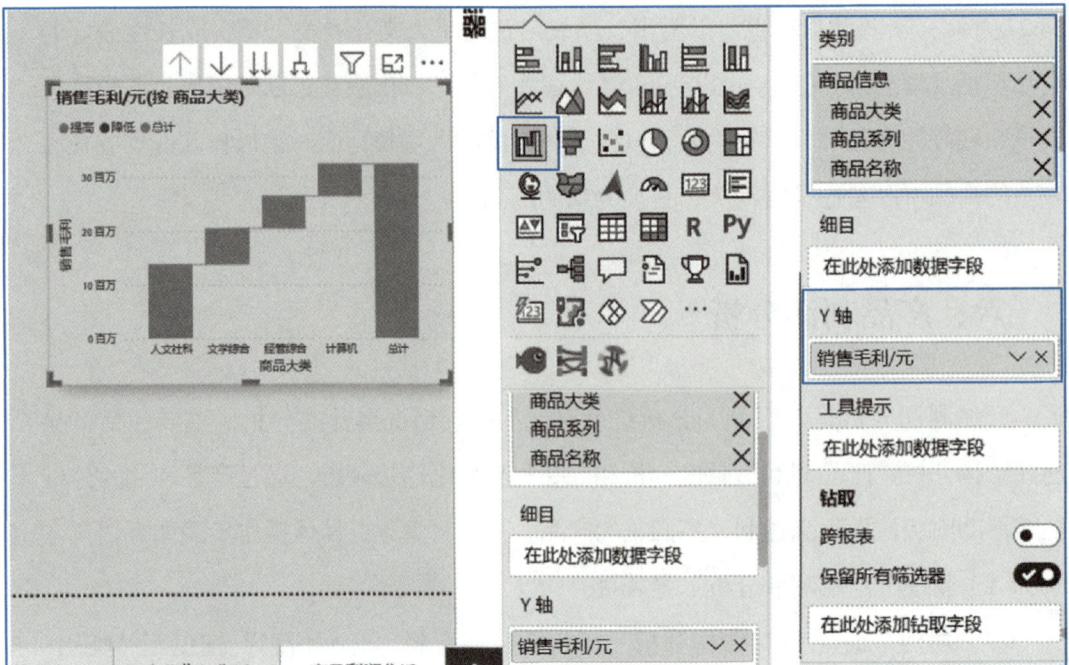

图 4-43　创建"产品利润贡献度分析"瀑布图

（5）创建"产品利润变动趋势分析"分区图，注意将"Date"拖曳至"X 轴"处，"销售毛利 / 元"拖曳至"Y 轴"处，"商品大类"拖曳至"图例"处。

（6）创建"时间""所在地区""渠道名称"切片器，并将"所在地区"切片器样式设置为"磁贴"，如图 4-44 所示。同理设置"渠道名称"的切片器样式。

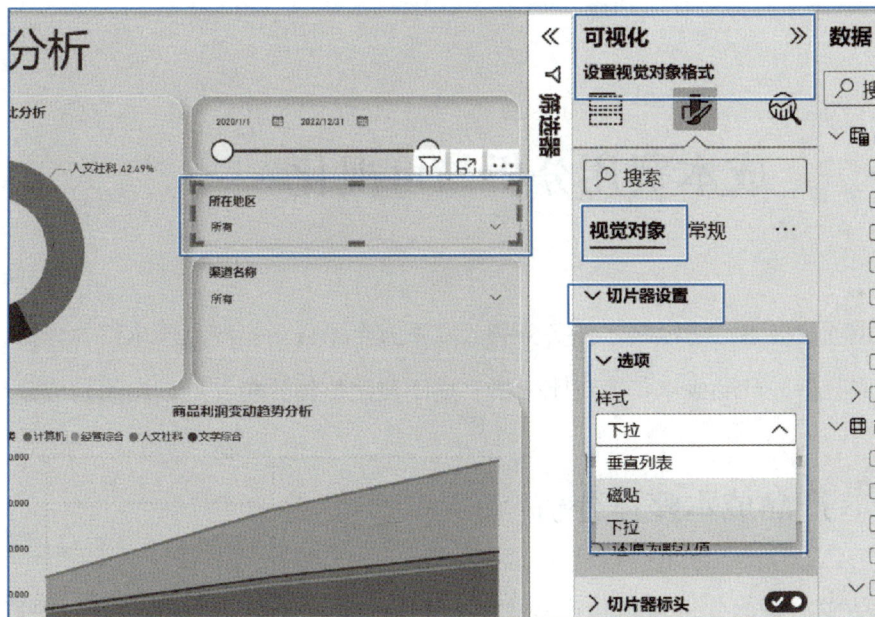

图 4-44　设置切片器样式

（7）完成报表的美化。美化后的报表如图 4-45 所示。

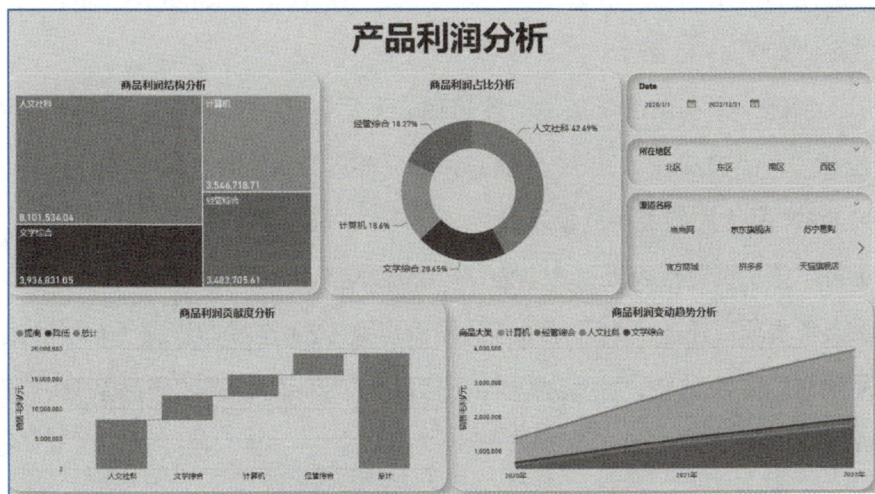

图 4-45　美化后的"产品利润分析"报表

从报表可以看出对利润贡献度最大的商品大类是"人文社科"，人文社科类书籍共实现毛利润 8 101.53 万元，占总利润的比例为 42.49%，利润增长最快的商品大类也是"人文社科"，说明人文社科类书籍是该出版社的主要利润来源。还可以进一步使用图表的向上钻取、向下钻取等功能，进一步对"商品系列"和具体商品进行利润分析。

任务二 成本费用分析与可视化

根据项目要求，可以将本任务分解为以下五个子任务：产品成本整体分析、产品成本构成分析、产品成本年度对比分析、期间费用整体分析和期间费用构成分析。

一、产品成本整体分析

产品成本整体分析是对生产成本整体构成情况的分析，包括对成本项目总额、各类产品成本总额、产品单位成本、月度产品总成本产量以及产品产量、销量等分布情况的分析。产品成本整体分析的具体操作步骤如下。

（1）利用 Power BI "获取数据"功能导入"生产成本数据源"，建立表与表之间的关联关系，如图 4-46 所示。

（2）在创建一个存储度量值的"度量值表"后，创建产品成本整体分析所需度量值，包括"产品总成本 / 元""产品总产量 / 本""产品单位成本 / 元"三个度量值，相关 DAX 表达式如表 4-5 所示。

（3）将"第 1 页"报表页重命名为"产品成本整体分析"。

（4）参考本项目任务一中子任务五的操作步骤（2）至操作步骤（4）的方法，创建"产品信息"层次结构，注意从上往下依次为"产品大类""产品系列""产品名称"，如图 4-47 所示。

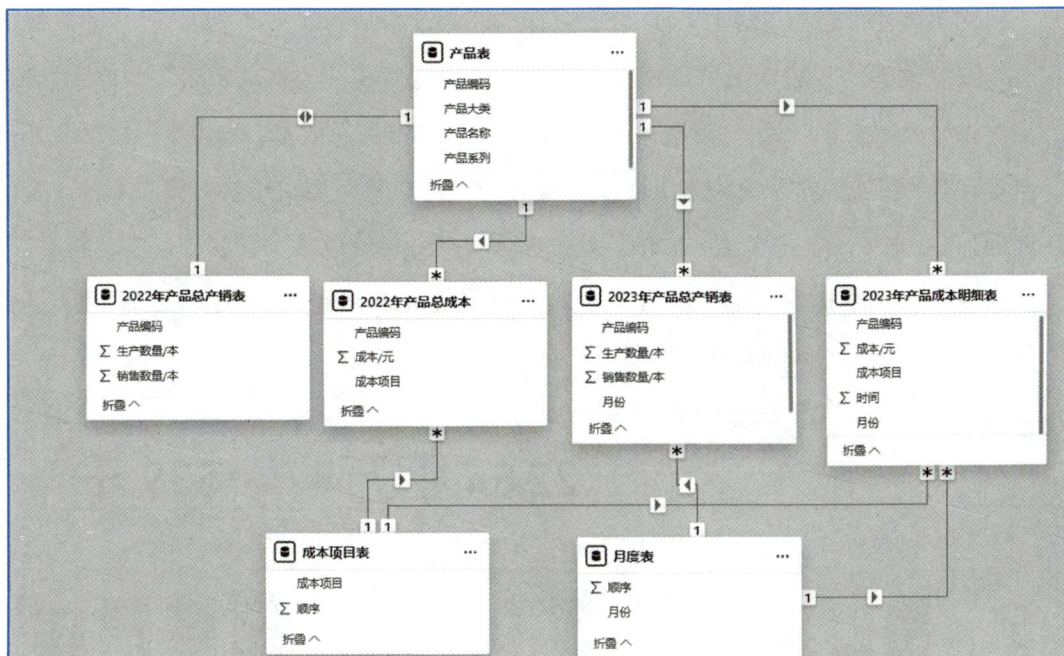

图 4-46　创建关联关系

表 4-5　"产品成本整体分析"度量值表及其相关 DAX 表达式

度量值	DAX 表达式
产品总成本／元	产品总成本／元 =SUM（'2023 年产品成本明细表 '[成本／元]）
产品总产量／本	产品总产量／本 =SUM（'2023 年产品总产销表 '[生产数量／本]）
产品单位成本／元	产品单位成本／元 =DIVIDE（' 度量值表 '[产品总成本／元]，' 度量值表 '[产品总产量／本]）

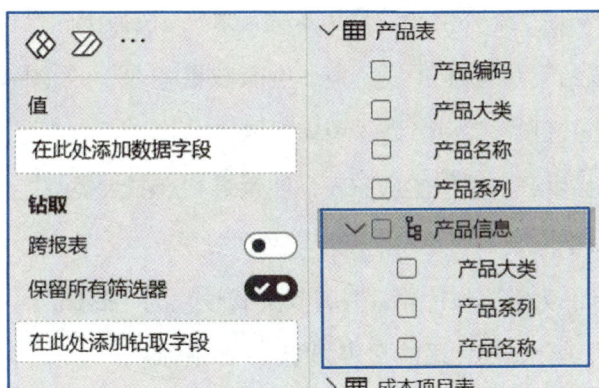

图 4-47　"产品信息"层次结构

（5）创建"产品总成本"与"产品总产量"卡片图。

（6）创建"各成本项目总额"簇状柱形图，注意将"成本项目表"中"成本项目"拖曳至"X轴"处，"度量值表"中的度量值"产品总成本"拖曳至"Y轴"处；创建"各产品总成本"簇状柱形图，注意将"产品信息"层次结构拖曳"X轴"处，"产品总成本/元"拖曳至"Y轴"处；创建"产品单位成本"簇状柱形图，将"产品信息"层次结构拖曳至"X轴"处，"产品单位成本/元"拖曳至"Y轴"处。创建好的簇状条形图如图4-48所示。

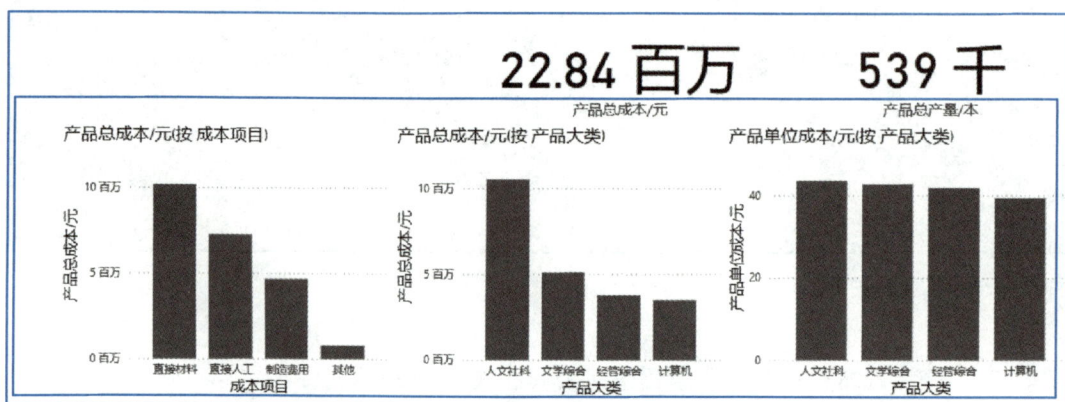

图4-48　产品成本分析簇状柱形图

（7）创建"产品总成本、产量、销量各月分布情况"折线和簇状柱形图，将"月度表"中"月份"数据列拖曳至"X轴"处，度量值"产品总成本/元"拖曳至"列y轴"处，"2023年产品总产销表"中"生产数量/本"和"销售数量/本"拖曳至"行y轴"处。

（8）右击"行y轴"处"生产数量/本的总和"，在弹出的功能窗口中选择"针对此视觉对象重命名"并将其重命名为"生产数量/本"，如图4-49所示。同理，将"销售数量/本的总和"重命名为"销售数量/本"。

（9）创建"产品生产、销售信息"表，注意将"产品大类""生产数量/本""销售数量/本""产品单位成本/元"拖曳至"列"处。

（10）创建"产品大类"切片器，并将其样式设置为"磁贴"。

（11）完成报表美化，美化后的报表如图4-50所示。

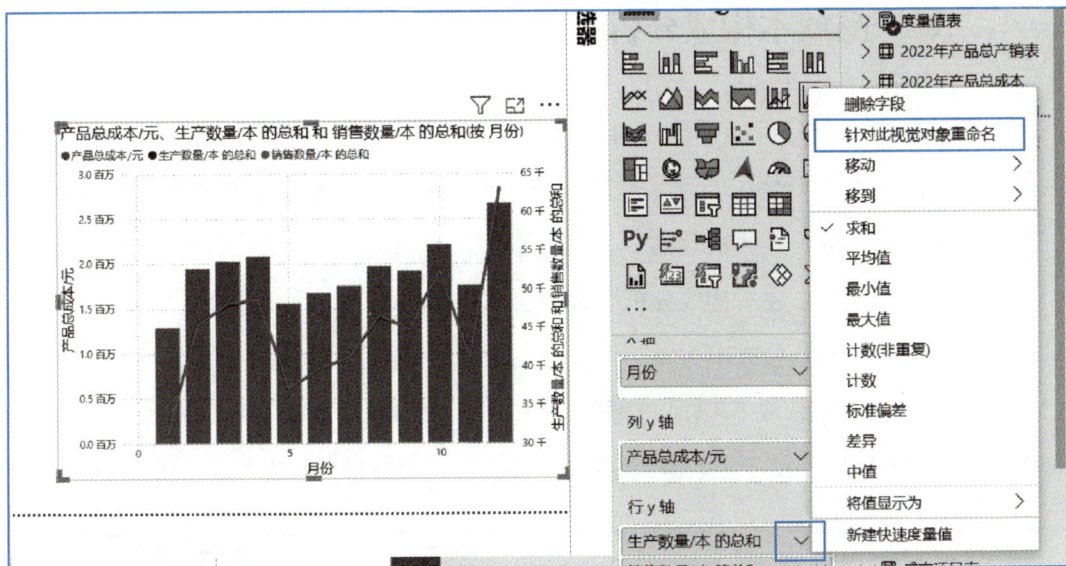

图 4-49　重命名视觉对象

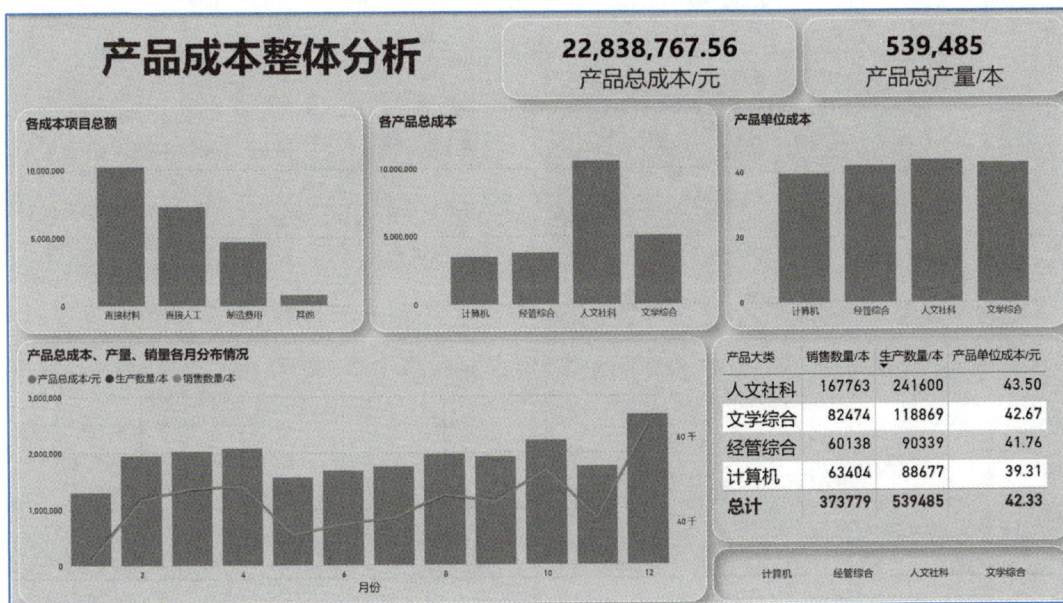

图 4-50　"产品成本整体分析"报表

　　从该报表可以看出，在各生产成本项目中，"直接材料"明显高于其他三种，出版社要想实现成本效益的提升应主要从降低直接材料成本入手；从各产品总成本来看，人文社科类书籍最高，主要是由于人文社科类书籍的产量最高；从产品单位成本来看，不同类型图书差异并不大；从各月成本、产量、销量分布情况来看，各月生产总成本随销量变化而变化，同时也可以看出，该出版社每月产量与销量基本保持一致。

二、产品成本构成分析

产品成本构成分析主要是针对产品成本的结构和组成情况进行的分析，本子任务将从产品成本项目构成、产品产量构成、产品单位成本构成等方面入手开展分析。产品成本构成分析的具体步骤如下。

（1）新建"产品成本构成分析"报表页。

（2）创建"产品总成本/元"与"产品总产量/本"卡片图。

（3）创建"产品成本项目总额"树状图，注意将"成本项目"拖曳至"类别"处，"产品总成本/元"拖曳至"值"处，如图 4-51 所示。

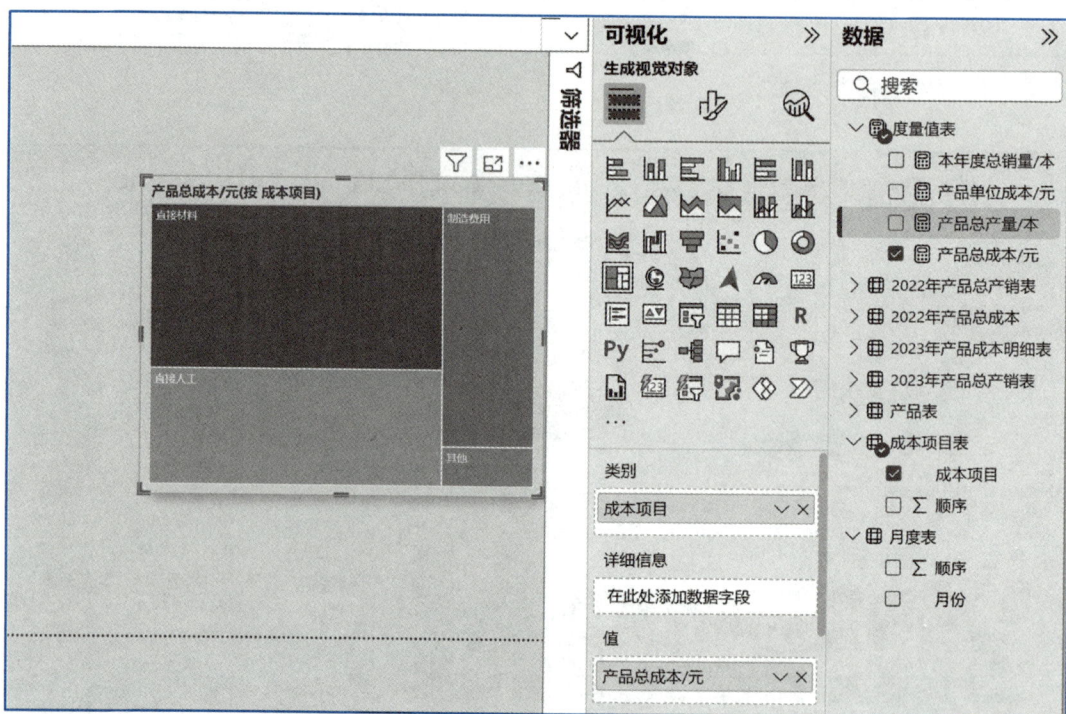

图 4-51　创建"产品成本项目总额"树状图

（4）创建"各产品成本项目构成"百分比堆积柱形图，注意将"产品信息"层级结构拖曳至"X轴"处，"产品总成本/元"拖曳至"Y轴"处，"成本项目表"中"成本项目"拖曳至"图例"处，如图 4-52 所示。

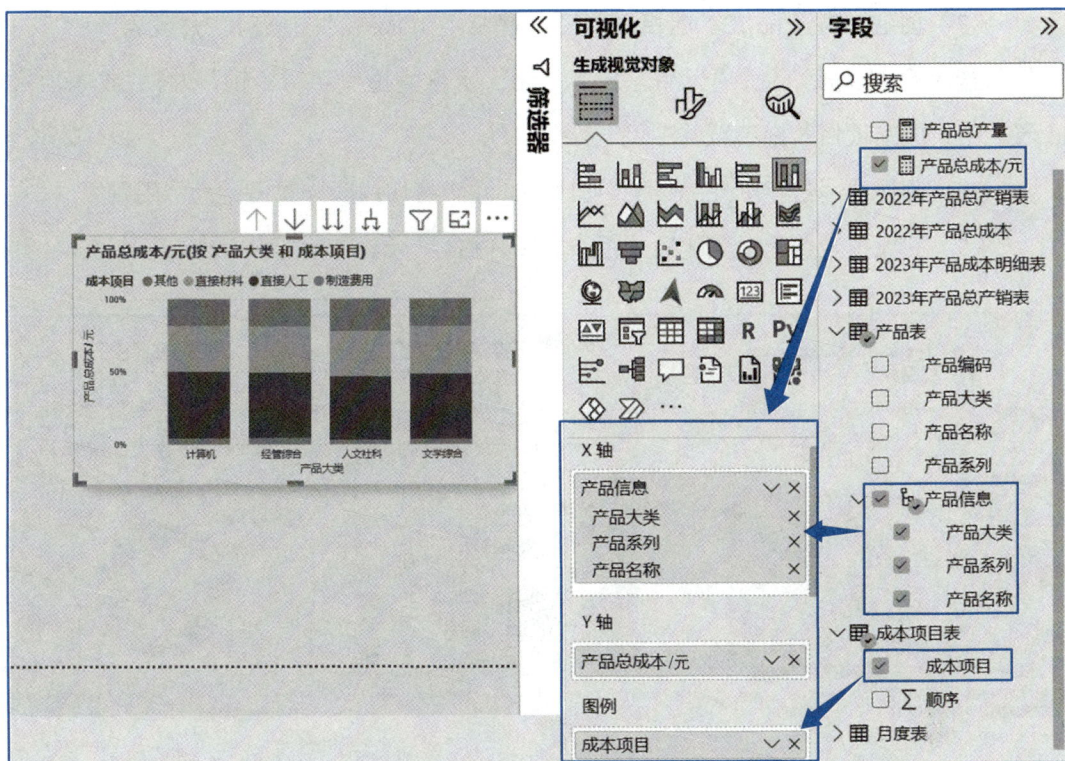

图 4-52 创建"各产品成本项目构成"百分比堆积柱形图

（5）创建"产品产量构成"环形图，注意将"产品信息"层级结构拖曳至"图例"处，将"产品总产量/本"拖曳至"值"处。

（6）创建"产品单位成本构成"环形图，注意将"产品信息"层级结构拖曳至"图例"处，将"产品单位成本/元"拖曳至"值"处。创建完成的"产品产量构成"和"产品单位成本构成"环形图如图 4-53 所示。

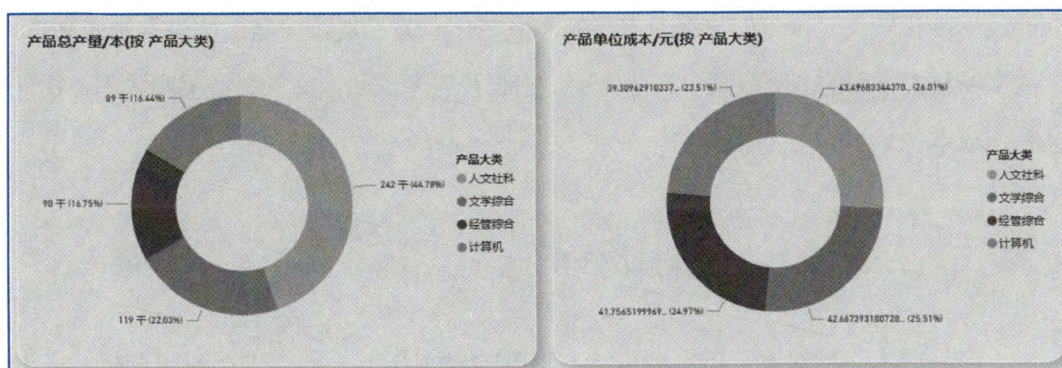

图 4-53 产品产量及产品单位成本分析环形图

（7）创建"各产品成本项目月度变化趋势"折线图，注意将"月度表"中"月份"拖曳至"X轴"处，"产品总成本/元"度量值拖曳至"Y轴"处，"成本项目表"中"成本项目"拖曳至"图例"处。

（8）创建"月份""产品大类"切片器，注意将切片器样式设置为"磁贴"。

（9）完成报表美化，美化后的报表如图 4-54 所示。

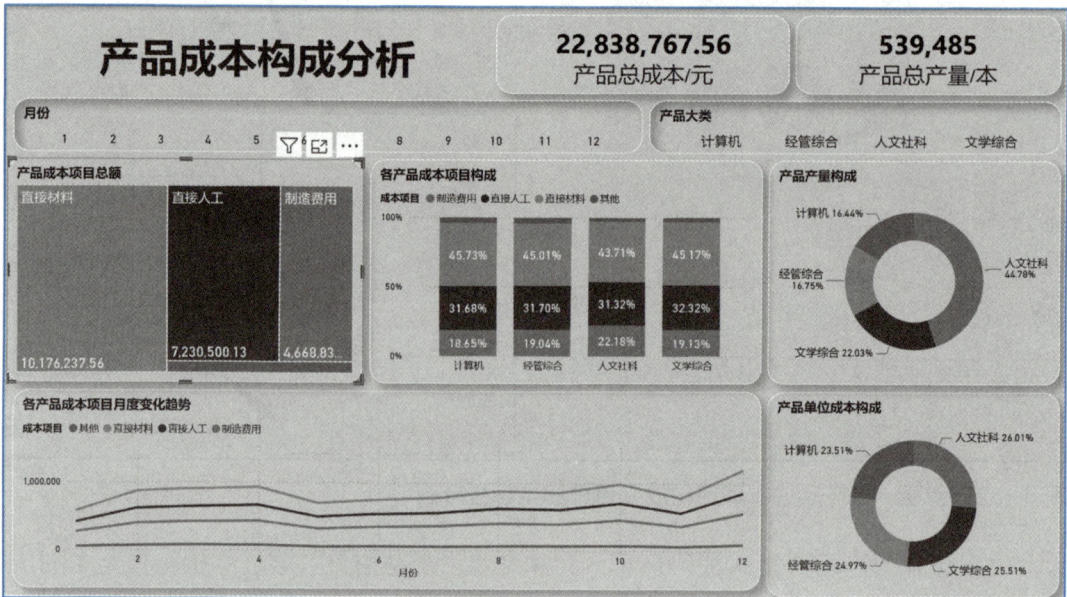

图 4-54　美化后的"产品成本构成分析"报表

从该报表可以看出，直接材料项目的成本约为 1 017.62 万元，是所有产品项目中总成本最高的；从各产品成本项目构成可以看出，不同类别产品的成本项目差异不大；从各产品成本项目月度变化趋势来看，"直接材料""直接人工"和"制造费用"每月的成本变化较大，这可能与每月产品的产量变化有关；从各产品单位成本构成来看，人文社科类书籍的占比略高于其他类别。出版社可考虑从人文社科类书籍入手，提升公司成本效益。

三、产品成本年度对比分析

产品成本年度对比分析主要是将本年度的成本与上一年度进行对比分析，以发现成本的年度变化趋势，为改善成本管理提供建议。本子任务主要从成本关键指标对比，如各类产品成本对比、产品成本项目对比、产品单位成本对比及其比率分析几方面开展，具体分析步骤如下。

（1）新建"产品成本年度对比分析"报表页。

（2）创建"本年度总销量／本""上年度总销量／本""上年度总产量／本""产量变动／本""产量同比""上年度产品总成本／元""上年度产品单位成本／元""单位成本变动／元""产品单位成本同比"九个度量值，相关DAX表达式如表4-6所示。

表4-6 "产品成本年度对比分析"度量值表及相关DAX表达式

度量值	DAX表达式
本年度总销量／本	本年度总销量／本 =SUM（'2023年产品总产销表'[销售数量／本]）
上年度总销量／本	上年度总销量／本 =SUM（'2022年产品总产销表'[销售数量／本]）
上年度总产量／本	上年度总产量／本 =SUM（'2022年产品总产销表'[生产数量／本]）
产量变动	产量变动 ='度量值表'[产品总产量／本]－'度量值表'[上年度总产量／本]
产量同比	产量同比 =DIVIDE（'度量值表'[产量变动／本]，'度量值表'[上年度总产量／本]）
上年度产品总成本／元	上年度产品总成本／元 =SUM（'2022年产品总成本'[成本／元]）
上年度产品单位成本／元	上年度产品单位成本／元 =DIVIDE（'度量值表'[上年度产品总成本／元]，'度量值表'[上年度总产量／本]）
单位成本变动／元	单位成本变动／元 ='度量值表'[产品单位成本／元]－'度量值表'[上年度产品单位成本／元]
产品单位成本同比	产品单位成本同比 =DIVIDE（'度量值表'[单位成本变动／元]，'度量值表'[上年度产品单位成本／元]）

（3）创建"本年度总成本／元""上年度总成本／元""本年度总产量／本""上年度总产量／本""本年度总销量／本""上年度总销量／本"卡片图，创建完成的卡片图如图4-55所示。

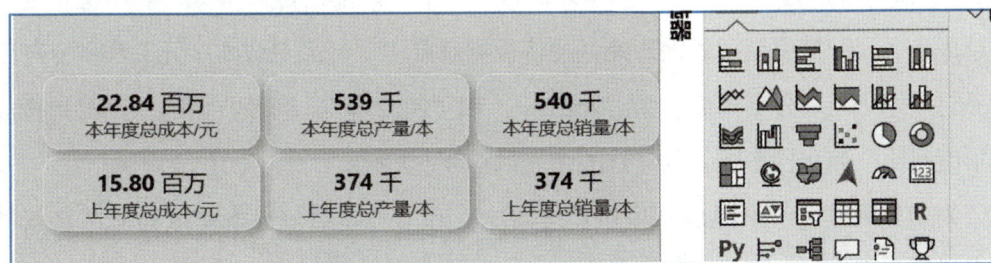

图4-55 产品成本年度对比分析关键指标

（4）创建"产品产量、单位成本对比分析"表，注意将"产品大类""产品总产量 / 本""上年度总产量 / 本""同比""单位成本 / 元""上年度单位成本 / 元""同比"拖曳至"列"处。并根据需求将视觉对象重命名。

（5）创建"产品成本项目构成同比（单位成本）"簇状柱形图，注意将"产品信息"拖曳至"X 轴"处，"产品单位成本同比"拖曳至"Y 轴"处，"成本项目"拖曳至"图例"处。注意鼠标左键单击"向上钻取"按钮，将"产品信息"的显示层级设置为"产品大类"，如图 4-56 所示。

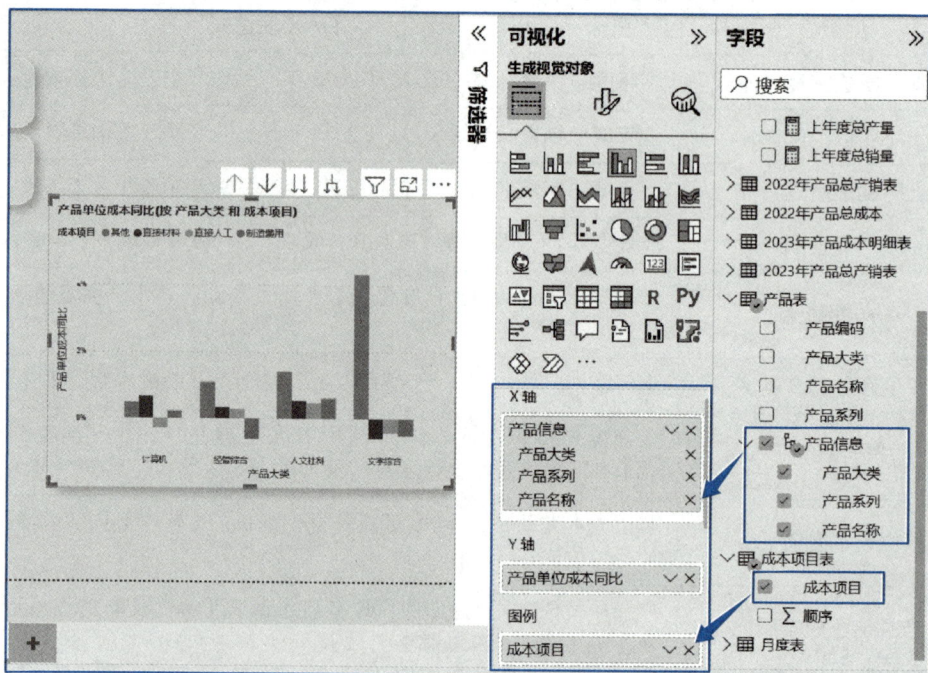

图 4-56　创建"产品成本项目构成同比"簇状柱形图

（6）创建"产品成本项目年度对比"簇状柱形图和"产品单位成本年度对比"簇状柱形图，在创建"产品成本项目年度对比"簇状柱形图时，将"成本项目表"中"成本项目"数据列拖曳至"X 轴"处，将度量值"产品总成本 / 元"和"上年度产品总成本 / 元"拖曳至"Y 轴"处，并将视觉对象中"产品总成本 / 元"和"上年度产品总成本 / 元"分别重命名为"2023 年"和"2022 年"。同理，创建"产品单位成本年度对比"簇状柱形图。创建好的图表如图 4-57 所示。

为避免后续将"产品成本项目年度对比"和"产品单位成本年度对比"簇状柱形图混淆，可先设置图表标题。

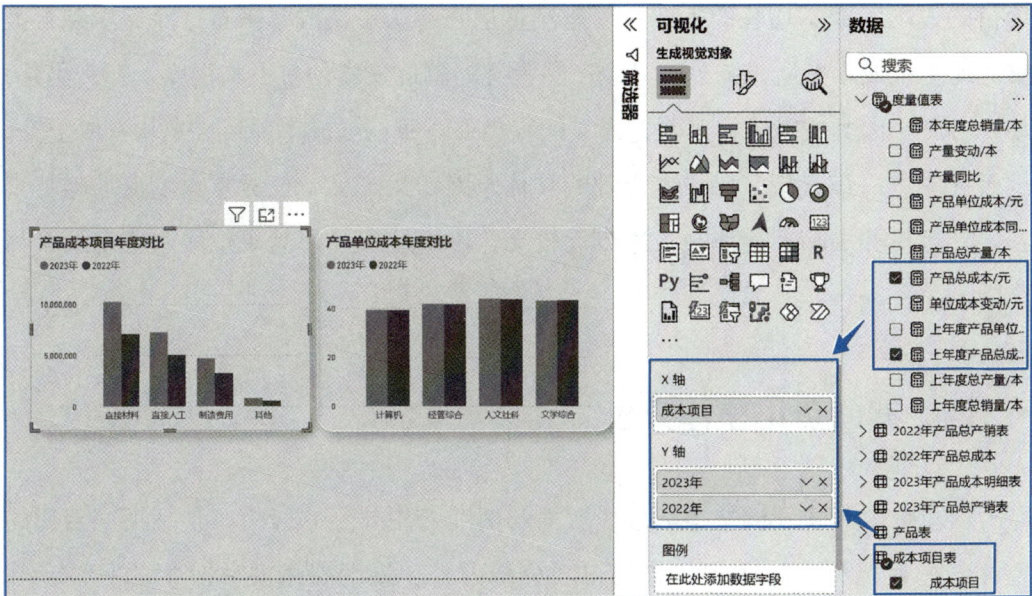

图 4-57　成本年度对比分析

（7）创建"产品单位成本月度变动趋势"折线图，注意将"月份"拖曳至"X轴"处，"产品单位成本/元"拖曳至"Y轴"处，"产品大类"拖曳至"图例"处。

（8）完成报表的美化，美化后的报表如图 4-58 所示。

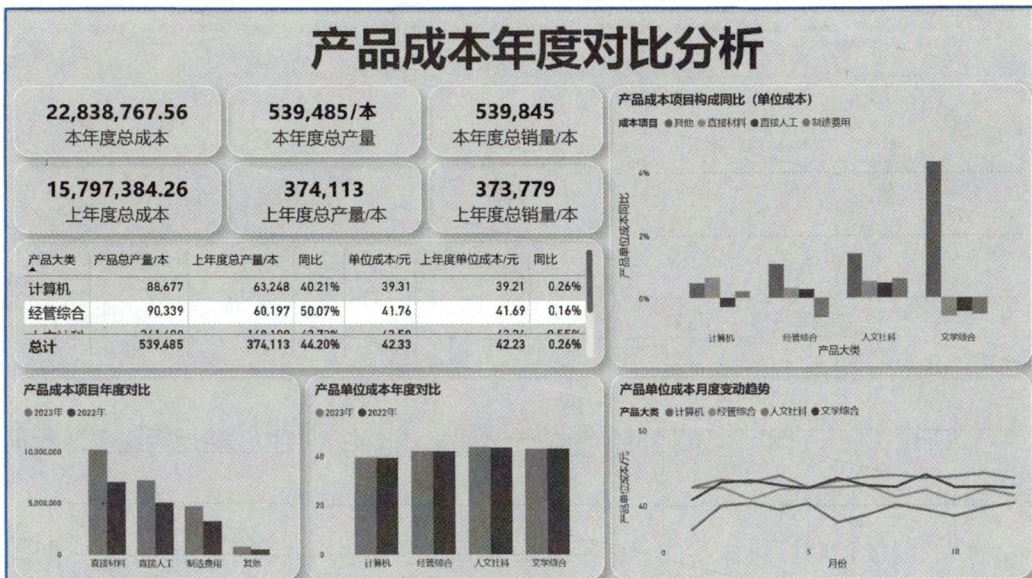

图 4-58　美化后的"产品成本年度对比分析"报表

从该报表可以看出，本年度产品成本较上年度有较大增长，包括总成本和各项目的成本，成本增长的主要原因是产量上升；从单位成本来看，除文学综合类书籍的单位成本有所下降外，其余产品大类的单位成本均有不同程度上升；另外，结合各产品大类成本项目来看，人文社科类书籍每一项成本项目成本均有所上升，出版社应进一步分析产品成本上升的具体原因；从产品单位成本月度变动趋势来看，计算机类书籍月度单位成本变动较大，出版社应分析其单位成本变动的具体原因。

四、期间费用整体分析

期间费用整体分析是指从总体层面对期间费用开展的分析，包括期间费用的整体结构情况和整体变化趋势两方面分析内容。期间费用整体分析的具体步骤如下。

（1）使用 Power BI "获取数据"功能导入"期间费用明细"数据表。

（2）创建"日期表"，其 DAX 表达式如图 4-59 所示。

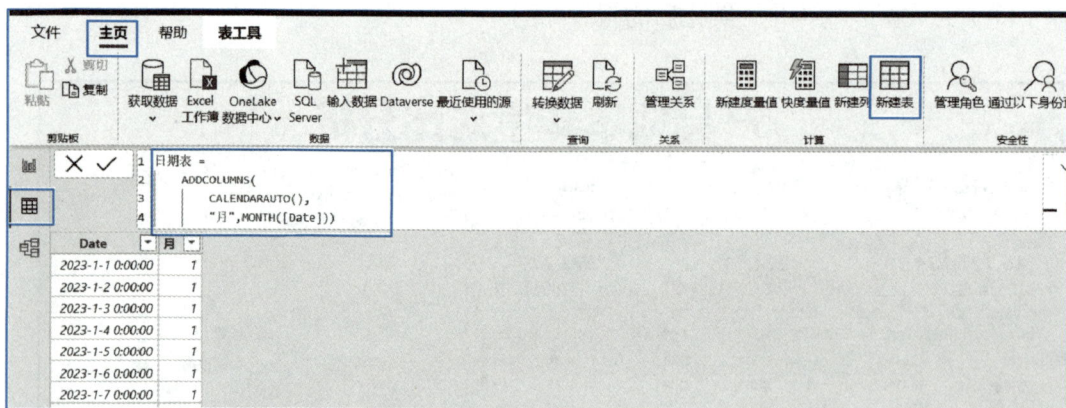

图 4-59　创建"日期表"

（3）以"Date"和"记账时间"为关键字建立"日期表"和"费用明细表"数据表之间的关联关系。

（4）创建存储度量值用的"度量值表"后，创建"期间费用/元""上月期间费用/元""月度期间费用增长额/元""月度期间费用增长率"四个度量值，相关 DAX 表达式如表 4-7 所示。

表4-7 "期间费用整体分析"度量值表及相关DAX表达式

度量值	DAX 表达式
期间费用／元	期间费用／元 =SUM（' 费用明细表 '[发生额／元])
上月期间 费用／元	上月期间费用／元 =CALCULATE（' 期间费用分析度量值表 '[期间费用／元]， DATEADD（' 日期表 '[Date]，-1，MONTH))
月度期间费用 增长额／元	月度期间费用增长额／元 =' 期间费用分析度量值表 '[期间费用／元]-' 期间费用 分析度量值表 '[上月期间费用／元]
月度期间费用 增长率	月度期间费用增长率 =DIVIDE（' 期间费用分析度量值表 '[期间费用／元]-' 期间 费用分析度量值表 '[上月期间费用／元]，' 期间费用分析度量值表 '[上月期间费用 ／元])

（5）将"第1页"报表页重命名为"期间费用整体分析"。

（6）创建"全年费用总额／元"卡片图，注意将"期间费用／元"拖曳至"值"处。

（7）创建"三大期间费用金额对比分析"簇状柱形图，注意将"费用明细表"中的"一级科目"数据列拖曳至"X轴"处，度量值"期间费用／元"拖曳至"Y轴"处。

（8）创建"三大期间费用占比分析"环形图，注意将"费用明细表"中的"一级科目"拖曳至"图例"处，度量值"期间费用／元"拖曳至"值"处。

创建的"三大期间费用金额对比分析"簇状柱形图和"三大期间费用占比分析"环形图如图4-60所示。

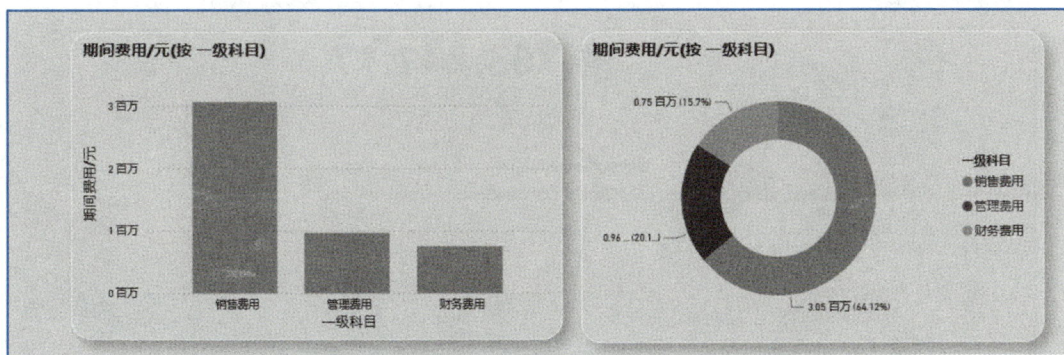

图 4-60　期间费用对比及占比分析相关图表

（9）创建"期间费用整体变动趋势分析"折线和簇状柱形图，注意将"Date"拖曳至"X轴"处，只保留其中的"年""月份"，将"月度期间费用增长率"拖曳至

"列 y 轴"处，"期间费用 / 元"拖曳至"行 y 轴"处，如图 4-61 所示。

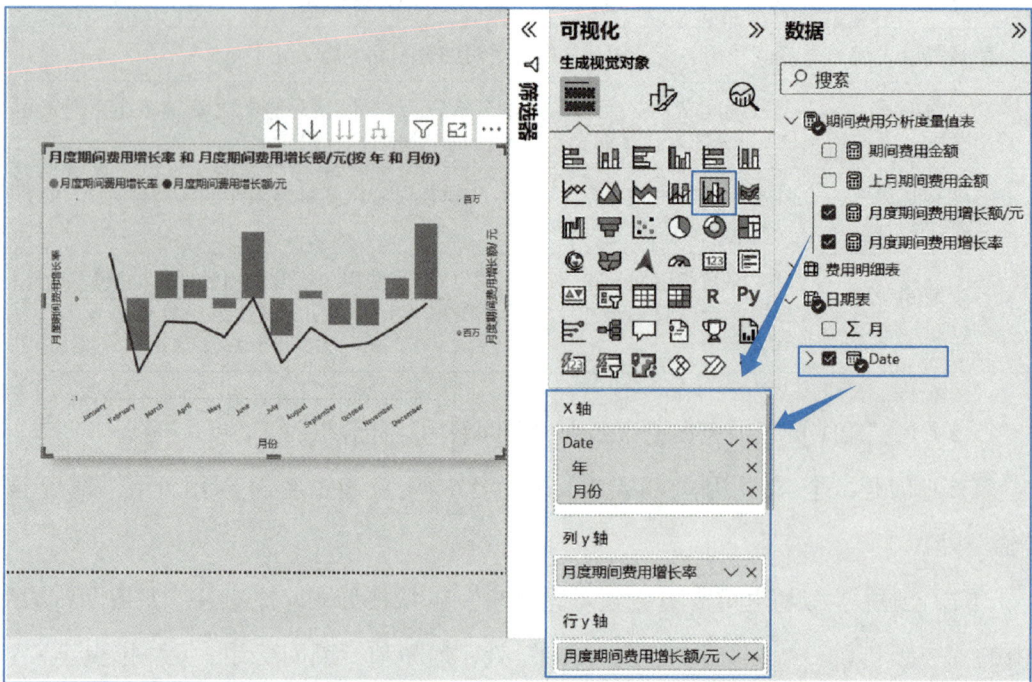

图 4-61 创建"期间费用整体变动趋势分析"折线和簇状柱形图

（10）创建"核算部门"切片器，并将其样式设置为"磁贴"。

（11）完成报表美化，美化后的报表如图 4-62 所示。

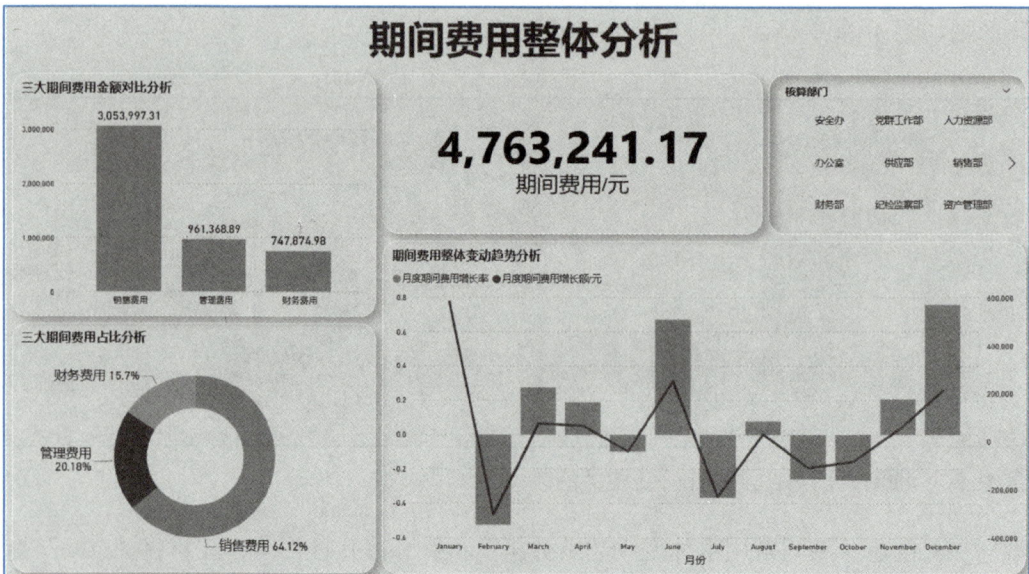

图 4-62 美化后的"期间费用整体分析"报表

从该报表可以看出，2022 年出版社期间费用总金额约为 476.32 万元，其中销售费用最高，金额约为 305.40 万元，占比为 64.12%；从期间费用整体变动趋势来看，6 月和 12 月的期间费用增长额和增长率都是最高的。建议出版社可以适当考虑减少销售费用的支出，并进一步明确 6 月和 12 月的期间费用增长的原因。

五、期间费用构成分析

（1）新建"期间费用构成分析"报表页。

（2）创建"销售费用/元""管理费用/元""财务费用/元"三个度量值，相关 DAX 表达式如表 4-8 所示。

表4-8 "期间费用构成分析"度量值表及相关DAX表达式

度量值	DAX 表达式
销售费用/元	销售费用/元 =CALCULATE（'期间费用分析度量值表'[期间费用/元]，FILTER（'费用明细表'，'费用明细表'[一级科目]="销售费用"））
管理费用/元	管理费用/元 =CALCULATE（'期间费用分析度量值表'[期间费用/元]，FILTER（'费用明细表'，'费用明细表'[一级科目]="管理费用"））
财务费用/元	财务费用/元 =CALCULATE（'期间费用分析度量值表'[期间费用/元]，FILTER（'费用明细表'，'费用明细表'[一级科目]="财务费用"））

（3）创建"销售费用/元""管理费用/元""财务费用/元"卡片图，创建好的卡片图如图 4-63 所示。

图 4-63 创建三大期间费用卡片图

（4）创建"期间费用项目构成分析"簇状条形图，注意将"核算项目"拖曳至"Y 轴"处，"期间费用/元"拖曳至"X 轴"处。如图 4-64 所示。

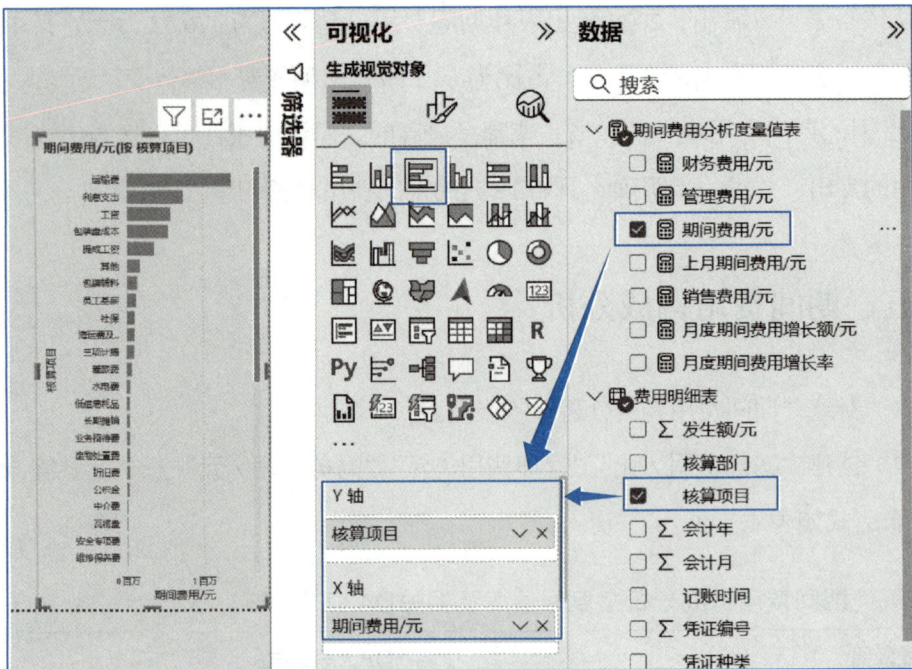

图 4-64　创建"期间费用项目构成分析"簇状条形图

（5）创建"三大期间费用项目构成分析"表，注意将"核算项目""销售费用/元""管理费用/元""财务费用/元"拖曳至"列"处。

（6）创建"期间费用部门构成分析"树状图，注意将"核算部门"拖曳至"类别"处，"期间费用金额"拖曳至"值"处。

创建完成的"三大期间费用项目构成分析"表和"期间费用部门构成分析"树状图如图 4-65 所示。

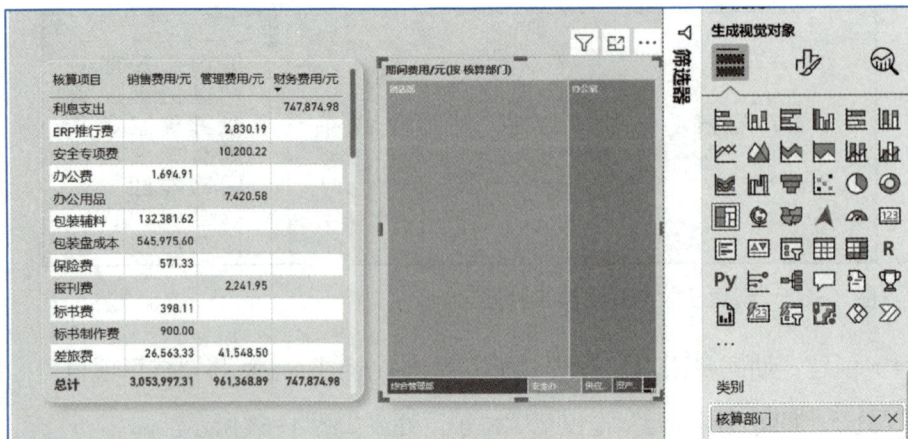

图 4-65　期间费用项目构成及部门构成分析图表

（7）创建"月"切片器，并将切片器样式修改为"磁贴"。

（8）完成报表美化，美化后的报表如图 4-66 所示。

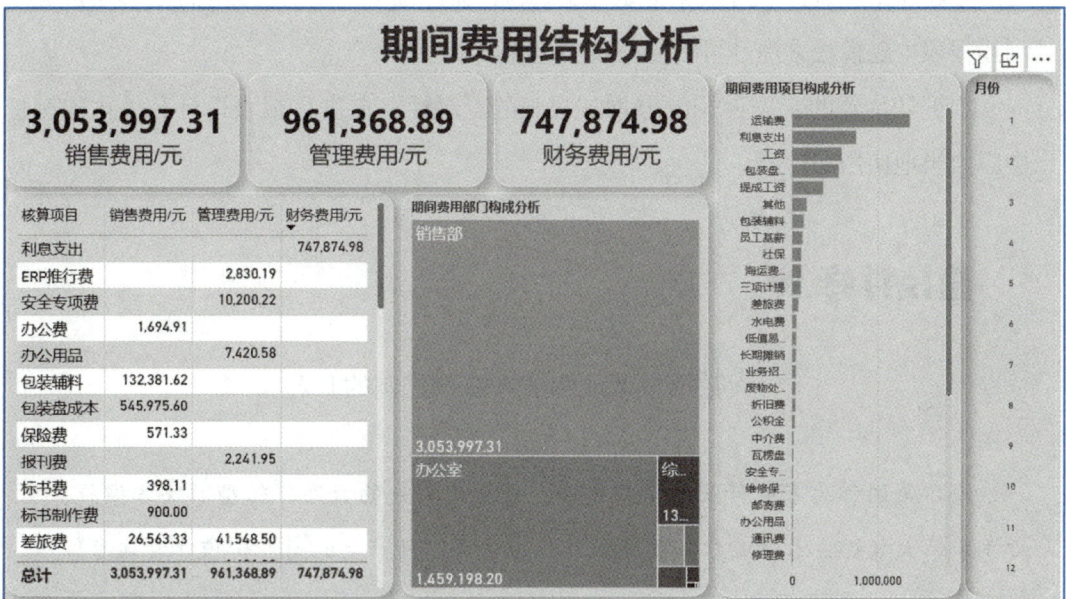

图 4-66　美化后的"期间费用结构分析"报表

　　从该报表可以看出，"销售费用"支出最高的项目是"运输费"，"管理费用"支出最高的项目是"工资"，"财务费用"支出最高的项目是"利息支出"；从整体来看，"期间费用"支出最高的前三个项目依次是"运输费""利息支出""工资"，与三大期间费用支出最高的项目正好契合；从支出部门来看，期间费用最高的部门是"销售部"，其次是"办公室"。出版社要提升期间费用的使用效率，可以考虑从"销售部"和"办公室"入手，或者可以考虑从"运输费""利息支出"等项目入手。

【项目总结】

　　（1）熟练掌握 Power BI 中 DAX 函数的功能和语法能够有效提升本项目任务的分析工作效率，特别是时间智能函数和筛选函数的使用能够帮助用户迅速计算出同比、环比、占比等数据。

　　（2）在可视化分析过程中应掌握不同图表的适用场景，根据分析需求或分析目的选择恰当的图表，恰当地使用图表能够有效提升信息传递的效率；Power BI 支持的图表类型众多，可以通过"获取更多视觉对象"功能去搜索需要的图表。

（3）Power BI 自带"开花""城市公园""经典"等多个报表主题，在 Power BI 官网主题库中也有许多可以免费使用的主题，在进行可视化报表美化的过程中应充分利用报表主题模板来提升可视化报表美化的效率。

（4）切片器的合理使用能够增加报表的互动性，在进行报表设计和美化的过程中应恰当地使用切片器。

德技并修 ▶▶

大数据技术成为成本有效控制的利器

海尔集团作为家电行业的龙头企业，是全球领先的数字化转型解决方案服务商。近年来，大数据技术对海尔集团降低其供应链成本所产生的商业价值非常显著。

1. 树立大数据思维，深挖利用数据价值

海尔集团持续推进大数据技术的运用，激励企业员工加快形成大数据思维，改变观念，将大数据技术应用于数据采集、数据整理、数据挖掘、利用数据进行合理决策等环节。海尔通过对集团大规模的线上数据进行整理分析，有效解决了企业过去决策质量较低的问题，同时降低了企业的机会成本。

2. 建立大数据供应链成本控制体系

通过对大数据技术的运用，海尔对供应链各环节的经营活动进行细化，对核心的成本进行重新规划控制，寻找成本之间的关联性。海尔集团采用大数据技术将每个环节的成本有机联系在一起，构建了完整的供应链成本控制框架，从而更加有效地对企业的总成本进行控制。

3. 采用大数据技术建立完善的外部制度

海尔集团采用大数据技术建立了完善的外部制度，集团的数据管理系统能够实时更新升级，并能够随着经营模式的变化及时调整，以确保管理系统与企业发展进步是并行的。这一方面保障了成本控制工作过程的合法性和有效性，另一方面确保了供应链采购环节的安全性和保密性，再一方面保障了企业和个人信息的安全性。

4. 建立大数据战略联盟，合作共赢

大数据战略联盟是基于大数据技术使各行各业能够相互合作，打破零和博弈的关系，建立一种互利共赢的战略合作模式。联盟内企业之间可通过大数据技术将信息及时传递到共享平台，进行资源共享，充分利用价值信息作出合理决策，提高彼此的工作效率，降低时间成本。

【思考与实践】大数据、云计算、人工智能等新一代数字技术处于当代创新最活跃、应用最广泛、带动力最强的科技领域，给产业发展、日常生活、社会治理带来深刻影响。一方面要合法、合规应用数字技术，另一方面也要保障安全，只有这样才能实现共赢。

【知识测验】

一、单选题

1.（　　）是指比较同一会计期间的相关数据以找到它们之间的比率关系，并分析损益项目之间的关系，评估财务状况并找出经营中的问题。

  A. 比较分析法　　　　　　　　B. 比率分析法

  C. 趋势分析法　　　　　　　　D. 多维分析法

2.（　　）反映企业现在与过去相比的增减变化趋势，通过其可以分析出销售收入的季节性变化，同时通过与销售数据中的销售组成进行对比，可以分析淡旺季发展规律。

  A. 总量性分析　　　　　　　　B. 横向性分析

  C. 纵向性分析　　　　　　　　D. 相关性分析

3.（　　）销售收入是指结合地区信息分析销售收入的构成情况，以优化销售收入地区结构。

  A. 区域维度分析　　　　　　　B. 客户维度分析

  C. 时间维度分析　　　　　　　D. 产品维度分析

4.（　　）是指低销售增长率、高市场占有率的产品，它是成熟市场的领导者，享有规模经济和高边际利润优势。

  A. 问题产品　　　　　　　　　B. 瘦狗产品

C. 明星产品   D. 金牛产品

5. （　　　　）可以反映本期成本费用变化趋势。

A. 成本费用环比上月数值   B. 成本费用构成及占比

C. 成本费用收入比   D. 成本费用历史趋势

二、多选题

1. 下列选项中，属于损益管理的分析方法的有（　　　　　　）。

A. 比较分析法   B. 比率分析法

C. 趋势分析法   D. 多维分析法

E. 结构分析法

2. 销售收入分析可以从（　　　　　　）维度进行。

A. 区域维度   B. 客户维度

C. 产品维度   D. 价格维度

E. 生产维度

3. 期间费用分析的对象包括（　　　　）。

A. 销售费用   B. 财务费用

C. 差旅费   D. 制造费用

E. 管理费用

4. 下列选项中属于损益管理的价值的有（　　　　）。

A. 可以直接提高企业销售收入   B. 监控企业经营状况

C. 提高企业有效产出   D. 制定企业经营策略

E. 可以将成本费用降到最低

5. 波士顿矩阵所分析的四个类型的产品结构分别是（　　　　）。

A. 明星产品   B. 金牛产品

C. 劣质产品   D. 问题产品

E. 瘦狗产品

三、判断题

1. 企业在一定时期内的全部收入减去全部支出后为正值，就是盈利；如果全部收入减去全部支出后为负值，则是亏损。 （　　　）

2. 损益管理的内容包括收入、成本、费用。 （　　　）

3. 销售收入增长速度快并不能说企业抵御风险的能力强。　　　　（　　）

4. 当企业应收账款增长率大于销售收入增长率时，说明销售收入中大部分为赊销，资金回笼慢，企业的资金利用效率较低。　　　　（　　）

5. 企业消耗的成本费用越低越好。　　　　（　　）

【技能实践】

训练一

【任务要求】TEA 是一家茶饮销售机构，所销售的茶饮产品类型主要包括功能茶饮、花茶、普茶和清凉茶四种，2023 年该机构实现销售额 35.88 万元、销售利润 10.80 万元。为了评估该销售机构 2023 年具体经营成果，帮助它在 2024 年实现更高的销售额和销售利润，请完成以下数据分析任务。（数据源：训练一）

任务：（1）分析该茶饮销售机构的整体销售情况，并从整体层面提出提升该机构销售额的经营改进建议。

（2）结合产品信息，分析 2023 年该茶饮销售机构产品的销售收入和销售利润情况，并从产品层面提出提升销售额和销售利润的经营改进建议。

训练二

【任务要求】受经济大环境影响，XYZ 公司 2023 年经营绩效表现不佳，为了提升公司的经济效益，现在需要对公司 2023 年期间费用具体情况进行分析，以找到期间费用使用效益提升的突破口，现已获取该公司 2023 年的期间费用数据，请完成以下两项任务。（数据源：训练二）

任务：（1）完成期间费用整体情况分析，并给出提升期间费用使用效率的合理化建议。

（2）完成期间费用构成情况分析，并给出优化期间费用结构的合理化建议。

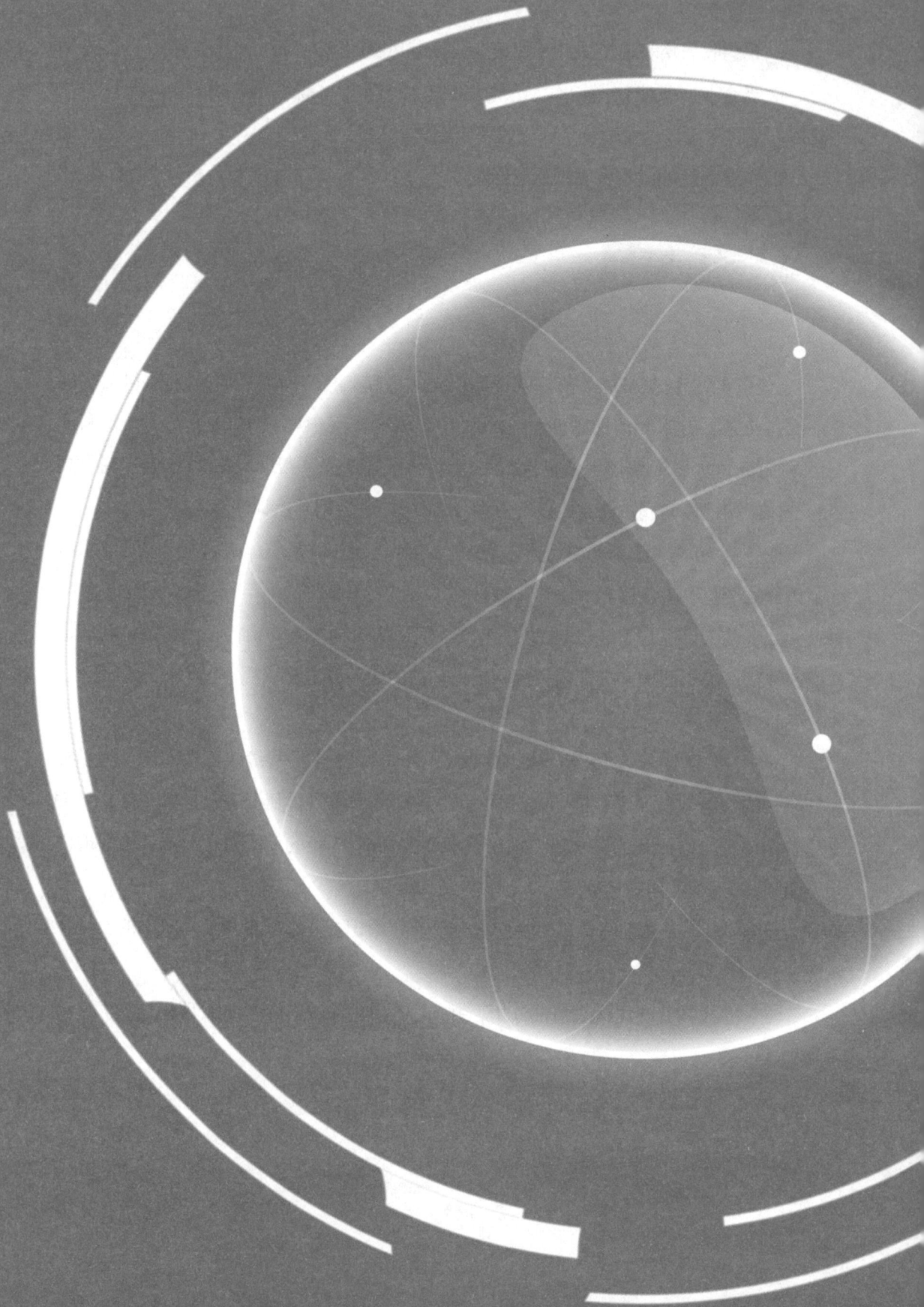

大数据技术在财税风险
管理中的应用

学习目标

素养目标

◆ 通过对"税务风险分析与可视化"的学习，形成诚信纳税、依法纳
  税的基本认知。

◆ 通过对"财务风险分析与可视化"的学习，形成基本的风险防控意
  识，树立正确的理财观念。

◆ 通过对 DAX 函数的学习，养成数据分析、数据支持、数据管理的
  数据思维。

知识目标

◆ 熟悉大数据财税风险管理的含义与重要性。

◆ 掌握财税风险管理应用中的大数据技术相关指标。

◆ 了解可能存在的财税风险原因。

能力目标

◆ 能够在财税风险管理中运用 Power BI 常用的 DAX 函数。

◆ 能够掌握财税风险管理中常用的可视化图表绘制方法，并能根据分
  析需求选用恰当的图表类型。

◆ 能够根据需求选择恰当的分析方法并正确运用于数据分析，得出正
  确的分析结论。

思维导图

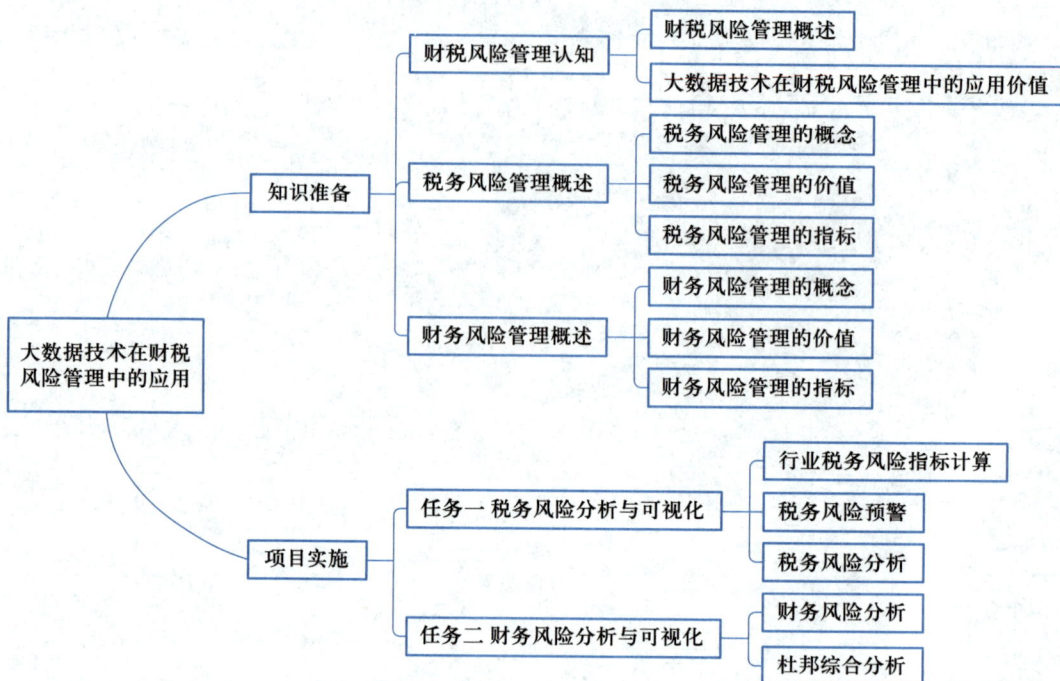

项目导入

财税数字化转型，推动绿色发展

党的二十大报告强调，要"推动绿色发展，促进人与自然和谐共生""加快发展方式绿色转型"；提出"完善支持绿色发展的财税、金融、投资、价格政策和标准体系，发展绿色低碳产业，健全资源环境要素市场化配置体系，加快节能降碳先进技术研发和推广应用，倡导绿色消费，推动形成绿色低碳的生产方式和生活方式。"。在产业数字化成为关键战略思路之一的背景下，以财税合规业务为核心，财税科技正稳步成为推动经济平稳向好发展的重要抓手，财税风险管理已成为助力监管有序治理和企业行稳致远的重要内容。

新一轮科技革命和产业变革正在重构创新版图、重塑经济结构，经济数字化转型已是大势所趋，正在不断扩展交易场景边界，推动传统的线下交易场景向线上转移，数字化企业财税风险管理的价值逐渐凸显，大数据技术在风险管理中的应用越来越广泛。大数据技术与工具成为财税数字化转型的重要手段。如何借助大数据等技术，提升企业财税风险管理能力和管理水平，有效助力企业高质量决策，是新时代财会人才必备的新技能。

【项目要求】

FLSP 有限公司是一家食品加工企业，所属行业为农副食品加工行业，该公司主营业务包括食品的生产、加工、包装、运输和销售，其主要税种涉及增值税、企业所得税、土地使用税、印花税、车船使用税、城市维护建设税、教育费附加、地方教育附加等。其营业收入已经突破 17 亿元，年度纳税总额也接近 1 亿元，随着公司逐步地发展和壮大，开展的业务也更加复杂，公司资产规模逐步扩大，纳税额逐年增加。为了在发展过程中提前预知风险、预防风险，相关财务人员需要对公司经营发展过程中的各项主要财税指标进行监督，及时发现和管理风险，帮助公司顺利成长。要为公司建立财税风险管理体系，财务分析人员目前已获取"农副食品加工行业数据源"和"FLSP 有限公司业务数据源"，现在需要利用已获取的数据完成以下分析任务。

（1）完成公司税务风险分析与可视化。利用"农副食品加工行业数据源"和"FLSP 有限公司业务数据源"，结合税务风险预警指标和常见的税务风险类型完成行业指标计算、公司税务风险预警、公司税务风险分析及相关分析结果的可视化展示（本案例主要涉及增值税和所得税）。

（2）完成公司财务风险分析与可视化。利用"FLSP 有限公司业务数据源"，结合常用财务分析指标，完成公司偿债能力、盈利能力、营运能力、发展能力和财务预警指标的计算，并根据指标结果完成公司财务风险的分析及相关分析结果的可视化展示，同时利用杜邦综合分析体系综合评价公司的整体运营情况。

一、财税风险管理认知

（一）财税风险管理概述

1. 财税风险管理的概念

伴随着云财务、会计机器人等诸多智能技术的诞生，信息技术和互联网技术已成为财税领域与税收信息化发展的基础。财税信息化的变革不仅能提高企业日常工作效率，也会使企业管理模式发生巨大变化，但也为企业的财税管理带来了巨大的冲击。财税风险管理则是指如何在项目或者企业中识别、分析、管控财务和税务相关的风险，且把财税相关风险可能造成的不良影响降至最低的管理过程。

2. 财税风险管理的内容

财税风险管理从不同的角度分为不同的内容。

（1）从风险管理过程来看，其内容包括财税风险管理目标设定、财税风险识别、财税风险评估、财税风险控制、财税风险监督与审计。

（2）从风险类型来看，其内容包括税收风险、资金风险、经营风险、法律风险等。其中，税收风险涉及税务政策变化风险、税务合规风险等；资金风险涉及资金流动风险、财务管理风险等；经营风险包括市场变化风险、经营决策风险等；法律风险涉及法律法规风险、合同风险等。

（3）从风险对象来看，其内容包括财务管理风险和税收管理风险。

（二）大数据技术在财税风险管理中的应用价值

对企业而言，大数据技术对财税风险管理的应用价值体现在以下几个方面：

1. 提高财税管理效率和准确性

大数据技术可以帮助企业自动化处理和分析大量的财务数据，避免传统手工财务数据处理的烦琐和耗时问题。同时，大数据还可以实时监控和预警财务数据，及时发现潜在的经济和税务风险，为企业提供更有针对性的管理决策支持。

2. 强化税收监管，合理税务筹划

随着大数据技术的发展，税务部门可以更快速、更准确地识别企业数据中的异常信息，并进行分析和处理，减少企业与税务机构之间的矛盾和争议，通过加强税务

外部监督来督促企业自我监督，合理地进行税务筹划，做出有效的经营决策。

3. 优化资源配置，增强企业竞争力

有效的财税风险管控可以优化企业的资源配置，提高运营效率并降低成本，从而增强企业的竞争力。同时，通过大数据技术，企业可以更好地了解市场和竞争对手，为战略决策提供更有价值的信息。

4. 及时发现风险，保护企业权益

财税风险管理不仅可以避免企业出现财务和税务问题，还可以保护企业的合法权益。例如，通过大数据技术，企业可以及时发现潜在的风险，采取措施避免损失，保护企业的财产安全。

因此，企业应该不断探索和应用大数据技术，优化财税风险管理，为企业的持续稳定发展提供保障。

二、税务风险管理概述

（一）税务风险管理的概念

从企业的角度而言，税务风险管理是指企业通过分析税负来自我规范纳税行为和经营行为的过程。一方面，分析企业纳税行为是否符合税收法律法规的规定，是否存在应纳税而未纳税、少纳税，以此判断企业是否存在补税、罚款、加收滞纳金、刑事处罚以及声誉损害等风险；另一方面，分析企业经营行为与相关税法是否适恰，是否用足有关优惠政策，是否多缴纳了税款而承担了不必要税收负担等。

（二）税务风险管理的价值

税务风险管理的价值在于两个方面：一是有利于规范企业的纳税行为，使企业遵纪守法，自觉纳税，增强企业风险防控意识和合理规避税务风险的能力；二是有利于企业经营管理决策，全面发现企业税收管理中存在的问题，为企业未来的投资和决策提供参考，使企业合理避税，减轻税收负担，节约税收成本，提高经济效益。

（三）税务风险管理的指标

税务风险管理主要是通过计算增值税税负率、增值税税负率变动率、所得税贡献率、所得税税收负担率、利润税收负担率、经营活动现金流出税负率、营业收入税收负担率等指标，并通过与其行业值、上期值进行比较分析，判断是否存在税务风

险，以便进行有效决策。税务风险管理的部分指标如表 5-1 所示。

表5-1　税务风险管理的部分指标

预警指标	计算公式	指标含义
增值税税负率	实际缴纳的增值税税额 ÷ 营业收入 ×100%	增值税纳税义务人当期应纳增值税占当期应税销售收入的比例
增值税税负率变动率	（当期增值税税负率 − 上期增值税税负率）÷ 上期增值税税负率 ×100%	增值税纳税义务人当期应纳增值税占当期应税销售收入的比例较上期的变动情况
所得税贡献率	应纳所得税税额 ÷ 营业收入 ×100%	反映的是企业所得税缴纳税额与收入的比例关系，是对所得税进行纳税评估时最为关注的指标
所得税税收负担率	应纳所得税税额 ÷ 利润总额 ×100%	反映了企业在一定时期内缴纳的所得税占同期所得利润总额的比率
利润税收负担率	支付的各项税费 / 利润总额 ×100%	反映了企业在一定时期内缴纳的各项税费占同期所得利润总额的比率
经营活动现金流出税负率	支付的各项税费 / 经营活动现金流出 ×100%	反映了企业在一定时期内缴纳的各项税费占同期经营活动现金流出的比率
营业收入税收负担率	支付的各项税费 / 营业收入 ×100%	反映了企业在一定时期内缴纳的各项税费占同期所得营业收入总额的比率

三、财务风险管理概述

（一）财务风险管理的概念

财务风险管理是指企业围绕资金管理对其经营过程中存在的各种风险进行识别、度量和分析评价，并适时采取及时有效的方法进行防范和控制，以经济、合理、可行的方法进行处理，从而保障经营活动安全正常开展，保证其经济利益免受损失的管理过程。

（二）财务风险管理的价值

1. 有助于企业的持续、健康及稳定发展

在企业生产经营活动中，风险无处不在，加强财务风险管理，合理利用财务杠杆，保持良好的资本结构，加快资金周转，提升企业的整体抗风险能力，有助于为企业的长远发展提供一个较为安全、稳定、高效的运营环境。

2. 有助于提高企业经营效率和盈利能力

通过财务风险管理，企业可以及时识别和评估各种财务风险，并采取有效的措施进行防范和应对，从而降低企业的风险。同时，财务风险管理有助于企业优化经营流程、提高生产效率、降低成本、增加销售量、提高资产管理水平和运营水平，从而提高企业的经营效率和盈利能力。

3. 有助于降低经营风险，提高企业市场竞争力

随着市场竞争的日益激烈，企业必须具备更强的竞争力和更高的经营效率才能在市场上立足。通过财务风险管理，企业可以降低经营风险，提高企业竞争力，从而在市场竞争中占据更有利的地位。

4. 有助于营造良好营商环境，有利于企业战略目标的实现

通过加强财务风险管理，能为企业投资、运营、分配等环节扫除障碍，为企业的经营发展营造一个健康、稳定、可持续发展的良好环境，为企业提供精准、科学的决策分析数据，利于企业的资金、资产、资本等高质量运转，促使投入产出达到最佳效果，最终帮助企业实现战略目标。

（三）财务风险管理的指标

企业财务风险管理按能力预警指标划分包括盈利能力指标、偿债能力指标、营运能力指标、发展能力指标、现金质量预警指标等，在此基础之上还可以进行杜邦分析。具体指标如表5-2所示（仅列示部分）。

表5-2　财务风险管理的相关指标（部分）

类别	具体指标	含义
盈利能力指标	净资产收益率	净资产收益率是指企业净利润与净资产的比率，反映企业资本运营效益。净资产收益率越高，企业盈利风险越低
	总资产报酬率	总资产报酬率以投资报酬为基础来分析企业获利能力，是企业投资报酬与投资总额之间的比率
	销售毛利率	销售毛利率是指企业销售毛利与销售收入的比率，反映企业主营业务盈利能力。销售毛利率越高，盈利风险越低
	净利润率	净利润率是指企业净利润与营业收入的比率，衡量企业盈利水平。净利润率越高，企业盈利风险越低

类别	具体指标	含义
偿债能力指标	资产负债率	资产负债率是指企业负债总额占资产总额的比例，反映企业负债经营的状况。资产负债率越高，企业面临的财务风险越大
	流动比率	流动比率是指企业流动资产与流动负债的比率，衡量企业短期偿债能力。一般流动比率大于2，表示企业短期偿债能力较强，财务风险较低
	速动比率	速动比率是指企业剔除存货、预付账款等非速动资产后的流动资产与流动负债的比率，其更加严格地衡量企业短期偿债能力。一般速动比率大于1，表示企业短期偿债能力较好
	已获利息倍数	已获利息倍数，也称利息保障倍数，是指企业生产经营所获得的息税前利润与利息费用之比。它是衡量企业长期偿债能力的指标。利息保障倍数越大，说明企业支付利息费用的能力越强
营运能力指标	应收账款周转率	应收账款周转率是指企业在一定时期内销售收入与应收账款平均余额的比率，反映企业应收账款的回收能力。应收账款周转率越高，企业营运风险越低
	存货周转率	存货周转率是指企业在一定时期内销售收入与存货平均余额的比率，衡量企业的存货管理能力。存货周转率越高，企业营运风险越低
	总资产周转率	总资产周转率是指企业在一定时期内销售收入与总资产平均余额的比率，反映企业的资产利用效率。总资产周转率越高，企业营运风险越低
	流动资产周转率	流动资产周转率是指企业一定时期内销售收入与流动资产平均余额的比率，流动资产周转率是评价企业资产利用率的一个重要指标
	固定资产周转率	固定资产周转率是指企业销售收入与固定资产净值的比率
发展能力指标	收入增长率	收入增长率是指企业当年收入增长额与上一年收入总额的比率，反映企业收入的增减变动情况
	股东权益增长率	股东权益增长率是指企业当年股东权益增长额与上一年股东权益总额的比率，反映企业股东权益的增减变动情况
现金质量预警指标	盈利现金比率	盈利现金比率是企业财务分析中的一个关键指标，用来量化企业净利润中的现金含量，即现金资产的盈利比率
	销售现金比率	销售现金比率是指经营现金净流入和企业销售额的比值。该指标反映企业销售质量的高低，与企业的赊销政策有关
	现金流量比率	现金流量比率是指企业现金流入与现金流出的比率，衡量企业现金流量状况。现金流量比率大于1，表示企业现金流入大于流出，财务风险较低

【项目实施】

任务一 税务风险分析与可视化

根据项目要求，可以将本任务分解为行业税务风险指标计算、税务风险预警和税务风险分析三个子任务，具体实施步骤如下所示。

一、行业税务风险指标计算

行业税务指标的具体表现是衡量企业税务风险的重要依据之一，结合常用的税务风险分析评估指标，计算出的行业税务风险指标具体值是评估企业税务风险状况的重要方式。本任务需要计算出所得税贡献率、所得税税收负担率、利润税收负担率、经营活动现金流出税负率、营业收入税收负担率五大行业税务风险指标。具体操作步骤如下。

大数据行业
指标计算

（1）使用 Power BI "获取数据" 功能导入 "农副食品加工行业数据源"，根据具体情况完成数据清洗工作，并完成数据的加载。注意，需要将 "农副食品加工行业数据源" 中的 "年份" 数据类型设置为 "日期"。

（2）进入 "表格视图" 模式，在上方 "主页" 选项卡中单击 "新建表" 功能按钮，输入日期表的 DAX 表达式 "日期表 =CALENDARAUTO( )"，键盘敲击回车键，完成 "日期表" 的创建，如图 5-1 所示。

（3）进入 "模型视图" 模式，以 "日期表" 中 "Date" 字段和 "农副食品加工行业数据" 表中 "年份" 字段为关键字段，建立表与表之间的关联关系，如图 5-2 所示。

（4）进入 "报表视图" 模式，在右侧 "可视化" | "生成视觉对象" 窗口中选择 "切片器" 视觉对象，并将 "日期表" 中 "Date" 字段下 "层次结构" 中的 "年" 拖曳至 "字段" 处，如图 5-3 所示。

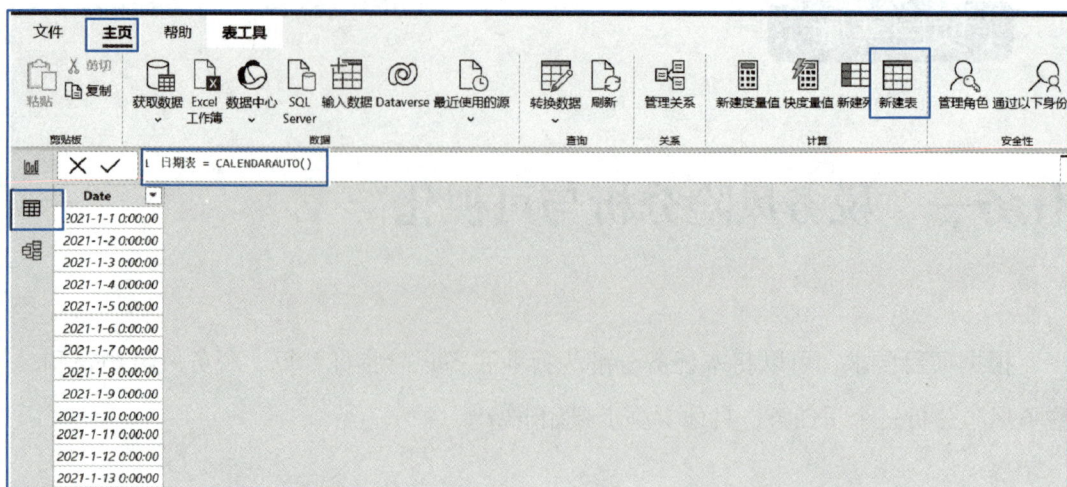

图 5-1 创建"日期表"

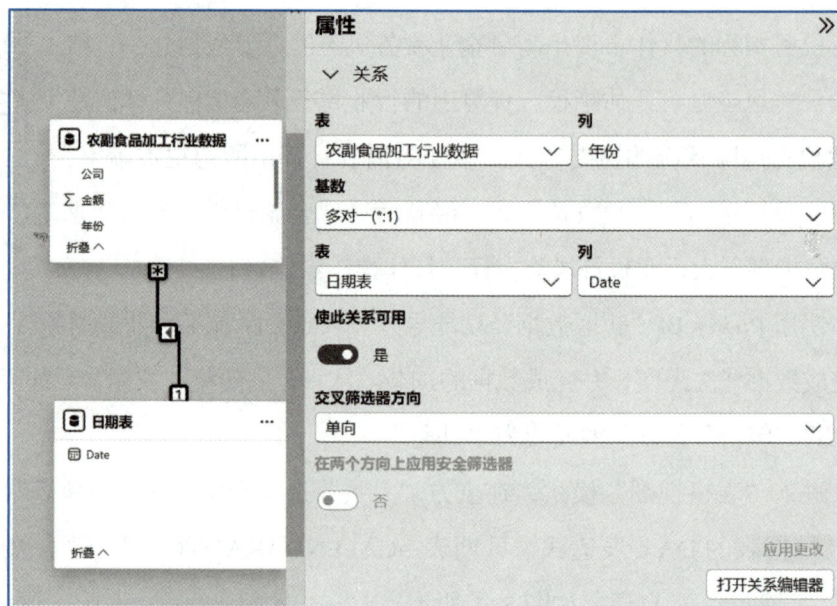

图 5-2 建立"农副食品加工行业数据"表与"日期表"之间的关联关系

（5）在右侧"可视化"｜"设置视觉对象格式"｜"视觉对象"窗口中，将切片器样式设置为"下拉"，将"切片器标头（文本）"和"值"的字号均设置为"12"，如图 5-4 所示。设置好切片器样式后，注意将筛选年份设置为"2023"。

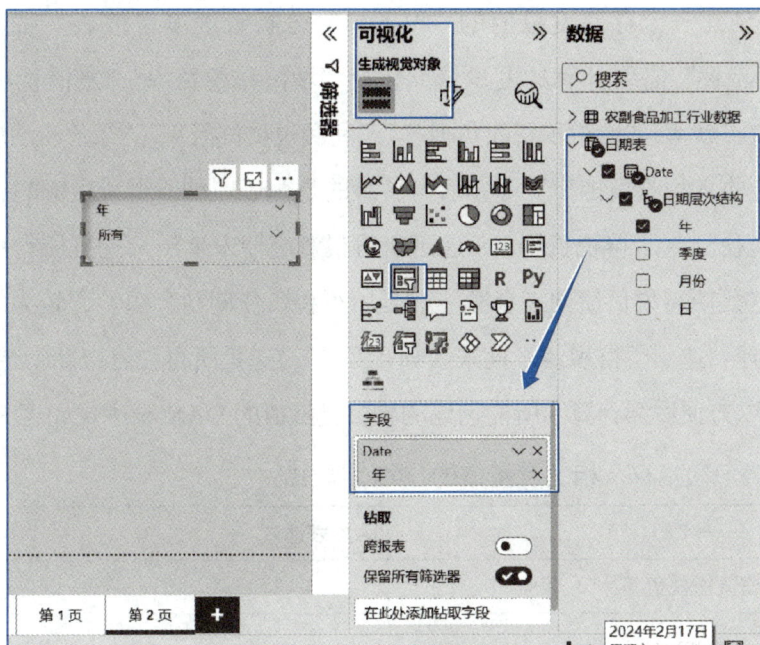

图 5-3 创建"年"切片器

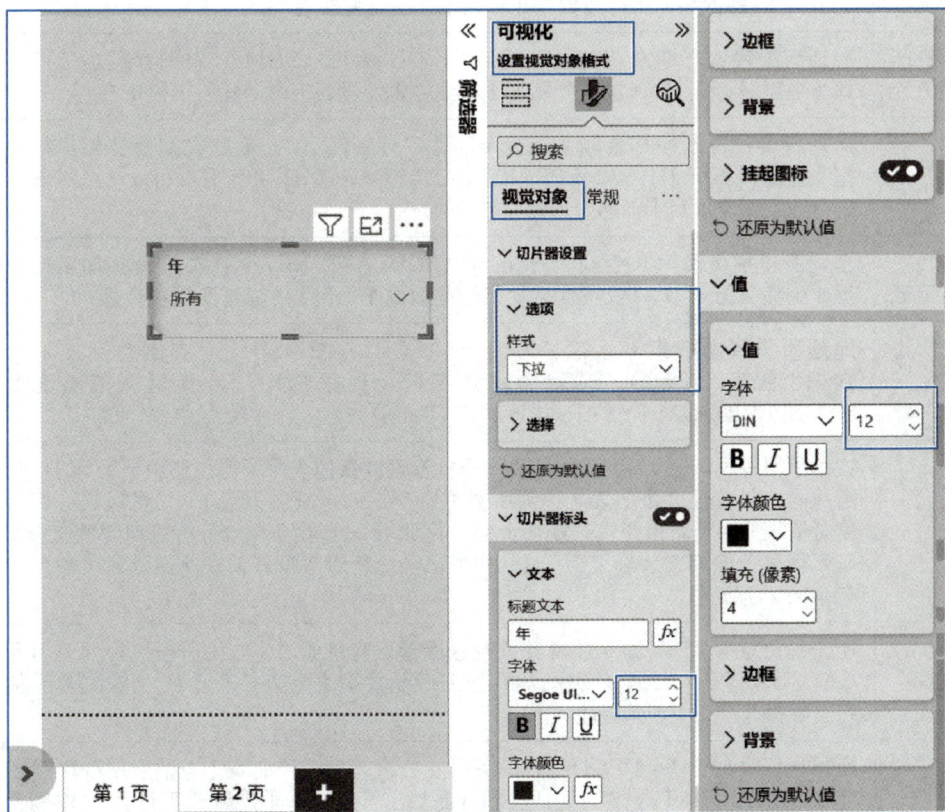

图 5-4 设置"年"切片器样式

（6）在创建一个存储度量值的"税务风险分析管理度量值表"后，创建"行业税务风险指标"需要计算的度量值，包括"增值税税负率""增值税税负率变动率""所得税贡献率""所得税税收负担率""利润税收负担率""经营活动现金流出税负率""营业收入税收负担率"等，值得注意的是由于应纳所得税税额的计算公式为"应纳所得税税额＝所得税费用＋（递延所得税资产期末余额－递延所得税资产期初余额）－（递延所得税负债期末余额－递延所得税负债期初余额）"，较为复杂，所以可以单独创建"递延所得税资产期末余额／万元""递延所得税资产期初余额／万元"等度量值，以方便后续计算。所需创建的相关度量值的 DAX 表达式如表 5-3 所示。

表5-3　"行业税务风险指标"相关度量值的DAX表达式

度量值	DAX 表达式
增值税税负率	增值税税负率 ="3.50%"
增值税税负率变动率	增值税税负率变动率 ="−8.85%"
所得税费用／万元	所得税费用／万元 =CALCULATE (SUM ('农副食品加工行业数据'[金额／万元]), '农副食品加工行业数据'[项目]=" 所得税费用 ")
递延所得税资产期末余额／万元	递延所得税资产期末余额／万元 =CALCULATE (SUM ('农副食品加工行业数据'[金额／万元]), '农副食品加工行业数据'[项目]=" 递延所得税资产 ")
递延所得税资产期初余额／万元	递延所得税资产期初余额／万元 =CALCULATE (SUM ('农副食品加工行业数据'[金额／万元]), SAMEPERIODLASTYEAR ('日期表'[Date]), '农副食品加工行业数据'[项目]=" 递延所得税资产 ")
递延所得税负债期末余额／万元	递延所得税负债期末余额／万元 =CALCULATE (SUM ('农副食品加工行业数据'[金额／万元]), '农副食品加工行业数据'[项目]=" 递延所得税负债 ")
递延所得税负债期初余额／万元	递延所得税负债期初余额／万元 =CALCULATE (SUM ('农副食品加工行业数据'[金额／万元]), '农副食品加工行业数据'[项目]=" 递延所得税负债 ", SAMEPERIODLASTYEAR ('日期表'[Date]))
应纳所得税税额／万元	应纳所得税税额／万元 ='税务风险分析管理度量值表'[所得税费用／万元]+ ('税务风险分析管理度量值表'[递延所得税资产期末余额／万元]−'税务风险分析管理度量值表'[递延所得税资产期初余额／万元]) − ('税务风险分析管理度量值表'[递延所得税负债期末余额／万元]−'税务风险分析管理度量值表'[递延所得税负债期初余额／万元])
所得税贡献率	所得税贡献率 =DIVIDE ('税务风险分析管理度量值表'[应纳所得税税额／万元], CALCULATE (SUM ('农副食品加工行业数据'[金额／万元]), '农副食品加工行业数据'[项目]=" 营业收入 "))
所得税税收负担率	所得税税收负担率 =DIVIDE ('税务风险分析管理度量值表'[应纳所得税税额／万元], CALCULATE (SUM ('农副食品加工行业数据'[金额／万元]), '农副食品加工行业数据'[项目]=" 利润总额 "))

度量值	DAX 表达式
利润税收负担率	利润税收负担率 =DIVIDE（CALCULATE（SUM（'农副食品加工行业数据'[金额／万元]），'农副食品加工行业数据'[项目]=" 支付的各项税费 "），CALCULATE（SUM（'农副食品加工行业数据'[金额／万元]），'农副食品加工行业数据'[项目]=" 利润总额 "））
经营活动现金流出税负率	经营活动现金流出税负率 =DIVIDE（CALCULATE（SUM（'农副食品加工行业数据'[金额／万元]），'农副食品加工行业数据'[项目]=" 支付的各项税费 "），CALCULATE（SUM（'农副食品加工行业数据'[金额／万元]），'农副食品加工行业数据'[项目]=" 经营活动现金流出小计 "））
营业收入税收负担率	经营收入税收负担率 =DIVIDE（CALCULATE（SUM（'农副食品加工行业数据'[金额／万元]），'农副食品加工行业数据'[项目]=" 支付的各项税费 "），CALCULATE（SUM（'农副食品加工行业数据'[金额／万元]），'农副食品加工行业数据'[项目]=" 营业收入 "））

（7）在右侧"数据"窗口中选中"所得税贡献率"度量值，随后在上方"度量工具"选项卡中将其数字格式设置为"百分比"，保留两位小数，如图 5-5 所示。

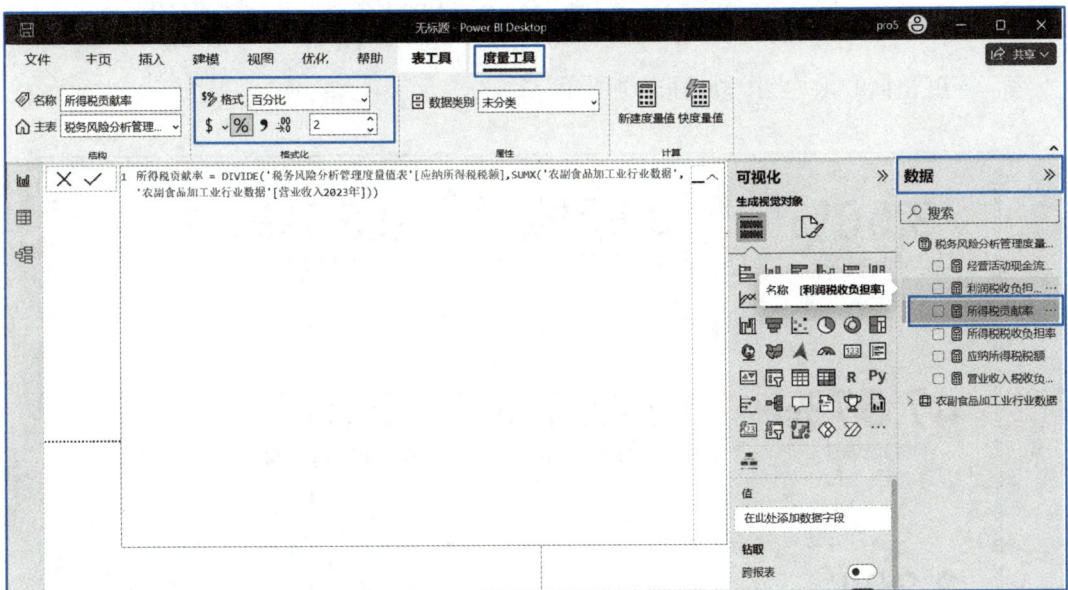

图 5-5　设置"所得税贡献率"格式

（8）同理，将"所得税税收负担率""利润税收负担率""经营活动现金流出税负率""营业收入税收负担率"的数字格式设置为"百分比"，并保留两位小数。

（9）在右侧"可视化"｜"生成视觉对象"窗口中选择"卡片图"视觉对象，并将"增值税贡献率"拖曳至"字段"处，如图 5-6 所示。

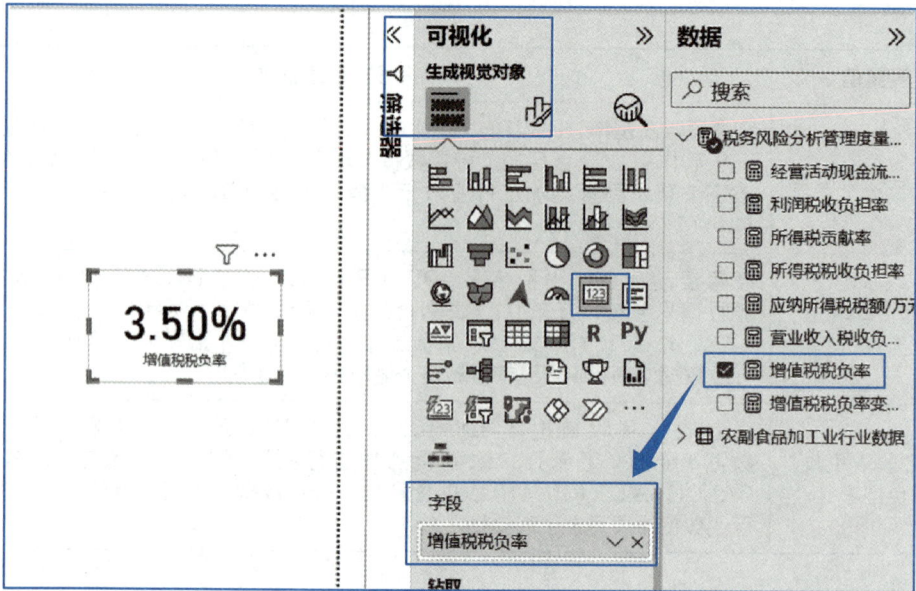

图 5-6 创建"增值税税负率"卡片图

（10）参考操作步骤（9），创建"增值税税负率变动率""所得税贡献率""所得税税收负担率""利润税收负担率""经营活动现金流出税负率""营业收入税收负担率"等度量值的卡片图，如图 5-7 所示。

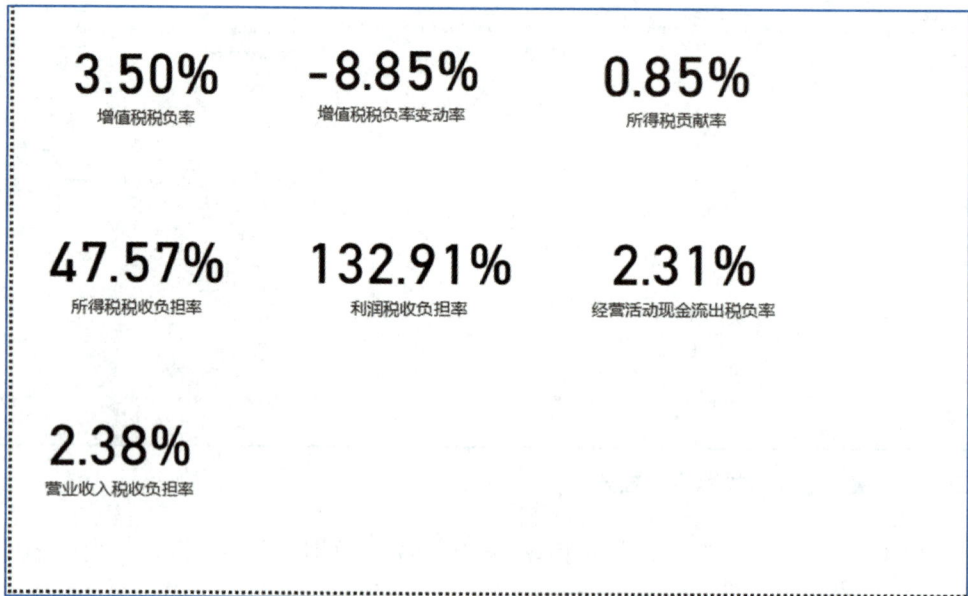

图 5-7 创建行业税务风险指标卡片图

通过操作步骤（6）至操作步骤（10），即可完成行业税务风险指标的计算，操作步骤（1）至操作步骤（5）则是前期的准备工作。值得注意的是，创建的"增值税税负率""增值税税负率变动率"为预先设定的指标，其值不受具体行业数据影响，分别为固定值"3.50%"和"-8.85%"。

二、税务风险预警

对企业税务风险的评估主要是通过对比企业指标值与行业指标值之间的差异来实现的。具体来说就是将行业指标视为标准值，如果企业指标较行业指标偏离度在 30% 以内（包含 30%），则视为正常；如果偏离度在 30% 以上，则视为异常。所以本子任务主要包括两个环节，一是计算公司指标，二是计算公司指标与行业指标的偏离度，具体操作步骤如下。

税务风险预警

（1）使用 Power BI "获取数据"功能导入"FLSP 有限公司业务数据源"，并完成必要的数据清洗和预处理工作。

（2）进入"模型视图"模式，以日期表中的"Date"字段和"资产负债表""利润表""现金流量表""纳税情况"表中的"年份"字段为关键字段，建立表与表之间的关联关系，如图 5-8 所示。

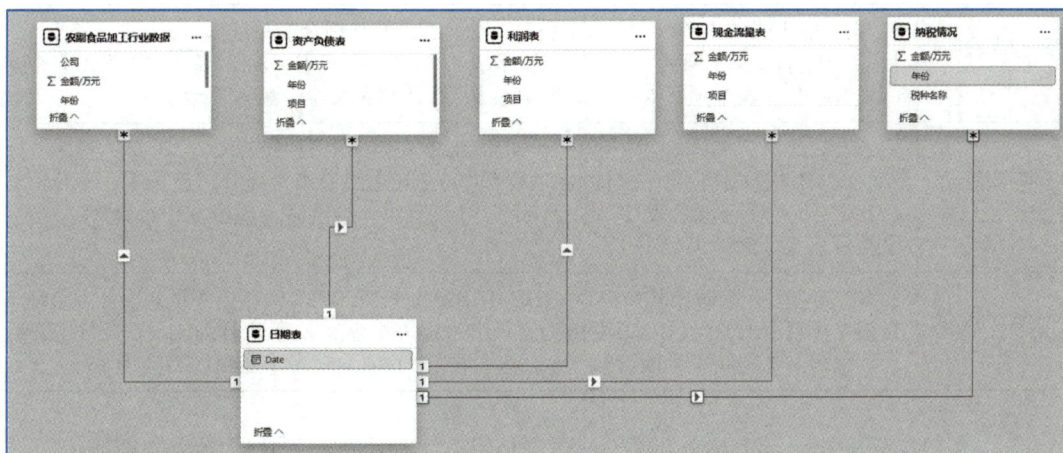

图 5-8　建立表与表之间的关联关系

（3）在"税务风险分析管理度量值表"中创建税务风险预警所需要的度量值，包括"FLSP 增值税税负率""FLSP 上年增值税税负率""FLSP 增值税税负率变动率""FLSP 所得税贡献率""FLSP 所得税税收负担率""FLSP 利润税收负担率""FLSP 经营活动现金流出税负率""FLSP 营业收入税收负担率"，相关 DAX 表达式如表 5-4 所示。值得注意的是企业的"应纳所得税税额"就是"纳税情况"表中"企业所得税"项目所对应的具体数值。

表5-4 "税务风险预警"企业指标度量值及相关DAX表达式

度量值	DAX 表达式
FLSP 增值税税负率	FLSP 增值税税负率 =DIVIDE (SUMX (FILTER ('纳税情况', '纳税情况'[税种名称]="增值税"), '纳税情况'[金额／万元]), SUMX (FILTER ('利润表', '利润表'[项目]="一、营业收入"), '利润表'[金额／万元]))
FLSP 上年增值税税负率	FLSP 上年增值税税负率 =DIVIDE (CALCULATE (SUM ('纳税情况'[金额／万元]), '纳税情况'[税种名称]="增值税", SAMEPERIODLASTYEAR ('日期表'[Date])), CALCULATE (SUM ('利润表'[金额／万元]), '利润表'[项目]="一、营业收入", SAMEPERIODLASTYEAR ('日期表'[Date])))
FLSP 增值税税负率变动率	FLSP 增值税税负变动率 =DIVIDE ('税务风险分析管理度量值表'[FLSP 增值税税负率]-'税务风险分析管理度量值表'[FLSP 上年增值税税负率], '税务风险分析管理度量值表'[FLSP 上年增值税税负率])
FLSP 所得税贡献率	FLSP 所得税贡献率 =DIVIDE (SUMX (FILTER ('纳税情况', '纳税情况'[税种名称]="企业所得税"), '纳税情况'[金额／万元]), SUMX (FILTER ('利润表', '利润表'[项目]="一、营业收入"), '利润表'[金额／万元]))
FLSP 所得税税收负担率	FLSP 所得税税收负担率 =DIVIDE (SUMX (FILTER ('纳税情况', '纳税情况'[税种名称]="企业所得税"), '纳税情况'[金额／万元]), SUMX (FILTER ('利润表', '利润表'[项目]="三、利润总额"), '利润表'[金额／万元]))
FLSP 利润税收负担率	FLSP 利润税收负担率 =DIVIDE(SUMX(FILTER('现金流量表', '现金流量表'[项目]="支付的各项税费"), '现金流量表'[金额／万元]), SUMX (FILTER ('利润表', '利润表'[项目]="三、利润总额"), '利润表'[金额／万元]))
FLSP 经营活动现金流出税负率	FLSP 经营活动现金流出税负率 =DIVIDE (SUMX (FILTER ('现金流量表', '现金流量表'[项目]="支付的各项税费"), '现金流量表'[金额／万元]), SUMX (FILTER ('现金流量表', '现金流量表'[项目]="经营活动现金流出小计"), '现金流量表'[金额／万元]))
FLSP 营业收入税收负担率	FLSP 营业收入税收负担率 =DIVIDE (SUMX (FILTER ('现金流量表', '现金流量表'[项目]="支付的各项税费"), '现金流量表'[金额／万元]), SUMX (FILTER ('利润表', '利润表'[项目]="一、营业收入"), '利润表'[金额／万元]))

（4）将表 5-4 所示度量值的数字格式均设置为"百分比"并保留两位小数。

（5）创建表 5-4 所示度量值（除 FLSP 上年增值税税负率外）的卡片图，如图 5-9 所示。

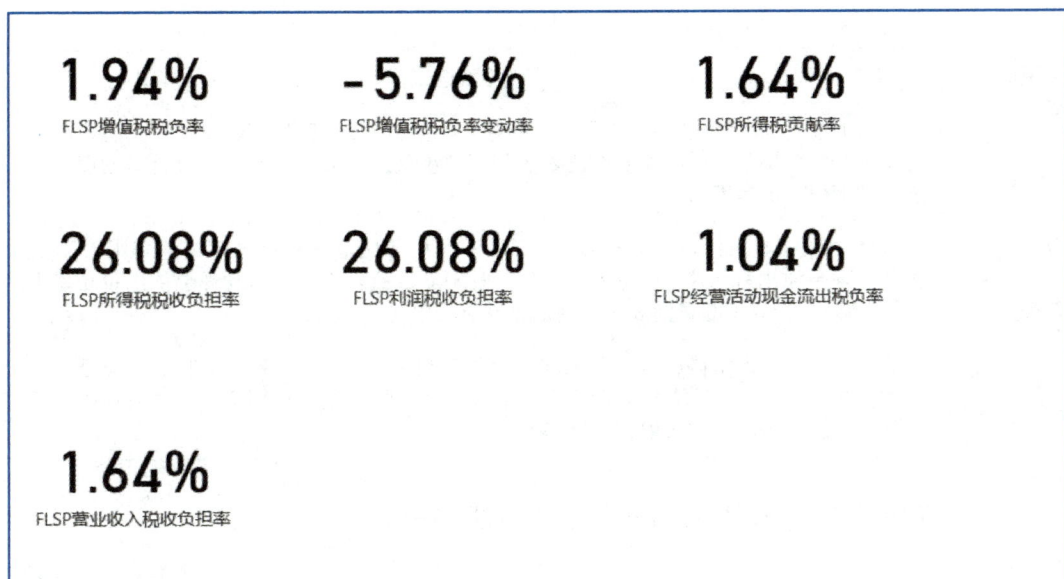

图 5-9　创建税务风险预警各项企业指标卡片图

通过操作步骤（1）至操作步骤（5），完成了本子任务第一环节中公司指标的计算，接下来需要完成的就是计算企业指标与行业指标的偏离度。偏离度的计算方式为企业指标减去行业指标的差值除以对应的行业指标，具体操作如下。

（6）创建"增值税税负率偏离度""增值税税负率变动率偏离度""所得税贡献率偏离度""所得税税收负担率偏离度""利润税收负担率偏离度""经营活动现金流出税负率偏离度""营业收入税收负担率偏离度"等度量值，相关 DAX 表达式如表5-5 所示。

表5-5　"税务风险预警"指标偏离度度量值及相关DAX表达式

度量值	DAX 表达式
增值税税负率偏离度	增值税税负率偏离度 =DIVIDE（' 税务风险分析管理度量值表 '[FLSP 增值税赋税率]− 0.035,0.035）
增值税税负率变动率偏离度	增值税税负率变动率偏离度 =DIVIDE（' 税务风险分析管理度量值表 '[FLSP 增值税税负变动率]−（−0.0885），−0.0885）
所得税贡献率偏离度	所得税贡献率偏离度 =DIVIDE（' 税务风险分析管理度量值表 '[FLSP 所得税贡献率]− ' 税务风险分析管理度量值表 '[所得税贡献率]，' 税务风险分析管理度量值表 '[所得税贡献率]）
所得税税收负担率偏离度	所得税税收负担率偏离度 =DIVIDE（' 税务风险分析管理度量值表 '[FLSP 所得税税收负担率]−' 税务风险分析管理度量值表 '[所得税税收负担率]，' 税务风险分析管理度量值表 '[所得税税收负担率]）

度量值	DAX 表达式
利润税收负担率偏离度	利润税收负担率偏离度 =DIVIDE ('税务风险分析管理度量值表 '[FLSP 利润税收负担率]–' 税务风险分析管理度量值表 '[利润税收负担率], '税务风险分析管理度量值表 '[利润税收负担率])
经营活动现金流出税负率偏离度	经营活动现金流出税负率偏离度 =DIVIDE ('税务风险分析管理度量值表 '[FLSP 经营活动现金流出税负率]–' 税务风险分析管理度量值表 '[经营活动现金流出税负率], '税务风险分析管理度量值表 '[经营活动现金流出税负率])
营业收入税收负担率偏离度	营业收入税收负担率偏离度 =DIVIDE ('税务风险分析管理度量值表 '[FLSP 营业收入税收负担率]–' 税务风险分析管理度量值表 '[营业收入税收负担率], '税务风险分析管理度量值表 '[营业收入税收负担率])

（7）创建表 5-5 所示度量值的卡片图，如图 5-10 所示。

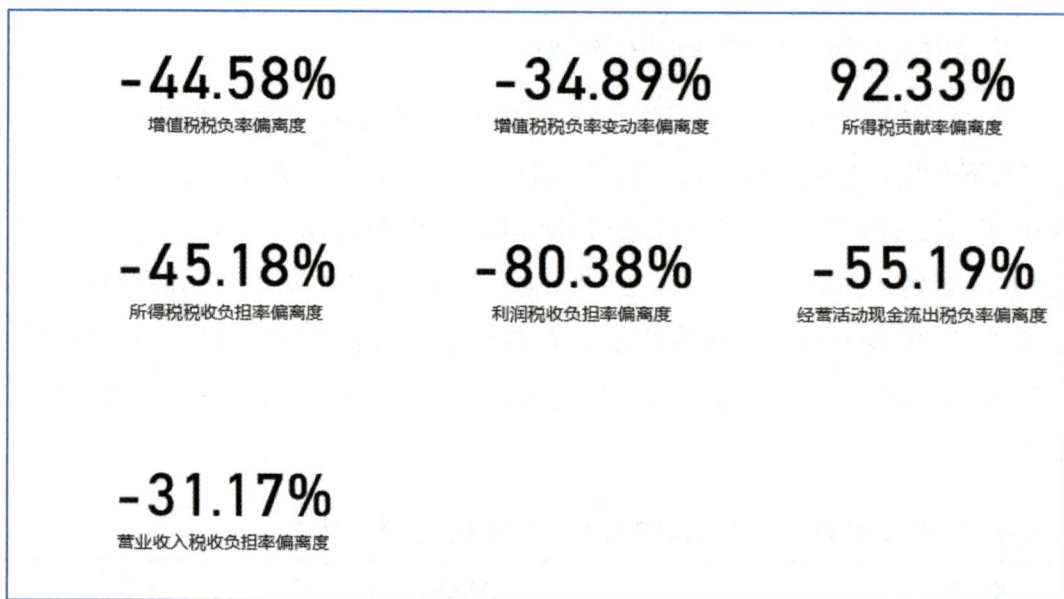

图 5-10　创建税务风险预警指标偏离度卡片图

（8）在"插入"选项卡下单击"文本框"按钮，输入标题文本"FLSP 有限公司税务风险分析"，将字号设置为"28"，对齐方式设置为"居中"，并注意适当调整文本框的大小和位置，如图 5-11 所示。

（9）参考操作步骤（8），插入"指标名称""行业指标""企业指标""偏离度"四个文本框，注意将它们的字号设置为"20"，如图 5-12 所示。

图 5-11　设置标题为"FLSP 有限公司税务风险分析"

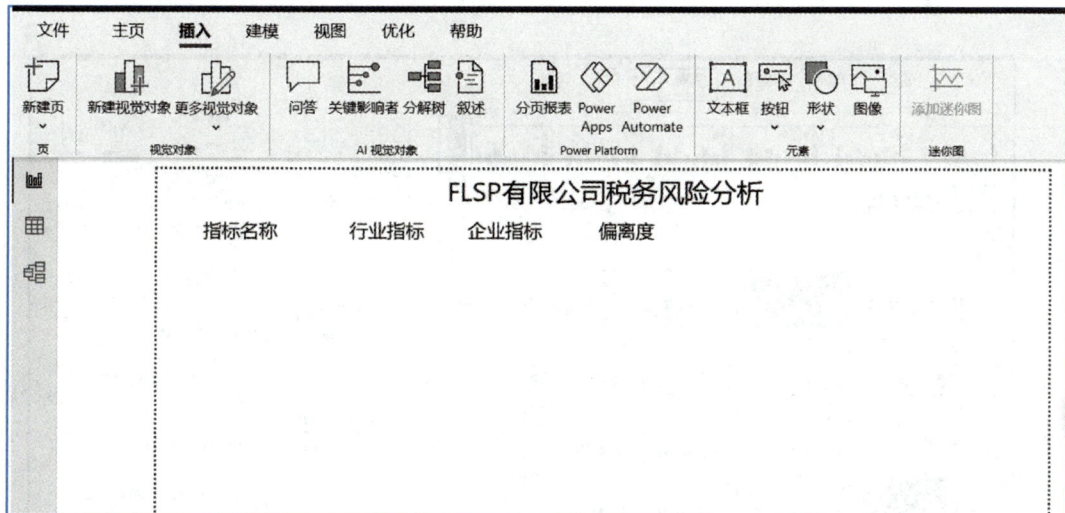

图 5-12　插入"指标名称""行业指标"等文本框

（10）插入"增值税税负率""增值税税负率变动率""所得税贡献率""所得税税收负担率""利润税收负担率""经营活动现金流出税负率""营业收入税收负担率"指标名称文本框，如图 5-13 所示。

（11）依次单击"视图"选项卡和主题功能右侧下拉按钮；单击"浏览主题"功能按钮，在弹出的"打开"对话框中根据主题存放位置选择正确的路径和需要使用的 Power BI 主题；单击"打开"功能按钮，等待主题加载即可，如图 5-14 和图 5-15 所示。Power BI 有许多免费使用的主题，也可以通过单击"浏览主题"功能按钮下的"主题库"功能按钮，进入其官网下载。

图 5-13　插入各项指标名称文本框

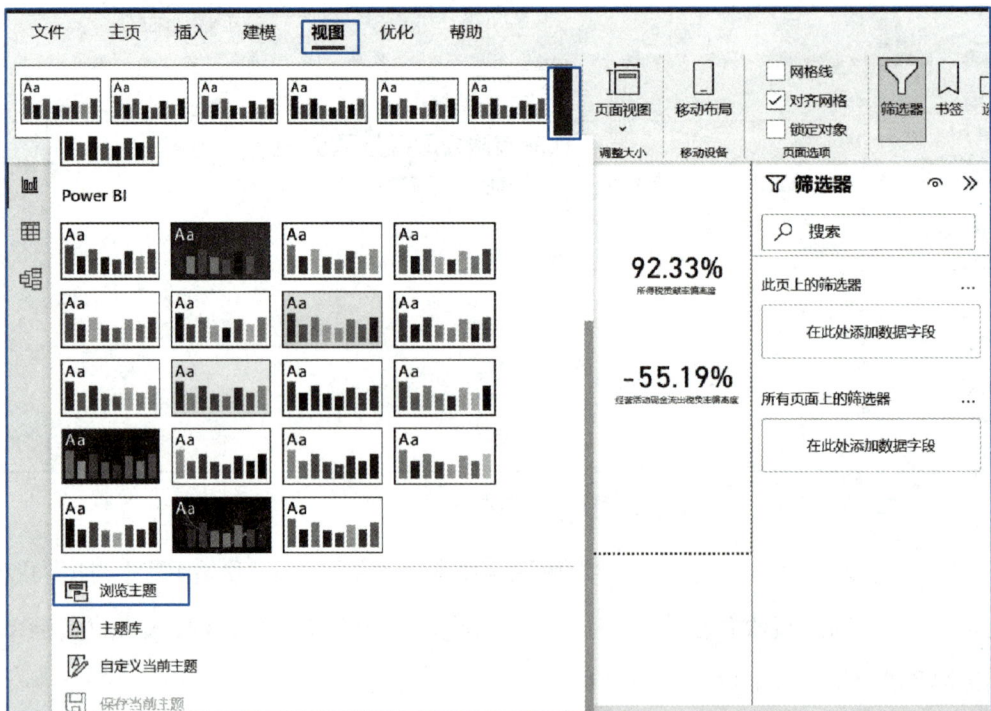

图 5-14　调用 Power BI"浏览主题"功能

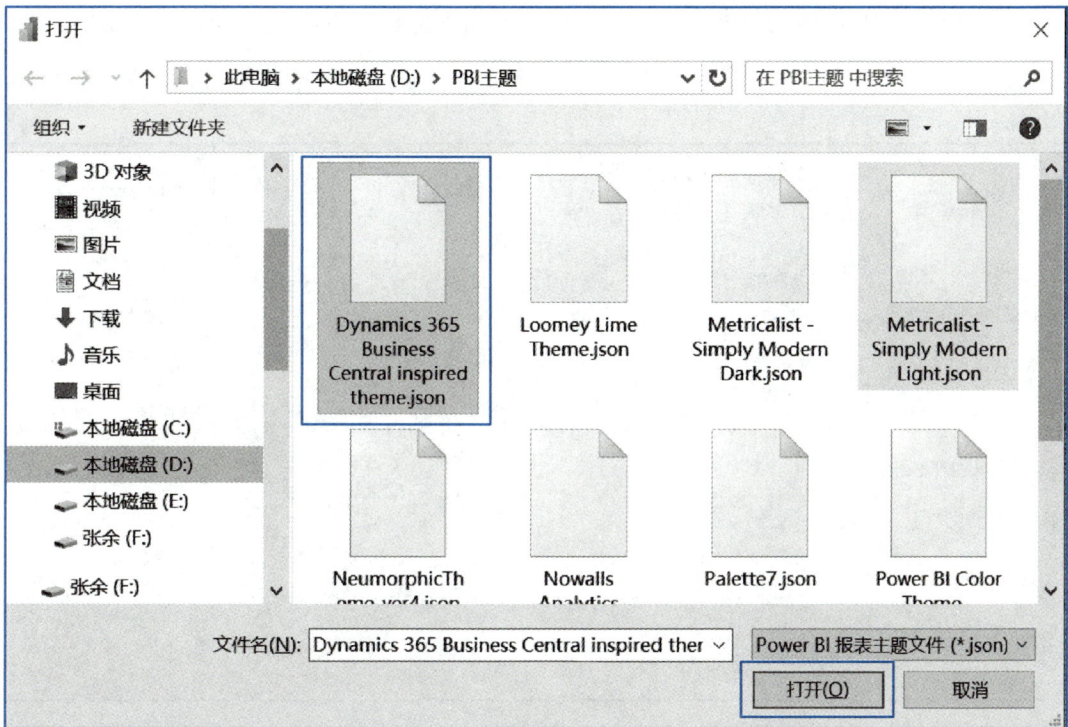

图 5-15　选择并打开 Power BI 主题

（12）选中"指标名称""行业指标""增值税税负率"等文本框，在右侧"设置文本框格式"窗口中，单击"效果"选项卡左侧下拉按钮，打开"视觉对象边框"和"阴影"的显示选项，如图 5-16 所示。

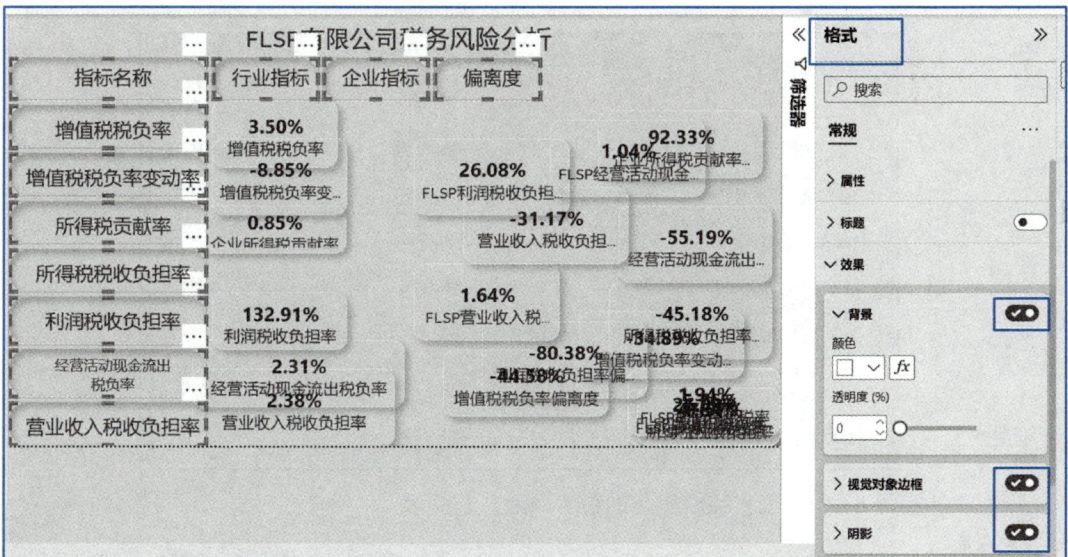

图 5-16　开启文本框"视觉对象边框"和"阴影"的显示

（13）选中各项行业指标、企业指标、偏离度卡片图视觉对象，在右侧"可视化"|"设置视觉对象格式"窗口中，关闭"类别标签"的显示选项，如图5-17所示。

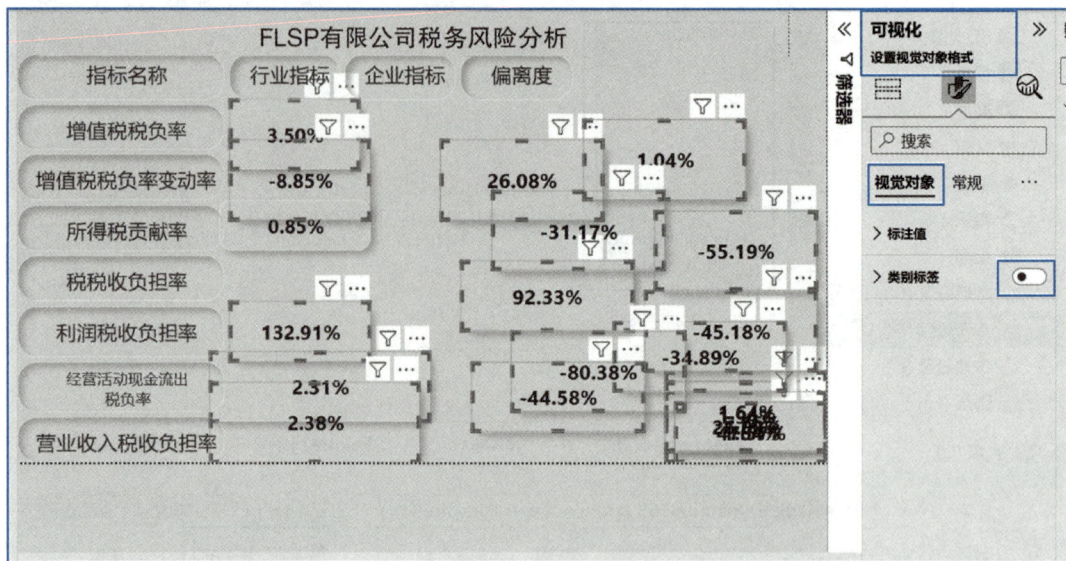

图 5-17　关闭各项指标选项卡"类别标签"的显示

（14）适当调整各项行业指标、企业指标和偏离度卡片图的位置和大小，并将报表页重命名为"FLSP有限公司税务风险分析"，初步完成报表的美化工作，初步美化后的报表如图5-18所示。要注意，此时报表并不能直观地对偏离度超过30%的指标进行预警。

图 5-18　初步完成美化的税务风险分析报表

（15）选中"增值税税负率偏离度"卡片图视觉对象，在右侧"可视化"|"设置

视觉对象格式"｜"视觉对象"窗口中，单击"标注值"左侧下拉按钮，在下拉菜单中单击"条件格式"功能按钮；在弹出的"颜色－标注值"对话框中将"格式样式"设置为"规则"，将"应将此基于哪个字段？"设置为"增值税税负率偏离度"，将"规则"设置为小于 −0.3 和大于 0.3，对应显示颜色设置为红色，最后单击"确定"功能按钮，如图 5-19 和图 5-20 所示。

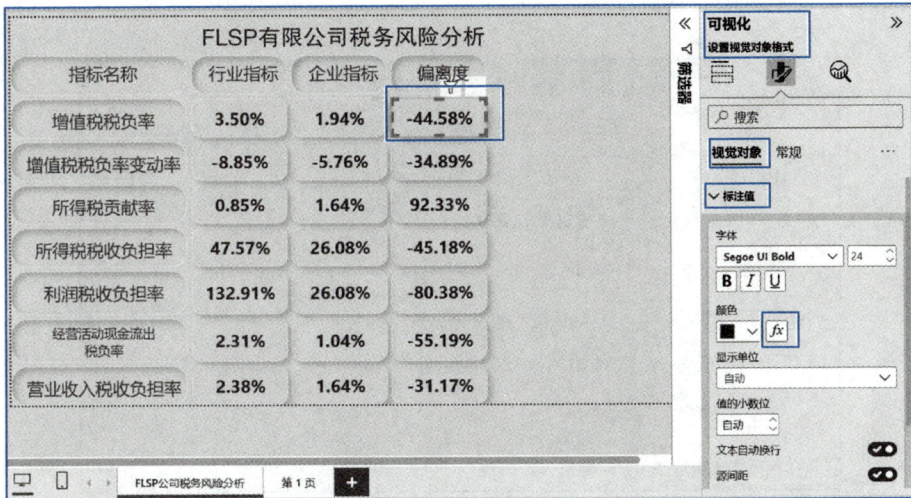

图 5-19　调用"条件格式"功能

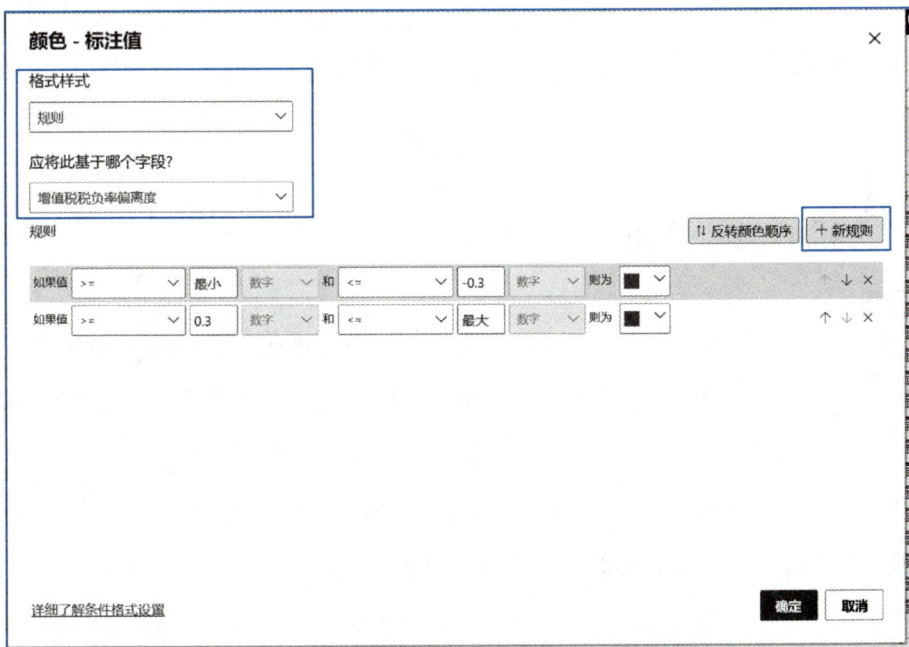

图 5-20　设置"增值税税负率偏离度"选项卡标注值颜色显示规则

要注意，Power BI 在设置两个"或"条件时，应在设置完第一个后，单击右侧"+ 新规则"按钮设置第二个。

（16）参考操作步骤（15），设置"增值税税负率变动率偏离度""所得税贡献率偏离度""所得税税收负担率偏离度""利润税收负担率偏离度""经营活动现金流出税负率偏离度""营业收入税收负担率偏离度"卡片图视觉对象标志值的显示规则，设置相关显示规则后的报表如图 5-21 所示。

指标名称	行业指标	企业指标	偏离度
增值税税负率	3.50%	1.94%	-44.58%
增值税税负率变动率	-8.85%	-5.76%	-34.89%
所得税贡献率	0.85%	1.64%	92.33%
所得税税收负担率	47.57%	26.08%	-45.18%
利润税收负担率	132.91%	26.08%	-80.38%
经营活动现金流出税负率	2.31%	1.04%	-55.19%
营业收入税收负担率	2.38%	1.64%	-31.17%

图 5-21　设置偏离度卡片图视觉对象标注值显示规则后的报表

从图 5-21 可以看出，企业的税务指标均偏离行业指标的 30% 以上，说明该公司税务情况出现了风险，需要加强税务管理，但该企业具体出现了哪些风险，仍需要进一步分析。

三、税务风险分析

税务风险分析
析

税务风险分析的目的主要是找出企业面临的具体的税务风险，为后续采取管理措施起到指引作用。可以设置常见的税务风险选项，在一定程度上为税务风险分析提供参考，具体操作步骤如下。

（1）使用 Power BI"获取数据"功能导入"相关税务风险参考明细表"，并根据数据情况和分析需要完成必要的数据清洗和整理工作。

（2）插入"是否存在风险""选择具体税务风险"文本框，并适当调整文本框大小和设置文本格式。

（3）在右侧"可视化"|"生成视觉对象"窗口中选择"切片器"视觉对象，并将"相关税务风险参考明细表"中"是否存在税务风险"字段拖曳至"字段"处，如图5-22所示。

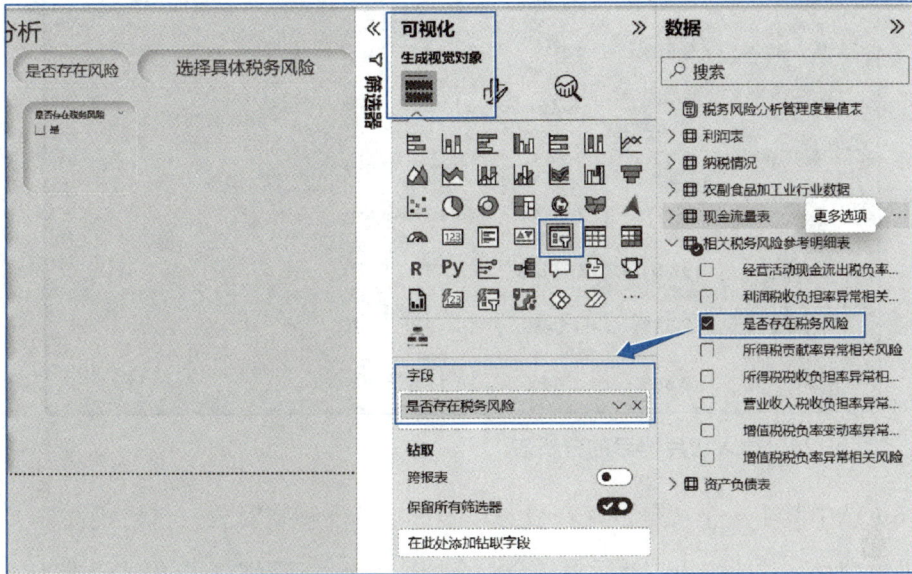

图5-22 创建"是否存在税务风险"切片器

（4）在右侧"可视化"|"设置视觉对象格式"|"视觉对象"窗口中，将切片器样式设置为"下拉"，关闭"切片器标头"显示选项，将"值"字体大小设置为"20"，如图5-23所示。

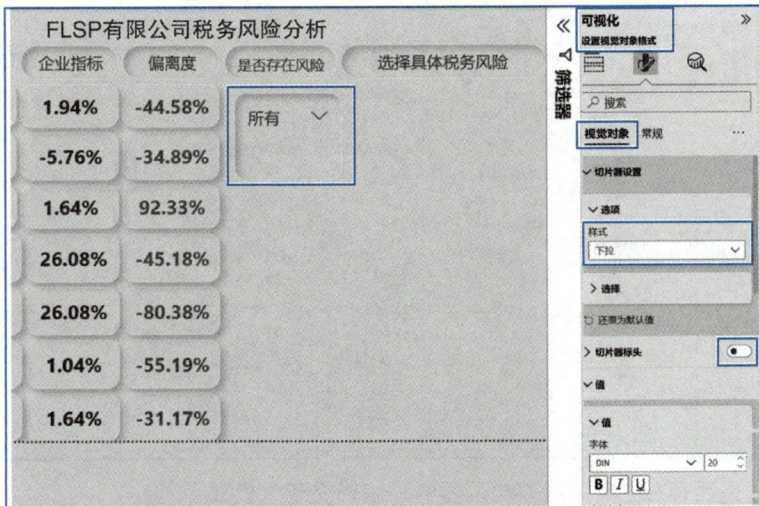

图5-23 设置切片器样式

（5）参考操作步骤（3）和操作步骤（4），再插入六个"是否存在税务风险"切片器，并适当调整切片器的大小位置，插入切片器后的分析表如图5-24所示。

指标名称	行业指标	企业指标	偏离度	是否存在风险	选择具体税务风险
增值税税负率	3.50%	1.94%	-44.58%	所有 ⌄	
增值税税负率变动率	-8.85%	-5.76%	-34.89%	所有 ⌄	
所得税贡献率	0.85%	1.64%	92.33%	所有 ⌄	
所得税税收负担率	47.57%	26.08%	-45.18%	所有 ⌄	
利润税收负担率	132.91%	26.08%	-80.38%	所有 ⌄	
经营活动现金流出税负率	2.31%	1.04%	-55.19%	所有 ⌄	
营业收入税收负担率	2.38%	1.64%	-31.17%	所有 ⌄	

图 5-24　插入切片器后的分析表

（6）选中其中一个"是否存在税务风险"切片器视觉对象，在格式选项卡中单击"编辑交互"功能按钮，然后将其余六个切片器的"编辑交互"模式设置为"无"，如图5-25所示。

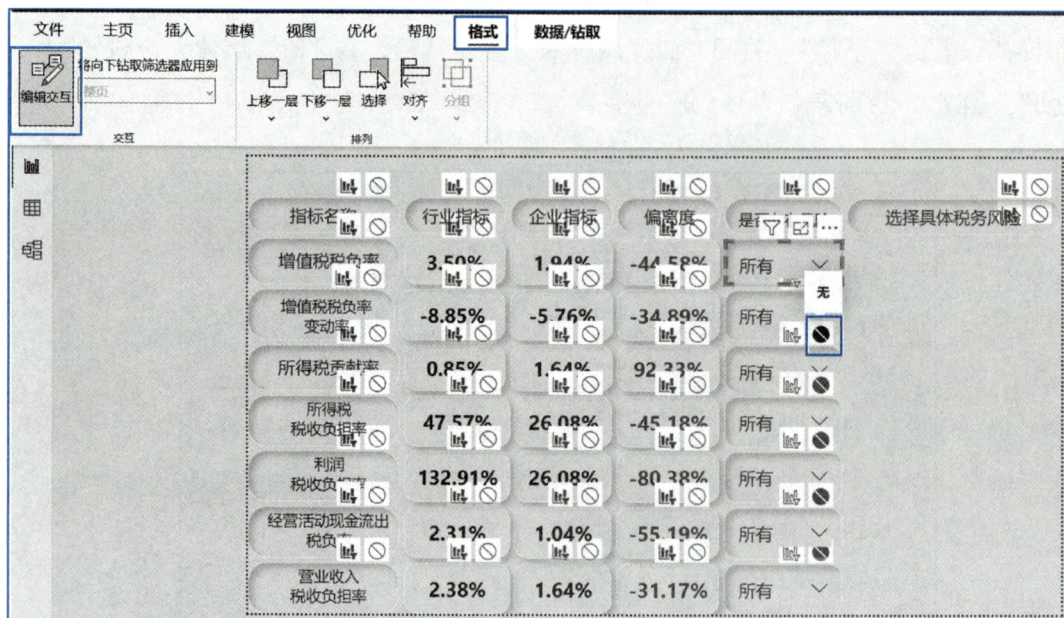

图 5-25　设置"是否存在税务风险"切片器的"编辑交互"模式

（7）参考操作步骤（6），逐一设置其余六个"是否存在税务风险"切片器的"编辑交互"模式。

（8）参考操作步骤（3），创建"增值税税负率选择具体税务风险""增值税税负率变动率选择具体税务风险""所得税贡献率选择具体税务风险""所得税税收负担率选择具体税务风险""利润税收负担率选择具体税务风险""经营活动现金流出税负率选择具体税务风险""营业收入税收负担率选择具体税务风险"切片器，参考操作步骤（4）设置切片器样式，设置完成的切片器如图5-26所示。

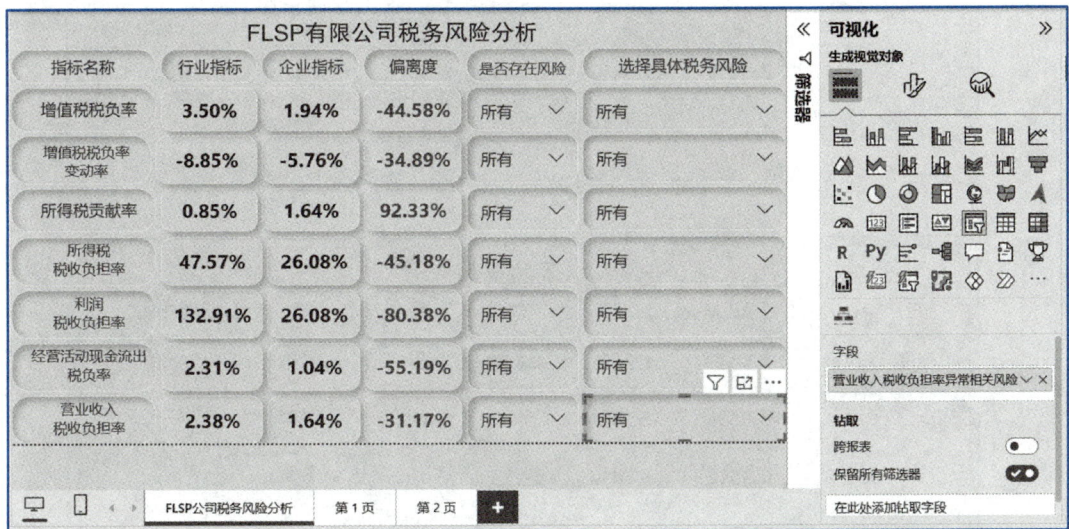

图5-26　完成各项具体税务风险切片器设置

（9）参考步骤（6），设置各项"选择具体税务风险"切片器的"编辑交互"模式，注意除其左侧对应的"是否存在税务风险"切片器的"编辑交互"模式为"筛选器"外，其余切片器的"编辑交互"模式均为"无"，如图5-27所示。

至此，已完成税务风险分析Power BI报表的基础设置和美化，美化后的报表如图5-28所示。

接下来要做的就是根据具体的企业指标偏离度情况分析企业是否存在税务风险并选择具体的税务风险项目。要注意，每次进行不同的年份选择后，需要根据具体的指标情况及偏离度情况再次选择是否存在风险，并选择具体的风险类型。

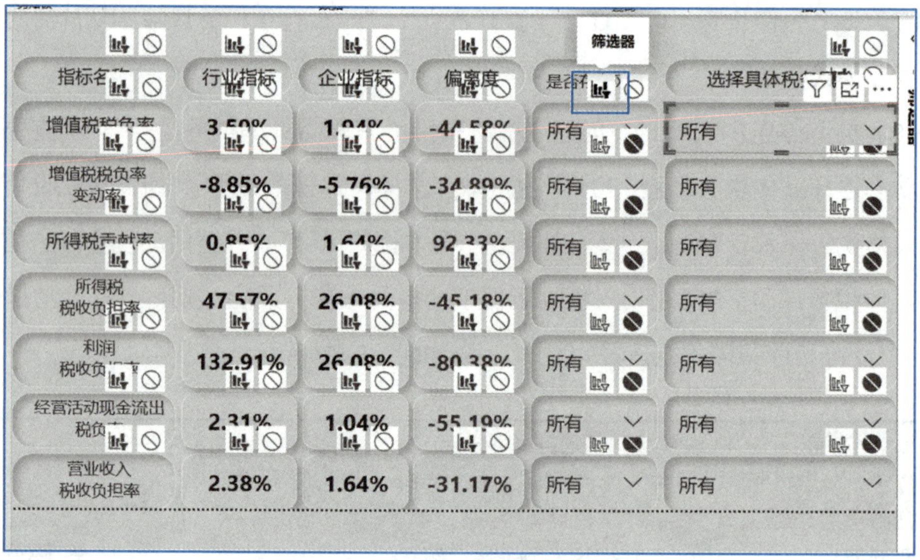

图 5-27 设置各项"选择具体税务风险"切片器"编辑交互"模式

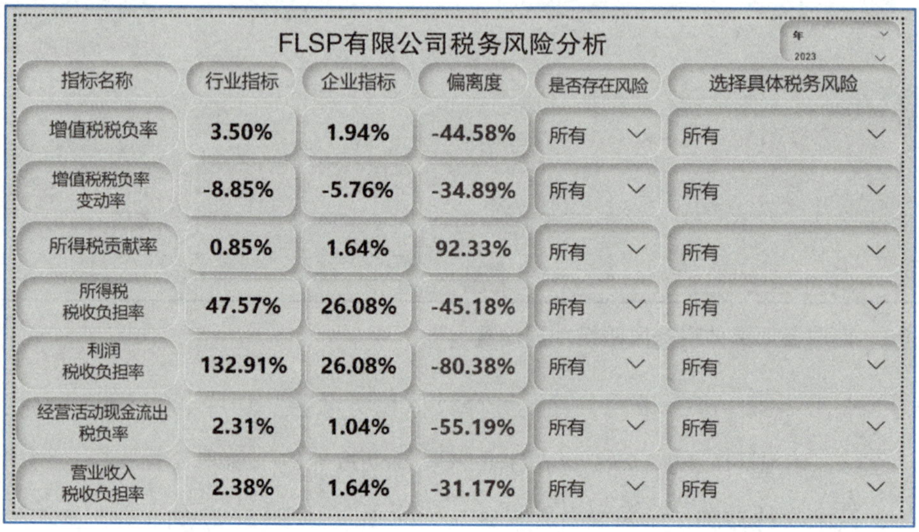

指标名称	行业指标	企业指标	偏离度	是否存在风险	选择具体税务风险
增值税税负率	3.50%	1.94%	-44.58%	所有	所有
增值税税负率变动率	-8.85%	-5.76%	-34.89%	所有	所有
所得税贡献率	0.85%	1.64%	92.33%	所有	所有
所得税税收负担率	47.57%	26.08%	-45.18%	所有	所有
利润税收负担率	132.91%	26.08%	-80.38%	所有	所有
经营活动现金流出税负率	2.31%	1.04%	-55.19%	所有	所有
营业收入税收负担率	2.38%	1.64%	-31.17%	所有	所有

FLSP有限公司税务风险分析（年 2023）

图 5-28 美化后的"FLSP 有限公司税务风险分析"报表

任务二　财务风险分析与可视化

　　根据项目要求，可以将本任务分解为财务风险分析和杜邦综合分析两个子任务，具体任务实施如下所示。

一、财务风险分析

财务风险是指企业在日常生产经营过程中，存在于企业财务报表中的风险内容，包括财务报表数据真实性的风险、财务报表编制行为合理性的风险以及财务报表项目数据余额不合规的风险等。在本任务中，主要通对比分析企业财务指标值的变动情况来评估企业是否存在财务风险。所选取的分析指标主要包括以下五个方面：一是盈利能力指标，包括反映资本经营能力的"净资产收益率"和反映资产经营能力的"总资产报酬率"；二是偿债能力的指标，包括反映短期偿债能力的"流动比率"和反映长期偿债能力的"资产负债率"；三是营运能力指标，包括反映流动资产周转效率的"流动资产周转率"和反映固定资产周转效率的"固定资产周转率"；四是发展能力指标，包括反映收益增长趋势的"收入增长率"和反映资本增长趋势的"股东权益增长率"；五是现金质量预警指标，包括反映盈利质量预警的"盈利现金比率"和反映资金质量预警的"销售现金比率"。本子任务具体分析步骤如下。

（1）单击下方"新建页"功能按钮新建报表页，并将其重命名为"FLSP 有限公司财务风险分析"。

（2）为"FLSP 有限公司财务风险分析"报表页添加"年"切片器，关闭"切片器标头"显示，将其样式设置为"磁贴"，字号设置为"12"，并调整切片器的位置和大小。

财务风险分析

（3）创建存储度量值的"财务风险分析管理度量值表"后，创建"净资产收益率""总资产报酬率""流动比率""资产负债率""流动资产周转率""固定资产周转率""收入增长率""股东权益增长率""盈利现金比率""销售现金比率"十个度量值，相关 DAX 表达式如表 5-6 所示。值得注意的是，如果直接计算时 DAX 表达式较为复杂，也可以考虑创建一些辅助计算的度量值，如"平均净资产""平均固定资产""平均总资产"等。这里为了方便计算以营业收入代替营业总收入。

表5-6 "财务风险分析"行业指标度量值及相关DAX表达式

度量值	DAX 表达式
净资产收益率	净资产收益率 =DIVIDE (CALCULATE (SUM ('利润表 '[金额／万元]),'利润表 '[项目]=" 四、净利润（净亏损以 "－" 号填列）"), (CALCULATE (SUM ('资产负债表 '[金额／万元]),'资产负债表 '[项目]=" 所有者权益合计 ") +CALCULATE (SUM ('资产负债表 '[金额／万元]), '资产负债表 '[项目]=" 所有者权益合计 ", SAMEPERIODLASTYEAR ('日期表 '[Date]))) /2)

度量值	DAX 表达式
总资产报酬率	总资产报酬率 =DIVIDE (CALCULATE (SUM ('利润表'[金额/万元]), '利润表'[项目]="三、利润总额") +CALCULATE (SUM ('利润表'[金额/万元]), '利润表'[项目]="其中：利息费用"), (CALCULATE (SUM ('资产负债表'[金额/万元]), '资产负债表'[项目]="资产总计") +CALCULATE (SUM ('资产负债表'[金额/万元]), '资产负债表'[项目]="资产总计", SAMEPERIODLASTYEAR ('日期表'[Date]))) /2)
流动比率	流动比率 =DIVIDE (CALCULATE (SUM ('资产负债表'[金额/万元]),'资产负债表'[项目]="流动资产合计"), CALCULATE (SUM ('资产负债表'[金额/万元]), '资产负债表'[项目]="流动负债合计"))
资产负债率	资产负债率 =DIVIDE (CALCULATE (SUM ('资产负债表'[金额/万元]), '资产负债表'[项目]="负债合计"), CALCULATE (SUM ('资产负债表'[金额/万元]), '资产负债表'[项目]="资产总计"))
流动资产周转率	流动资产周转率 =DIVIDE (CALCULATE (SUM ('利润表'[金额/万元]), '利润表'[项目]="一、营业收入"), (CALCULATE (SUM ('资产负债表'[金额/万元]), '资产负债表'[项目]="流动资产合计") +CALCULATE (SUM ('资产负债表'[金额/万元]), '资产负债表'[项目]="流动资产合计", SAMEPERIODLASTYEAR ('日期表'[Date]))) /2)
固定资产周转率	固定资产周转率 =DIVIDE (CALCULATE (SUM ('利润表'[金额/万元]),'利润表'[项目]="一、营业收入"), (CALCULATE (SUM ('资产负债表'[金额/万元]), '资产负债表'[项目]="固定资产") +CALCULATE (SUM ('资产负债表'[金额/万元]), '资产负债表'[项目]="固定资产", SAMEPERIODLASTYEAR ('日期表'[Date]))) /2)
收入增长率	收入增长率 =DIVIDE (CALCULATE (SUM ('利润表'[金额/万元]),'利润表'[项目]="一、营业收入") −CALCULATE (SUM ('利润表'[金额/万元]), '利润表'[项目]="一、营业收入", SAMEPERIODLASTYEAR ('日期表'[Date])), CALCULATE (SUM ('利润表'[金额/万元]), '利润表'[项目]="一、营业收入", SAMEPERIODLASTYEAR ('日期表'[Date])))
股东权益增长率	股东权益增长率 =DIVIDE (CALCULATE (SUM ('资产负债表'[金额/万元]), '资产负债表'[项目]="所有者权益合计") −CALCULATE (SUM ('资产负债表'[金额/万元]), '资产负债表'[项目]="所有者权益合计", SAMEPERIODLASTYEAR ('日期表'[Date])), CALCULATE (SUM ('资产负债表'[金额/万元]), '资产负债表'[项目]="所有者权益合计", SAMEPERIODLASTYEAR ('日期表'[Date])))
盈利现金比率	盈利现金比率 =DIVIDE (CALCULATE (SUM ('现金流量表'[金额/万元]), '现金流量表'[项目]="经营活动产生的现金流量净额"),CALCULATE (SUM ('利润表'[金额/万元]), '利润表'[项目]="四、净利润（净亏损以"−"号填列）"))
销售现金比率	销售现金比率 =DIVIDE (CALCULATE (SUM ('现金流量表'[金额/万元]), '现金流量表'[项目]="经营活动产生的现金流量净额"),CALCULATE (SUM ('利润表'[金额/万元]), '利润表'[项目]="一、营业收入"))

（4）将表 5-6 中十个度量值的数字格式均设置为"百分比"，保留两位小数。

（5）创建表 5-6 中十个度量值的卡片图，创建好的卡片图如图 5-29 所示。

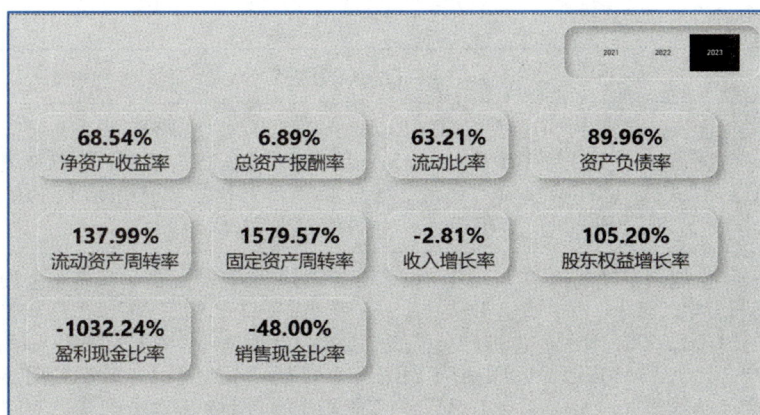

图 5-29 创建财务风险分析指标卡片图

（6）创建"上一年度净资产收益率""上一年度总资产报酬率""上一年度流动比率""上一年度资产负债率""上一年度流动资产周转率""上一年度固定资产周转率""上一年度收入增长率""上一年度股东权益增长率""上一年度盈利现金比率""上一年度销售现金比率"十个度量值，相关DAX表达式如表5-7所示。这里为了方便计算以营业收入代替营业总收入。

表5-7　"财务风险分析"企业指标度量值及相关DAX表达式

度量值	DAX 表达式
上一年度 净资产收益率	上一年度净资产收益率 =DIVIDE（CALCULATE（SUM（'利润表'[金额／万元]），'利润表'[项目]="四、净利润（净亏损以"－"号填列）",SAMEPERIODLASTYEAR（'日期表'[Date])），（CALCULATE（SUM（'资产负债表'[金额／万元]），'资产负债表'[项目]="所有者权益合计",SAMEPERIODLASTYEAR（'日期表'[Date]))＋CALCULATE（SUM（'资产负债表'[金额／万元]），'资产负债表'[项目]="所有者权益合计",DATEADD（'日期表'[Date]，－2，YEAR)))／2)
上一年度 总资产报酬率	上一年度总资产报酬率 =DIVIDE（CALCULATE（SUM（'利润表'[金额／万元]），'利润表'[项目]="三、利润总额",SAMEPERIODLASTYEAR（'日期表'[Date]))＋CALCULATE（SUM（'利润表'[金额／万元]），'利润表'[项目]="其中：利息费用",SAMEPERIODLASTYEAR（'日期表'[Date]))，（CALCULATE（SUM（'资产负债表'[金额／万元]），'资产负债表'[项目]="资产总计",SAMEPERIODLASTYEAR（'日期表'[Date]))＋CALCULATE（SUM（'资产负债表'[金额／万元]），'资产负债表'[项目]="资产总计",DATEADD（'日期表'[Date]，－2，YEAR)))／2)
上一年度 流动比率	上一年度流动比率 =DIVIDE（CALCULATE（SUM（'资产负债表'[金额／万元]），'资产负债表'[项目]="流动资产合计",SAMEPERIODLASTYEAR（'日期表'[Date]))，CALCULATE（SUM（'资产负债表'[金额／万元]），'资产负债表'[项目]="流动负债合计",SAMEPERIODLASTYEAR（'日期表'[Date])))

度量值	DAX 表达式
上一年度 资产负债率	上一年度资产负债率 =DIVIDE（CALCULATE（SUM（'资产负债表'[金额／万元]），'资产负债表'[项目]=" 负债合计 "，SAMEPERIODLASTYEAR（'日期表'[Date]）），CALCULATE（SUM（'资产负债表'[金额／万元]），'资产负债表'[项目]=" 资产总计 "，SAMEPERIODLASTYEAR（'日期表'[Date]）））
上一年度流动 资产周转率	上一年度流动资产周转率 =DIVIDE（CALCULATE（SUM（'利润表'[金额／万元]），'利润表'[项目]=" 一、营业收入 "，SAMEPERIODLASTYEAR（'日期表'[Date]）），（CALCULATE（SUM（'资产负债表'[金额／万元]），'资产负债表'[项目]=" 流动资产合计 "，SAMEPERIODLASTYEAR（'日期表'[Date]））+CALCULATE（SUM（'资产负债表'[金额／万元]），'资产负债表'[项目]=" 流动资产合计 "，DATEADD（'日期表'[Date]，-2，YEAR）））／2）
上一年度固定 资产周转率	上一年度固定资产周转率 =DIVIDE（CALCULATE（SUM（'利润表'[金额／万元]），'利润表'[项目]=" 一、营业收入 "，SAMEPERIODLASTYEAR（'日期表'[Date]）），（CALCULATE（SUM（'资产负债表'[金额／万元]），'资产负债表'[项目]=" 固定资产 "，SAMEPERIODLASTYEAR（'日期表'[Date]））+CALCULATE（SUM（'资产负债表'[金额／万元]），'资产负债表'[项目]="固定资产"，DATEADD（'日期表'[Date]，-2，YEAR）））／2）
上一年度收入 增长率	上一年度收入增长率 =DIVIDE（CALCULATE（SUM（'利润表'[金额／万元]），'利润表'[项目]=" 一、营业收入 "，SAMEPERIODLASTYEAR（'日期表'[Date]））-CALCULATE（SUM（'利润表'[金额／万元]），'利润表'[项目]=" 一、营业收入 "，DATEADD（'日期表'[Date]，-2，YEAR）），CALCULATE（SUM（'利润表'[金额／万元]），'利润表'[项目]=" 一、营业收入 "，DATEADD（'日期表'[Date]，-2，YEAR）））
上一年度股东 权益增长率	上一年度股东权益增长率 =DIVIDE（CALCULATE（SUM（'资产负债表'[金额／万元]），'资产负债表'[项目]=" 所有者权益合计 "，SAMEPERIODLASTYEAR（'日期表'[Date]））-CALCULATE（SUM（'资产负债表'[金额／万元]），'资产负债表'[项目]=" 所有者权益合计 "，DATEADD（'日期表'[Date]，-2，YEAR）），CALCULATE（SUM（'资产负债表'[金额／万元]），'资产负债表'[项目]=" 所有者权益合计 "，DATEADD（'日期表'[Date]，-2，YEAR）））
上一年度盈利 现金比率	上一年度盈利现金比率 =DIVIDE（CALCULATE（SUM（'现金流量表'[金额／万元]），'现金流量表'[项目]=" 经营活动产生的现金流量净额 "，SAMEPERIODLASTYEAR（'日期表'[Date]）），CALCULATE（SUM（'利润表'[金额／万元]），'利润表'[项目]=" 四、净利润（净亏损以 "-" 号填列）"，SAMEPERIODLASTYEAR（'日期表'[Date]）））
上一年度销售 现金比率	上一年度销售现金比率 =DIVIDE（CALCULATE（SUM（'现金流量表'[金额／万元]），'现金流量表'[项目]=" 经营活动产生的现金流量净额 "，SAMEPERIODLASTYEAR（'日期表'[Date]）），CALCULATE（SUM（'利润表'[金额／万元]），'利润表'[项目]=" 一、营业收入 "，SAMEPERIODLASTYEAR（'日期表'[Date]）））

（7）创建表 5-7 中十个度量值的卡片图，创建好的卡片图如图 5-30 所示。

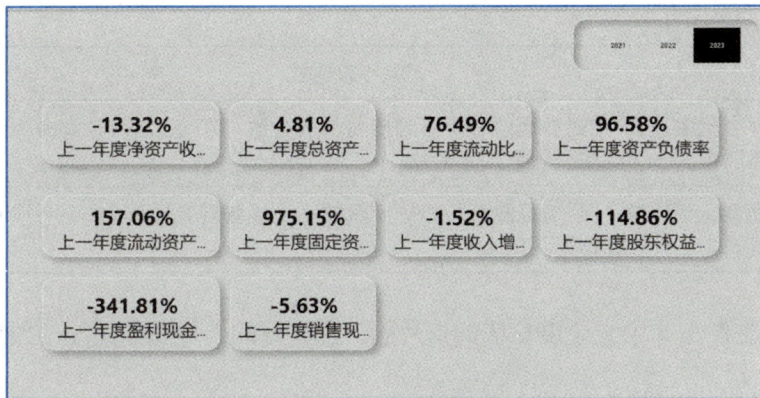

图 5-30 创建财务风险分析上一年度指标卡片图

（8）创建"净资产收益率差异""总资产报酬率差异""流动比率差异""资产负债率差异""流动资产周转率差异""固定资产周转率差异""收入增长率差异""股东权益增长率差异""盈利现金比率差异""销售现金比率差异"十个度量值，相关 DAX 表达式如表 5-8 所示。创建度量值后将其数字格式设置为"百分比"并保留两位小数。

表5-8 "财务风险分析"指标差异度量值及相关 DAX 表达式

度量值	DAX 表达式
净资产收益率差异	净资产收益率差异 =' 财务风险分析管理度量值表 '[净资产收益率]−' 财务风险分析管理度量值表 '[上一年度净资产收益率]
总资产报酬率差异	总资产报酬率差异 =' 财务风险分析管理度量值表 '[总资产报酬率]−' 财务风险分析管理度量值表 '[上一年度总资产报酬率]
流动比率差异	流动比率差异 =' 财务风险分析管理度量值表 '[流动比率]−' 财务风险分析管理度量值表 '[上一年度流动比率]
资产负债率差异	资产负债率差异 =' 财务风险分析管理度量值表 '[资产负债率]−' 财务风险分析管理度量值表 '[上一年度资产负债率]
流动资产周转率差异	流动资产周转率差异 =' 财务风险分析管理度量值表 '[流动资产周转率]−' 财务风险分析管理度量值表 '[上一年度流动资产周转率]
固定资产周转率差异	固定资产周转率差异 =' 财务风险分析管理度量值表 '[固定资产周转率]−' 财务风险分析管理度量值表 '[上一年度固定资产周转率]
收入增长率差异	收入增长率差异 =' 财务风险分析管理度量值表 '[收入增长率]−' 财务风险分析管理度量值表 '[上一年度收入增长率]
股东权益增长率差异	股东权益增长率差异 =' 财务风险分析管理度量值表 '[股东权益增长率]−' 财务风险分析管理度量值表 '[上一年度股东权益增长率]

度量值	DAX 表达式
盈利现金 比率差异	盈利现金比率差异 =' 财务风险分析管理度量值表 '[盈利现金比率]-' 财务风险分析管理 度量值表 '[上一年度盈利现金比率]
销售现金 比率差异	销售现金比率差异 =' 财务风险分析管理度量值表 '[销售现金比率]-' 财务风险分析管理 度量值表 '[上一年度销售现金比率]

（9）创建表 5-8 中十个度量值的卡片图，创建好的卡片图如图 5-31 所示。

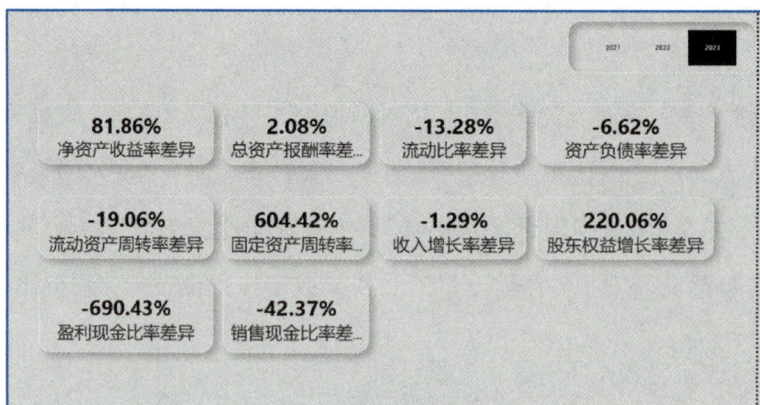

图 5-31　创建财务风险分析指标差异卡片图

（10）参照本项目任务一中"二、税务风险预警"子任务的操作步骤（8），为本报表页添加标题"FLSP 有限公司财务风险分析"，并将其字号设置为"28"，对齐方式设置为"居中"。

（11）同理，参照本项目任务一中"二、税务风险预警"子任务的操作步骤（9）添加"分析项目""指标名称""盈利能力""偿债能力""净资产收益率""总资产报酬率"等数据分析需要的文本框，并对其进行必要的美化设置，包括调整文本框位置大小、设置文本框效果、设置文本字号（详见标注）及对齐模式等，初步调整后的报表如图 5-32 所示。

（12）参照本项目任务一中"二、税务风险预警"子任务的操作步骤（13），关闭本报表中所有卡片图的"类别标签"，如图 5-33 所示。

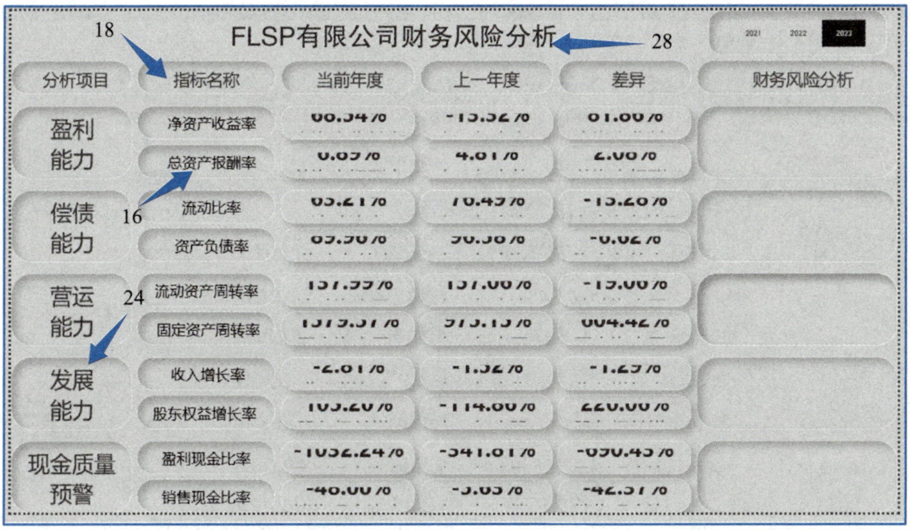

图 5-32　初步调整后的报表

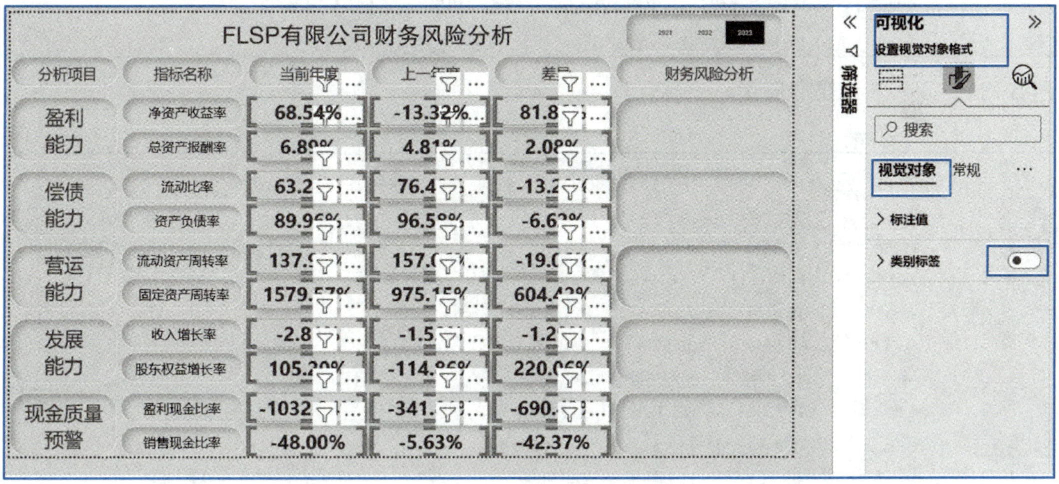

图 5-33　关闭卡片图"类别标签"

（13）在"插入"选项卡中，依次单击"形状"｜"直线"功能按钮，为报表添加
"直线"形状，用于分隔各分析项目，如图 5-34 所示。

（14）适当调整插入"直线"的位置和大小后，在右侧"格式"｜"形状"窗口
中，单击"样式"下拉按钮，打开"边框"显示选项，根据需求调整边框颜色、宽
度、透明度等，关闭"背景""视觉对象边框"和"阴影"的显示选项，如图 5-35
所示。

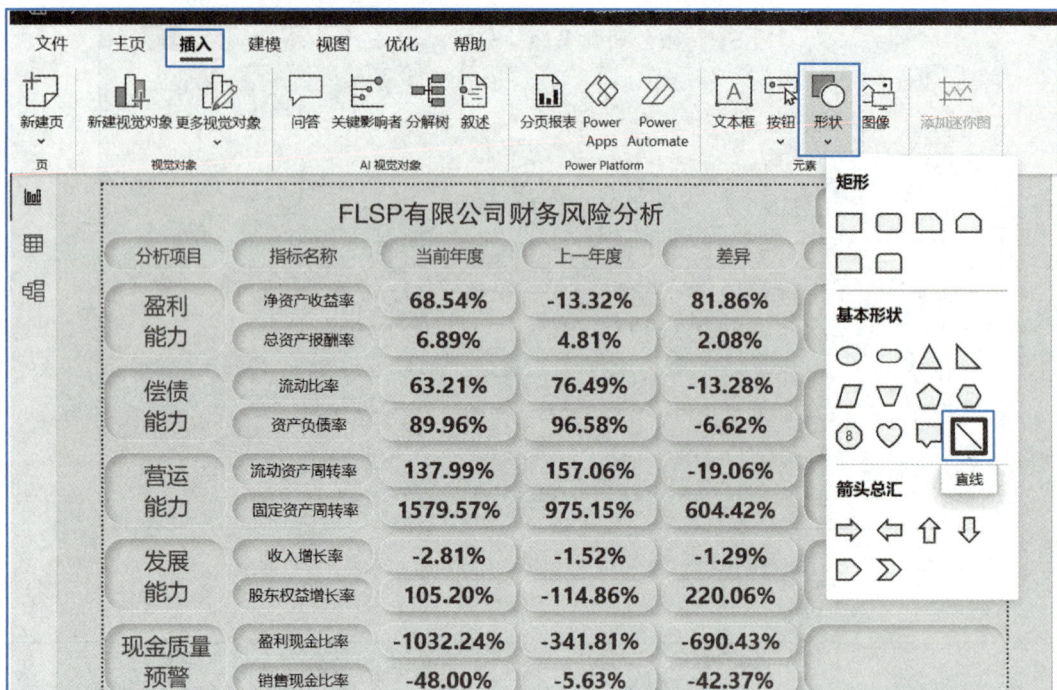

图 5-34　插入"直线"形状

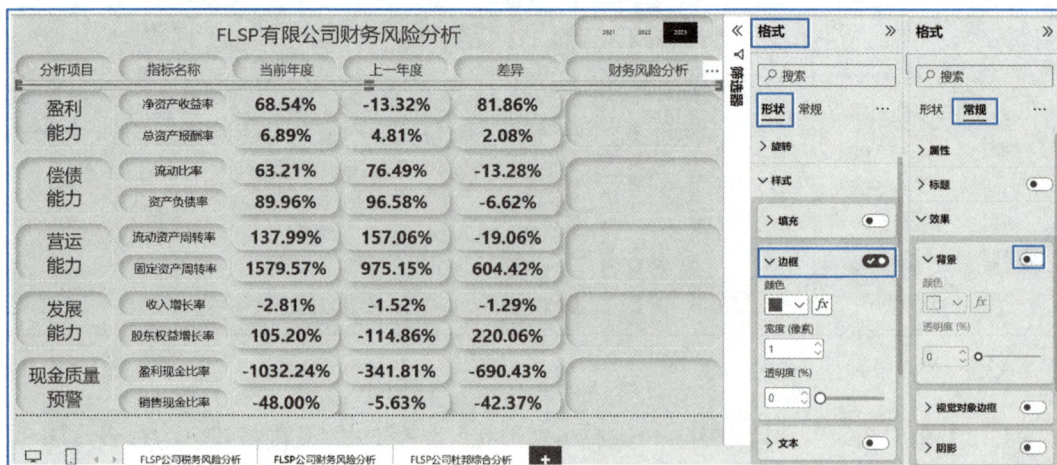

图 5-35　设置"直线"样式

（15）参考操作步骤（14），插入其余四根直线，并完成美化设置，美化后的报表如图 5-36 所示。

同本项目任务一类似，选择不同的年份后，指标的具体数值是不同的，需要进一步根据指标值分析所存在的财务风险，填列在右侧的文本框中。

图 5-36　美化后的"FLSP 有限公司财务风险分析"报表

二、杜邦综合分析

杜邦综合分析是指根据各主要财务指标之间的内在联系建立的财务分析指标体系，其核心指标为净资产收益率。本任务需要先计算出杜邦综合分析需要的各个指标，再建立起杜邦分析体系，具体操作步骤如下。

杜邦综合分析

（1）单击下方"新建页"功能按钮新建报表页，并将其重命名为"FLSP 有限公司杜邦综合分析"。

（2）为报表页添加"FLSP 有限公司杜邦综合分析"标题文本框，字号为"28"，添加"金额单位：万元"提示文本框，字号为"14"。

（3）创建"年"切片器，并将其样式设置为"下拉"，"切片器标头"和"值"字号设置为"14"。

（4）创建"杜邦综合分析度量值表"后，创建"总收入/万元""总成本费用/万元""流动资产/万元""非流动资产/万元""净利润/万元""营业收入/万元""平均总资产/万元""销售净利率""总资产周转率""总资产净利率""平均资产负债率""业主权益乘数"十二个度量值。创建度量值之后注意，将"销售净利率""总资产周转率""总资产净利率"的数字格式设置为"百分比"，保留两位小数。同时创建"加号""减号""乘号""除号"度量值。相关 DAX 表达式如表 5-9 所示。

表5-9 "杜邦综合分析"度量值及相关DAX表达式

度量值	DAX 表达式
总收入／万元	总收入／万元 =CALCULATE (SUM ('利润表'[金额／万元]),'利润表'[项目]=" 一、营业收入 ") +CALCULATE (SUM ('利润表'[金额／万元]),'利润表'[项目]=" 加：其他收益 ") +CALCULATE (SUM ('利润表'[金额／万元]),'利润表'[项目]= "投资收益（损失以 "—" 号填列）") +CALCULATE (SUM ('利润表'[金额／万元]),'利润表'[项目]=" 公允价值变动收益（损失以 "—" 号填列）") +CALCULATE (SUM ('利润表'[金额／万元]),'利润表'[项目]=" 信用减值损失（损失以 "—" 号填列）") + CALCULATE (SUM ('利润表'[金额／万元]),'利润表'[项目]=" 资产减值损失（损失以 "—" 号填列）") +CALCULATE (SUM ('利润表'[金额／万元]),'利润表'[项目]= "资产处置收益（损失以 "—" 号填列）") +CALCULATE (SUM ('利润表'[金额／万元]),'利润表'[项目]=" 加：营业外收入 ")
总成本费用／万元	总成本费用／万元 =CALCULATE (SUM ('利润表'[金额／万元]),'利润表'[项目]=" 减：营业成本 ") +CALCULATE (SUM ('利润表'[金额／万元]),'利润表'[项目]=" 税金及附加 ") +CALCULATE (SUM ('利润表'[金额／万元]),'利润表'[项目]=" 销售费用 ") +CALCULATE (SUM ('利润表'[金额／万元]),'利润表'[项目]= "管理费用 ") +CALCULATE (SUM ('利润表'[金额／万元]),'利润表'[项目]= "研发费用 ") +CALCULATE (SUM ('利润表'[金额／万元]),'利润表'[项目]= "财务费用 ") +CALCULATE (SUM ('利润表'[金额／万元]),'利润表'[项目]=" 减：营业外支出 ") +CALCULATE (SUM ('利润表'[金额／万元]),'利润表'[项目]=" 减：所得税")
流动资产／万元	流动资产／万元 =DIVIDE (CALCULATE (SUM ('资产负债表'[金额／万元]),'资产负债表'[项目]=" 流动资产合计 ") +CALCULATE (SUM ('资产负债表'[金额／万元]),'资产负债表'[项目]=" 流动资产合计 ", SAMEPERIODLASTYEAR ('日期表'[Date])), 2)
非流动资产／万元	非流动资产／万元 =DIVIDE (CALCULATE (SUM ('资产负债表'[金额／万元]),'资产负债表'[项目]=" 非流动资产合计 ") +CALCULATE (SUM ('资产负债表'[金额／万元]),'资产负债表'[项目]=" 非流动资产合计 ", SAMEPERIODLASTYEAR ('日期表'[Date])), 2)
净利润／万元	净利润／万元 =CALCULATE (SUM ('利润表'[金额／万元]),'利润表'[项目]=" 四、净利润（净亏损以 "—" 号填列）")
营业收入／万元	营业收入／万元 =CALCULATE (SUM ('利润表'[金额／万元]),'利润表'[项目]= "一、营业收入 ")
平均总资产／万元	平均总资产／万元 =DIVIDE (CALCULATE (SUM ('资产负债表'[金额／万元]),'资产负债表'[项目]=" 资产总计 ") +CALCULATE (SUM ('资产负债表'[金额／万元]),'资产负债表'[项目]=" 资产总计 ", SAMEPERIODLASTYEAR ('日期表'[Date])), 2)
销售净利率	销售净利率 =DIVIDE (CALCULATE (SUM ('利润表'[金额／万元]),'利润表'[项目]=" 四、净利润（净亏损以 "—" 号填列）"),'杜邦综合分析度量值表'[营业收入／万元])
总资产周转率	总资产周转率 =DIVIDE ('杜邦综合分析度量值表'[营业收入／万元], '杜邦综合分析度量值表'[平均总资产／万元])

度量值	DAX 表达式
总资产净利率	总资产净利率 =DIVIDE (CALCULATE (SUM ('利润表 '[金额／万元]),' 利润表 '[项目]=" 四、净利润（净亏损以 "－" 号填列）")),' 杜邦综合分析度量值表 '[平均总资产])
平均资产负债率	平均资产负债率 =DIVIDE (CALCULATE (SUM ('资产负债表 '[金额／万元]),'资产负债表 '[项目]=" 负债合计 ") +CALCULATE (SUM ('资产负债表 '[金额／万元]), '资产负债表 '[项目]=" 负债合计 ", SAMEPERIODLASTYEAR ('日期表 '[Date])), CALCULATE (SUM ('资产负债表 '[金额／万元]), '资产负债表 '[项目]=" 资产总计 ") +CALCULATE (SUM ('资产负债表 '[金额／万元]), '资产负债表 '[项目]=" 资产总计 ", SAMEPERIODLASTYEAR ('日期表 '[Date])))
业主权益乘数	业主权益乘数 =DIVIDE (1, 1-' 杜邦综合分析度量值表 '[平均资产负债率])
加号	加号 =" ＋ "
减号	减号 =" － "
乘号	乘号 =" × "
除号	除号 =" ÷ "

（5）创建"净资产收益率""总资产净利率""业主权益乘数"等指标的卡片图，并调整好卡片图的位置和大小，如图 5-37 所示。

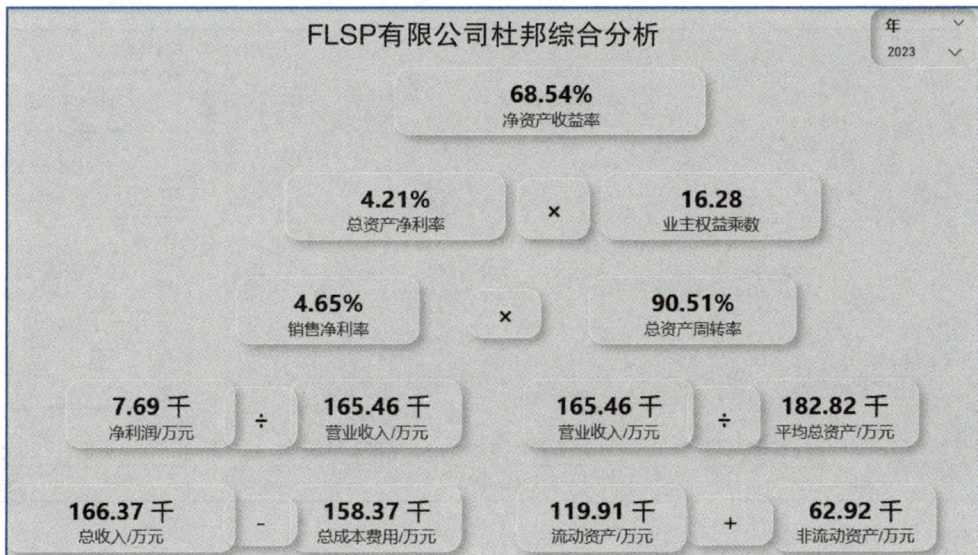

图 5-37　创建杜邦综合分析卡片图

（6）选中各符号卡片图视觉对象，在右侧"可视化"|"设置视觉对象格式"|"常规"窗口中，单击"效果"下拉按钮，关闭"背景""视觉对象边框"和"阴影"的

显示选项,如图 5-38 所示。

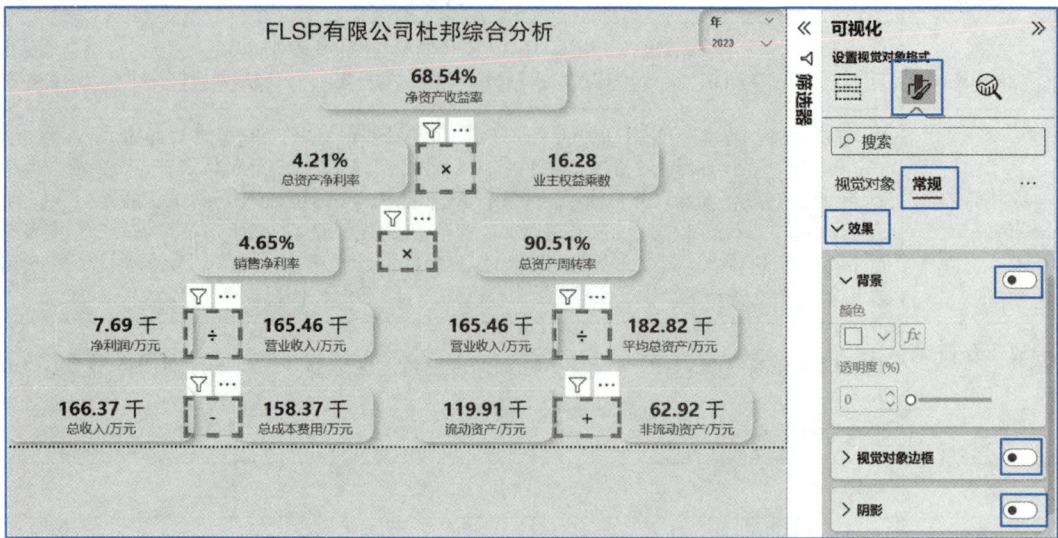

图 5-38　关闭视觉对象部分效果

(7)选中"净利润 / 万元""营业收入 / 万元"等卡片图视觉对象,在右侧"可视化" | "设置视觉对象格式" | "视觉对象"窗口中,单击"标注值"下拉按钮,将其"显示单位"设置为"无",如图 5-39 所示。

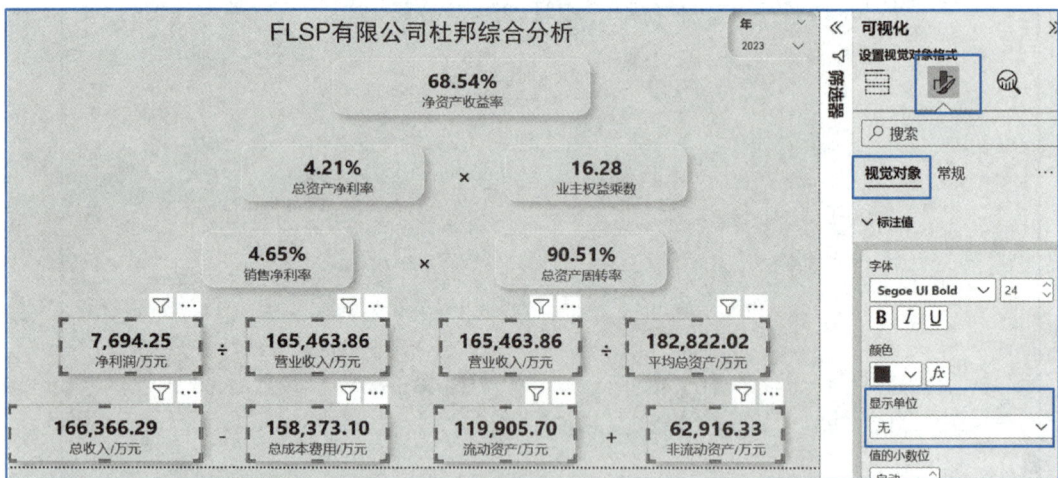

图 5-39　设置视觉对象"显示单位"为"无"

(8)参考本项目任务二中"一、财务风险分析"子任务的操作步骤(13)和(14),为本报表添加"直线"形状要素,并调整其"样式""旋转""效果"和大小位置等,完成美化后的杜邦综合分析报表如图 5-40 所示。(图 5-40 为 2023 年的杜邦综合分析指标值。）

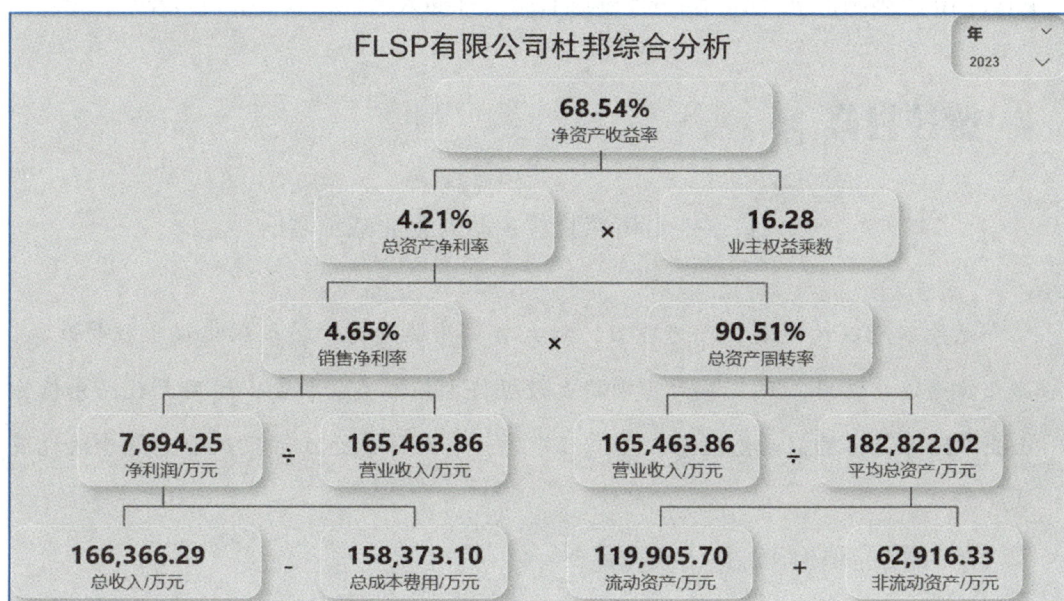

图 5-40　美化后的"FLSP 有限公司杜邦综合分析"报表

通过杜邦综合分析可以看出，FLSP 有限公司的 2023 年净资产收益率为 68.54%，处于较高水平。进一步分解发现，其总资产净利率为 4.21%，业主权益乘数为 16.28，说明净资产收益率高的主要原因是该公司业主权益乘数高，也说明该公司资产负债率较高，即该公司较高的净资产收益率主要源自较高的财务杠杆；同时可以看出，该公司的总资产净利率和销售净利率较低，说明该公司应注意提升其产品及相关业务的利润率。

【项目总结】

（1）本项目大量使用了高级聚合函数、时间智能函数、筛选函数和 CACULATE 函数，学习者需要熟练掌握 DAX 函数的语法及功能，尤其需要掌握筛选函数及筛选条件的设置原则。

（2）本项目涉及较多的税务分析和财务分析指标，学习者需要在学习过程中掌握相关指标的计算公式及对应项目的含义，并能够正确地将计算公式转化为 Power BI 可以识别的 DAX 表达式。

（3）在本项目杜邦综合分析中较多地使用了 Power BI 插入形状功能，缩放 Power BI 报表画布至合适的百分比能够有效提升插入形状和调整布局的效率。

德技并修 ▶▶

大数据技术精准监管，助力企业减负增信

税务部门以纳税缴费人为中心，以大数据为驱动力，持续深化税收征管改革，建立健全以"信用 + 风险"为基础的大数据技术精准监管机制，运用大数据分析为企业"画像"体检，动态监管，全流程跟踪，有效降低企业涉税风险，提升纳税遵从度。

1. "画像"体检，源头化解风险

运用大数据平台为企业"画像"体检，可以积极推进风险管理前移，对企业开展风险疑点扫描，对低风险纳税人提示提醒，对中高风险纳税人开展纳税评估，发出预警提醒；也可以辅导企业规范财务管理，消除涉税风险，促进依法依规充分享受政策红利，及时阻断化解风险。

2. 闭环管理，护航企业发展

纳税评估结束后，企业会收到税务部门风险管理部推送的纳税评估反馈建议书。这是税务部门针对企业的风险提出的有效征管建议，为其量身定制一套方案来帮助企业规避风险、依法纳税。同时，企业也可以据此判断自身经营管理状况，并作出有效决策。

税务部门打造"事前提醒、事中监控、事后跟踪"的全流程闭环管理机制，变被动为主动，环环相扣帮助企业及时应对和有效防范涉税风险，引导企业依法诚信纳税、提升信用等级，精准助力企业增信减负实现更好发展。

【思考与实践】企业作为社会主体，诚实守信是根本原则，诚信纳税是基本义务，管控风险是重要手段，不管是个人还是企业，都应该具备诚信的良好品德和深刻的风险意识。

【知识测验】

一、单选题

1. ( ) 是指企业在一定时期内销售收入与存货平均余额的比率，用于衡量企业存货管理能力。

    A. 固定资产周转率   B. 股东权益增长率

    C. 存货周转率   D. 盈利现金比率

2. ( ) 是指企业净利润与净资产的比率，反映企业资本运营效益。

    A. 净资产收益率   B. 资产负债率

    C. 净利润率   D. 销售毛利率

3. 从风险管理过程来看，财税风险管理的内容不包括 ( )。

    A. 财税风险管理目标设定   B. 资金风险

    C. 财税风险识别   D. 财税风险控制

4. ( ) 是指企业通过分析税负来自我规范纳税行为和经营行为的过程。

    A. 投资风险管理   B. 财务风险管理

    C. 资金风险管理   D. 税务风险管理

5. ( ) 反映了企业在一定时期内缴纳的各项税费占同期经营活动现金流出的比率。

    A. 营业收入税收负担率   B. 所得税税收负担率

    C. 经营活动现金流出税负率   D. 企业所得税贡献率

二、多选题

1. 从风险类型来看，财税风险管理的内容包括 ( )。

    A. 经营风险   B. 资金风险

    C. 税收风险   D. 财税风险识别

    E. 法律风险

2. 从企业的角度而言，税务风险管理是指企业通过分析税负来自我规范 ( ) 的过程。

    A. 投资决策   B. 纳税行为

    C. 经营行为   D. 业务流程

E. 合同管理

3. 下列属于税务风险管理指标的有（　　　　　）。

A. 增值税税负率变动率　　　　　　B. 企业所得税贡献率

C. 所得税税负负担率　　　　　　　D. 经营活动现金流出税负率

E. 利润税收负担率

4. 财务风险管理的价值在于（　　　　　）。

A. 有助于企业的持续、健康及稳定发展

B. 有助于提高企业经营效率和盈利能力

C. 有助于降低经营风险，提高企业市场竞争力

D. 有助于实现企业战略目标，加强财务风险管理

E. 有助于使得企业经营风险降低为零

5. 下列属于企业偿债能力指标的有（　　　　　）。

A. 存货周转率　　　　　　　　　　B. 已获利息倍数

C. 速动比率　　　　　　　　　　　D. 流动比率

E. 资产负债率

三、判断题

1. 随着信息技术的发展，财税风险会逐渐降低。　　　　　　（　　　）

2. 财税风险管理不包括财税风险管理目标设定。　　　　　　（　　　）

3. 大数据技术在财税风险管理中的应用，可以有效帮助企业合理进行税收筹划。

（　　　）

4. 销售现金比率反映企业销售质量的高低，与企业的赊销政策有关。　（　　　）

5. 增值税税负率反映的是企业所得税缴纳税额与收入的比例关系，是对所得税进行纳税评估时最为关注的指标。　　　　　　　　　　　　（　　　）

【技能实践】

HPYY 公司是一家集医药研发、生产、销售、健康服务于一体的大型综合医药企业，拥有现代化的生产基地、分销中心和高水平的研发中心，在中成药、化学合成药物、天然药物、原料药中间体、医药流通等多个领域为患者和社会提供产品和服

务，其销售额已经突破 100 亿元，纳税额已经接近 2 亿元。为提前预知公司在财税领域的风险，帮助公司更加稳健地发展，请完成以下财务风险预警分析。（数据源：医药行业数据源、HPYY 公司数据源）

任务：（1）利用"医药行业数据源"和"HPYY 公司数据源"完成税务风险预警据行业税务风险指标计算、公司税务风险预警、公司税务风险分析及相关分析结果的可视化展示。（行业税务风险指标中增值税税负率和增值税税负率变动率取固定值，分别为 3.5% 和 10.05%。）

（2）利用"HPYY 公司数据源"，结合常用财务分析指标，完成公司偿债能力、盈利能力、营运能力、发展能力、现金质量预警等指标值的计算，根据指标结果分析评估公司财务风险，利用杜邦综合分析体系评价公司整体运营情况。

参考文献

［1］王新庆，姜明霞．大数据技术在财务中的应用 [M]. 北京：高等教育出版社 .2024.

［2］孙万军，郝海霞．财务大数据分析 [M]. 北京：高等教育出版社，2023.

［3］高翠莲，乔冰琴，谢计生．大数据技术在财务中的应用（Power BI 版）[M]. 北京：高等教育出版社，2023.

［4］王国平．Microsoft Power BI 数据可视化与数据分析 [M]. 北京：电子工业出版社，2018.

［5］牛艳芳．智能财务分析可视化 [M]. 北京：高等教育出版社，2021.

［6］张震．智能管理会计：从 Excel 到 Power BI 的业务与财务分析 [M]. 北京：电子工业出版社，2021.

［7］孟庆娟，李刚．Power BI 商业数据分析与可视化 [M]. 北京：人民邮电出版社，2023.

主编简介

周阅，重庆财经职业学院副院长、教授，重庆市大数据与会计、大数据与财务管理专业教学资源库负责人，重庆市"双高计划"大数据与会计高水平专业群负责人，教育部专业教学标准与课程标准研制组成员，全国统计行指委专业建设专委会委员；获国家级教学成果二等奖、重庆市教学成果奖二等奖、重庆市优秀网络课程一等奖。主编的教材入选"十二五""十三五""十四五"职业教育国家规划教材，获评高等教育出版社优秀出版物（2022年度）。

曾升科，重庆财经职业学院教务处副处长、副教授、注册税务师，重庆市会计青年英才，重庆市职业院校学生技能竞赛优秀指导教师。获重庆市人民政府教学成果奖二等奖、重庆市教师教学能力竞赛二等奖2次；指导学生参加"挑战杯"全国大学生创新创业比赛获全国二等奖，指导学生参加重庆市职业院校技能大赛获奖10项；编写教材获评"十四五"职业教育规划教材，在《中国职业技术教育》等北大核心期刊上发表论文20余篇。

刘小海，教授、湖南省"楚怡"教学名师、全国技能竞赛优秀指导教师，全国教师职业能力竞赛二等奖获得者，湖南省教师职业能力比赛专业技能操作竞赛一等奖获得者，湖南省教师职业能力竞赛第一名获得者。近 5 年指导学生参加职业院校技能大赛先后获全国职业院校各类技能竞赛一等奖 12 次、二等奖 2 次，获湖南省职业院校各类技能竞赛一等奖 19 次；主持省级精品在线开放课程 2 门，在全国中文核心等期刊发表科研论文 40 余篇，出版专著 3 部，主编教材 7 部，其中省优质教材 1 部，省规划教材 1 部，财政部规划教材 2 部；获省级职业教育教学成果奖 2 项。

郑重声明

高等教育出版社依法对本书享有专有出版权。任何未经许可的复制、销售行为均违反《中华人民共和国著作权法》，其行为人将承担相应的民事责任和行政责任；构成犯罪的，将被依法追究刑事责任。为了维护市场秩序，保护读者的合法权益，避免读者误用盗版书造成不良后果，我社将配合行政执法部门和司法机关对违法犯罪的单位和个人进行严厉打击。社会各界人士如发现上述侵权行为，希望及时举报，我社将奖励举报有功人员。

反盗版举报电话 （010）58581999　58582371

反盗版举报邮箱　dd@hep.com.cn

通信地址　北京市西城区德外大街 4 号　高等教育出版社知识产权与法律事务部

邮政编码　100120

读者意见反馈

为收集对教材的意见建议，进一步完善教材编写并做好服务工作，读者可将对本教材的意见建议通过如下渠道反馈至我社。

咨询电话　400-810-0598

反馈邮箱　gjdzfwb@pub.hep.cn

通信地址　北京市朝阳区惠新东街 4 号富盛大厦 1 座　高等教育出版社总编辑办公室

邮政编码　100029

防伪查询说明

用户购书后刮开封底防伪涂层，使用手机微信等软件扫描二维码，会跳转至防伪查询网页，获得所购图书详细信息。

防伪客服电话 （010）58582300

网络增值服务使用说明

授课教师如需获取本书配套教辅资源，请登录"高等教育出版社产品信息检索系统"（http://xuanshu.hep.com.cn/），搜索本书并下载资源。首次使用本系统的用户，请先注册并完成教师资格认证。

高教社高职会计教师交流及资源服务 QQ 群（在其中之一即可，请勿重复加入）：

QQ3 群：675544928　QQ2 群：708994051（已满）　QQ1 群：229393181（已满）

业财一体信息化　财务数字化

业务财务一体化设计　企业内部控制　会计制度设计　企业财务分析　财务决策　财务大数据分析

ERP沙盘　初级会计实务　企业财务会计　管理会计实务　财务机器人应用

业务财务信息分析　ERP财务业务一体化　EXCEL财务应用　企业财务管理　出纳业务操作　行业会计比较　会计英语　成本核算与管理

会计信息系统应用　羊驼

会计信息管理

大数据与会计

大数据与财务管理

数智化财经

智能审计

纳税实务　税费计算与申报

财税大数据应用

大数据与审计

财经法规与职业道德　审计基础

税务会计　税收筹划

个人理财　保险实务　证券投资实务　商业银行综合柜台业务　国际金融　金融服务礼仪　商业银行服务营销

金融

审计实务　政府会计　区块链金融

金税财务应用

专业基础课

中国会计文化　中国金融文化　会计基础　管理会计基础

金融基础　金融科技概论　财政与金融　财经基本技能

Python财务基础　财务大数据基础

岗课赛训

基础会计实训	财务会计实训
成本会计实训	出纳岗位实训
审计综合实训	税务会计实训
管理会计实训	会计综合实训
数字金融业务实训	会计信息化实验

高等职业教育财经类专业群

1+X 书证融通

智能财税	金税财务应用
财务共享服务	业财一体信息化应用
财务数字化应用	数字化管理会计
智能估值	智能审计
财务机器人应用